Herderbücherei

Band 8839

## Über das Buch

Dieser Bestseller des großen Liturgen Adolf Adam erscheint hier in einer handlichen Taschenbuchausgabe. Es beschreibt vor dem Hintergrund der Erneuerungen des Zweiten Vatikanischen Konzils und hochinteressanter geschichtlicher Druchblicke die Zeiten und Feste des Kirchenjahres. Darüber hinaus eröffnet es deren spirituellen Sinn und Lebenswert für gegenwärtiges Christsein. Den Hochfesten und festlichen Sonntagen ist jeweils ein kurzer Kommentar zur Meßliturgie beigegeben.
Dieses klassische liturgische Handbuch dient nicht nur dem Studium der Theologie, der Predigt und Katechese, sondern erschließt jedem interessierten Christen eine Gesamtschau seines Glaubens, der sich in der Liturgie darstellt.

## Der Autor

Adolf Adam, geboren 1912, Dr. theol., nach der Priesterweihe zunächst Pfarrseelsorger und Religionslehrer, dann von 1960-1970 Professor für Praktische Theologie und von 1970-1977 Professor für Liturgiewissenschaft und Homiletik an der Universität Mainz; Autor bedeutender, vor allem liturgischer und spiritueller Werke, bei Herder u.a.: „Höre mein Gebet – Aus der Schatzkammer der Stundenliturgie“ (1992) und „Grundriß Liturgie“ ($^{6}$1994).

Adolf Adam

# Das Kirchenjahr mitfeiern

Herder
Freiburg · Basel · Wien

Neuausgabe 1995


Herstellung: Freiburger Graphische Betriebe 1995
Umschlagmotiv: Majestas-Tafel „Christus in der Mandorla",
umgeben von den Evangelistensymbolen und den vier Propheten Jesaja,
Jeremia, Ezechiel und Daniel, um 1500.
ISBN 3-451-08839-8

# Inhalt

## FÜNFTES KAPITEL
## *Ostern und sein Festkreis*



## SECHSTES KAPITEL
## *Weihnachten und sein Festkreis*



## SIEBTES KAPITEL
## *Die allgemeine Kirchenjahrzeit*

## ACHTES KAPITEL
### *Das Sanctorale des Kirchenjahres*

NEUNTES KAPITEL
*Kirchenjahr und Stundengebet*



ZEHNTES KAPITEL
*Exkurs: Die Problematik eines immerwährenden Kalenders*

# Einführung

Was wir Kirchenjahr oder – nach lateinischem Sprachgebrauch – liturgisches Jahr nennen, ist das feiernde Gedächtnis der Heilstaten Gottes in Jesus Christus im Ablauf eines Jahreskreises. Ein kirchliches Dokument beschreibt es mit den Worten: „Die Kirche feiert im Jahreskreis das ganze Mysterium Christi: Von der Menschwerdung bis Pfingsten und bis zur Erwartung der Wiederkunft des Herrn."[1] Das deutsche Wort Kirchenjahr, das sich zum ersten Mal in der Postille des lutherischen Pfarrers Johannes Pomarius (Wittenberg 1589) zu finden scheint, darf nicht als kirchliche Konkurrenz zum „bürgerlichen" Jahr mißverstanden werden. Auch die „weltliche Zeit" eines Jahreskreises ist Gabe des Schöpfers, die der Christ bejahen, bestehen und gestalten muß. Darüber hinaus ragt Gott in vielfältiger Weise mit seinem Heilswillen in diese geschichtliche Zeit hinein. Er hat sich in Christus in besonders deutlicher und dichter Weise in sie hineingestiftet, so daß alle Zeit Heilszeit und Gotteszeit ist, weil sein Heilsangebot alle Epochen und Menschen umgreift, also universal ist. Aufgabe der Kirche ist es, das in Christus grundgelegte Heilswerk allen Menschen aller Zeiten zu verkünden und zugänglich zu machen. Sie tut es durch die Proklamation des Wortes Gottes, durch die sakramentale Feier und die vielfältigen pastoralen Dienste, die dem Glauben, der Hoffnung und der Liebe die Wege bereiten und ihr Wachstum in Gnade fördern sollen.

Christliche Festfeier als dankendes Gedenken der Heilstaten Jesu Christi muß sich immer wiederholen, um ihrer Funktion als Verkündigung und Vergegenwärtigung des Heiles gerecht zu werden. Hier bot sich nun, um der Beliebigkeit zu entgehen, das kosmisch bedingte Zeitmaß des Jahres an, um den einzelnen Gedächtnisfeiern einen festen Platz zuzuweisen und so eine zyklische Wiederholung sicherzustellen. Die terminliche Fixierung ist zum Teil von der Schrift nahegelegt, zum Teil beruht sie auf geschichtlich gewachsener Konvention. Sie ist jedoch nicht so verpflichtend, daß sie notwendig erscheinende Korrekturen und Reformen ausschlösse.

Aus dem bereits Gesagten ergibt sich, daß die Feier des liturgischen Jahres nicht als exklusives Rückwärtsschauen auf ergangenes Heil verstanden werden darf. Vielmehr muß der bereits Glaubende und in der

Taufe Erlöste sich um die Festigung seines immer gefährdeten Heiles bemühen wie auch in und durch die liturgische Feier sich in solidarischer Verantwortung als Zeuge und Wegbereiter des allen Menschen zugedachten Heiles verstehen. Unter beiden Aspekten schauen die liturgischen Feiern des Kirchenjahres nicht nur in die Vergangenheit, sondern in die Zukunft. Sie haben eine eschatologische Komponente, indem sie die Wiederkunft des Herrn mit ihrer allseitigen Vollendung des Heiles erwarten und dieser die Wege zu bereiten suchen.

So will Kirchenjahr verstanden werden als die Summe aller liturgischen Feiern, die im Jahreszyklus einen festen Platz gefunden haben. Wo aber Liturgie gefeiert wird, verbindet sich Jesus Christus als der Hohepriester des Neuen Bundes mit der feiernden Gemeinde zu einer Aktionsgemeinschaft, die das Heil der Gläubigen und die Verherrlichung des Vaters im Himmel zum Ziel hat (vgl. LK 7). So realisiert und konkretisiert sich christlicher Glaube im liturgischen Jahr, es wird zu einer umfassenden Selbstdarstellung der Kirche und zur Grundlegung und zum Aufbau christlicher Existenz.

Das Vertrautwerden mit Sinn und Vollzug des Kirchenjahres erscheint deshalb als dringliche Aufgabe, deren Wichtigkeit in einer Zeit fortschreitender Säkularisierung und weitverbreiteter Ignoranz christlicher Glaubensinhalte und Lebenswerte kaum überschätzt werden kann. Das vorliegende Buch möchte deshalb vor dem Hintergrund geschichtlicher Entwicklungen die gegenwärtige Gestalt des Kirchenjahres und seinen theologisch-geistlichen Gehalt aufzeigen und zur fruchtbaren Mitfeier anregen. Wer das Kirchenjahr verstehend und gläubig mitfeiert, erfährt Jahr für Jahr eine „Summa" christlicher Heilsbotschaft und eine sich immer wiederholende Begegnung mit dem unser Heil suchenden und wirkenden Herrn. Predigt und Katechese einschließlich des Religionsunterrichts müßten es stärker, als es weithin geschieht, zum Gegenstand der Information und Interpretation machen. So könnten sie wirksam mithelfen, daß sich die Gläubigen in der Kirche beheimatet und geborgen fühlen.

Die bislang im deutschen Sprachraum erschienenen Monographien sind durch die nachkonziliäre Liturgiereform teilweise überholt[2]. Darum scheint die Zeit reif für eine Veröffentlichung, die Altes und Neues zusammenfaßt und bei aller wissenschaftlichen Fundierung auch über den Kreis der Fachgelehrten hinaus verständlich und lesbar bleibt.

Um das Werk nicht zu umfangreich werden zu lassen, mußte besonders im geschichtlichen Teil und bei der Beschreibung und Deutung einzelner Meßproprien manche Straffung in Kauf genommen werden. Gleiches gilt für die bibliographischen Angaben zum Gesamtthema und zu Einzelfragen. Dem kirchlichen Stundengebet, einem wichtigen Bereich der Gesamtliturgie, wurde ein besonderer Abschnitt (9) gewidmet, der seine Geschichte, seine Bedeutung und seine erneuerte Gestalt aufzeigt. Aus zwei Gründen war es jedoch nicht möglich, auch seine Einzeltexte im Ablauf des Jahres gebührend zu würdigen, wie es z. B. der Altmeister der Liturgiewissenschaft *J. Pascher* in seinem 1963 erschienenen Buch „Das liturgische Jahr" getan hat: einmal war es die Tatsache, daß das neue deutsche Stundenbuch bei der Erarbeitung des Manuskriptes noch nicht vorlag, zum anderen wäre der vorgesehene Umfang dieses Buches wesentlich überschritten worden.

Vom ursprünglichen Plan, das mit der Liturgie des Kirchenjahres „wesensmäßig und abstammungsgemäß" *(Th. Schnitzler)* zusammenhängende Brauchtum einzubeziehen, mußte – von Ausnahmen abgesehen – ebenfalls Abstand genommen werden. Zu vielfältig und umfangreich ist seine Thematik, zu differenziert und zum Teil umstritten sein Ursprung und die geschichtliche Entwicklung. Wer das reiche Material überschaut, das *Th. Schnitzler* in seinem Büchlein „Kirchenjahr und Brauchtum neu entdeckt" [3] in Stichworten und tabellenartigen Übersichten ausbreitet, wird leicht einsehen, daß für die wissenschaftlich-literarische Bewältigung dieses Themas eine eigene Monographie notwendig (und dringlich) wäre, am besten in Zusammenarbeit von Volkskunde und Liturgiewissenschaft.

Der Verfasser versteht sein Buch als Hilfe für das theologische Studium, aber auch als Anregung für Predigt, Katechese und Religionsunterricht sowie die Gemeindearbeit in manchen Gruppen und Ausschüssen. Er hofft, daß es nicht nur das Wissen mehre, sondern auch zu einem tieferen Hineinwachsen in das Christusmysterium hilfreich sei.

## Vorwort zur Neuausgabe

Dieses Buch, das erstmals 1979 erschien, will deutlich machen, daß die Kenntnis des Kirchenjahres und seine lebendige Mitfeier von eminenter Wichtigkeit für das christliche Leben sind, wie die nachfolgende Einführung aufzeigt. Die seitherigen sechs Auflagen und zahlreiche fremdsprachige Übersetzungen belegen, daß es vielen eine erwünschte Hilfe ist. – Mit dieser Taschenbuchaugabe der Herderbücherei möchte es der Verlag noch leichter zugänglich machen.

Mainz, im Advent 1994 *Adolf Adam*

ERSTES KAPITEL

# Kosmische Zeit und menschliches Leben

Das Leben der Menschen ist eingebunden in kosmische Vorgegebenheiten. Der ihnen als Wohnraum zugewiesene Planet Erde ist, gemessen an den unvorstellbar großen Dimensionen des Weltenraumes, wie ein Staubkorn inmitten eines hochragenden Felsengebirges. Der Lauf der Erde um die Sonne schafft das Zeitmaß eines Jahres. Die Umrundung der Erde durch den Mond wird zum Monat, eine Zeiteinheit von rund $29\,^1/_2$ Tagen, weshalb ursprünglich alle Monate eine Dauer von 29 oder 30 Tagen hatten. Die rasche Umdrehung der Erde um ihre eigene Achse nennen wir Tag, den wir in 24 Stunden unterteilen. Astronomische Gesetzmäßigkeiten schaffen somit objektive Zeiteinheiten, die durch den Wechsel von Licht und Dunkel, Wärme und Kälte das organische Leben in entscheidender Weise beeinflussen.

So erlebt der Mensch die Zeitspanne eines Tages mit seinen hellen und dunklen Stunden; er erlebt den Ablauf eines Jahres mit den klimatischen Besonderheiten der vier Jahreszeiten, die astronomisch markiert sind durch die beiden Sonnenwenden (Solstitien) zum Beginn des Sommers und Winters und durch die beiden Tagundnachtgleichen (Äquinoktien), die den Frühling und Herbst eröffnen. Auch die Laufbahn des Mondes um die Erde schafft im Erleben des Menschen eine zusätzliche zeitliche Gliederung durch die sich dabei ergebenden Phasen des Neumondes, zunehmenden Halbmondes, Vollmondes und abnehmenden Halbmondes. Mögen diese auch für den Menschen des Industriezeitalters kaum mehr ins Bewußtsein treten – wenn man von Seeleuten, Hirten, Jägern und Astronomen absieht –, so spielten sie doch bei den Völkern des Vorderen Orients und Mittelmeerraumes eine bedeutende Rolle. Wie wir später noch sehen werden, sind diese „Mondquartale“ möglicherweise die früheste Grundlage für die Herausbildung der Sieben-Tage-Woche.

So wie sich die Menschheit in den ihr vorgegebenen geographischen Räumen zurechtzufinden und einzurichten hat, so weiß sie sich auch eingebettet in die genannten kosmischen Zeiteinheiten des Tages, der Woche, des Monats und des Jahres. Ihre regelmäßige Wiederkehr ist dem Menschen Zeitmaß seines Lebens und Erlebens und bestimmt sein Verhalten und seine Tätigkeiten. Diesen Ablauf der Zeiten erlebt der zutiefst religiöse Mensch der Naturvölker und antiken Kulturnationen als Gabe oder Fügung kosmischer, überirdischer Mächte. Er betrachtet die einen als Zeiten des Heiles, die anderen als Bedrohung und unheilsträchtig. So gibt die Schöpfungswirklichkeit den Anstoß zu einem von der jeweiligen Zeit geprägten religiösen Verhalten, zu einem religiösen Jahreskalender mit rituellen Opfern des Dankes, der Sühne, der beschwörenden Bitte, mit Gebeten, Fasten und Umzügen oder auch mit dem Verzicht auf jegliche Arbeit.

Es würde im Rahmen dieses Buches zu weit führen, wollte man diesen *religiösen Jahreskalender* bei den einzelnen Natur- und Kulturvölkern detailliert beschreiben. Eine Fülle von Differenzierungen wäre dabei zu machen in bezug auf Feste und Riten etwa der Nomaden (Hirten), der ackerbautreibenden Stämme, der Jäger und Fischer, wobei es wiederum Besonderheiten in einzelnen geographischen Räumen und den verschiedenen Zeitepochen gibt. Gemeinsam sind allen die Feste des Frühlings mit dem Blick auf die Bestellung der Felder und den Auszug der Herden auf die Weideplätze und die Feste des Herbstes mit seinen verschiedenen Ernten und der Rückführung der Herden in die Nähe der Wohngebiete.

Eine besondere Rolle spielen bei allen Völkern die sogenannten „*rites de passage*", d.h. jene Festritualien, die an den Knotenpunkten des Lebens begangen werden, also religiöse Riten im Zusammenhang mit Geburt und Entwöhnung, Pubertät, Heirat und Tod. Diese Ereignisse gehörten nicht nur der Privatsphäre an, sondern galten als Angelegenheit des ganzen Stammes bzw. der Gemeinde und wurden entsprechend öffentlich begangen.

Darüber hinaus prägen auch manche *geschichtlichen Ereignisse*, wie Naturkatastrophen, Siege oder Niederlagen, Landnahmen, Geburtstage, Thronerhebungen und Epiphanien (feierliche Besuche) berühmter Herrscher, dauerhaft das Bewußtsein eines Volkes und schaffen institutionalisierte Feste und Gedenktage.

Auch das Leben der *israelitischen Stammväter* dürfte von den religiös-kulturellen Vorstellungen und Verhaltensweisen ihrer Heimat geprägt gewesen sein. Als nun Jahwe in einzigartiger Fügung und Führung die Nachkommen des Abraham zu seinem erwählten Bundesvolk gemacht hatte, wurden die überkommenen Traditionen zum Teil beibehalten, manche aber im Sinn des Monotheismus reformiert oder aber wegen ihrer Unvereinbarkeit mit dem Eingottglauben verworfen und heftig bekämpft.

## ZWEITES KAPITEL

# Der jüdische Festkalender

Nach christlichem Verständnis ist der Gottesbund in Christus aus dem Wurzelgrund des Alten Testamentes hervorgegangen und bedeutet dessen Erfüllung und Vollendung. Wer deshalb das christliche Kirchenjahr allseitig verstehen will, bedarf einer gewissen Kenntnis des jüdischen Festjahres. Wenn dieses auch eine tiefgreifende geschichtliche Entwicklung durchlaufen hat, bei dem die alten Feste nicht nur durch neue vermehrt, sondern auch in ihrer Sinngebung teilweise neu akzentuiert worden sind, so wollen wir uns hier im wesentlichen auf den Festkalender zur Zeit Jesu beschränken. Seine Passion und Auferstehung, aber auch die Geistsendung stehen nach Ausweis der Evangelien und der Apostelgeschichte in einem engen Zusammenhang mit jüdischen Festen, vor deren Hintergrund sie eine zusätzliche Erhellung und Sinnfüllung erlangen.

Zum Verständnis des jüdischen Festkalenders sind drei Feststellungen im voraus unerläßlich:

a) Wir haben es hier mit einem sogenannten *lunisolaren Kalender* zu tun, bei dem das Sonnenjahr zwar die große Zeiteinheit bildet, sich aber nach den Mondumläufen (Monat im ursprünglichen Sinn = synodischer Monat) gliedert. Die Phasen des Neumondes und Vollmondes spielen dabei eine wichtige Rolle. Weil ein solcher Monat 29,5 Tage umfaßt – die israelitischen Monate hatten abwechselnd 29 und 30 Tage –, brachte es das Normaljahr mit seinen zwölf Monaten auf 354 Tage. Diese Zeiteinteilung stammt offensichtlich aus Babylonien, von wo sie auch von den Griechen übernommen wurde. Schon früh hatte man aber erkannt, daß ein solches Jahr mit dem tropischen Sonnenjahr mit seinen 365 Tagen, fünf Stunden und ca. 49 Minuten nicht übereinstimmte. Deshalb suchte man die Differenz durch zusätzliche Schaltmonate auszugleichen. In Israel geschah dies in der Form, daß man alle zwei bis drei Jahre nach dem Monat Adar, dem Monat vor dem Frühlingsäquinoktium, einen zweiten Adar einschob und ihn Weadar nannte. Dabei gab es keine astronomische Regel, wie sie etwa der Athener Meton im Jahre 432 v. Chr. aufgestellt hatte, wonach in 19 Jahren sieben Schaltmonate einzulegen sind, um das Gleichgewicht mit dem Sonnenjahr aufrechtzuerhalten. Vielmehr richtete man sich nach dem Augenschein, insbesondere nach Beobachtungen des Sonnenstandes, der Ährenreife und anderen Anhaltspunkten. Die Entscheidung hatte ein besonders dafür bestimmter Gerichtshof[4].

b) *Der Jahresbeginn* in Israel lag ursprünglich im Herbst, näherhin am Neumond nach der Tagundnachtgleiche des Herbstes. Unter babylonischem Einfluß verlegte man ihn auf den Neumondstag nach dem Frühlings-Äquinoktium (Kalender v. Nippur). Mit diesem Monat, Nisan genannt, begann dann auch die Zählung der Monate.

Aber im religiösen Bereich behielt man den alten Jahresbeginn bei. So kam es, daß die Juden bis zum heutigen Tag das Neujahrsfest am ersten Tag des 7. Monats (= Tischri) begehen.

c) Alle Festtage *beginnen mit dem Abend* des vorausgehenden Tages und dauern bis zum folgenden Abend.

## *1. Der Sabbat*

Innerhalb dieses Jahresablaufs spielt der Sabbat eine herausragende Rolle. Er ist das krönende Ende der Siebentagewoche, man könnte ihn den Urfeiertag des jüdischen Volkes nennen: ein Tag der Ruhe, aber auch des Offenseins für Jahwe und sein Wort. Seine verpflichtende Einsetzung für Israel dürfte mindestens bis in die Zeit des Exils zurückreichen. Ob seine Wurzeln in noch älteren Zeiten zu suchen sind, ist heute noch umstritten. Manches spricht dafür, den Wegbereiter unserer Siebentagewoche und des Sabbats in jener Gruppe von „bösen" Tagen zu sehen, wie sie in den heidnischen Religionen des Alten Orients beachtet wurden. „Es handelt sich um die durch sieben teilbaren Tage: den 7., 14., 21., 28. und den 19. Fast alle Bürger waren verpflichtet, an diesen Tagen ‚nichts zu tun...' Zunächst hatte die Siebenzahl der bösen Tage noch nicht die Bedeutung eines Zeitmaßes. Der Monat, nicht die Woche, bestimmt den Rhythmus der Zeit. Aber es ist unbestreitbar, daß wir hier am Anfang einer Entwicklung stehen, die später zum jüdischen Sabbat führte, übrigens über eine Reihe von Läuterungen, die wir später noch genauer angeben wollen. Diese Läuterung wurde übrigens in der heidnischen Welt selbst schon vorbereitet, wie aus den in Lagasch gefundenen bekannten Vorschriften um 2500 vor Christus hervorgeht, wonach diese Tage schon durch Darbringung eines Opfers geheiligt wurden."[5] Daß es zu einer solchen Reihe von Tagen kam, könnte durchaus seinen Ursprung in den einzelnen Phasen des Mondumlaufs haben, wie sie sich dem unmittelbaren Augenschein darbieten, nämlich Neumond, zunehmender Halbmond, Vollmond und abnehmender Halbmond. Die Zahl 19 erklärt man als siebenmal sieben minus einem Monat zu 30 Tagen. Es läßt sich mit guten Gründen vermuten, daß die Israeliten diese Sitte ihrer Herkunftsländer kannten und im Sinn ihrer monotheistischen Religion läuterten.

Die erste Fassung des Dekalogs unterstreicht besonders die *Arbeitsruhe* (vom hebr. schabbat = aufhören, ruhen leitet sich wahrscheinlich das Wort Sabbat her). Sie setzt den Sabbat in enge Verbindung mit dem Ruhen Gottes nach dem Sechstagewerk der Schöpfung: „Denk an den Sabbat: Halte ihn heilig! Sechs Tage darfst du schaffen und jede Arbeit tun; der siebte Tag ist ein Ruhetag, dem Herrn, deinem Gott, geweiht... Denn in sechs Tagen hat der Herr Himmel, Erde und Meer gemacht und alles, was dazugehört; am siebten Tag ruhte er. Darum hat der Herr den Sabbat gesegnet und ihn für heilig erklärt" (Ex 20,8–11).

An anderen Stellen des Alten Testaments wird besonders die *soziale und ökonomische Funktion* des Sabbats betont: „Dein Sklave und deine Sklavin sollen sich ausruhen wie du" (Dtn 5,14); „sechs Tage kannst du deine Arbeit verrichten, am siebten Tag aber sollst du feiern, damit dein Rind und dein Esel ausruhen und der Sohn deiner Sklavin und der Fremde zu Atem kommen" (Ex 33,12). Zugleich wird er als Erinnerung an die Befreiung aus der Sklavenschaft in Ägypten und als verpflichtendes Bundeszeichen betrachtet: „Denk daran: Als du in Ägypten Sklave warst, hat dich der Herr, dein Gott, mit starker Hand und hocherhobenem Arm dort herausgeführt. Darum hat es dir der Herr, dein Gott, zur Pflicht gemacht, den Sabbat zu halten" (Dtn 5,15). Die Israeliten sollen den Sabbat feiern, „indem sie ihn von Generation zu Generation als einen ewigen Bund halten. Für alle Zeiten wird er ein Zeichen zwischen mir und den Israeliten sein" (Ex 31,16f).

Angesichts solcher intensiven Sinngebung und eindringlichen Mahnung wird es verständlich, daß die Nichtbeachtung des Sabbats mit härtesten *Sanktionen* belegt wird: „Wer ihn entweiht, soll mit dem Tod bestraft werden... Jeder, der am Sabbat arbeitet, soll mit dem Tod bestraft werden" (Ex 31,14f). In der nachexilischen Zeit wurden die Arbeitsverbote immer weiter ausgedehnt, so daß es zeitweise sogar zum Verzicht auf Selbstverteidigung am Sabbat kam (vgl. 1 Makk 2,34–38). Auch das Neue Testament weiß von manchen überstrengen Vorschriften des damaligen Judentums zu berichten, so daß sich Jesus zu der Feststellung veranlaßt sieht: „Der Sabbat ist für den Menschen da, nicht der Mensch für den Sabbat" (Mk 2,27).

Der Sabbat der Juden war jedoch nicht nur Tag der Arbeitsruhe, durch die man das „Ruhen Gottes" nach dem Sechstagewerk nachzuahmen und ihm nahezukommen suchte. Er war auch *„ein Tag heiliger Versammlung"*, „ein Feiertag zur Ehre des Herrn" (Lev 23,3). Am

Tempel in Jerusalem wurden besondere Sabbatopfer dargebracht (vgl. Num 28,9–10). In der tempellosen Zeit des Exils und auch später außerhalb Jerusalems versammelten sich die jüdischen Gemeinden zu einem Gebets- und Lesegottesdienst. Versammlungsraum waren die Synagogen, die nach Meinung zahlreicher Gelehrter bald nach dem Exil überall dort, wo eine größere Anzahl von Juden wohnte, entstanden. Dabei wurden u. a. Lesungen aus dem Gesetz und den Propheten vorgetragen und erklärt.

Auch das *häusliche Leben* war und ist in gläubigen Familien vom Sabbat geprägt. Außer der Teilnahme am Synagogengottesdienst gab und gibt es eine reiche Familienliturgie, die sowohl Ausdruck wie Nahrung tiefen Glaubens und echter Frömmigkeit ist[6]. „Ohne diesen ständig wiederkehrenden Rhythmus von Schabbat zu Schabbat kann das jüdische Glaubensvolk die Zeiten und all das Schwere, das sie immer wieder bringen und aufgeben, nicht überstehen.“[7]

## 2. *Die großen Wallfahrtsfeste*

In der Reihe jüdischer Feste zur Zeit Jesu begegnet uns eine Gruppe, die man als Wallfahrtsfeste bezeichnet, weil jeder Jude, der das 12. Lebensjahr vollendet hatte, alljährlich wenigstens an einem dieser Feste zum Tempel nach Jerusalem wallfahren mußte. Es handelt sich dabei ursprünglich um Hirten- und Ackerbaufeste, Frühlings- und Erntefeste, die man später mit dem Gedächtnis bestimmter Ereignisse der israelitischen Heilsgeschichte verknüpfte und so theologisch umprägte und bereicherte[8].

### *a) Das Paschafest (hebr. Pesach) und das Fest der ungesäuerten Brote (Mazzot)*

Beide Feste haben eine verschiedene Herkunft, verschmolzen später aber zu einem einzigen Fest, was um so leichter war, als beide auf die Zeit des ersten Frühlingsvollmondes fielen. Das *Paschafest* geht auf den Brauch der Nomadenstämme zurück, im Frühling ein junges männliches Tier der Herde zu opfern, sein Blut an das Zeltgestänge zu streichen, um damit den Einfluß böser Geister abzuwehren, und sein am offenen Feuer geröstetes Fleisch zu essen. Dem Fest der *Mazzot* liegt die bäuerliche Sitte zugrunde, die erste Gerstengarbe der Gottheit zu weihen und sieben Tage lang nur ungesäuertes Brot zu essen, bis man aus dem Mehl der neuen Ernte „neuen Sauerteig“ gewonnen hatte. Im Bericht über den Auszug Israels aus Ägypten verschmolzen beide

Festriten zu einem einzigen kultischen Vorgang und wurden zum sichtbaren Zeichen der Errettung aus der Sklavenschaft Ägyptens (vgl. Ex 12,1–28). Beide Feste wurden so zu einem einzigen Gedächtnisfest, das Jahr für Jahr gefeiert werden sollte:

„An diesem Tag erzähl deinem Sohn: Das geschieht für das, was der Herr an mir getan hat, als ich aus Ägypten auszog. Es sei dir ein Zeichen an der Hand und ein Erinnerungsmal an der Stirn, damit das Gesetz des Herrn in deinem Mund sei. Denn mit starker Hand hat dich der Herr aus Ägypten herausgeführt. Halte dich an diese Regel, Jahr für Jahr, zur festgesetzten Zeit" (Ex 13,8–10).

Die Form dieses *Paschamahles* hat sich nach dem Exil noch stärker ritualisiert und durch die Ordnung (Seder) der vier Becher genau gegliedert. Nach dem Traktat Pesachim der Mischna (= mündliche Überlieferung, die im 2. nachchristlichen Jahrhundert niedergeschrieben wurde) hatte es folgende Gestalt, nach der wohl auch Jesus mit seinen Jüngern das letzte Paschamahl gehalten hat: „Zu Beginn füllte man den ersten Becher mit Wein und Wasser; der vornehmste Tischgenosse sprach darüber zwei Segensformeln... Danach trank man den ersten Becher. Dann wurden ungesäuerte Brote und grüne Kräuter aufgetragen, die der vornehmste Tischgenosse verteilte, nachdem er seine Hände gewaschen, ein Dankgebet gesprochen und von den Speisen gekostet hatte. Jetzt wurde das gebratene Paschalamm aufgetragen. Man mischte den zweiten Becher, man erklärte den Sinn des Mahles und den Symbolismus der Riten im Hinblick auf den Auszug aus Ägypten und sang den ersten Teil des Hallel (Psalm 113 und 114,1–8). Darauf trank man den zweiten Becher. Nach erneuter Händewaschung und Lobgebet wurde das Paschalamm gegessen, dazu bittere Kräuter und ungesäuerte Brote, die man im Charoseth (einer Mischung von verschiedenen Früchten) eintunkte... Dann folgte der dritte Becher, deswegen der ‚Kelch des Segens' (1 Kor 10,6) genannt, weil dabei eine Danksagung über das Mahl ausgesprochen wurde. Mit dem vierten Becher wurde der zweite Teil des Hallel (Psalm 115–118) gesungen, in dem die Hoffnung auf die Messianische Wiederherstellung ausgedrückt war."[9]

In dieser Feier des Paschafestes sahen die Juden, besonders seit der nachexilischen Reform, nicht nur eine historische Erinnerung an ein längst vergangenes Heilsereignis. Vielmehr fühlten sie sich selbst hineingenommen in das rettende Handeln Gottes an seinem Volk und darum auch verpflichtet zu jener religiösen Haltung, die ihre aus Ägypten ausziehenden Vorfahren prägte. Dieses Bewußtsein ist bei den Juden bis zur Stunde lebendig geblieben, wie ihr heutiges Rituale vom Paschafest beweist. Dort heißt es: „In jeder Generation sollte ein jeder sich so betrachten, als ob er persönlich aus Ägypten ausgezogen sei ... Nicht nur unsere Vorfahren hat der Allheilige, gelobt sei er, erlöst, sondern auch uns selbst hat er mit ihnen befreit."[10]

### *b) Das Wochenfest (Schavuot, Pfingsten)*

Sieben Wochen nach dem Fest der ungesäuerten Brote (Beginn der Gerstenernte) wurde als Dankfest für die Weizenernte das Fest der (sieben) Wochen gefeiert. Weil es der fünfzigste Tag war – Anfangs- und Endtag einer Zeitspanne wurden in der Antike als je ein Tag gezählt –, nannte man es in späterer Zeit auch Pentekoste (= der fünfzigste), wovon sich das deutsche Wort Pfingsten herleitet (vgl. Tob 2,1). Dieses Wochenfest war als Dankfest nach anstrengender Erntearbeit ein fröhliches Fest und wurde mit verschiedenen Opfern im Tempel begangen (Lev 23,15–21). Es wurde später mit der Erinnerung an den Bundesschluß am Sinai und die dabei erfolgte Übergabe der Zehn Gebote verbunden und so zu einem Gedächtnisfest der israelitischen Heilsgeschichte.

### *c) Das Laubhüttenfest (Sukkot) und das Fest der Thorafreude (Simchat Thora)*

Auch das dritte der Wallfahrtsfeste ist seinem Ursprung nach ein agrarisches Fest, das Fest der Weinlese. Es beginnt mit dem Vollmond des 7. Monats (Tischri) und dauert sieben Tage lang (vgl. Lev 23,33–36). Es war ein fröhliches Fest, wie es sein Charakter als Erntedank nahelegt. „Das Laubhüttenfest sollst du sieben Tage lang feiern, nachdem du das Korn von der Tenne und den Wein aus der Kelter eingelagert hast. Du sollst an deinem Fest lustig sein, du, dein Sohn und deine Tochter, dein Sklave und deine Sklavin, die Leviten und die Fremden, Waisen und Witwen, die in deinen Stadtbereichen wohnen. Sieben Tage sollst du Jahwe, deinem Gott, das Fest feiern an der Stätte, die der Herr, dein Gott, auswählt. Wenn dich der Herr, dein Gott, in allem gesegnet hat, in deiner Ernte und in der Arbeit deiner Hände, dann sollst du froh und lustig sein" (Dtn 16,13–15).

Während dieser Festwoche sollten die Israeliten in leicht gebauten Hütten aus belaubten Zweigen wohnen. Zur Begründung macht die priesterliche Überlieferung den Versuch, auch dieses Ackerbaufest in eine Beziehung zur Heilsgeschichte Israels zu bringen: „Jeder Einheimische soll in Hütten wohnen, damit eure kommenden Generationen wissen, daß ich die Israeliten in Hütten wohnen ließ, als ich sie aus Ägypten herausführte" (Lev 23,42f). Ein weiterer Festbrauch, bei dem man im Rahmen von Prozessionen in der linken Hand eine Zitrusfrucht und in der rechten den sogenannten Feststrauß aus Zweigen verschiedener Bäume trug und sie festlich schwang, wird erst nach Beginn der christlichen Zeitrechnung ausdrücklich bezeugt. Die Hinweise in Lev 23,40 und 2 Makk 10,6f lassen jedoch vermuten, daß dieser Brauch sich schon in vorchristlicher Zeit eingebürgert hatte.

Die Fröhlichkeit der Festwoche gewann im 7./8. Jahrhundert einen zusätzlichen Höhepunkt am Oktavtag im sogenannten *Schlußfest oder Fest der Thorafreude* (Simchat Thora). An ihm wird die alljährliche Lesung der Thora zu Ende geführt und das Buch Genesis mit seinen ersten Versen neu begonnen. Der Lektor der letzten Thora-Verse gilt als Bräutigam der Thora und wird wie ein König gefeiert.

### *3. Das Neujahrsfest (Rosch Haschana)*

Entsprechend dem älteren Jahreskalender Israels[11] feierte man den ersten Tischri, den Neumondstag des ersten Herbstmonats, als Neujahrsfest. Die Vorschriften hierüber finden sich in Lev 23,23–25 und Num 29,1–6, also in spät verfaßten Schriften. In der erstgenannten Stelle heißt es: „Im siebten Monat, am ersten Tag des Monats, ist für euch Ruhetag, in Erinnerung gerufen durch Lärmblasen, eine heilige Versammlung. Da dürft ihr keine schwere Arbeit verrichten, und ihr sollt dem Herrn ein Feueropfer darbringen." An der zweiten Stelle werden hierzu noch nähere Anweisungen gegeben. Es fällt jedoch auf, daß an beiden Stellen der Name des Festes nicht genannt wird und erst recht in früheren Schriften des Alten Testamentes nicht vorkommt. So hat die Frage nach seinem Ursprung den Forschern viele Rätsel aufgegeben und manche Hypothesen ausgelöst, auf die in diesem kurzen Überblick nicht näher eingegangen werden kann. Ein zeitgenössischer Jude gibt ihm folgende Deutung: „... ein Tag des Posaunenblasens, wobei nicht an eine Metallposaune, sondern an ein Schophar zu denken ist, ein Widderhorn, das heute noch im Mittelpunkt der synagogalen Liturgie dieses Tages steht. Das Blasen auf diesem Horn wird mit der verhinderten Opferung Isaaks verbunden. An Stelle des Sohnes wurde ein Widder geopfert, dessen Horn nun Gott an das stellvertretende Sühneleiden Isaaks erinnern soll ... In Babylon lernten die Exilierten das Thronbesteigungsfest des Marduk kennen, das zugleich Neujahrstag war. Sie adaptierten das Fest dem eigenen Jahwe-Kult. Der Tag des Hornblasens wurde Neujahrstag, und in der Liturgie dominiert der Gedanke der Thronbesteigung des richtenden Gottes, vor dem, an diesem Gerichtstag, die Bücher von Verdienst und Schuld aufgerollt sind."[12]

## *4. Das Versöhnungsfest (Jom Kippur)*

Es wird am 10. Tischri, also im ersten Herbstmond, begangen. Obwohl es zu den neueren Festtagen des vorchristlichen Judentums gehört, hat es immer mehr an Bedeutung gewonnen. Es war ein Tag strikter Arbeitsruhe, der büßenden „Enthaltung" und der gottesdienstlichen Versammlung. Lev 16 gibt eine detaillierte Schilderung des Opferrituals. Der Hohepriester durfte an diesem Tag – und nur an diesem – das Allerheiligste hinter dem Vorhang betreten. Er opferte zunächst für seine eigenen Sünden und die der Priesterschaft einen Jungstier und bestrich mit seinem Blut den Deckel der Bundeslade. Dann brachte er im Allerheiligsten ein Weihrauchopfer dar. Anschließend wurde einer von zwei bereitgestellten Ziegenböcken, über die das Los geworfen wurde, als „Sündopfer für das Volk" dargebracht und sein Blut ebenfalls hinter dem Vorhang und davor ausgegossen. Schließlich erfolgte „die Entsühnung des Heiligtums, des Offenbarungszeltes und des Altares" (16,20) mit dem Opferblut des Jungstieres und des Bockes. Der zweite Bock, „Bock für Azazel" (Dämon, Teufel?), später auch Sündenbock genannt, wurde nun durch Handauflegung des Hohenpriesters symbolisch mit den Sünden des Volkes beladen und durch einen Mann in die Wüste getrieben: „Der Bock soll alle ihre Sünden mit sich in die Einöde tragen" (16,22).

Auch nach dem Wegfall des Opferkultes durch die Zerstörung des Tempels im Jahre 70 n. Chr. blieb Jom Kippur ein herausragender Tag im jüdischen Festkalender. Die Tage zwischen dem 1. und 10. Tischri galten als Bußtage. Der Versöhnungstag selbst wird durch strenges Fasten, lange Gebete und Lesungen und durch das mehrfach wiederholte Sündenbekenntnis des Volkes begangen.

## *5. Das Tempelweihfest (Chanukka)*

Im 1. Makkabäerbuch wird berichtet, daß Judas und seine Brüder nach den Siegen über ihre Feinde mit dem ganzen Heer nach Jerusalem hinaufzogen, um den verwüsteten und geschändeten Tempel zu reinigen und neu zu weihen. An Stelle des entweihten Brandopferaltares bauten sie einen neuen. „Auch das Heiligtum und die Innenräume des Tempels bauten sie wieder auf und reinigten die Vorhöfe. Sie fertigten neue heilige Geräte an und stellten den Leuchter, den Rauchopferaltar und den Tisch in den Tempel. Dann brachten sie auf dem Altar ein Rauchopfer dar, zündeten die Lichter an dem Leuchter an, so daß der Tempel hell wurde, legten Schaubrote auf den Tisch und hängten den Vorhang auf. So beendeten sie alle Arbeiten, die sie sich vorgenommen hatten" (1 Makk 4,48–51). Anschließend, am 25. Kislev (9. Monat) des Jahres 164 v. Chr., genau drei Jahre nach der Entweihung des Tempels, wurde der restaurierte Tempel neu geweiht und die ersten Opfer am neuen Brandopferaltar dargebracht. „Acht Tage lang feierten sie die Altarweihe und brachten mit Freuden Brandopfer dar und schlachteten Heils- und Dankopfer" (4,56).

„Judas faßte mit seinen Brüdern und der ganzen Gemeinde Israels den Beschluß, Jahr für Jahr zur selben Zeit mit festlichem Jubel die Tage der Altarweihe zu begehen, und zwar acht Tage lang, vom 25. Kislev an" (4,59).

Die Juden haben seitdem dieses Fest mit großer Fröhlichkeit begangen. Zu den herausragenden Riten gehörte es, geschmückte Stäbe und belaubte Zweige unter Lob- und Dankgesängen herumzutragen und Lichter in jedem Haus zu entzünden. An jedem Tag der Festwoche fügte man ein neues Licht hinzu. Hierfür benutzte man einen achtarmigen Leuchter, auch Chanukka-Leuchter genannt. Wenn auch schon 1 Makk 4,50 einen Ansatzpunkt für das Entstehen dieses Lichtritus bildet, so führt ihn die jüdische Tradition zusätzlich auf ein Wunder bei der Tempelreinigung durch Judas Makkabäus zurück: „Nur ein Ölkrüglein mit dem Siegel des Hohenpriesters fand sich im entweihten Tempel zu Jerusalem. Die Brenndauer dieses Ölvorrates für den siebenarmigen Leuchter, die Menora, war ein Tag, aber durch ein Mirakel reichte das Öl für acht Tage; Zeit genug bis zur Herstellung neuen, reinen Öles."[13] Weil das Chanukka-Fest am 25. Kislev immer in den Advent fällt und als „Fest der Lichter" mit besonderer Freude begangen wird, sprach man gelegentlich vom „jüdischen Weihnachtsfest".

## 6. *Das Purimfest*

Es dürfte seinen Ursprung in einer außergewöhnlichen Errettung der Juden in der persischen Diaspora haben. Hierüber berichtet ausführlich das Buch Ester. Weil der Judenfeind Haman den Tag der geplanten Vernichtung durch das Werfen von Losen (= purim) bestimmt hatte, bekam das Fest diesen Namen. Der einflußreiche Jude Mordechai am Königshof schrieb dann allen Juden im Perserreich vor, künftig den 14. und 15. Adar (letzter Monat des Jahres) als Festtage zu begehen, eingeleitet durch einen Fasttag am 13. Adar. Das Buch Ester selbst legte nahe, dieses Fest in fröhlicher Ausgelassenheit zu feiern (vgl. 9,19; 10,3k). „Es nahm allmählich den Charakter eines Karnevals an."[14] „Im Gottesdienst der beiden Festtage wurde das Buch Ester verlesen, von den Fluchrufen der Anwesenden über Aman und die Gottlosen allgemein unterbrochen ... Außer diesen Lesungen und der Verteilung von Geschenken und Almosen, denen die frommen Leute eine religiöse Absicht gaben, war es ein rein profanes Fest, das man mit Vergnügungen und Festmählern beging und an dem Freiheiten erlaubt waren. Die Rabbinen gestatteten, daß man trinken durfte, bis man nicht mehr unterschied zwischen ‚Verflucht sei Aman' und ‚Gelobt sei Mardochäus'. Später kam die Gewohnheit hinzu, sich zu verkleiden, und so wurde das Purimfest der Karneval der Juden."[15]

### *7. Der nationale Trauertag (Tescha-Beab)*

Am neunten des Monats Ab, der in unseren Juli/August fällt, steht das jüdische Leben im Zeichen des trauernden Gedächtnisses von vier nationalen Katastrophen, die alle auf das genannte Monatsdatum fielen: a) Zerstörung des ersten Tempels 586 v. Chr., b) Zerstörung des zweiten Tempels 70 n. Chr., c) Niederschlagung des jüdischen Aufstandes gegen Rom 135 n. Chr., d) Vertreibung der Juden aus Spanien 1492. In diesem Gedenken werden zugleich alle anderen Katastrophen, die das jüdische Volk in seiner leidvollen Geschichte bis in die jüngste Vergangenheit erlebt hat, eingeschlossen. Es ist ein Tag strengsten Fastens. Die Trauer findet ihren liturgischen Ausdruck u.a. darin, daß in der Synagoge die Klagelieder des Jeremia gelesen werden.

### *8. Der nationale Unabhängigkeitstag Israels*

Dieses jüngste der jüdischen Feste gedenkt der feierlichen Proklamation der Neugründung des Staates Israel am 14. Mai 1948 durch den vorläufigen Staatsrat. Es wird in Israel als nationaler Feiertag mit einem besonderen Synagogengottesdienst begangen.

DRITTES KAPITEL

# Das Pascha-Mysterium Christi als Herzmitte des Kirchenjahres

## 1. *Die Bedeutung des Pascha-Mysteriums*

Das Bildwort vom Herzen meint die innerste Mitte eines Organismus, von der alle Blutbahnen ausgehen und in die sie wieder einmünden. Das Herz ist das belebende Zentrum, ohne welches das Leben nicht möglich ist. Als zentrales Organ versorgt es alle Teile des Körpers bis in die feinsten Verästelungen hinein mit dem lebensnotwendigen Blut. Im Rahmen unseres Themas will dieses Bild sagen, daß das Kirchenjahr nicht an einem Konstruktionstisch entstanden ist, seine Existenz nicht scharfsinnigen Überlegungen und umsichtigen Planungen verdankt, sondern aus einer Herzmitte hervorgegangen und -gewachsen ist. Diese Herzmitte des Kirchenjahres ist die *Passion und Auferstehung Christi.*

Sie ist die zentrale Heilsquelle für alle Menschen aller Zeiten. Gott hat die Selbstentäußerung und den Todesgehorsam Jesu als Opfer der Sühne und Versöhnung angenommen, indem er ihn von den Toten auferweckt und verherrlicht hat (vgl. Phil 2,6–9). Dieses heilstiftende Werk Jesu wird im Hinblick auf das jüdische Paschafest, an dem Jesus gekreuzigt wurde, vom II. Vaticanum häufig als Pascha-Mysterium bezeichnet[16]. Dabei bedeutet *Pascha* (vom hebräischen pesach) soviel wie Vorübergang und Hindurchgang: Wie die Israeliten durch den Vorübergang des Strafengels an ihren Häusern und mit dem Durchzug durch das Schilfmeer aus der Knechtschaft Ägyptens errettet und ins Land der Verheißung geführt wurden, so hat Jesus mit seinem Hindurchgang durch das Meer des Leidens und Sterbens das neue Volk Gottes in die Gnadengemeinschaft mit dem Vater geführt. Das Wort *Mysterium* meint in diesem Zusammenhang nicht irgendeine verborgene Sache im Sinn von Geheimnis, sondern diese unauslotbare Heilstat Gottes in Jesus. Das Pascha-Mysterium schenkt den Glaubenden einen neuen Zugang zum Vater, eine neue Existenzweise als Kinder Gottes in der Gemeinschaft des Leibes Christi und damit die Verheißung ewiger Gemeinschaft mit dem dreifaltigen Gott. Will man dieses doppelte Fremdwort Pascha-Mysterium ins Deutsche übertragen, so bietet sich noch am besten der Ausdruck „*österliche Heilstat*“ an.

Dabei dürfen wir aber nicht nur an die Auferstehung Jesu am Ostermorgen denken, sondern müssen das Leiden und Sterben Jesu mit einbeziehen, also das gesamte „heiligste Triduum des gekreuzigten, begrabenen und auferweckten Herrn"[17] vom Gründonnerstagabend bis zum Ostersonntag einschließlich.

Über diese zentrale Heilstat Jesu hinaus haben aber auch die anderen Stationen des gottmenschlichen Lebens Jesu Heilsbedeutung. Das gilt von seiner Inkarnation und Geburt bis hin zur Himmelfahrt und Geistsendung. Auch hinter diesen Geschehnissen und Taten Jesu steht das Wort des Glaubensbekenntnisses: „für uns Menschen und zu unserem Heil".

## 2. *Die Vergegenwärtigung des Pascha-Mysteriums in der Liturgie*

Das Pascha-Mysterium Christi ist ein einmaliges historisches Geschehen und gehört als solches der Vergangenheit an. Zwar haben manche geschichtlichen Ereignisse zuweilen eine fortdauernde Wirkung, aber sie lassen sich nicht mehr in die Gegenwart hineinholen. Anders ist es mit dem Pascha-Mysterium insofern, als sein innerster Kern, die Selbsthingabe und der Todesgehorsam Jesu, im erhöhten Gottmenschen fortlebt und fortwirkt. Weil sein Heilswillen universal ist, will er die Menschen aller Zeiten und Völker an seiner Heilstat teilhaben lassen. So kann das II. Vaticanum schreiben: „Um dieses große Werk voll zu verwirklichen, ist Christus seiner Kirche immer gegenwärtig, besonders in den liturgischen Handlungen. Gegenwärtig ist er im Opfer der Messe sowohl in der Person dessen, der den priesterlichen Dienst vollzieht... wie vor allem unter den eucharistischen Gestalten. Gegenwärtig ist er mit seiner Kraft in den Sakramenten, so daß, wenn immer einer tauft, Christus selber tauft. Gegenwärtig ist er in seinem Wort, da er selbst spricht, wenn die heiligen Schriften in der Kirche gelesen werden. Gegenwärtig ist er schließlich, wenn die Kirche betet und singt, er, der versprochen hat: ‚Wo zwei oder drei versammelt sind in meinem Namen, da bin ich mitten unter ihnen' (Mt 18,20)" (LK 7).

Diese Gegenwart Christi ist keine subjektiv-psychologische, sondern eine objektive, keine nur statische, sondern eine dynamische. Sie ist, um es mit den Worten Pius' XII. zu sagen, weit mehr als nur eine „kalte, leblose Darstellung längst vergangener Dinge oder eine bloße Erinnerung an Ereignisse aus einer früheren Zeit. Es ist vielmehr Christus selbst, der in seiner Kirche weiterlebt. Er geht da den Weg seines unermeßlichen Erbarmens, den er in seinem sterblichen Leben... in der liebevollen Absicht begonnen hat, daß die Menschen mit seinen

Heilstaten Kontakt bekommen und durch sie sozusagen leben. Diese Mysterien sind dauernd gegenwärtig und wirksam.“[18]

Die nähere Art dieser Gegenwart und Wirksamkeit wurde in unserem Jahrhundert durch die *Mysterientheologie* des Laacher Benediktiners *O. Casel* zum Gegenstand umfangreicher Untersuchungen und Diskussionen. Seine Veröffentlichungen[19] fanden Zustimmung und Widerspruch, führten aber, im ganzen gesehen, zu einer vertieften Sicht des liturgischen Geschehens.

Um den Gegenwartscharakter des Heilswerkes Christi zu unterstreichen, bedient sich das II. Vaticanum eines Satzes aus dem Gabengebet des zweiten Sonntags im Jahreskreis, indem es feststellt: „In der Liturgie, besonders im heiligen Opfer der Eucharistie, ‚vollzieht sich nämlich das Werk unserer Erlösung'“ (LK 2). In der eucharistischen Feier wird Christus als der Hohepriester des Neuen Bundes mit seinem Selbstopfer gegenwärtig, um die Mitfeiernden hineinzunehmen in seine eigene Hingabe und in die Gemeinschaft mit dem Vater.

Sein hohepriesterliches Tun realisiert sich aber auch in der *Feier der übrigen Sakramente*. Auch sie sind Ausstrahlung und Frucht des Pascha-Mysteriums und heilbringende Begegnung mit Christus[20]. Ähnliches gilt auch für die *Wort- und Gebetsgottesdienste* der christlichen Gemeinde einschließlich der sogenannten *Sakramentalien* (Weihungen und Segnungen): Im Wort der heiligen Schriften spricht er selber zu uns, und wenn wir beten, wird er unser Vor- und Mitbeter, der den Handlungen der Kirche eine höhere Qualität und Wirksamkeit verleiht.

Manchem mag es hilfreich sein, diese Glaubenswahrheit von dem fortwirkenden Pascha-Mysterium durch einen Vergleich zu verdeutlichen: Unablässig strahlt unsere Sonne ihre Lichtfülle und Wärmeenergie aus, in alle Jahrhunderte, in alle Kontinente, in jede Stadt und jedes Dorf. Sie tut es schon seit Jahrmillionen, ohne sich zu verausgaben, ohne ihren Glanz zu mindern. So ist Christus mit seiner Erlösungstat zu einer neuartigen Sonne des Heiles geworden und strahlt überall dort hinein, wo sich die Gemeinde zu ihren liturgischen Feiern versammelt und sich dabei in Glaube und Liebe öffnet. Hier erfüllt sich seine Verheißung: „Wo zwei oder drei in meinem Namen versammelt sind, da bin ich mitten unter ihnen“ (Mt 18,20).

Den gleichen Sachverhalt hatten jene altrömischen Christen im Auge, die in den Katakomben einen Mann darstellten, der mit einem Stab an eine Felsenwand schlägt, worauf eine starke Wasserquelle hervorbricht. Mit diesem Mann war zunächst Mose gemeint, der dieses Wunder auf der Wüstenwanderung in der Kraft Gottes wirkte. Aber Mose war nur Vorbild und Gleichnis für den neutestamentlichen Führer des Gottesvolkes, für Christus. Er hat am Felsen Golgota die Quelle der Erlösung zum Strömen gebracht und läßt sie dorthin strömen, wo sich seine Gemeinde zur Feier des Pascha-Mysteriums versammelt.

So ist das Pascha-Mysterium die Herzmitte der gesamten Liturgie und damit des Kirchenjahres, das ja durch die Feier der Erlösungsgeheimnisse geprägt ist. Es ist die Quelle, die es durchströmt, der Angelpunkt, um den es sich dreht. Letzten Endes sind auch die Feste und Gedenktage der Heiligen ein Hoheslied auf das Pascha des Herrn.

Die Ausstrahlung des Pascha-Mysteriums in die Liturgie darf allerdings *nicht als automatisch* wirkende Gnadenverleihung mißverstanden werden; handelt es sich doch um ein Gnadenangebot Gottes an freie, geistbegabte Menschen. Weil Gott den Menschen in seiner Freiheit ernst nimmt, will er sein Heilsangebot in Christus niemand aufdrängen oder gar aufzwingen. Er geht zwar auf den Menschen zu und will ihn zum Heil führen. Aber er will die *partnerschaftliche Begegnung* mit dem heilsbedürftigen Menschen. Der „Part", den dieser erbringen muß, ist der Glaube an Jesus als den erhöhten Herrn und an den Vater, der ihn gesandt hat. Dabei ist unter Glaube seine Vollform im Sinn des Neuen Testamentes zu verstehen: Glaube sowohl als Anerkenntnis und Bekenntnis wie als Vertrauen und vorbehaltlose Hingabebereitschaft an den Vater. Es ist der Glaube, der durch die Liebe geprägt und wirksam ist (vgl. Gal 5,6) und sich in ihr vollendet, der jede Form von Selbstherrlichkeit, Überheblichkeit, Hochmut, Herrschsucht und Lieblosigkeit ausschließt. Wo sich der Mensch auf solche Weise dem Heilsangebot Gottes in Christus öffnet, wird das Pascha-Mysterium wirksam und fruchtbar.

### 3. *Sinn und Ordnung christlicher Feste*

Feste sind so alt wie die Menschheit. In einer philosophischen Untersuchung des Festbegriffs kommt *J. Pieper* zu der wohlbegründeten Definition: „Ein Fest feiern heißt: die immer schon und alle Tage vollzogene Gutheißung der Welt aus besonderem Anlaß auf unalltägliche Weise begehen.“[21] So verschiedenartig auch Anlaß und Gestaltung von Festen sein mögen, es handelt sich immer um die *Begehung denk- und dankwürdiger Ereignisse*. Das gilt, wie wir im einleitenden Abschnitt gesehen haben, ebenso für die periodisch wiederkehrenden Naturfeste wie für die bedeutungsvollen Geschehnisse im Leben der Einzelmenschen und Familien (rites de passage), der Gemeinden und größeren Gemeinschaften. Die grundsätzlich vollzogene „Gutheißung der Welt“ als Voraussetzung und Grundlage jeder Festfeier schließt beim religiösen Menschen den dankenden Lobpreis des Weltschöpfers ein, auf den der konkrete Festanlaß zurückgeführt wird. So sind auch alle vor- und außerchristlichen Feste im tiefsten kultische Feste[22].

Im Abschnitt über den jüdischen Festkalender wurde deutlich, daß dort die ursprünglichen Naturfeste immer stärker überlagert, ja fast absorbiert wurden von dem Gedächtnis israelischer Heilsereignisse, der Erfahrungen und rettenden Begegnungen mit dem Bundesgott Jahwe. Die ersten Christen kannten aus Herkunft und Verbundenheit mit dem jüdischen Volk und seiner Religion diese Gedächtnisfeste der Heilstaten Gottes sehr genau. Was lag nach der Erfahrung des Christusereignisses näher, als daß diese Rettungstat des christlichen Pascha alle Feste des jüdischen Glaubens mehr und mehr überstrahlte und selbst zum zentralen Fest- und Feiergegenstand der Christen wurde. Dies um so mehr, als Christus selbst das Gedächtnis seines erlösenden Todesgehorsams und seiner Hingabe für alle Menschen in der eucharistischen Feier zur bleibenden Verpflichtung erhob, indem er gebot: „Tut dies zu meinem Gedächtnis!“ (1 Kor 11,24.)

Es wird später noch im einzelnen zu zeigen sein, wie dieses christliche Pascha-Mysterium zunächst am *Sonntag* als Wochenpascha gefeiert wurde, bis man, spätestens um die Wende vom ersten zum zweiten Jahrhundert, das *Osterfest als Jahrespascha* hinzufügte. Die geschichtliche Entwicklung brachte eine weitere Entfaltung des grundlegenden Erlösungsthemas, wobei das Christusereignis von seiner Menschwerdung bis zur Erhöhung und Wiederkunft des Herrn einbezogen wurde. Auch die Stationen im Leben seiner Mutter und die Gedächtnistage der Märtyrer und Heiligen, in deren Leben und Sterben die Nachfolge des Herrn sichtbar und die triumphierende Kraft seines Pascha wirksam wurden, finden einen Platz im Festkalender der Christen.

Eine besondere Gruppe christlicher Feste begegnet uns seit dem Mittelalter in den sogenannten *Ideenfesten*. Sie stellen nicht bestimmte Heilsereignisse in den Vordergrund, sondern erheben Glaubenswahrheiten, besondere Aspekte christlicher Lehre und Frömmigkeit oder auch bestimmte Ehrentitel des Herrn, seiner Mutter oder eines Heiligen zum Gegenstand eines Festes. Man nennt sie auch Devotions- oder Andachtsfeste oder spricht von dogmatischen, thematischen und – im Gegensatz zu den dynamischen Festen der Erlösungstaten Christi – von statischen Festen. Hierzu zählen z. B. das Dreifaltigkeits-, Fronleichnams-, Herz-Jesu- und Christkönigsfest, das Fest vom Kostbaren Blut, vom Namen Jesus und von der Heiligen Familie sowie zahlreiche Marienfeste. Solche Feste lassen sich leicht ins ungemessene vermehren, wie man es z. B. in neuerer Zeit versucht hat mit einem Fest „Christus der Arbeiter", „Christus der Hohepriester" und „Christus der göttliche Lehrer". Auch ein Fest zu Ehren Gott Vaters wurde schon angestrebt. Viele derartige Feste sind zudem eine unnötige Verdoppelung.

Die oberste Leitung der Kirche hat sich manchen derartigen Versuche erfolgreich entgegengestellt. Der offizielle römische Kommentar zur GOK gibt sich diesen Ideenfesten gegenüber sehr reserviert und zeigt auf, daß sie ihren Ursprung in der Privatfrömmigkeit haben und schrittweise in den Allgemeinen Festkalender vorgedrungen sind: „Sobald eine bestimmte private Frömmigkeitsrichtung von der rechtmäßigen Autorität gutgeheißen worden war, erbat die Region der Ordensfamilie, in der diese Frömmigkeitsrichtung entstanden war, deren Feier als liturgisches Fest innerhalb der Diözese oder des Ordens; dann wurde der Papst durch wiederholte Bittgesuche bewogen, das Fest auf die gesamte Kirche auszudehnen."[23] Auf solche Weise seien seit dem Ende des 17. Jahrhunderts sechzehn neue Ideenfeste in den Allgemeinen Kalender aufgenommen worden, darunter zehn Marienfeste. Der Kommentar gibt zu erkennen, daß es zu den Zielen der Reform gehört, diese Ideenfeste zu vermindern oder sie den Eigenkalendern zu überlassen[24].

Eine noch größere Zurückhaltung ist dort angebracht, wo es sich um *Ereignisse der Kirchengeschichte* handelt, deren Bedeutung man durch ein eigenes Fest herausstellen wollte. So sind ursprünglich das Fest der Verklärung Christi und die Gedenktage „Mariä Namen" und „Unsere Liebe Frau vom Rosenkranz" als Denkmäler von Siegen über die Türken entstanden. Die Reform des Kirchenjahres hat bei diesen genannten Festgruppen schon gewisse Beschneidungen vorgenommen, indem sie z. B. das Fest vom Kostbaren Blut (1. 7.) und das Fest der Mutterschaft Mariens (11. 10.), das Pius XI. 1931 aus Anlaß der 1500. Wiederkehr des Konzils von Ephesus eingeführt hatte, aus dem Festkalender herausgenommen hat.

Weil mit einem christlichen Fest die Feier der Liturgie, insbesondere der Eucharistie, verbunden ist und es darin seinen Höhepunkt erfährt, ist es nicht nur irgendeine Erinnerungsfeier, sondern – wie oben gezeigt – die Vergegenwärtigung und Zuwendung der Heilstaten Christi. Wenn dabei auch in Gebeten, Gesängen, Lesungen und besonderen Zeichen bestimmte Einzelaspekte herausgestellt werden, so darf doch nicht die Tatsache übersehen werden, daß hinter dem Reichtum der Vielfalt die Einheit des Pascha-Mysteriums steht, das Kommen des Herrn zu seiner Gemeinde, Begegnung und Teilhabe mit und an seiner Erlösungsgnade. Der einzelne Christ wie auch die ganze Gemeinde wachsen tiefer in die Gemeinschaft mit Christus hinein, nicht zuletzt auch in dem Sinn, daß ihr Leben zunehmend geprägt wird von der Gleichförmigkeit mit Christus. So dient auch der Jahreskreis christlicher Feste dem hohen Ziel, von dem Paulus in Röm 8,29 frohlockend schreibt: „Denn alle, die er im voraus erkannt hat, hat er auch dazu vorausbestimmt, an Wesen und Gestalt seines Sohnes teilzuhaben, damit dieser der Erstgeborene von vielen Brüdern sei."

Es wird deutlich, daß das Kirchenjahr eine *immanente Dynamik* enthält. Ihr entspricht es deshalb weniger, das Jahr mit einem Kreislauf zu vergleichen, bei dem man immer wieder an den Ausgangspunkt zurückkehrt und von dort gleichsam wieder von vorn anfängt. Besser ist der Vergleich mit einem nach oben führenden Schraubengewinde oder mit einer Spirale, die nach einer Umdrehung ein Stück höher über den Ausgangspunkt hinausführen, „Christus entgegen". Einen graphischen Versuch in dieser Richtung enthält die Kirchenjahrstafel von *F. Peus*[25]. „Denn einerseits stimmt kein Herrenjahr mit dem anderen ganz überein, und andererseits läuft Kreis nach Kreis der Parusie entgegen, dem Jüngsten Tag und dem Leben des zukünftigen Äons."[26] Der evangelische Autor *G. Kunze* greift den gleichen Gedanken in sehr anschaulicher Weise auf: „Wenn man ein Jahrzehnt oder länger bewußten Lebens in der Kirche und ihrer Zeit zurückschaut, dann mag einem dieser Weg vorkommen, als wenn man einen Bergkegel hinangestiegen sei, der viel zu steil ist, als daß man senkrecht in die Höhe klettern könnte. Das Bergklettern ist ein Sport für den Urlaub; der rechtschaffene Weg des Tage- und Jahrewerkes steigt langsam an. So gehen wir um den Kegel ringsherum, und der Weg führt langsam in die Höhe."[27]

Je zahlreicher und differenzierter im Lauf der Kirchengeschichte die liturgischen Festfeiern wurden, um so mehr wuchs die Gefahr, daß die Grundstruktur des Kirchenjahres verdunkelt und Wichtiges durch periphere Sonderfrömmigkeit überlagert wurde. Dem versuchte die liturgische Gesetzgebung durch mancherlei Bestimmungen zu begegnen. Dies führte allerdings in den letzten Jahrhunderten zu einer *komplizierten Festordnung*, die nicht weniger als sechs verschiedene Rangstufen mit weiteren Klassifizierungen hervorbrachte. So kannte man seit *Pius V.*, der im Auftrag des Trienter Konzils das Brevier (1568) und das Missale (1570) herausgab, die Rangstufen „Duplex I. Klasse", Duplex II. Klasse", „Duplex maius", „Duplex", „Semiduplex" und „Simplex"[28]. Zahlreiche Duplex-Feste hatten Oktaven (Festwochen), die selber wieder nach ihrem Rang unterschieden wurden in privilegierte, gewöhnliche und einfache. Zusätzlich wurden die privilegierten Oktaven nochmals unterteilt in 1., 2. und 3. Ordnung. So lautete beispielsweise die Rangordnung für Ostern als das höchste Fest: Duplex I. Klasse mit privilegierter Oktav 1. Ordnung, während Weihnachten es nur zu einer privilegierten Oktav 3. Ordnung brachte. Schon seit *Benedikt XIV.* gab es immer wieder Versuche zu einer Vereinfachung, so noch 1955 und 1960 („Codex rubricarum" vom 25. 7.). Aber erst die durch das II. Vaticanum in Auftrag gegebene Neuordnung (LK 107) führte im Jahre 1969 zu einer wesentlichen Vereinfachung, die in der „Grundordnung des Kirchenjahres und des neuen römischen Generalkalenders" niedergelegt ist. Hier werden die Feste nach ihrer Bedeutung eingeteilt in Hochfeste (sollemnitas), Feste (festum) und Gedenktage (memoria), wobei nochmals zwischen gebotenen und nichtgebotenen Memorien zu unterscheiden ist. Nur die beiden Hochfeste Ostern und Weihnachten haben eine Oktav.

## *4. Die Struktur des Kirchenjahres*

Ohne den späteren Ausführungen über Sinn und Gestalt der einzelnen Festtage und Festzeiten allzusehr vorausgreifen zu wollen, sei diesen doch eine knappe Strukturskizze des Kirchenjahres vorangestellt, um den Überblick zu erleichtern.

Als *Beginn des Kirchenjahres* betrachten wir heute den 1. Adventssonntag. Dies war nicht immer der Fall. Selbst der Beginn des bürgerlichen Jahres war in den christlichen Ländern des Mittelalters nicht einheitlich. Der Julianische Kalender des Gaius Julius Cäsar (ab 45 v. Chr.) hatte schon den alten römischen Jahresanfang vom 1. März vorverlegt auf den 1. Januar. Obwohl sich dieser Kalender im Westen überall durchsetzte und behauptete, gab es trotzdem zeitweise abweichende

Jahresanfänge: so den *1. März*, den man im Fränkischen Reich bis ins 8. Jahrhundert, in Venedig sogar bis zum Jahre 1797 als Jahresbeginn betrachtete; *Ostern* vor allem in Frankreich bis ins 15. Jahrhundert; *Weihnachten* hauptsächlich in Skandinavien und Deutschland (bis ins 16. Jahrhundert); den *25. März* (Fest der Verkündigung des Herrn als eigentlicher Tag der Menschwerdung Christi) vor allem in Italien, aber auch in der Trierer Kirchenprovinz; den *1. September* seit dem 7. Jahrhundert im Byzantinischen Reich und in den unter seinem Einfluß stehenden Gebieten[29].

Neben diesem so verschieden abgegrenzten bürgerlichen Jahr gab es zunächst nicht den Begriff eines liturgischen oder kirchlichen Jahres. Als man jedoch seit dem 10./11. Jahrhundert an den Anfang der liturgischen Bücher (Sakramentarien) immer mehr die Texte des 1. Adventssonntags zu stellen pflegte, konnte sich allmählich die Anschauung entwickeln, daß mit dem 1. Adventssonntag der Jahreskreis der kirchlichen Feste beginne.

Man hat gelegentlich bedauert, daß durch diesen Anfangstermin der liturgischen Bücher der Meinung Vorschub geleistet werde, der Jahreskreis der Feste wolle das gesamte Leben Jesu von seiner Geburt bis zur Wiederkunft vor den Augen der Gläubigen ausbreiten: „In der Volksbelehrung ist man vielfach geneigt, dieses liturgische Jahr als eine Nachzeichnung des Lebens Jesu zu verstehen, von der Erwartung seiner Geburt über die Menschwerdung, die öffentliche Tätigkeit, das Leiden und Auferstehn bis zur Geistsendung und zur Wiederkehr. Daß dies im Detail nicht aufgeht, sieht jeder sofort. Es stimmt aber auch bei großflächiger Sicht nicht.“[30] „Es (das Kirchenjahr) ist nicht das geistliche Spiel eines Lebens Jesu, mit leidlichem Geschick in den Jahreslauf hineinkomponiert, uns zur Seelenlust.“[31] Sicher ist es richtig, daß das kirchliche Festjahr seiner geschichtlichen Entwicklung nach nicht in diesem Sinn konzipiert wurde. Es ist gewachsen aus dem Samen des Pascha-Mysteriums und zu einem großen Baum mit vielen Ästen, Zweigen und Blättern geworden. Es litt zuweilen an der Überfülle seines Wachstums und auch seines Wildwuchses, weil die ordnende Hand des Gärtners nicht eingriff. Und doch ging es im Grunde immer um die Begegnung mit dem erhöhten Herrn, gedenkend und dankend im Blick auf geschichtlich ergangenes Heil, wie auch hoffend und tatentschlossen auf Zukunft hin in solidarischer Verbundenheit mit dem Heil der anderen Menschen.

Die Vielzahl festlicher Tage kann gewiß auf eine Grenze menschlicher Belastbarkeit stoßen. Das hat man zuweilen vergessen, aber gerade die römische Kirchenleitung hat beim Andrängen neuer Feste aus den verschiedenen Teilkirchen und Ordensgemeinschaften nicht selten die

Bremse gezogen und nein gesagt. Andererseits ermöglicht die Vielzahl kirchlicher Fest- und Gedenktage leichter, das eine Christus-Mysterium unter besonderen Aspekten und mit mannigfachen Akzenten aufzuzeigen und so die Gläubigen der „Vielgestalt Christi" *(A. Häußling)* und der allseitigen Fülle des Heiles begegnen zu lassen. Dabei ist selbstredend der Gefahr vorzubeugen, daß man „vor lauter Bäumen den Wald nicht mehr sieht", d. h. vor lauter Teilaspekten den Blick für das Ganze verliert. Trotz des geäußerten Unbehagens dürfte auch heute noch vom erneuerten Kirchenjahr gelten, was *Pius XII.* 1947 in seiner Enzyklika „Mediator Dei" in die Worte kleidete: „Die heilige Liturgie stellt uns den ganzen Christus vor Augen in allen Lagen seines Lebens: als den, der das Wort des Ewigen Vaters ist, der von der jungfräulichen Mutter geboren wird, der uns die Wahrheit lehrt, der die Kranken heilt, die Betrübten tröstet, der leidet und stirbt und dann der aufersteht als Sieger über den Tod, der, in der Herrlichkeit des Himmels herrschend, den Tröstergeist in unsere Herzen schickt, der schließlich unablässig lebt in seiner Kirche: ‚Jesus Christus gestern und heute und in Ewigkeit'."[32] Dabei wissen wir wohl, daß uns in der Liturgie der erhöhte Herr begegnet. Aber in seiner verklärten gottmenschlichen Seinsweise bleibt die Demut und Opferbereitschaft seiner Selbstentäußerung bei seinem Eintritt in die Welt (vgl. Phil 2,6f; Hebr 10,5ff), es bleibt sein Hingabewillen für das Heil der Welt, seine Liebe zu den Armen und Schwachen und sein wirkendes Wort, „da er selbst spricht, wenn die heiligen Schriften in der Kirche gelesen werden" (LK 7).

Es war schon mehrfach davon die Rede, daß das Pascha-Mysterium Christi Quelle und Mitte des liturgischen Jahres ist. Als Wochenpascha an jedem Sonntag gefeiert, zieht es schon in apostolischer Zeit durch den gesamten Jahreskreis. Bald folgt ihm das Jahrespascha, das sich allmählich zum Osterfestkreis mit Vorbereitungszeit und festlichem Ausklang entwickelt. Er beginnt laut GOK mit dem Aschermittwoch und schließt bei einer Gesamtdauer von 13 $^{1}/_{2}$ Wochen mit dem Pfingstsonntag. In ähnlicher Weise hat sich auch das Jahresgedächtnis der Geburt Christi zu einem Festkreis mit Vorbereitung und festlichem Ausklang entfaltet (1. Adventssonntag bis Sonntag nach Erscheinung des Herrn = Fest der Taufe Christi). Diese *beiden Festkreise* sind die tragenden Pfeiler des Kirchenjahres. Die dazwischen liegenden 33 bzw. 34 Wochen, in denen „das Christusgeheimnis eher als Ganzes gefeiert" wird, heißen „die Zeit im Jahreskreis" oder „*allgemeine Kirchenjahrzeit*" (GOK 43). Sie beginnt mit dem Montag nach dem Fest der Taufe Jesu und schließt mit dem Samstag vor dem 1. Adventssonntag. Die beiden Festkreise, die allgemeine Kirchenjahrzeit und die sonstigen dem Erlösungsgeheimnis gewidmeten Hochfeste und Feste werden auch als „*Temporale*“ oder „Proprium de tempore“ (vom lat. tempus = die Zeit) bezeichnet (GOK 50). Die offizielle deutsche Übersetzung spricht vom „Herrenjahr“. Es soll immer in seiner Gesamtheit erhalten werden und „den gebührenden Vorrang vor Eigenfeiern erhalten“ (ebd.). Den Festkalender der Heiligen bezeichnet man als „*Sanctorale*“ (von sancti = die Heiligen). Dabei wird später noch zu differenzieren sein zwischen dem römischen Generalkalender und den von Rom zu bestätigenden „Eigenkalendern“, d.h. den Regionalkalendern bestimmter Sprachgebiete, den Diözesan- und Ordenskalendern.

Man hat das Kirchenjahr im Hinblick auf das Verhältnis seiner wesentlichen Teile zueinander mit dem Bauwerk einer *Kathedrale* verglichen: Der Osterfestkreis bilde das eigentliche Hauptschiff, der Weihnachtsfestkreis stelle das Atrium dar, das Heiligenjahr aber habe die Funktion eines „Kapellenkranzes“[33]. Bei diesem Vergleich darf jedoch nicht übersehen werden, daß in allen liturgischen Feiern letztlich das Pascha-Mysterium Christi begangen wird und der sich selbst entäußernde, sich im Todesgehorsam hingebende und erhöhte Herr seiner Gemeinde gegenwärtig und in ihr wirksam wird.

VIERTES KAPITEL

# Der Sonntag als Urfeier des Pascha-Mysteriums

Das Neue Testament enthält zahlreiche Aussagen über die zentrale Heilstat des Pascha-Mysteriums und die durch es ermöglichte Eingliederung der Glaubenden und Getauften in das neue Volk Gottes und in den Leib Christi. Es berichtet von gottesdienstlichen Zusammenkünften der Christen, in deren Mitte die Feier des Herrenmahles steht (1 Kor 11,20ff), wobei der „Kelch des Segens" und das „Brot, das wir brechen", zur Teilnahme am Blut und Leib Christi werden (1 Kor 10,16). Aber es schweigt von der Feier christlicher Feste und enthält auch keine klaren Hinweise, ob bereits die apostolischen Gemeinden am jüdischen Pascha- und Pfingstfest die damit zusammenfallenden christlichen Heilsereignisse als christliche Festtage begingen[34].

## *1. Ursprung und Sinndeutung des Sonntags*

Als erster Baustein des sich nur langsam entfaltenden Kirchenjahres begegnet uns im Neuen Testament die Feier des ersten Tages der jüdischen Woche, des Sonntags. Es ist der Tag der Auferstehung des Herrn, wie alle Evangelisten übereinstimmend berichten (Mt 28,1ff; Mk 16,1ff; Lk 24,1ff; Joh 20,1ff). Es ist zugleich der Tag, an dem er seinen Jüngern bevorzugt erscheint (Mt 28,9; Lk 24,13ff.36; Joh 20,19ff), ihnen die verheißene Gabe des Heiligen Geistes schenkt (Apg 2,1ff; Joh 20,22) und sie in dessen Kraft als Boten und Diener des Heiles aussendet (Joh 20,21–23; Apg 1,8 in Verbindung mit 2,4). So steht dieser erste Tag der Woche als ein von Christus selbst ausgezeichneter, durch Auferstehung und Geistsendung herausragender Tag im Bewußtsein der jungen Christenheit, als „der Tag, den der Herr gemacht hat" (Ps 118,24). An ihm pflegt sich die christliche Gemeinde am Abend (Zeit der Hauptmahlzeit) „zum Brechen des Brotes" (Apg 20,7) zu versammeln, an ihm soll nach einer Anordnung des Paulus für die Gemeinden in Korinth und Galatien jeder etwas für einen Hilfsfonds zugunsten der notleidenden Gemeinde in Jerusalem zurücklegen (1 Kor 16,1f).

Die sonntägliche Versammlung der Gemeinde kannte in der apostolischen Zeit sicherlich kein Einheitsritual. „Die Vielfalt der urchristlichen Gottesdienstformen kann man reflektiert finden in 1 Kor 14 (man vergleiche dort 14,6: Hier werden ‚Offenbarung, Erkenntnis, Prophetie, Lehre' – und in 14,26: ‚Psalmenbeten, Offenbarung, ekstatische Rede und ihre Erläuterung, ferner Danksagung und Lobpreis' genannt). Auch von der Tatsache aus, daß die in 1 Kor 12 genannten Geistesgaben offenbar in den Gemeindeversammlungen gerade in ihrer reichen Differenzierung eine Rolle spielten, kann auf die Variabilität und Flexibilität dieser ‚spezifisch christlichen' Versammlungen selbst geschlossen werden – und zwar schon deshalb, weil Paulus in 1 Kor 14 einer Entartung dieser Vielfalt wehren mußte."[35] Und doch fällt auf, wie der gleiche Paulus in 1 Kor 11,17–34 in den Mittelpunkt der Gemeindeversammlungen das Herrenmahl stellt. Es ist zwar verbunden mit einem Sättigungsmahl, aber nicht dieses, sondern die „Feier des Herrenmahles" ist der eigentliche Kern der Zusammenkunft („Wer Hunger hat, soll zu Hause essen", V. 34). Diese Eucharistiefeier müssen wir uns, ähnlich wie beim Letzten Abendmahl Jesu am Vorabend seiner Passion, eingebunden denken nicht nur in das Sättigungsmahl, sondern auch in einen variablen Kranz von Elementen, die wir heute zum Gottesdienst zählen, einschließlich von Lesung, Rede, Gespräch usw. (vgl. oben zu 1 Kor 14).

Eine Bestätigung für diesen Mittelpunktcharakter der Eucharistiefeier bei der sonntäglichen Christenversammlung bieten auch die *ältesten nichtbiblischen Zeugnisse,* wie die folgenden Ausführungen verdeutlichen.

Aus einem Brief des Statthalters von Bithynien *Plinius* an Kaiser Trajan erfahren wir, daß sich die dortigen Christengemeinden am Sonntag zweimal versammelten: am frühen Morgen zu einer Art Wortgottesdienst, mit dem möglicherweise auch die Spendung der Taufe verbunden war[36], und am Abend zu einem Mahl[37]. Offenbar unter dem Druck kaiserlicher Verordnungen, die verdächtige abendliche Versammlungen verboten[38], verlegte man den abendlichen Gottesdienst auf den frühen Morgen. Dabei entfiel der äußere Rahmen eines Sättigungsmahles, und es entwickelte sich jene Form des sonntäglichen Gottesdienstes, wie sie *Justin der Märtyrer* um die Mitte des 2. Jahrhunderts beschreibt[39] und wie sie zum Prototyp des späteren Sonntagsgottesdienstes wurde: ein Wortgottesdienst mit Verlesung der heiligen Schriften, Predigt und Gebet und der eigentlichen eucharistischen Feier.

*Die Teilnahme* an diesen Gottesdiensten war für die ersten Christen selbstverständlicher Ausdruck ihrer Zugehörigkeit zu Christus, Teilhabe an seinem Leib und Blut (vgl. 1 Kor 10,16f), Zeichen der Freude über die Gemeinschaft mit dem erhöhten Herrn und frohe Erwartung seiner Wiederkunft, wie sie sich in dem altchristlichen Gebet ausdrückte: „Maranatha – Komm, Herr (Jesus).“[40] Hier erfuhr man die brüderliche Gemeinschaft der Erlösten, nährte seinen Glauben am Zeugnis der Brüder und bestärkte sich gegenseitig in der Hoffnung und Treue.

Hierzu bedurfte es nicht eines „positiven Kirchengebotes“, das den Besuch zur strengen Pflicht erklärte. Der Verpflichtungscharakter war tiefer angelegt. Es war eine Frage christlicher Existenz. Nur da, wo das Christusbild im Herzen verblaßte, die Hoffnung auf seine Wiederkunft erlahmte und sich so der Abfall anbahnte, trat die kirchliche Leitung mahnend und warnend auf den Plan, wie etwa im *Hebräerbrief:* „Laßt uns nicht unseren Zusammenkünften fernbleiben, wie es einigen zur Gewohnheit wurde, sondern ermuntert einander, und das um so mehr, als ihr seht, daß der Tag naht“ (10,25). Die altchristliche Schrift der *Didache* (= Zwölfapostellehre), die uns als sehr alte nachbiblische Schrift „wichtige Aufschlüsse über das gottesdienstliche Leben in der Zeit von etwa 80–130“ gibt[41], läßt klar erkennen, daß man die sonntägliche Eucharistiefeier als Verpflichtung betrachtete, indem sie schreibt: „Am Herrentag versammelt euch, brecht das Brot und sagt Dank, nachdem ihr zuvor eure Sünden bekannt habt, damit euer Opfer rein sei.“[42]

Die Feier des Sonntags wird nach *Ignatius von Antiochien* geradezu zum Kennzeichen der Christen und Unterscheidungszeichen gegenüber jenen, die nach alter Ordnung noch den Sabbat feiern. Christen aber seien zu neuer Hoffnung geboren und „leben in der Beobachtung des Herrentages, an dem auch unser Leben aufgegangen ist durch ihn und seinen Tod“, sie können ohne ihn nicht leben[43]. Bereits hier, also am Beginn des 2. Jahrhunderts, wird ausgesprochen, was die Märtyrer der nordafrikanischen Stadt Abitine am Beginn des 4. Jahrhunderts trotz Folter und Todesdrohung bekennen: „Wir können ohne das ‚dominicum‘ (= sonntägliches Herrenmahl) nicht existieren.“[44]

Wie sehr im Bewußtsein der Märtyrerzeit die Feier des Sonntags eine Frage christlicher Existenz war, zeigt auch die Mahnung der syrischen „*Didaskalie der Apostel*“ aus der Mitte des 3. Jahrhunderts: „Da ihr Glieder Christi seid, dürft ihr euch nicht selbst von der Kirche zerstreuen, indem ihr nicht zusammenkommt. Weil ihr Christus zum Haupt habt, der gemäß seiner eigenen Verheißung gegenwärtig ist und mit euch Gemeinschaft hat, dürft ihr euch nicht selbst vernachlässigen, noch den Retter von seinen Gliedern entfremden, noch seinen Leib spalten und zerstreuen, noch die Notwendigkeiten eures zeitlichen Lebens dem Wort Gottes voranstellen; sondern am Herrentag legt alles beiseite und eilt gemeinsam zur Versammlung. Denn was für eine Entschuldigung wird derjenige vor Gott vorbringen, der an diesem Tag nicht zur Versammlung kommt, um das heilbringende Wort zu hören und mit der göttlichen Speise, die ewig währt, genährt zu werden?"[45]

Sosehr auch diese Überzeugung in der alten Kirche überwog, so gab es doch allem Anschein nach in manchen Gemeinden auch damals schon Glaubensschwäche und Inkonsequenzen, denen man auch durch disziplinäre Maßnahmen entgegenzuwirken versuchte. So beschäftigte sich um das Jahr 300 das *Konzil von Elvira* in Spanien mit Gemeindemitgliedern, „die nachlässiger zur Kirche kommen", und schreibt vor: „Wenn jemand, der in der Stadt wohnt, an drei Sonntagen nicht zur Kirche kommt, dann soll er für kurze Zeit ausgeschlossen werden, damit er als Gemaßregelter erscheine."[46]

Es verdient festgehalten zu werden, daß in den ersten drei christlichen Jahrhunderten nirgends die Rede von einer *Arbeitsruhe* am Sonntag ist. Dieser war in der damaligen Welt ein Arbeitstag wie jeder andere. Die Juden hatten den Sabbat als arbeitsfreien Tag, bei den Heiden aber breitete sich zunehmend die Sitte aus – vielleicht in Abhängigkeit vom jüdischen Sabbat –, den damit zusammenfallenden Saturnstag von Arbeit freizuhalten[47].

Die Christen waren also gezwungen, ihre sonntäglichen Gottesdienste auf den späten Abend bzw. nach dem Verbot durch Kaiser Trajan auf den frühen Morgen zu verlegen. Hierauf läßt sich wohl auch die Bemerkung *Justins* beziehen, daß beim Gottesdienst aus den heiligen Schriften gelesen wird, „solange es die Zeit erlaubt"[48]. Weil die gottesdienstliche Versammlung also vor Tagesanbruch beendet sein mußte, war ihr Besuch mit mancherlei Unbequemlichkeit und Selbstüberwindung verbunden. Es ist deshalb nicht erstaunlich, daß bei aller Glaubensbegeisterung der ersten Christen gelegentlich eine entsprechende Mahnung zum regelmäßigen Gottesdienstbesuch notwendig erschien.

## 2. *Altchristliche Namen für den Sonntag*

Welche Bedeutung die Christen der ersten Zeit dem Sonntag beimaßen, läßt sich auch aus seinen Namen erkennen. Es war schon davon die Rede, daß die ältesten christlichen Schriften ihn in Anlehnung an den jüdischen Sprachgebrauch schlicht als *ersten Tag* der Woche bezeichneten. Diese Zählweise der Wochentage findet sich schon im ersten biblischen Schöpfungsbericht, wo die Erschaffung des Lichtes und seine Scheidung von der Finsternis dem ersten Schöpfungstag zugesprochen wird. Es lag nahe, diesen „Tag des Lichtes" in Zusammenhang zu bringen mit der „neuen Schöpfung", von der Paulus in 2 Kor 5,17 schreibt:

„Wenn also jemand in Christus ist, dann ist er eine neue Schöpfung: das Alte ist vergangen, Neues ist geworden.“ Mit der Auferstehung Jesu ist an diesem Tag das neue Licht aufgegangen, „das jeden Menschen erleuchtet“ (Joh 1,9).

Als spezifisch christlicher Name begegnet uns in Offb 1,10 und später sehr häufig die Bezeichnung *„Herrentag“* (Kyriake hemera). Es ist der Tag mit dem besonderen Bezug zum Kyrios Christus. Dabei läßt sich zunächst an seine Auferstehung denken, die diesen ersten Tag der Woche besonders bedeutsam gemacht hat. Es sprechen aber auch beachtliche Gründe dafür, daß diese Benennung von dem älteren Ausdruck „Herrenmahl“ (Kyriake deipnon) inspiriert wurde, das an diesem Tag als innerste Mitte der christlichen Versammlung begangen wurde. Denn es fällt auf, daß das griechische Wort „kyriake“ in christusbezogenem Sinn außer in Offb 1,10 nur in 1 Kor 11,20 im Zusammenhang mit dem eucharistischen Mahl vorkommt. Beide Bezüge, Auferstehung Christi und Herrenmahl, charakterisieren den Sonntag als Gedächtnistag des Pascha-Mysteriums, „an dem auch unser Leben aufgegangen ist durch ihn und seinen Tod“[49]. Dieser inhaltlich so gefüllte Name hat sich dann auch weitgehend durchgesetzt und sich über das lateinische „dies dominica“ (auch kurz „dominicum“ genannt) bis heute in den romanischen Sprachen als „domenica“ (ital.), „dimanche“ (franz.) und „domingo“ (span.) erhalten.

Ein uns heute weniger geläufiger Name aus frühchristlicher Zeit lautet: *„der achte Tag“*. Nach den sechs Werktagen der Schöpfung und dem darauffolgenden Sabbat, „an dem Gott ruhte, nachdem er das ganze Werk der Schöpfung vollendet hatte“ (Gen 2,3), galt den Christen der dem Sabbat folgende Tag der Auferstehung als der achte. Er ist Beginn einer neuen, größeren Schöpfung, die in die ewige Sabbatruhe der Vollendung einmündet. Diese symbolträchtige Benennung dürfte auch damit zusammenhängen, daß möglicherweise schon in den ersten christlichen Zeiten die Taufe am Sonntagmorgen gespendet wurde[50], mit der Taufe aber schon früh eine Symbolik der Achtzahl verbunden war (Typologie der Beschneidung am achten Tag und Typologie der Sintflutgeschichte mit den acht Geretteten). Auch die damals weitverbreitete chiliastische Vorstellung von den siebenmal 1000 Jahren dieser Weltzeit, die durch den achten Tag der ewigen Neuschöpfung abgelöst wird, dürfte nicht ohne Einfluß geblieben sein[51].

Die älteste Bezeugung dieses Namens findet sich im *Barnabasbrief*, wo es heißt: „Darum feiern wir mit Freude den achten Tag, an dem Christus auferstanden und in den Himmel eingegangen ist.“[52] *Justin der Märtyrer* sieht im Gebot der Beschneidung am achten Tag einen Hinweis „auf die wahre Beschneidung, bei der uns Jesus Christus, unser Herr, der am Sonntag von den Toten auferstanden ist, von Irrtum und Sünde beschnitten hat". Dann fährt er erläuternd fort: „Der Sonntag wird nämlich, obwohl er der erste Tag der Woche ist, der achte Tag genannt, sofern alle Tage des wöchentlichen Kreislaufs noch einmal gezählt werden; doch hört er nicht auf, der erste zu sein."[53]

Diese Benennung darf nicht zu dem Fehlschluß verleiten, der Sonntag sei eigentlich doch der letzte Tag der christlichen Woche, indem man ihn als achten Tag ans Ende der jüdischen Woche setze. So meint *J. A. Jungmann* in einem seiner Frühwerke: „Deutlicher konnte der Gedanke, daß die christliche Woche im Sonntag nicht so sehr ihren Anfang als vielmehr ihr Ende hat, nicht zum Ausdruck gebracht werden... Die Zähigkeit und der Eifer, mit dem immer neue biblische Bilder und Hinweise für das Geheimnis des Sonntags gerade unter dem Namen des achten Tages gesucht und gefunden wurden, zeigt, wie entschieden man damals im Sonntag nicht den Anfang, sondern den Abschluß der christlichen Woche erblickte: er ist Auferstehungsfreude und Vollendung, und weil er Vollendung ist, steht er zunächst nicht in Beziehung zu den folgenden Wochentagen... sondern zu den vorausgehenden Tagen der irdischen Wanderung und Buße..."[54] Der Sinn dieser Bezeichnung ist doch offensichtlich der, daß der „achte Tag" die alte Schöpfungswoche hinter sich läßt und Beginn einer neuen Schöpfung ist. Nicht der Rückblick auf das Vergangene ist entscheidend, sosehr dieses auch Vorbereitungscharakter hatte, sondern der Blick auf das nun anhebende Neue, von dem Paulus sagt: „Wenn also jemand in Christus ist, dann ist er eine neue Schöpfung: das Alte ist vergangen, Neues ist geworden" (2 Kor 5,17). Diese Auffassung wird u. a. bestätigt durch die ununterbrochene Übung der römischen Liturgie, den Montag als zweiten Wochentag zu betrachten. Demgegenüber will es nicht viel bedeuten, wenn im Lauf des Mittelalters bei den Slawen, Balten und Ungarn Wochentagsnamen aufkamen, die den Montag als ersten Tag der Woche betrachten[55].

Wenn sich der Name „achter Tag" auch in späteren Jahrhunderten nicht halten konnte, so verdient um so mehr Erwähnung, daß das II. Vaticanum ihn erneut aufgegriffen hat, indem es in der LK sagt: „Aus apostolischer Überlieferung, die ihren Ursprung auf den Auferstehungstag Christi zurückführt, feiert die Kirche Christi das Pascha-Mysterium jeweils am achten Tag, der deshalb mit Recht Tag des Herrn oder Herrentag genannt wird" (106).

Als weiterer Name findet sich, erstmals bei *Tertullian* anfangs des 3. Jahrhunderts *„Tag der Auferstehung des Herrn"*[56]. Diese Bezeichnung lebt später bei zahlreichen griechischen Autoren als „Auferstehungstag" (anastasimos hemera) fort und läßt den Sonntag als

Wochenpascha deutlich werden[57]. Auch in manchen slawischen Sprachen hat sich dieses Wort für Sonntag erhalten, z.B. das russische „woskresenie".

Der Name *Sonntag*, mit dem wir in der deutschen Sprache den ersten Tag der jüdischen Woche bezeichnen, geht auf die griechisch-römische Planetenwoche zurück, die sich im 1. Jahrhundert n. Chr. allmählich herausbildete und sich um die Wende zum 3. Jahrhundert im gesamten Mittelmeerraum durchsetzte. Ihr liegt zugrunde die antike Vorstellung von den sieben Planeten, zu denen man damals auch die Sonne zählte, die um den vermeintlichen Mittelpunkt Erde kreisen. Man schrieb ihnen göttliche Kräfte zu, ja verehrte sie sogar als Götter. Dabei setzte sich innerhalb der Woche folgende Reihenfolge durch, bei der wir dem römischen Götternamen den griechischen in Klammern beifügen: Saturn (Kronos), Sonne (Helios), Mond (Selene), Mars (Ares), Merkur (Hermes), Jupiter (Zeus) und Venus (Aphrodite)[58]. Die Christen kannten zwar schon vor dem Bekanntwerden dieser Planetenwoche Christus als „Sonne der Gerechtigkeit" (Mal 3,20), als „Licht der Welt" (Joh 8,12; 9,5; 12,46), als „Licht zur Erleuchtung der Heiden" (Lk 2,32) und als „Licht der Menschen" (Joh 1,4), das als „wahres Licht" „jeden Menschen erleuchtet" (Joh 1,9). Aber diese auf Christus bezogene Licht- und Sonnensymbolik verstärkte sich in dem Maß, als die Planetenwoche – und damit der Name Sonntag (= dies Solis) – sich im Alltagsleben durchsetzte. Gleichzeitig sahen die Christen in dieser Symbolbezeichnung Christi ein Gegengewicht gegen die sich stark ausbreitende Mithrasreligion mit ihrem Sonnenkult und gegen die Verehrung des „sol invictus" von Emesa, dessen Geburtstag (Tag der Wintersonnenwende) Kaiser *Aurelian* im Jahre 274 zum Reichsfeiertag erhoben hatte. Im Zusammenhang mit der Entstehung des Weihnachtsfestes wird dieser Termin noch eine besondere Rolle spielen. Hinzu kam, wie schon kurz vermerkt, daß die Sonnensymbolik für Christus nahegelegt wurde von der christlichen Interpretation des Schöpfungsberichtes, der am ersten Tag der Schöpfungswoche das Licht entstehen ließ.

Mit dem Heimischwerden des Namens Sonntag in der griechisch-römischen Welt taucht er allmählich auch in den christlichen Schriften auf, wenn auch noch recht zögernd. So gebraucht erstmals *Justin der Märtyrer* diesen Namen, indem er aber noch vom sogenannten Tag der Sonne spricht[59]. Etwa 50 Jahre später verwendet ihn *Tertullian* ohne dieses Beiwort und setzt damit den allgemeinen Sprachgebrauch voraus[60]. Die klassische christliche Interpretation gibt der hl. *Hieronymus* gegen Ende des 4. Jahrhunderts: „Der Tag des Herrn, der Tag der Auferstehung, der Tag der Christen, das ist unser Tag. Darum wird er auch

Herrentag genannt, weil an ihm der Herr siegreich zum Vater aufstieg. Wenn er von den Heiden Tag der Sonne genannt wird, so stimmen auch wir bereitwillig zu: Denn heute ist das Licht der Welt, heute ist die Sonne der Gerechtigkeit aufgegangen, in ihren Flügeln birgt sich das Heil."[61] Die offizielle Sprache der Kirche bevorzugt jedoch bis zum heutigen Tag den Namen Herrentag.

### *3. Nachkonstantinische Entwicklungslinien*

Einen wichtigen Wendepunkt in der Geschichte der christlichen Sonntagsfeier bedeutet das Gesetz des Kaisers *Konstantin* vom 3. März 321. Es erklärt „den verehrungswürdigen Tag der Sonne" zum Ruhetag für alle Richter, die Stadtbevölkerung und alle Gewerbetreibenden. Die Landbevölkerung darf ihrer Arbeit nachgehen, um nicht die Stunden günstiger Witterung zu versäumen[62]. Wenige Wochen später (3. Juli 321) verfügt ein weiteres Gesetz, daß die wünschenswerte Freilassung von Sklaven nicht unter das Ruhegebot fällt[63]. Mit diesen Verordnungen, die einen wichtigen Schritt auf dem Weg zur Reichskirche bedeuten, war die gottesdienstliche Feier des Sonntags wesentlich erleichtert und zugleich Raum für soziale Werke und die körperlich-geistige Erholung gewonnen. Andererseits wird schon bald die Gefahr des Müßiggangs und Mißbrauchs des Sonntags erkannt. So schreibt *Ephräm der Syrer* in einer Osternachtpredigt: „... am Ruhetag sündigen wir mehr als an anderen Tagen: Während wir die Feldarbeit unterlassen und die Arbeit einstellen, betreiben wir eifrig das Werk unserer Verdammung, weil wir Geschäfte und Häuser besuchen..."[64]

Konstantins Gesetz führt in der weiteren Entwicklung dazu, daß die *Arbeitsruhe* immer stärker in die Mitte der Sonntagsheiligung gerückt, ja zu ihrem wesentlichen Kriterium gemacht wird. Die „knechtlichen Arbeiten" (opera servilia) am Sonntag gelten als schwerer Verstoß gegen staatliche und kirchliche Gesetze und werden mit immer drakonischeren Maßnahmen verfolgt. Dabei beruft man sich zeitweise auf die alttestamentliche Sabbatgesetzgebung, obwohl doch früher zahlreiche kirchliche Schriftsteller deutlich gemacht hatten, daß dieses Gebot zu den jüdischen Zeremonialgesetzen gehört und die Christen nicht mehr bindet. In einem koptischen Fragment des 6. Jahrhunderts, das fälschlicherweise dem *Petrus Alexandrinus* zugeschrieben wurde, heißt es: „Verflucht ist der, welcher verrichten wird irgend etwas am Tag des heiligen Sonntags, ausgenommen die der Seele förderlichen Dinge und die Verpflegung des Viehes."[65] Das *Konzil von Orléans* (538) distanziert sich zwar von der jüdischen Sabbatvorschrift, verbietet aber unter

Androhung von Strafen jegliche Feldarbeit, „damit man leichter zur Kirche kommen und sich der Gnade des Gebets widmen kann“[66]. Wenige Jahre später setzt das *Konzil von Narbonne* (589) schwere Strafen für diejenigen fest, die am Herrentag irgendwelche Arbeit verrichten: „Untersteht sich jemand, dies zu tun, so bezahle der Freie dem Richter der Stadt sechs Goldstücke, und der Hörige erhalte 100 Geißelhiebe.“[67] So wird zunehmend der Eindruck erweckt, als sei der Sonntag die Fortschreibung der alttestamentlichen Sabbatgesetzgebung, wogegen sich doch die alte Kirche so energisch wehrte.

Die *Hochscholastik* grenzt den Sonntag wieder klar vom jüdischen Sabbat ab und begründet das Verbot der knechtlichen Arbeiten mit dem Hinweis auf die Ermöglichung des sonntäglichen Gottesdienstes[68]. Doch läßt sich nicht leugnen, daß auch in späteren Jahrhunderten vor allem die moraltheologische Kasuistik dem Verbot der Sonntagsarbeit viel zuviel Beachtung schenkte und so dazu beitrug, den christologischen Sinn des Sonntags in den Hintergrund treten zu lassen.

Im *Spätmittelalter* (Spätscholastik) und in der Neuzeit wird die *Sonntagsmeßpflicht* stärker urgiert und ein Verstoß dagegen als schwere Sünde erklärt[69]. Das *kirchliche Gesetzbuch* (C.I.C.) von 1917/18 schärft diese Verpflichtung in Kanon 1248 mit dem lapidaren Satz ein: „An allen gebotenen Festtagen (hierzu wird nach can. 1247 § 1 der Sonntag gezählt) ist die Messe zu hören.“

### *4. Der Sonntag in heutiger Zeit*

Es ist nicht das geringste Verdienst des II. Vaticanums und der es vorbereitenden theologisch-pastoralen Neubesinnung, daß es den christlichen Sonntag wieder in seiner ursprünglichen Bedeutung herausstellt. Es geschieht dies in einer Zeit, wo sich in der „nachindustriellen Gesellschaft“ ein noch nie dagewesenes Freizeitangebot den Menschen geradezu marktschreierisch aufdrängt; wo z.B. schier endlose Autokarawanen mit Erholung und Abwechslung suchenden Menschen am Sonntag die Straßen verstopfen; wo die Fernsehprogramme sich schon am Sonntagvormittag bemühen, die Aufmerksamkeit der Menschen für sich zu gewinnen und den Familien eine Fülle von Unterhaltung, Information und mannigfacher Teilhabe am Weltgeschehen, an Wissenschaft, Kunst, Sport usw. zu vermitteln; wo die sogenannte zweite Aufklärung den christlichen Glauben bei vielen Getauften aushöhlt und das Bewußtsein vom christlichen Charakter des Sonntags und seiner vom Glauben geforderten Heiligung stark verblassen läßt. In einer solchen Situation ruft das *II. Vaticanum* neu in Erinnerung, daß am Sonntag aus apostolischer Überlieferung, die ihren Ursprung auf den Auferstehungstag Christi zurückführt, das Pascha-Mysterium gefeiert wird. An ihm „müssen die Christgläubigen zusammenkommen, um das Wort Gottes zu hören, an der Eucharistiefeier teilzunehmen und so des Leidens, der Auferstehung und der Herrlichkeit des Herrn Jesus zu gedenken und Gott dankzusagen ... Deshalb ist der Herrentag der Urfeiertag, den man der Frömmigkeit der Gläubigen eindringlich vor Augen stellen soll, auf daß er auch ein Tag der Freude und der Muße werde ... der Herrentag ist Fundament und Kern des ganzen liturgischen Jahres" (LK 106).

Auch das neue *Meßbuch* bringt diese Bedeutung des Sonntags zum Ausdruck, indem es in den Einschubtexten der Hochgebete I–III nach dem Postsanctus betet: „Darum kommen wir vor dein Angesicht und feiern in Gemeinschaft mit der ganzen Kirche den ersten Tag der Woche als den Tag, an dem Christus von den Toten erstanden ist."

Die Gedanken des II. Vaticanums greift auch die *Gemeinsame Synode der Bistümer in der Bundesrepublik Deutschland* auf und vertieft und konkretisiert sie. In dem Beschluß „Gottesdienst" vom 21. 11. 1975[70] heißt es u. a.: „Der im Wochenrhythmus immer wiederkehrende Feiertag der Christen ist wesentlich ‚Zeichen' für die Heilswirklichkeit der ‚neuen' Schöpfung, die mit der Auferstehung Christi angefangen hat." Er ist „als Feiertag der christlichen Gemeinde, als Tag der Eucharistiefeier und als Tag christlicher Zukunftserwartung unaufgebbar; er kann nicht gegen einen anderen Tag der Woche ausgetauscht werden" (2.1). Als besondere *Funktionen des Sonntags* für den heutigen Menschen werden genannt: Stärkung im Glauben, Befähigung für den Gottesdienst und für den Dienst in dieser Welt, Befreiung aus den vielfältigen Zwängen einer von der industriellen Massengesellschaft geprägten Lebensform, Bewahrung vor Versklavung und Isolierung durch die Arbeitswelt. „Deshalb treten die Christen für den Sonntag als Tag der Feier und Ruhe ein; er ist wichtig nicht nur für die Gemeinde, sondern für die gesamte Gesellschaft" (2.2). Möglichkeiten, daß der Sonntag wieder zum „wirklichen Feiertag" wird, sieht die Synode darin, daß „wir tun, was wirklich Erholung und Freude bringt, was aber auch der Muße und Besinnung dient". „Gedankenaustausch, Gespräch und Spiel, gemeinsame Unternehmungen können aus der Isolierung herausführen, unter der so viele Menschen leiden. So könnte der gemeinsam gefeierte Sonntag manchem helfen, den Wert der Gemeinschaft wieder zu entdecken" (ebd.).

Die Synode betrachtet die *sonntägliche Eucharistiefeier* sowohl als eine Grundverpflichtung der Gemeinde wie auch als innere Verpflichtung des einzelnen aus dem Glauben. „Deshalb sind alle Gläubigen zur regelmäßigen Teilnahme am sonntäglichen Gottesdienst verpflichtet, in Dankbarkeit und Liebe gegen Gott, in Verantwortung für sich und die Gemeinde und auch in Stellvertretung derer, die dem Gottesdienst fernbleiben oder den Herrn nicht kennen. Auch wenn es vielen widerstrebt, angesichts eines so einzigartigen Angebotes von ‚Sonntagspflicht' zu sprechen, so ist es doch nach wie vor eine ernsthafte Verfehlung gegen Gott und die Gemeinde, wenn ein Christ die Eucharistiefeier am Sonntag ohne schwerwiegenden Grund versäumt" (2.3).

Diese klare und eindeutige Feststellung der Synode ist besonders wichtig im Hinblick auf moderne Tendenzen, bestimmte *Alternativen* zur Sonntagsmesse aufzuzeigen, wie etwa Wortgottesdienste, Werke der Nächstenliebe oder irgendwelche Zusammenkünfte mit gemeinschaftsförderndem Charakter einschließlich gemeinsamen Essens und Trinkens. Wer mit Berufung auf die angebliche Priorität des Dienstes an der Welt die sonntägliche Meßfeier in ihrer Bedeutung zurückstufen möchte, dem sei zu bedenken gegeben, daß Dienst und Einsatz in und für die Welt bald versanden und austrocknen, wenn sie nicht fortdauernd von der Liebe Christi gespeist werden. Die Quelle dieser Liebe aber ist uns vor allem in der eucharistischen Feier geschenkt, in der wir hineingenommen werden in die Hingabe Christi an den Vater zum Heil der Menschen. Diese Quelle an jedem Herrentag neu zum Strömen zu bringen ist ein wichtiges Ziel der sogenannten Sonntagspflicht. Sie sollte deshalb nicht als irgendeines unter vielen „positiven Kirchengeboten" betrachtet werden, sondern als eine innerliche und notwendende Konsequenz aus der erlösenden Hingabe Christi für uns und das Heil der Menschheit.

Die besondere Betonung der sonntäglichen Eucharistiefeier möchte keineswegs *andere Formen gottesdienstlicher Versammlungen*, wie Vespern, Andachten, Wort- und Predigtgottesdienste und gemeinsame Meditationen, ausschließen oder in ihrer Bedeutung abwerten. Auch die Würzburger Synode ist der Auffassung, daß ohne sie das gottesdienstliche Leben der Gemeinden verarmt (2.4.2). Sie sind Ausdruck des gemeinsamen Glaubens, der Hoffnung und Liebe und dienen zugleich dem Wachstum dieser christlichen Grundhaltungen. Sie bezeugen die „*Koinonia*" (= Gemeinschaft; vgl. 1 Kor 1,9; Apg 2,42 u.a.) mit Christus und seinen Brüdern und Schwestern, vertiefen und verstärken sie. Auch alle *Formen sozial-karitativer Hinwendung* zum Mitmenschen, wie z.B. Besuche von Kranken und Vereinsamten, sollten ihren angestammten Platz am Sonntag nicht verlieren. Auf eine wichtige Form mitmenschlichen Einsatzes am Sonntag weist die gemeinsame Synode hin: „Schließlich darf nicht übersehen werden, daß es für viele Menschen keinen Sonntag als Ruhetag gibt (berufstätige Mütter, Angestellte im Dienstleistungsgewerbe, Pflegepersonal in Heimen und Krankenhäusern). Ihre Überbeanspruchung sollte für den Christen eine Herausforderung bedeuten, die Last des anderen mitzutragen und durch eigenen Einsatz auch diesen Menschen einen freien Sonntag oder einige freie Stunden zu ermöglichen (z.B. durch Übernahme von Sonntagsvertretungen, Betreuung von Kindern)" (2.2).

Mit Recht kann es deshalb als Verkümmerung der Sonntagsheiligung angesehen werden, wenn man sich mit dem Besuch der Vorabendmesse begnügt, um den Sonntag regelmäßig und ausschließlich für private Unternehmungen ohne christliche Wertprägung zu verleben. So schreibt z.B. der Mainzer Bischof *Hermann Kardinal Volk* in seinem Fastenhirtenbrief 1978: „Zur christlichen Familie gehört z.B. die Heiligung des Sonntags, die aber nicht nur im Besuch der heiligen Messe besteht. Am Samstagabend die heilige Messe besuchen, um am Sonntag nichts Religiöses mehr tun zu müssen, ist ein Mißbrauch dieser Möglichkeit der Vorabendmesse; denn der Sonntag muß trotzdem geheiligt werden" (Nr. 2). Dabei sollte allerdings in einer Zeit, in der viele Familienangehörige durch Berufstätigkeit und Besuch auswärtiger Schulen oft die ganze Woche hindurch kaum zu einer gemeinsamen Mahlzeit und anderen Gemeinschaftserlebnissen kommen, die Pflege des Familienlebens im gemeinsamen Mahl, in Spiel und Ausflug durchaus als wichtiges christliches Anliegen betrachtet werden, das in seiner Bedeutung auch im Rahmen der Sonntagsheiligung nicht unterschätzt werden darf.

Auch in der *liturgischen Gestaltung des Sonntags* hat die Kirche unserer Zeit wieder neue Akzente gesetzt. Die seit dem Mittelalter üppig wachsende Heiligenverehrung und der Zuwachs zahlreicher sogenannter Devotionsfeste hatten dazu geführt, daß zahlreiche Sonntagsmessen von Heiligenfesten und anderen Gedächtnissen verdrängt wurden. Demgegenüber betont das II. Vaticanum den Vorrang der Sonntagsliturgie: „Andere Feiern sollen ihm nicht vorgezogen werden, wenn sie nicht wirklich von höchster Bedeutung sind; denn der Herrentag ist Fundament und Kern des ganzen liturgischen Jahres" (LK 106).

Die im Jahre 1969 in Kraft getretene *„Grundordnung des Kirchenjahres"* konkretisiert diese Leitlinie in der Weise, daß nur ein Hochfest oder ein Herrenfest an die Stelle der liturgischen Sonntagsfeier treten kann. „Jedoch haben die Sonntage des Advents, der österlichen Bußzeit und der Osterzeit den Vorrang vor allen Festen des Herrn und vor allen Hochfesten. Hochfeste, die auf einen dieser Sonntage fallen, werden auf den Samstag vorverlegt. Grundsätzlich kann keine Festfeier für ständig auf einen Sonntag gelegt werden" (Nr. 5.6). Ausnahmen bilden jedoch die Feste der Heiligen Familie und der Taufe des Herrn sowie die Hochfeste der Heiligsten Dreifaltigkeit und des Christkönigsfestes (Nr. 6). Außerdem werden die drei Hochfeste Erscheinung des Herrn, Christi Himmelfahrt und Fronleichnam dort, wo sie keine gebotenen Feiertage sind, auf einen Sonntag verlegt: Erscheinung des Herrn auf den Sonntag zwischen dem 2.–8. Januar, die übrigen auf den nachfolgenden Sonntag (Nr. 7).

Eine Gefahr, daß diese neueren Bestimmungen zum Schutz der Sonntagsliturgie dennoch wieder unterlaufen werden, geht von einer gewissen *Thematisierung und Verzweckung* zahlreicher Sonntage aus, die durch sicher wohlgemeinte Initiativen ausgelöst werden. „In den Bistümern der Bundesrepublik Deutschland gibt es – jeweils an einem Sonntag – einen Weltfriedenstag, Caritas-Opfertag, Welttag der Kommunikationsmittel, Diaspora-Opfertag, Weltmissionssonntag, Buchsonntag und vieles andere mehr. Ähnlich steht es in anderen Teilen des Sprachgebiets. Schon die Terminologie ist zu bedauern. Dennoch wäre das Ganze vielleicht nicht weiter erwähnenswert, wenn sich an diesen und ähnlichen Tagen nicht die unheilvolle Tendenz bemerkbar machte, auch die Liturgie dem Informations- oder Kollektenanliegen dienstbar zu machen. Es ist fast zur Selbstverständlichkeit geworden, daß zu den Materialien, die zu diesen Tagen von Verbänden, Organisationen usw. herausgegeben werden, auch ‚liturgische Texte' gehören."[71] Hinzu kommt die weitverbreitete Mode, auch an Sonntagen sogenannte „*Motivmessen*" zu feiern, in denen kirchliche oder gesellschaftliche Probleme „bewußtgemacht" werden und entsprechende „Aktionen" vorbereitet werden sollen, und zwar auch mit Hilfe von hierfür eigens ausgesuchten Lesungen und selbstformulierter Gebetstexte, die dann die offizielle Sonntagsliturgie verdrängen.

Sicher ist es richtig, daß sich die liturgische Feier nicht in einem weltabgeschiedenen und lebensfremden „Elfenbeinturm" vollziehen darf. Die Botschaft Jesu und seine in der Liturgie gefeierte Hingabe für das Heil der Welt verpflichten die Christen jeder Generation fern aller Selbstgenügsamkeit und satten Zufriedenheit zur christlichen Weltgestaltung und Problembewältigung. Dies kann aber durchaus und, aufs ganze gesehen, besser erreicht werden, indem die vorgegebene Sonntagsliturgie mit ihrer dreijährigen Perikopenordnung festgehalten und die aktuellen Gegenwartsprobleme gegebenenfalls in Einführung, Kyrierufen, Predigt und Fürbitten integriert werden. In außerordentlichen Situationen kann die zuständige kirchliche Autorität – und nur sie – bestimmte Meßformulare für bestimmte Anliegen an nicht besonders qualifizierten Sonntagen erlauben oder vorschreiben[72].

Wollte man aber der Verzweckung und einer mehr oder weniger subjektiven Thematisierung der Sonntagsgottesdienste grünes Licht geben, dann läuft die Sonntagsliturgie und damit auch der Sonntag Gefahr, „den festlichen und befreienden Charakter zu verlieren, der immer etwas mit Zweckfreiheit und Absichtslosigkeit zu tun hat. Der Sonntag und seine Liturgie werden bereits auf der anthropologischen Ebene ausgehöhlt. Wenn etwas in der Meßfeier bewußt werden muß, dann ist es Jesus Christus, den die Kirche als Retter und Befreier verkündet. Aus der Begegnung mit ihm in Wort und Sakrament erwächst ein erneuerter Glaube und aus ihm verantwortliches Handeln, das immer auch Gnade ist... Nachdem die liturgische Feier des Sonntags von der Überlagerung durch Heiligengedächtnisse befreit ist, darf sie in der Feier der Gemeindemesse nicht vom Regen in die Traufe einer Indienstnahme für die Lösung konkreter kirchlicher oder gesellschaftlicher Probleme und deren Finanzierung geraten. Der gute pastorale Zweck heiligt nicht die schlechten liturgischen Mittel."[73]

Als besondere Bereicherung der Sonntagsliturgie durch das neue Meßbuch muß die Bereitstellung *mehrerer Sonntagspräfationen* angesehen werden. Nach einem Dekret der Ritenkongregation vom Jahre 1759 unter *Clemens XIII.* mußte an allen Sonntagen ohne eigene Präfation die von der Heiligen Dreifaltigkeit genommen werden[74]. Dies betraf nicht nur die Sonntage der allgemeinen Kirchenjahrzeit, sondern auch die Adventssonntage. Hierdurch wurde die trinitarische Prägung des Sonntags verstärkt und sein ursprünglicher Sinn als Wochenpascha überdeckt. Die neuen *acht Präfationen* werden dieser eigentlichen Sinngebung besser gerecht und bereichern mit ihrer vielfachen Thematik die Sonntagsliturgie ganz wesentlich. Das deutsche Meßbuch gibt den neuen Präfationen in freier Übersetzung der lateinischen Vorlage folgende Überschriften: 1. Ostergeheimnis und Gottesvolk; 2. Das Heilsgeschehen in Christus; 3. Die Rettung des Menschen durch den Menschen Jesus Christus; 4. Die Heilsereignisse in Christus; 5. Die Schöpfung; 6. Der Heilige Geist als Angeld der ewigen Osterfreude; 7. Der Gehorsam Christi und unsere Versöhnung mit Gott; 8. Einheit der Dreifaltigkeit und Einheit der Kirche. Darüber hinaus dürfen nach einer Rubrik des deutschen Meßbuches (S. 413) auch die Präfationen I, III und VI für Wochentage genommen werden.

Als bedauerlichen *Bruch mit der christlichen Tradition* muß man die Empfehlung R 2015 der „Internationalen Organisation für Standardisierung" (= ISO), einer Unterorganisation der Vereinten Nationen, betrachten, ab 1. 1. 1976 im wirtschaftlich-technischen und damit im gesamten öffentlichen Bereich den Sonntag als letzten Tag der Woche zu betrachten. Der Deutsche Normenausschuß hat sich dieser Empfehlung leider angeschlossen (DIN-Norm 1355 des Ausschusses für Einheiten und Formelgrößen), wenn er auch die Einschränkung macht: „Davon unberührt bleiben die Regelungen der Religionsgemeinschaften." Entsprechend hat das Astronomische Recheninstitut Heidelberg diese Regelung in seine „Astronomischen Grundlagen für den Kalender 1976" aufgenommen und so für die Kalenderverleger im deutschen Sprachgebiet die Weichen im genannten Sinn gestellt. Die Folge war, daß ab 1. 1. 1976 in den Kalendern der Sonntag am Ende der Woche erscheint, als Wochenende, an dem man sich ausruht, um dann mit dem Montag einen neuen Wochenabschnitt zu beginnen.

Mit Recht sieht die Internationale Arbeitsgemeinschaft der Liturgischen Kommissionen im deutschen Sprachgebiet in dieser Veränderung einen tiefen Eingriff „in die Einschätzung und Übung des Sonntags als Tag der Auferstehung Christi am ersten Tag der Woche"[75]. „Dieser erste Tag der Woche als Tag des Herrn qualifiziere die ganze mit ihm beginnende Woche und präge das christliche Leben im Alltag. Wie unangemessen die Änderung sich auswirken würde, zeige sich zum Beispiel daran, daß durch sie der Erste Adventsonntag vom Advent und dem beginnenden Herrenjahr getrennt würde, ebenso der Palmsonntag von der Karwoche."[76]

Auf Initiative der genannten Arbeitsgemeinschaft haben die Bevollmächtigten der katholischen und evangelischen Kirche beim Innenministerium der Bundesrepublik Deutschland protestiert. Dessen Antwort enthält nur den schwachen Trost, daß „der deutsche Normenausschuß keine staatliche Einrichtung" sei und seine Beschlüsse nur „empfehlenden Charakter" haben. Die neugeordneten Kalender werden leider dazu beitragen, daß im Bewußtsein der breiten Öffentlichkeit der Sonntag noch mehr als bisher zum farblosen „Wochenende" herabsinkt, zumal seine deutsche Benennung zunächst nichts von seinem religiös-christlichen Wertgehalt verrät.

Mit größerer Rücksichtnahme auf christliche Überlieferung hat das *Österreichische Normungsinstitut* die Empfehlung der ISO übernommen, indem es erläuternd hinzufügt: „Nur für Numerierungszwecke wird der Montag … als der erste Tag der Kalenderwoche betrachtet … Davon unberührt bleibt, daß nach christlicher und jüdischer Zählung der Sonntag als der erste Tag der Woche gilt" (ÖNORM A 2740). „Der für die Herstellung von Kalendern maßgebende österreichische Musterkalender hat die neue Regelung ohne Änderung der überlieferten christlichen Wochenordnung mit einfachen typographischen Mitteln eingetragen."[77]

### 5. *Die liturgische Prägung der Wochentage*

Im Unterschied zum Sonntag erfahren die Werktage nur allmählich und in einer sehr uneinheitlichen Weise eine religiös-liturgische Prägung. Die Herausstellung des Sonntags als des Auferstehungstages, an dem sich die Erlösung vollendet, ließ die übrigen Wochentage zunächst unbeachtet. Eine Ausnahme bilden schon früh der *Mittwoch* und *Freitag*. So gibt die „Lehre der zwölf Apostel" (Didache) die Weisung, im Gegensatz zu den „Heuchlern" (vgl. Mt 6,16) nicht am Montag und Donnerstag, sondern am Mittwoch und Freitag zu fasten[78]. Eine Begründung für dieses Fasten, das auch *Tertullian* kennt[79], gibt die syrische Schrift *Didascalia* aus der ersten Hälfte des 3. Jahrhunderts, in der das Mittwochfasten mit dem Verrat des Judas und das Freitagsfasten mit dem Kreuzestod Christi begründet werden[80]. Ebenso wird das in Rom schon sehr früh übliche Samstagsfasten mit der Trauer der Apostel über den Tod Jesu begründet[81].

Hier wird deutlich, daß die Ereignisse der Karwoche bei der liturgischen Prägung der Wochentage eine wichtige Rolle spielten. Im Mittelalter wird schließlich auch der *Donnerstag* in Erinnerung an die Einsetzung der Eucharistie beim Letzten Abendmahl Jesu und die mit dem Ölbergsleiden einsetzende Passion mit einem unverwechselbaren christologischen Akzent versehen[82]. „So wie der Sonntag ein allwöchentliches Ostern darstellt, so erscheint auch die Woche als ein abgeschwächtes Nachbild der Karwoche. Die großen Tatsachen der Heilsgeschichte sollten den Gläubigen nicht nur einmal im Kreislauf des Jahres, sondern jedesmal auch im kleinen Zyklus der Woche vor Augen treten."[83]

Diese heilsgeschichtliche Charakterisierung der meisten Wochentage wird im Mittelalter, beginnend mit *Alkuin* († 804), durch zahlreiche, andersartig geprägte Reihen von Votivmessen zeitweise verdrängt. Dabei spielen die Verehrung der Trinität und der Heiligen, aber auch die Sorge um Vollkommenheit und Seelenheil eine besondere Rolle. Der Versuch, auch die Menschwerdung Jesu an den Wochentagen zu verankern, hatte keinen bleibenden Erfolg[84]. Schließlich schälte sich bei der nachtridentinischen Vereinheitlichung und Fixierung der Liturgie, wie sie uns vor allem im *Missale Pius' V.* von 1570 begegnet, folgende Votivmeßreihe heraus, die zusammen mit einigen späteren Beifügungen genau 400 Jahre bis zum *Missale Pauls VI.* von 1970 in Geltung blieb.

Montag: Dreifaltigkeit
Dienstag: Engel, auch Schutzengel

| | |
|---|---|
| Mittwoch: | Apostel; seit 1920 auch hl. Josef und Petrus und Paulus |
| Donnerstag: | Heiliger Geist; seit 1604 auch Eucharistie, seit 1935 auch Hohepriestertum Christi |
| Freitag: | Kreuz; seit 1604 auch Leiden Christi |
| Samstag: | Maria. |

Das neue Missale von 1970 kennt 16 Votivmessen[85], unter denen die oben genannten alle vertreten sind. Es verzichtet jedoch darauf, sie besonderen Wochentagen zuzuordnen. So ist es dem einzelnen Seelsorger mehr oder weniger freigestellt, ob er die im wesentlichen mittelalterliche Wochentagsprägung beibehalten will[86].

FÜNFTES KAPITEL

# Ostern und sein Festkreis

Weil sich in der römischen Liturgie der Advent als Beginn des Kirchenjahres durchgesetzt hat (vgl. o. S. 32), läge es an und für sich nahe, mit dem Weihnachtsfestkreis zu beginnen. Andererseits ist das Pascha-Mysterium Urdatum unseres Glaubens und zentrierende Mitte aller liturgischen Festfeiern. Sowohl theologisch wie historisch ist das ganze Kirchenjahr aus der österlichen Heilstat Christi und seiner Feier erwachsen. Darum sprechen gewichtige Gründe dafür, nicht mit dem Weihnachtsfestkreis, sondern mit den österlichen Tagen zu beginnen.

## *1. Ursprung, Datierung, Namen*

Neben dem Sonntag als dem regelmäßigen Gedächtnistag des Todes und der Auferstehung Christi scheint es schon sehr früh auch ein *Jahresgedächtnis des Pascha* gegeben zu haben. Wenn auch die Schriften des Neuen Testamentes hierüber keine eindeutige Aussage machen, so läßt doch *Paulus* in 1 Kor 5,7 f keinen Zweifel daran, daß im damaligen Bewußtsein das jüdische Paschafest für die Christen einen neuen Sinn bekommen hat: „denn als unser Paschalamm ist Christus geopfert worden". Wer mit ihm verbunden ist, hat sich vom „alten Sauerteig" frei gemacht, er ist ein neues „ungesäuertes Brot" geworden: „Laßt uns also das Fest nicht mit dem alten Sauerteig feiern, nicht mit dem Sauerteig der Bosheit und Schlechtigkeit, sondern mit den ungesäuerten Broten der Reinheit und Wahrheit." Diese neue Sinnfüllung des jüdischen Festes läßt vermuten, daß schon die apostolischen Gemeinden in den Tagen des jüdischen Paschafestes das Gedächtnis des christlichen Pascha-Mysteriums intensiv begingen, wenn sich auch wahrscheinlich die Loslösung von der jüdischen Festfeier als einem Gedächtnistag der Heilsgeschichte in den judenchristlichen Gemeinden nur allmählich vollzog.

Für diese Vermutung gibt uns neben mehreren literarischen Zeugnissen des 2. Jahrhunderts[87] der sogenannte *Osterfeststreit* in der zweiten Hälfte des 2. Jahrhunderts eine Bestätigung. Bei dieser innerkirchlichen Auseinandersetzung ging es um die Frage, ob das jährliche Gedächtnis des Pascha-Mysteriums unabhängig von einem bestimmten Wochentag immer am 14. Nisan, dem Vollmondtag des ersten

Frühlingsmonats, oder am Sonntag nach dem 14. Nisan zu feiern sei. In der ersten Form wurde es hauptsächlich von den Christen Kleinasiens und Syriens begangen, weshalb man sie auch Quartodezimaner nannte, während Rom und die meisten anderen Teilkirchen die zweite Form beachteten. Beide Gruppierungen, vor allem vertreten durch die kleinasiatischen Bischöfe *Polykarp von Smyrna* († zw. 155 und 168), und *Polykrates von Ephesus* († um 200) einerseits und die Päpste *Anicet* († 166) und *Victor I.* († um 200) andererseits, berufen sich für ihre Paschafeier auf *apostolische Überlieferung*, wenn sie dafür auch verschiedene Apostel namhaft machen. Hieraus darf man schließen, daß ein christliches Osterfest zwar erst im 2. Jahrhundert ausdrücklich genannt wird, jedoch schon im 1. Jahrhundert gefeiert wurde. Wie sich aus der „Kirchengeschichte" des *Eusebius von Cäsarea*, der uns an Hand der ihm zur Verfügung stehenden Akten näher über diesen Streit berichtet[88], ergibt, begingen beide Parteien eine liturgische Feier mit eucharistischem Mahl, welches das vorausgehende Fasten beendete. Beide Festfeiern hatten trotz verschiedenen Datums den gleichen Festgegenstand, nämlich das *Pascha-Mysterium im umfassenden Sinn*, wobei die „Quartodezimaner" den Akzent mehr auf den Erlösungstod Christi legten, während Rom und die übrigen Kirchen stärker die Auferstehung und Erhöhung Christi betonten.

Das erste Allgemeine *Konzil von Nizäa* 325 beendete die Auseinandersetzungen um das Osterdatum durch die Vorschrift, Ostern jeweils am Sonntag nach dem ersten Frühlingsvollmond zu feiern[89]. Mit dieser Bestimmung wurde auch vermieden, daß das christliche Osterfest zugleich mit dem jüdischen Pascha begangen wurde. Denn fällt der 14. Nisan auf einen Sonntag, so ist Ostern am Sonntag danach zu begehen. Mit dieser lunaren (= mondphasenabhängigen) Regelung nahm man allerdings, trotz der sich immer stärker durchsetzenden solaren Zeitrechnung, in Kauf, daß der Ostertermin eine Schwankungsbreite von fünf Wochen hat (22. 3. – 25. 4.) und so ein großer Teil des Kirchenjahres alljährlich in Bewegung gerät, weshalb man auch von beweglichen Festen und Festzeiten spricht.

In neuerer Zeit hat sich der Wunsch nach einer *Fixierung des Ostertermins* verstärkt. Er gründet sich zunächst auf die Überlegung, daß das Fest der Auferstehung Jesu ein historisches Ereignis zum Gegenstand hat und sein Jahrgedächtnis in unserer solar geprägten Zeitordnung deshalb besser am gleichen Datum des Sonnenjahres gefeiert werde. Hinzu kommt die durch die große Schwankungsbreite bedingte Verschiedenheit zahlreicher anderer Festtermine, von denen ja einige auf einen Werktag fallen (Oster- und Pfingstmontag, Christi Himmelfahrt, Fronleichnam). Diese Unterschiedlichkeit der Termine bringt auch manche Nachteile innerhalb des Profanbereiches mit sich. Das Zusammenwachsen der Völker und Kontinente und ihre modernen Wirtschaftssysteme verlangen nach einer festen und überschaubaren Zeitordnung, einem gleichmäßig gebauten Rhythmus von Werk- und Feiertag, von Arbeits- und Freizeiten. Für Arbeitsstatistiken, Produktivitätsberechnungen und langfristige Planungen ist die Unregelmäßigkeit der christlichen Feiertage eine ernst zu nehmende Erschwerung. Es steht den Christen sicher nicht gut an, solche Rücksichten auf Profanbereiche, die ja Rücksichten auf das Gemeinwohl sind, geringzuschätzen. Deshalb hat auch das II. Vaticanum im *Anhang der Liturgiekonstitution* folgende Erklärung aufgenommen:

„Das Heilige Allgemeine Zweite Vatikanische Konzil mißt dem Verlangen vieler, das Osterfest auf einen bestimmten Sonntag anzusetzen und den Kalender festzulegen, nicht geringe Bedeutung bei. Nach sorgfältiger Abwägung aller Folgen, die aus der Einführung eines neuen Kalenders führen können, erklärt es Folgendes:

1) Das Heilige Konzil widerstrebt nicht der Festlegung des Osterfestes auf einen bestimmten Sonntag im Gregorianischen Kalender, wenn alle, die es angeht, besonders die von der Gemeinschaft mit dem Apostolischen Stuhl getrennten Brüder, zustimmen.

2) Ebenso erklärt das Heilige Konzil, daß es sich nicht gegen Versuche wendet, in der bürgerlichen Gesellschaft einen immerwährenden Kalender einzuführen."

Für die stärkere Fixierung des Osterfestes ist die Frage wichtig, ob sich das *Datum der Auferstehung* Christi einwandfrei berechnen läßt. Trotz aller Schwierigkeiten, die der Chronologie des Lebens Jesu anhaften, billigen viele Forscher Freitag, dem 7.4.30, als Datum der Kreuzigung Jesu ein beachtliches Maß an Wahrscheinlichkeit zu[90]. Dementsprechend wäre Sonntag, der 9.4.30, der wahrscheinliche Auferstehungstag. Dieses Datum liegt fast in der Mitte des seitherigen Variationsraumes vom 22.3. bis 25.4. und würde sich auch unter diesem Aspekt empfehlen. In den beiden häufigsten Reformvorschlägen, die man für die Neuterminierung des Osterfestes gemacht hat, nämlich Sonntag nach dem zweiten Samstag im April = 9. bis 15. 4.[91] oder zweiter Sonntag im April = 8. bis 14. 4.[92], wäre diesem Datum Rechnung getragen[93].

Was die vom Konzil als Voraussetzung genannte Zustimmung der getrennten Brüder angeht, so dürfte es bei den wichtigsten *reformatorischen Kirchen* keine größeren Schwierigkeiten geben. Schon *Luther* zeigte sich von der großen Schwankungsbreite des Ostertermins nicht erfreut. Er nennt die beweglichen Feste „Schaukelfeste" und meint: „Wie viel besser hätten sie das Gesetz Mose vom Osterfest ganz und gar tot sein lassen und nichts von dem alten Rock behalten... Dafür sollten sie den Tag des Leidens, des Grabes und der Auferstehung nach der Sonne Lauf berechnet, vermerkt und in den Kalender auf feste Tage gesetzt haben, wie sie getan haben mit dem Christtage, Neujahr, dem Fest der heiligen Könige, Lichtmeß und Mariä Verkündigung, hl. Johannes und weiteren Festen, die sie unbewegliche (gewisse) und nicht Schaukelfeste heißen."[94] *W. Zeller*, der im „Evangelischen Kirchenlexikon" diese Äußerungen Luthers teilweise zitiert, läßt im Wissen um die „Freiheit eines Christenmenschen" die Bereitschaft zur Fixierung des Osterdatums erkennen, wenn er auch mit Recht „jegliche Lösung nur in ökumenischer Einigkeit" erstrebt sehen möchte[95].

Schwieriger dürfte allerdings die Zustimmung der *Ostkirchen* zu erreichen sein. Der *Panorthodoxe Kongreß von Istanbul 1923* hatte zwar grundsätzlich seine Bereitschaft zu einer stärkeren Fixierung des Ostertermins erkennen lassen, falls die anderen christlichen Kirchen einverstanden sind. Aber die Reaktionen auf die damals beschlossene Einführung des Gregorianischen Kalenders lassen vermuten, daß hier noch große Schwierigkeiten aus dem Weg zu räumen sind.

So blieben auch die Bemühungen des Ökumenischen Rates der Kirchen, auf seiner fünften Vollversammlung in Nairobi vom 23. November bis 10. Dezember 1975 zu einem gemeinsamen Osterdatum zu kommen, aufgrund der Weigerung der orthodoxen Kirchen ohne Erfolg. Zwar hatte die überwältigende Mehrheit der Mitgliedskirchen schon wenige Jahre zuvor im Rahmen einer Umfrage (ab 1965) für ein gemeinsames, festes Osterdatum, etwa den Sonntag nach dem zweiten Samstag im April, votiert[95a]. Die orthodoxen Kirchen jedoch erklärten, daß sie sich an ihre seitherige Berechnungsweise des Osterdatums gebunden fühlen, solange nicht alle orthodoxen Kirchen einer Änderung ausdrücklich zustimmen, was zur Zeit noch nicht gegeben sei. Im Hinblick auf diese Position stellte die Vollversammlung fest, daß ein bestimmter Vorschlag in diesem Stadium nicht zu einem gemeinsamen Osterdatum für alle Kirchen führen würde[95b].

Bis zur ersehnten Übereinkunft hat das II. Vaticanum in seinem Dekret über die katholischen Ostkirchen („Orientalium Ecclesiarum") „es den Patriarchen oder den höchsten örtlichen Obrigkeiten zur Förderung der Einheit aller Christen desselben Gebietes oder desselben Volkes anheimgegeben, daß sie bei einhelliger Zustimmung und nach Beratung mit allen Beteiligten sich auf einen bestimmten Sonntag als Ostertermin einigen" (Art. 20). Dieser Vorschlag führte dazu, daß die katholischen Griechen und der Großteil der Ägypter des lateinischen und orientalischen Ritus sowie die Äthiopier beschlossen haben, das Osterfest vorerst nach dem alten nichtreformierten Julianischen

Kalender zu feiern[96]. Trotzdem sollte man bemüht bleiben, die Diskussion lebendig zu erhalten und immer wieder die besseren Argumente ins Bewußtsein zu stellen.

Zu solchen Argumenten zählt auch und vor allem die Feststellung, daß das alttestamentliche *Zeremonialgesetz* mit dem Tode Christi außer Kraft gesetzt worden ist. Ihm ist auch die Regel zur lunaren Bestimmung des jüdischen Paschafestes zuzurechnen. Paulus läßt an mehreren Stellen seiner Briefe keinen Zweifel daran, daß sich ein Christ nicht wieder unter die Botmäßigkeit alttestamentlicher Zeremonialgesetze stellen darf. „Darum soll euch niemand verurteilen wegen Speise und Trank oder wegen eines Festes, ob Neumond oder Sabbat. Das alles ist nur ein Schatten von dem, was kommen wird, die Wirklichkeit aber ist Christus" (Kol 2,16f; vgl. auch 2,20).

Die in der Erklärung des II. Vaticanums berührte Frage eines immerwährenden Kalenders soll am Ende dieses Buches aufgegriffen werden.

Was die *Namen für das Osterfest* angeht, so hat die lateinische Sprache das aramäische und griechische Wort Pascha übernommen, das sich vom hebräischen Pesach herleitet, dessen Bedeutung bereits (3. Kap., 1.) dargelegt wurde. Die lateinische Benennung hat sich bis zur Stunde in den romanischen Sprachen, aber auch im Niederdeutschen, Holländischen, Dänischen und Norwegischen erhalten.

Das *deutsche Wort Ostern* ist in seinem Ursprung noch umstritten. Die Deutung des *Beda Venerabilis* († 735), der Name komme von einer englischen Frühlingsgöttin namens Ostara (Eostre)[97], wird von vielen Forschern angezweifelt, weil es höchst fraglich ist, ob eine solche Göttin je verehrt wurde[98]. Andere führen das Wort auf das Mittelhochdeutsche Urständ = Auferstehung zurück oder geben der Ableitung von Osten den Vorzug, eine Erklärung, die sich schon bei *Honorius von Autun* findet: Wie die Sonne nach ihrem Untergang im Westen im Osten wieder auferstehe, so sei dort auch Christus, die Sonne der Gerechtigkeit, nach seinem Untergang im Tod wieder auferstanden[99]. Nach neueren Forschungen ist Ostern von der christlichen Bezeichnung „hebdomada in albis" (= Woche in weißen Kleidern) herzuleiten. Man habe das „in albis" mißverstanden als Plural von alba = Morgenröte und es mit dem althochdeutschen eostarun übersetzt[100]. Auch bei diesem Erklärungsversuch steht die Vorstellung von Christus als der im Osten aufgehenden Sonne im Hintergrund.

## 2. *Das österliche Triduum*

In den Ausführungen über den Osterfeststreit war bereits deutlich geworden, daß die alte Kirche das Paschafest in seiner gesamten Sinnfülle an einem Tag bzw. in der einen Osternacht feierte.

Was die drei ersten christlichen Jahrhunderte über Inhalt und Würde des Osterfestes dachten, faßt der bekannte Liturgieforscher *O. Casel* in seiner bereits zitierten Studie über „Art und Sinn der ältesten christlichen Osterfeier" in geradezu hymnischer Weise wie folgt zusammen: „Das Osterfest ist also die kultische Verkündigung und Gegenwärtigsetzung der Erlösungstat Christi in Tod und Verklärung des Herrn, der Überwindung der Sünde durch das Kreuz und damit der Versöhnung zwischen Gott und Mensch, somit aber auch der Gründung der Ekklesia, die durch das Blut Christi erlöst und durch das Pneuma des Herrn mit ihrem Bräutigam vermählt wird; dadurch aber ist Ostern auch das Sakrament des Übergangs von der Welt zum Leben Gottes, des Eintritts der erlösten Menschheit in das Gottesreich und in das ewige Leben bei Gott. Mit einem Wort: Ostern ist das Kultmysterium des Heilswerkes Gottes in Christus an der Ekklesia. So steht Ostern mit Recht als ‚das Fest' im Mittelpunkt des Jahres, das in seinem Kreislauf das Weltenjahr abbildet, das Weltenjahr, das wiederum ein geschaffenes Abbild der Ewigkeit Gottes ist."[101] Die inhaltliche Fülle dieses Osterfestes wurde seit dem 4. Jahrhundert aufgrund einer mehr historisierenden Sicht und nachahmenden Darstellungsform allmählich aufgefächert und in Teilaspekten herausgestellt. Während ursprünglich die Osternachtfeier als „Mutter aller heiligen Vigilien" (Augustinus) bis Mitternacht von Fasten und Trauer über den Tod Jesu geprägt war und dann erst der Freude über die Auferstehung und Erhöhung des Herrn Raum gegeben wurde, bildete sich im 4. Jahrhundert *„das heiligste Triduum des gekreuzigten, begrabenen und auferweckten Herrn"*[102] heraus. Die liturgischen Feiern dieser drei Tage in ihrer Gesamtheit stellen seitdem die eigentliche Jahrfeier des Pascha-Mysteriums dar. Die neue Grundordnung des Kirchenjahres bestätigt dies mit den Worten: „Darum sind die Drei Österlichen Tage vom Leiden, vom Tod und von der Auferstehung des Herrn Höhepunkt des ganzen Kirchenjahres" (Nr. 18). Sie „beginnen mit der Abendmahlsmesse des Gründonnerstags; sie haben ihren Mittelpunkt in der Osternacht und schließen mit der Vesper am Ostersonntag" (ebd. 19).

Die Feier dieses Triduums war in den 1600 Jahren seiner Geschichte sehr reformbedürftig geworden. Es braucht nur daran erinnert zu werden, daß die gesamte Osternachtfeier auf den frühen Karsamstagmorgen vorverlegt worden war und so weitgehend ihre natürliche Symbolkraft verloren hatte (Näheres im 5. Kap., 2.c). Durch Dekret der Ritenkongregation vom 9. 2. 1951 wurde sie wieder für die Nacht vor Ostern „ad experimentum“ gestattet. Vier Jahre später, am 16. 11. 1955, erschien das berühmte „Generaldekret der Ritenkongregation über die Erneuerung der Liturgie der Heiligen Woche“, das ein wesentlicher Vorgriff auf die nachkonziliäre Liturgie des neuen römischen Missale von 1970 war. Im folgenden legen wir die adaptierte Form des deutschen Meßbuches von 1975 zugrunde.

### *a) Die Feier des Gründonnerstagabends*

Die jüdisch-antike Vorstellung, daß ein Tag bereits mit dem Vorabend beginnt, wirkt in der Liturgie insofern nach, als Hochfeste und Sonntage liturgisch bereits mit der Vesper des vorausgehenden Tages gefeiert werden. Deshalb ist es nicht ungewöhnlich, daß auch der Gründonnerstagabend bereits zum ersten Tag des österlichen Triduums, dem Karfreitag, gehört. Dies ist auch inhaltlich gerechtfertigt und sinnvoll, weil im Letzten Abendmahl Jesu seine Hingabe im Opfertod am Kreuz sakramental vorausgenommen wird. Auch die Fußwaschung an diesem Abend ist ein deutliches Zeichen seiner dienenden und hingebenden Liebe. Des weiteren ist sein Ölbergsleiden, die Überlieferung an seine Feinde und die Gefangennahme an diesem Abend der eigentliche Beginn seines Leidens.

Im Lateinischen heißt dieser Tag „Feria V in Cena Domini“ (= 5. Wochentag im Abendmahl des Herrn) oder auch „5. Tag der Heiligen Woche“. Die übliche deutsche Bezeichnung leitet sich höchstwahrscheinlich von einem mittelhochdeutschen Verbum ab, das in den Worten grienen oder greinen noch heute lebendig ist. Es muß wohl auf den Umstand bezogen werden, daß früher an diesem Tag die zur Kirchenbuße verurteilten Gläubigen (auch Büßer und „Weinende“ genannt) wieder in die kirchliche Gemeinschaft aufgenommen wurden. Ihre Entlassung aus dem Büßerstand führte auch zur Bezeichnung „Antlaßtag“. Zuweilen begegnet uns auch der Name Hoher oder Heiliger Donnerstag.

Die Liturgie des Gründonnerstagabends ist vor allem vom Gedächtnis an das Letzte Abendmahl Jesu und die dabei vollzogene Einsetzung der Eucharistie geprägt, aber auch von dem dabei vollzogenen Ritus der Fußwaschung, dem Symbol seiner dienenden Liebe. An der Abendmahlsmesse soll die ganze Gemeinde teilnehmen. Andere Messen – von der Missa chrismatis des Bischofs am Morgen abgesehen – sollen in der Regel nicht gefeiert werden.

Schon der *Eröffnungsvers* aus Gal 6, 14 kündet vom ganzheitlichen

Thema des gesamten österlichen Triduums: „Wir rühmen uns des Kreuzes unseres Herrn Jesus Christus. In ihm ist uns Heil geworden und Auferstehung und Leben. Durch ihn sind wir erlöst und befreit." Hier wird das Pascha-Mysterium in seinem Vollsinn angesprochen, durch das Leid der Kreuzigung leuchtet bereits Freude und Jubel der Auferstehung und Erlösung.

„Zum *Gloria läuten die Glocken*. Darauf schweigen sie bis zur Osternacht, wenn nicht die Bischofskonferenz oder der Ordinarius anders bestimmt" (MD Nr. 3). Dieses Schweigen der Glocken während des österlichen Triduums reicht mindestens bis in die karolingische Zeit zurück. *Amalar von Metz* († um 850) sieht darin den Ausdruck der Demut in Nachahmung der Erniedrigung des Herrn. Im Unterschied zu den Glocken seien hölzerne Klanginstrumente (Klappern, lat. crepitacula und tabulae) besser geeignet, in den letzten Tagen der Heiligen Woche die demütige Selbstentäußerung des Herrn darzustellen[103]. Nach anderen Autoren „ist das Verstummen der Glocken und der Gebrauch hölzerner Klapperinstrumente an ihrer Stelle eine konservativ festgehaltene Erinnerung an jene Zeiten, in denen die Glocken im kirchlichen Gebrauch noch unbekannt waren"[104].

Ähnlich wie bei den Glocken verzichtet man vielerorts für den gleichen Zeitraum auch auf die *Orgel*, die sich seit Ende des Mittelalters immer stärker als gottesdienstliches Musikinstrument durchgesetzt hatte. Die Motive dürften die gleichen sein wie beim Verzicht auf das Glockengeläute. Man hat im Hinblick auf diese beiden festlichen Klanginstrumente von einem „Fasten der Ohren" gesprochen, so wie man das Verhüllen der Kreuze und Altarbilder in der Passionszeit als „Fasten der Augen" deklariert hatte. In bezug auf die Orgel kennt allerdings weder das alte noch das neue römische Meßbuch einen entsprechenden Hinweis, er findet sich lediglich in einem Entscheid der Ritenkongregation[105].

Das *Tagesgebet* stellt die Einsetzung der Eucharistie als Opfer und als Gastmahl der Liebe in den Mittelpunkt und betet, „daß wir aus diesem Geheimnis die Fülle des Lebens und der Liebe empfangen".

Die *alttestamentliche Lesung* (Ex 12, 1–8.11–14) berichtet von der Schlachtung und dem Essen des Pascha-Lammes, dessen Blut an Türpfosten und Türsturz der Häuser zum rettenden Zeichen für Israel wurde. Diese nächtliche Mahlfeier Israels in Ägypten leitete den Auszug aus der Knechtschaft und jene Reihe göttlicher Rettungstaten ein, die ihren Höhepunkt im Bundesschluß auf dem Berge Sinai fanden.

Der *Responsorialpsalm* (116) dankt nicht nur für diese historische Errettung Israels, sondern lenkt durch seinen Kehrvers: „Der Kelch des Segens ist Teilhabe am Blut Christi" (vgl. 1 Kor 10, 16), den Dank auf den „Kelch des Heiles", auf die Erfüllung des alttestamentlichen Vorbildes im Pascha-Mysterium Christi, auf das Lamm, das geschlachtet wird und die Sünden der Welt hinwegnimmt (vgl. Joh 1, 29). Die *zweite Lesung* greift diesen Gedanken auf, indem sie den Bericht über die Einsetzung der Eucharistie nach 1 Kor 11, 23–26 bringt. Der anschließende *zweite Zwischengesang* leitet über zum *Evangelium* von der Fußwaschung, indem er das „neue Gebot" verkündet: „Liebt einander, wie ich euch geliebt habe" (Joh 13, 34). Diese biblische Perikope aus Joh 13, 1–15 weist auf die innerste Haltung Jesu hin: Er will nicht herrschen, sondern dienen. Die Fußwaschung an den Jüngern, sonst Aufgabe der Sklaven an den Gästen des Hauses, wird zum deutlichen Zeichen dafür, daß seine Liebe zu den Menschen unbegrenzt ist, bis zur Hingabe im Kreuzestod.

Die Mahnung des Herrn am Ende dieser Perikope ist unüberhörbar: „Wenn ich, der Meister und Herr, euch die Füße gewaschen habe, müßt auch ihr einander die Füße waschen. Ein Beispiel habe ich euch gegeben, damit auch ihr tut, wie ich euch getan habe." Von dieser Weisung des Herrn und dem „neuen Gebot" (= mandatum) bekam die *Fußwaschung* auch den lateinischen Namen Mandatum. Wenn es dabei auch in erster Linie um die hinter der symbolischen Fußwaschung stehende Liebe geht und diese sich im vielfältigen und zeitgemäßen Dienst an den Brüdern verwirklichen muß, so hat die Kirche doch auch das konkrete biblische Zeichen ihres Herrn nicht aus dem Auge verloren. Schon im 4. Jahrhundert begegnet uns im Westen (mit Ausnahme Roms) eine Fußwaschung im Rahmen des Taufritus. Nach ihrem allmählichen Verschwinden, bedingt durch die Ausbreitung der römischen Liturgie, lebt sie in den Klöstern als Fußwaschung an den Armen und den Klosterbrüdern wieder auf. Mit großer Entschiedenheit fordert das 17. *Konzil von Toledo* (694), daß in allen Kirchen Spaniens und Galliens diese feierliche Handlung am Gründonnerstag vollzogen werde. Jeder Bischof und Priester müsse nach dem Beispiel Christi seinen Untergebenen die Füße waschen[106]. Für Rom ist dieser Ritus seit dem 12. Jahrhundert bezeugt[107]. Während das Meßbuch *Pius' V.* (1570) die Fußwaschung am Ende der Meßfeier vorsah, legt sie die Neuordnung der Karwoche von 1955 hinter das Evangelium und die Predigt. So ist es auch im Meßbuch von 1970 geblieben. Während vor der Reform von 1955 dieser Ritus nur für Bischofs- und Abteikirchen vorgeschrieben war, denkt die neue Ordnung an alle Kirchengemeinden, sofern „die seelsorglichen Verhältnisse es anraten".

Der *Ritus* ist einfach: „Die Altardiener geleiten die Männer, an denen die Fußwaschung vorgenommen werden soll, zu den an einem geeigneten Ort bereitgestellten Sitzen. Falls erforderlich, legt der Priester das Meßgewand ab. Dann gießt er jedem einzelnen Wasser über die Füße und trocknet sie ab; die Altardiener sind ihm dabei behilflich" (MD 6). Die traditionelle Zwölfzahl, die der erneuerte Ritus von 1955 noch festgehalten hatte, findet sich im neuen Meßbuch nicht mehr. Während der Fußwaschung werden entweder einige der angegebenen Antiphonen des Meßbuches, insgesamt sechs, oder andere passende Lieder gesungen. Weil das Credo entfällt, folgen sofort die Fürbitten.

Während der *Gabenbereitung* „können die Gläubigen einen Opfergang mit Gaben für die Armen halten" (MD 9). Solche tätige Nächstenliebe, zu der auch der im Meßbuch vorgesehene Hymnus „Christi Liebe hat uns geeint" zusammen mit dem Kehrvers „Wo Güte und Liebe, da wohnet Gott" anregen, ist eine der möglichen Konkretisierungen der symbolhaften Fußwaschung. Man hat deshalb mit guten Gründen angeregt, die alljährliche Fastenkollekte für die notleidenden Völker („Misereor") in dieser Messe – für die, welche daran nicht teilnehmen können, am Ostersonntag – zu halten[108].

Die *Präfation* rühmt die Stiftung der eucharistischen Feier, die Christus an diesem Abend eingesetzt hat. Die Hochgebete I–III, die wahlweise genommen werden können, sehen für diesen Abend besondere *Einschübe* vor, in denen auf die Einsetzung und auf das Selbstopfer Christi hingewiesen wird. In den Einleitungen zu den Stiftungsworten Christi über das Brot wird ausdrücklich betont: „das ist heute".

Nach dem Schlußgebet werden die für den Karfreitagsgottesdienst vorauskonsekrierten Gaben in feierlicher *Prozession* zum Tabernakel eines Nebenaltares oder einer Seitenkapelle übertragen und der Altarschmuck entfernt (denudatio altaris). Die anschließende *Anbetung* vor dem Allerheiligsten soll nach Tunlichkeit beibehalten werden, allerdings ab Mitternacht ohne jede Feierlichkeit. Dieser Brauch hat eine sehr alte Geschichte, die bis ins 2. Jahrhundert zurückreicht. Schon *Irenäus von Lyon* († um 200) spricht davon, daß manche 40 Stunden vor Ostern, also die (abgerundete) Stundenzahl der Grabesruhe Christi, fasteten, was von *Augustinus* bestätigt wird[109]. Mit diesem Fasten, das nach anderen Zeugnissen auch mit Gebetsgottesdiensten verbunden war, wollte man im Sinne von Lk 5,35 den „hinweggenommenen Bräutigam" ehren. Im 10. Jahrhundert entstand, vor allem in England, die Sitte, nach der Kreuzverehrung des Karfreitags das Kruzifix oder den abgelösten Corpus in ein Tuch zu hüllen und in ein symbolisches Grab zu legen. In manchen Gegenden fügte man noch konsekrierte Hostien hinzu. Mit diesem *„Heiligen Grab"* verband sich später auch die nachahmende Darstellung des Auferstehungsgeschehens, die sogenannten Osterspiele. Auch die neueren, oft dramatisch ausgestalteten Auferstehungsfeiern dürften hier ihren Ursprung haben.

Als man daranging, die Ostervigilfeier bis auf den Karsamstagmorgen vorzuverlegen (siehe später c), ließ man das vierzigstündige Gebet schon am Gründonnerstagabend beginnen, um die Zahl der 40 Stunden bis zum Osteramt festhalten zu können. Selbst die Ritenkongregation duldete es, daß man den Aufbewahrungsort der vorkonsekrierten Gaben als „Heiliges Grab“ bezeichnete. Es sei noch erwähnt, daß es noch die weitere Form des vierzigstündigen Gebetes als Verehrung des Altarsakramentes außerhalb des österlichen Triduums gibt (zum erstenmal bezeugt für das Jahr 1527 in Mailand).

Der angesehene Liturgieforscher *J. A. Jungmann* meint dazu, „beiden Formen würde die Besinnung auf den ursprünglichen Grundgedanken, die Versenkung in das Geheimnis der Erlösung am tiefsten Punkt der freiwilligen Erniedrigung des Gottmenschen, nur von Nutzen sein“ [110].

### *b) Die Liturgie des Karfreitags*

Der Karfreitag (von kara = Klage) [111] ist als Todestag Christi (14. Nisan, der damals ein Freitag war) von jeher ein Tag der Trauer und des mitleidenden Fastens, auch Trauerfasten genannt. Schon in ältester Zeit hat man die Worte Jesu über die Zeit, in der die Jünger fasten, weil ihnen der Bräutigam genommen ist (Mt 9,15; Mk 2,20; Lk 5,34f), auf die Tage des Todes und der Grabesruhe Christi bezogen. Dieses Trauerfasten war im Bewußtsein der alten Kirche so tief verwurzelt, daß man es im Westen zeitweise sogar auf alle Freitage und Samstage des Jahres übertrug. Die ältesten Zeugnisse für ein Fasten am Karfreitag und Karsamstag reichen bis ins 2. Jahrhundert zurück (Apokryphes *Hebräerevangelium* und *Irenäus von Lyon*). Dabei handelte es sich um ein „Vollfasten, bei dem nicht das geringste an Speise und Trank genossen werden darf. Die Christen mußten also an Pascha 40 Stunden oder sogar zwei ganze Tage ohne Essen und Trinken zubringen. Eine Bestätigung für diese Auffassung liefert die Kirchenordnung des *Hippolyt* dadurch, daß sie als Ausnahme für Kranke und Schwangere Brot und Wasser am Freitage zuläßt.“ [112] Papst *Innozenz I.* begründet es am Beginn des 5. Jahrhunderts mit der Meinung, daß schon die Apostel an diesem „Biduum“ ein Trauerfasten gehalten haben [113]. Im Hinblick auf diese ehrwürdige Tradition ist es verständlich, daß auch die heutige Kirche am Karfreitag als Fast- und Abstinenztag festhält.

Während die ersten christlichen Jahrhunderte auf eine besondere Karfreitagsliturgie verzichteten, bildeten sich im 4. Jahrhundert verschiedene Formen nichteucharistischen Gottesdienstes heraus. Aus Jerusalem berichtet die Pilgerin *Ätheria* um 400, daß sich dort die Christen am Vormittag zur Verehrung des von Kaiserin Helena im Jahre 320 wiederaufgefundenen Kreuzes Christi auf Golgota versammelten, ebenso am frühen Nachmittag zu einem Wortgottesdienst mit der Lesung der Passionsgeschichte [114]. Es zeigt sich gerade in Jerusalem das Bestreben, das Christusereignis in der Liturgie orts- und zeitgerecht nachzugestalten und so dem Bewußtsein der Gläubigen tief einzuprägen. In dieser Hinsicht ist der Gottesdienst von Jerusalem gerade in der Karwoche beispielgebend für den Westen geworden.

Zunächst wird man sich im Westen mit einem *Wortgottesdienst* begnügt haben, wie ihn *Augustinus* für Nordafrika bezeugt, wobei vor allem der Passionsbericht und die auf das Leiden Christi bezogenen Psalmen eine wichtige Rolle spielten. Wo Ortskirchen eine Reliquie des heiligen Kreuzes besaßen, wie es z.B. für Rom schon für das 4. Jahrhundert bezeugt ist (Geschenk der Kaiserin Helena), bildete sich auch dort schon früh eine *Kreuzverehrung* heraus. Vom römischen Karfreitagsgottesdienst des 7. Jahrhunderts kennen wir den Verlauf genauer: Der Papst zog barfuß mit der Kreuzreliquie in Prozession von der Lateranbasilika zu der von Kaiserin Helena errichteten Kirche „Vom Heiligen Kreuz in Jerusalem". Dort wurde die Kreuzreliquie nicht nur vom Klerus, sondern auch von der ganzen Gemeinde verehrt, während zugleich zwei alttestamentliche Lesungen und der Passionsbericht nach Johannes vorgetragen wurden. Das feierliche Gläubigengebet beschloß ursprünglich diesen Wortgottesdienst, bis noch im 7. Jahrhundert die Kommunion der Gläubigen aufkam. Diese römische Liturgie wurde im 8. Jahrhundert von den Franken übernommen und weiter in Richtung auf einen stärkeren dramatischen Effekt ausgebaut. Um die Mitte des 10. Jahrhunderts schrieben Benediktinermönche des St.-Alban-Klosters in Mainz die weitergewachsene Karfreitagsliturgie im sogenannten römisch-germanischen Pontifikale auf, auch Mainzer Pontifikale genannt. Dieses liturgische Buch gelangte noch im 10. Jahrhundert in das damals schwer darniederliegende Rom und beeinflußte seinerseits wieder die dortige Liturgie maßgebend. Im Laufe des Mittelalters wurde aus der zunächst sehr schlichten Kommunionfeier der Gläubigen die *„Missa praesanctificatorum"* (= Messe der vorverwandelten Gaben), indem man manche Teile der Eucharistiefeier hinzunahm, allerdings ohne das entscheidende Hochgebet. Der seltene Kommunionempfang des Mittelalters führte dazu, daß schließlich nur noch der Priester am Karfreitag kommunizierte. Das tridentinische Meßbuch von 1570 übernahm diesen Brauch als Vorschrift und verlieh ihm so für fast 400 Jahre Geltung.

Im Volksmund sprach man von einer „zerstörten" oder „verstörten" Messe.

Die Neuordnung von 1955 hat zwar die traditionelle Dreiteilung in Wortgottesdienst, Kreuzverehrung und Kommunionfeier beibehalten, aber manche Riten und Rubriken, besonders bei der Kommunionfeier, wieder fallengelassen, u. a. das Verbot der Gläubigenkommunion. Die Meßbuchreform von 1970 hat diese Reform im wesentlichen übernommen.

Dies gilt auch für den *Zeitpunkt* des Gottesdienstes, der sich seit dem Altertum bis ins hohe Mittelalter hinein an der Todesstunde Christi nachmittags um drei Uhr orientiert hatte. Im Spätmittelalter, als die Fastenpraxis immer laxer wurde, behielt man zwar in formalistischer Weise die Bestimmung bei, daß der Gottesdienst erst nach dem Offizium der Non (= 15.00 Uhr) gefeiert werden durfte, verlegte aber diese Non und damit die Karfreitagsliturgie bereits auf den Vormittag. Diese Regelung fand Aufnahme in das Meßbuch von 1570, nachdem *Pius V.* vier Jahre zuvor alle Meßfeiern am Nachmittag und Abend mit sehr fragwürdiger Begründung verboten hatte. Das Reformdekret von 1955 sah in dieser Vorverlegung einen Schaden für den „liturgischen Sinn" der Gläubigen und übernahm wieder den ursprünglichen Zeitpunkt, indem es bestimmte: „Am Karfreitag wird die Liturgiefeier nachmittags, und zwar gegen drei Uhr gehalten. Wenn seelsorgliche Gründe es ratsam erscheinen lassen, darf auch ein späterer Zeitpunkt, jedoch nicht nach sechs Uhr, gewählt werden." Das neue Meßbuch hat auch diese Bestimmung übernommen, ohne jedoch bei pastoral bedingter späterer Feier eine zeitliche Begrenzung festzusetzen. Hier ist vor allem an solche Länder zu denken, in denen der Karfreitag kein Feiertag ist und die Gläubigen tagsüber ihrer Berufsarbeit nachgehen müssen.

Im folgenden soll der Karfreitagsgottesdienst nach dem neuen Meßbuch von 1970 bzw. seiner deutschen Ausgabe von 1975 beschrieben werden. Er wird nicht mehr in schwarzen, sondern in roten liturgischen Gewändern gefeiert. Es ist die Farbe der Märtyrer, die in Christus ihr Urbild und Vorbild vor Augen haben und in dessen Todesgehorsam sie die Quelle ihrer eigenen Hingabe und ihres Triumphes sehen.

## Der Wortgottesdienst

Der Priester und seine Begleitung begeben sich zum Altar, der vollständig abgeräumt ist, und werfen sich entweder langgestreckt vor ihm nieder (lat.: prostratio) oder knien und verharren eine Weile in stillem Gebet. Die sogenannte *Prostratio* wurde aus dem Zeremoniell des byzantinischen Kaiserhofes in die Liturgie übernommen, begegnet uns aber auch schon im Alten Testament. Die Tatsache, daß eine so alte Tradition mit hoher Zeichenkraft sich gerade am Karfreitag bis in unsere Zeit erhalten hat, bestätigt das von *A. Baumstark* eruierte „Gesetz der Erhaltung des Alten in liturgisch hochwertiger Zeit“[115].

Nach der Prostratio spricht der Priester an den Sitzen eines der beiden im Meßbuch vorgesehenen Gebete. Als *erste Lesung* folgt das vierte Lied vom Gottesknecht nach Jes 52,13 – 53,12, das seit jeher als Schilderung des erlösenden Leidens Christi verstanden wurde. Psalm 31 als *Antwortpsalm* wird nicht nur zum Ausdruck der Klage, sondern auch des Vertrauens auf den „treuen Gott“. Die *zweite Lesung* ist ein Lobpreis auf den „erhabenen Hohenpriester“, der „für alle, die ihm gehorchen, Urheber des ewigen Heiles geworden“ ist (Hebr 4,14–16; 5,7–9). Der *zweite Zwischengesang*, der zum Evangelium überleitet, enthält die klassische Stelle vom Pascha-Mysterium Christi aus Phil 2,8f, in der nicht nur vom Todesgehorsam Jesu, sondern auch von seiner Erhöhung gesprochen wird. Der anschließende *Passionsbericht nach Joh* (18,1 – 19,42) soll in der gleichen Weise wie am Palmsonntag vorgetragen werden, d.h. ohne Leuchter und Inzens, ohne Begrüßung des Volkes und Bekreuzigung des Buches. Vortragender ist, wenn anwesend, ein Diakon, sonst der Priester. Die Passion kann aber auch von Laien mit verteilten Rollen gelesen oder gesungen werden, „wobei die Christusrolle nach Möglichkeit dem Priester vorbehalten bleiben soll“ (MD Palmsonntag 22), da er in der Liturgie als Repräsentant Christi gilt. Nach der Leidensgeschichte folgt nach Möglichkeit eine *kurze Predigt*, „an deren Schluß der Priester die Gläubigen zu einer kurzen Gebetsstille einladen kann“ (MD 9).

Die anschließenden „*Großen Fürbitten*“ sind altchristliches Urgestein, das sich bis auf unsere Tage erhalten hat, während die im alten Rom bei jeder Eucharistiefeier üblichen Fürbitten, auch Allgemeines Gebet oder Gebet der Gläubigen genannt, viele Jahrhunderte lang in Vergessenheit geraten waren und erst durch das II. Vaticanum wieder eingeführt wurden. Es handelt sich um zehn Gebetsanliegen, die jene Grundstruktur einhalten, die auch für die wiedereingeführten Fürbitten der Meßfeier gilt: „für die heilige Kirche, für die Regierenden, für jene, die von mancherlei Not bedrückt sind, und für alle Menschen und das Heil der ganzen Welt“ (LK 53). Im einzelnen wird gebetet für die heilige Kirche, den Papst, alle Stände der Kirche, die Katechumenen, die Einheit der Christen, die Juden, alle, die nicht an Christus glauben, für alle, die nicht an Gott glauben, für die Regierenden, für alle notleidenden Menschen. Vergleicht man diese Fürbitten mit den früheren, so erkennt man sowohl größere Straffung wie auch eine rücksichtsvollere Formulierung in den Gebeten für die Juden und die (früher so genannten) „Häretiker" und „Schismatiker". Der Priester kann aus den Fürbitten diejenigen auswählen, die „den örtlichen Verhältnissen am meisten entsprechen". „In einer schweren öffentlichen Notlage kann der Ortsordinarius eine besondere Bitte zusätzlich gestatten oder anordnen" (MD 12).

Bei den einzelnen Bitten spricht (singt) der Priester zunächst eine „Gebetsaufforderung, in der das Anliegen zum Ausdruck kommt" und dann, nach einer stillen Gebetspause, die Oration. Der überlieferte Brauch, daß sich die Gläubigen nach der Gebetsaufforderung auf den Ruf des Diakons „Beuget die Knie" niederknien und sich auf sein „Erhebet euch" wieder stellen, kann beibehalten werden.

Den zweiten Hauptteil der Karfreitagsliturgie bildet die Kreuzverehrung.

## Die Kreuzverehrung

Zunächst wird das Kreuz den Gläubigen feierlich gezeigt (Erhebung des Kreuzes). Hierfür gibt es *zwei Formen,* von denen jene gewählt werden soll, „die den seelsorglichen Erfordernissen am besten entspricht". Bei der ersten (traditionellen) Form wird ein verhülltes Kreuz durch einen der mitfeiernden Liturgen, begleitet von zwei Ministranten mit brennenden Kerzen, zum Altar getragen und dem Priester übergeben. Dieser enthüllt das Kreuz in drei Stufen, wobei er jedesmal den „Ruf zur Kreuzerhebung" anstimmt (früher in dreimal steigendem Ton): „Ecce lignum crucis ... Seht das Kreuz, an dem der Herr gehangen, das Heil der Welt." Die Gemeinde antwortet mit „Kommt, lasset uns anbeten" und kniet zu stillem Gebet nieder. Das enthüllte Kreuz wird nun am Eingang zum Altarraum oder an einem anderen geeigneten Ort im Blickfeld der Gemeinde aufgestellt oder von zwei Ministranten gehalten, worauf die Kreuzverehrung beginnt.

Bei der zweiten Form der Erhebung begibt sich der Priester mit seiner Begleitung zum Eingang der Kirche, nimmt dort das unverhüllte Kreuz entgegen und trägt es in Prozessionsform zum Altarraum. Auf dem Weg dorthin bleibt er dreimal stehen und singt jeweils den Ruf zur Erhebung. Alles Weitere wie bei Form 1.

Zur *Kreuzverehrung* treten Klerus und Gläubige vor das Kreuz und verehren es durch Kniebeuge oder Kuß oder durch andere Zeichen. Inzwischen werden die altehrwürdigen und ergreifenden Gesänge zur Kreuzverehrung von Gemeinde oder Chor gesungen. Hierzu gehören die Antiphon „Dein Kreuz, o Herr ..." (jetzt an erster Stelle im Meßbuch), die Improperien (Klagegesänge, GL 206) und der aus dem 6. Jahrhundert stammende Hymnus „Pange, lingua, gloriosi proelium certaminis" mit der Antiphon „Crux fidelis". Die erstgenannte Antiphon läßt vom Text wie von ihrer Melodie im Gregorianischen Choral her besonders aufhorchen, weil in beiden *bereits die Osterfreude* zum Durchbruch kommt: „Dein Kreuz, o Herr, verehren wir, und deine heilige Auferstehung preisen und rühmen wir: Denn siehe, durch das Holz des Kreuzes kam Freude in alle Welt." Die Melodie im Gregorianischen Choral enthält zu Beginn starke Anklänge an die des Tedeum[116].

Die Kommunionfeier

Nach der Kreuzverehrung wird der Altar mit einem Tuch bedeckt und Meßbuch und Korporale daraufgelegt. Das Allerheiligste wird vom Aufbewahrungsort zum Altar gebracht und vom Priester durch Kniebeuge angebetet. Es folgt das Vaterunser mit Embolismus und Akklamation des Volkes. Nach einem kurzen Vorbereitungsgebet erhebt der Priester eine Hostie und spricht, wie üblich: „Seht das Lamm Gottes..." und empfängt den Leib des Herrn, um ihn dann auch der Gemeinde zu überreichen. Das Gefäß mit den übriggebliebenen Hostien wird zurückgebracht oder in den Tabernakel gestellt. Nach einer stillen Gebetspause folgen Schlußgebet und Segensgebet über das Volk. Das Schlußgebet dankt für das neue Leben, das uns der Vater „durch den Tod und die Auferstehung" seines Sohnes geschenkt hat, und bringt so nochmals die Einheit des Pascha-Mysteriums zum Ausdruck. Das Segensgebet, bei dem der Priester die Hände über die Gemeinde ausbreitet, nennt ebenfalls Tod und Auferstehung in einem Atemzug und erbittet für das Volk Gottes „Verzeihung und Trost, Wachstum im Glauben und die ewige Erlösung".

### c) Die Feier der Osternacht und des Ostersonntags

Der Karsamstag war in der alten Kirche als Tag der Grabesruhe Christi ohne eigene Liturgie. Es war ein Tag des strengen Trauerfastens, wodurch die Gedanken der Gläubigen intensiv auf Tod und Grabesruhe Christi ausgerichtet waren. Von Trauer und Fasten war auch, wie wir bereits oben (S. 57) sahen, der erste Teil der Ostervigilfeier geprägt. Erst in der nachmitternächtlichen Tauf- und Eucharistiefeier wandelte sich die Trauer in Freude.

Vielen ist heute unverständlich, wie es in der römischen Liturgie dazu kommen konnte, daß diese „Mutter aller heiligen Vigilien" bis zum Jahre 1951 auf den *frühen Karsamstagmorgen* vorverlegt war und so weitgehend ihre reiche Symbolkraft einbüßte. Wie konnte, so fragt man sich, aus der hochfestlichen Osternachtfeier eine von nur wenigen Gläubigen besuchte Klerusliturgie mitten in der Zeit der Grabesruhe

Christi werden? Diese Frage ist es wert, ihr eine, wenn auch kurze, historische Darstellung zu widmen[117].

Noch am Ende des 4. Jahrhunderts scheint die Ostervigil die ganze Nacht in Anspruch genommen zu haben, so daß ein weiterer Gottesdienst am Ostertag nicht stattfand. Doch bald taucht da und dort die Mahnung auf, die Feier nicht vor Mitternacht zu beenden. Gegen Ende des 6. Jahrhunderts wird bereits deutlich, daß die Vigilmesse vor Mitternacht zu Ende geht und am Ostersonntag eine eigene Meßfeier stattfindet. Um die Mitte des 8. Jahrhunderts war die Vorverlegung so weit fortgeschritten, daß die Vigilmesse nach dem Sichtbarwerden des ersten Sternes beginnen durfte. Eine liturgiegeschichtliche Quelle aus dem 9. Jahrhundert (Ordo von Einsiedeln) nennt als Beginn der Vigilmesse die Zeit der Non, also um 15 Uhr. Das schließt aber ein, daß die der Messe vorgelagerten Teile der Vigilfeier bereits um die Mittagsstunde begannen. Hiermit war die im Mittelalter für Fastenmessen vorgeschriebene Zeit erreicht: sie dürfen erst „post nonam", also um 15 Uhr, beginnen. Als im 14. Jahrhundert die Fastenbestimmungen immer mehr aufgelockert werden, gestattet das kirchliche Recht, die Non schon in den Morgenstunden zu beten und die Fastenmessen anzuschließen. Diese Regelung übernahm man dann auch für die österliche Vigilmesse. Das aber bedeutet, daß die vorausliegende Vigilliturgie noch früher gehalten wurde, d. h. am frühen Morgen. Im Meßbuch des Papstes *Pius V.* von 1570 wurde diese Regelung nicht nur erlaubt, sondern zur Vorschrift, nachdem der gleiche Papst schon 1566 in der Bulle „Sanctissimus" alle Messen am Abend und zur Mitternacht generell verboten hatte.

So kam es – die Älteren unter uns erlebten es noch verwundert –, daß die Osterkerze zu einer Stunde entzündet und unter dem dreimaligen „Lumen Christi" zum Altare getragen wurde, als schon die hellen Sonnenstrahlen das Gotteshaus erfüllten; daß das Oster-Halleluja feierlich erklang und die Osterbotschaft in Wortgottesdienst und Präfation verkündet wurde, man aber dann das Gotteshaus verließ im Bewußtsein, daß die Fastenzeit erst mit dem Mittag endet. Dieses gottesdienstliche „Widerfahrnis", unter dem die liturgisch Aufgeschlossenen beträchtlich litten, war meilenweit entfernt von jenem der Frühzeit, das ein Experte der Liturgiegeschichte folgendermaßen beschreibt: „In den großen Antithesen von Nacht und Morgenlicht, Fasten und Eucharistiemahl, Trauer und Festesfreude wurde der Gegensatz von Tod und Leben, Untergang und Auferstehung, Satan und Kyrios, altem und neuem Aion unwiderstehlich erlebt."[118]

Um so größer war bei vielen die Freude, als *Pius XII.* mit dem Dekret der Ritenkongregation vom 9. 2. 1951 erlaubte, zunächst ad ex-

perimentum für ein Jahr, den österlichen Vigilgottesdienst wieder in die Osternacht zu verlegen, nachdem kurz zuvor einige Bischofskonferenzen und andere Gremien diese Verlegung erbeten hatten. Zugleich wurde damals der Ritus gestrafft und teilweise neu gestaltet. Was zunächst nur als Experiment erlaubt war, wurde durch die bereits mehrfach erwähnte Neuordnung der Karwoche vom 16. 11. 1955 zum allgemeinen Gesetz. Die römisch-katholische Liturgie hatte einen verlorenen Schatz wiedergefunden. Unter Auswertung mehrjähriger Erfahrungen konnte dann das Meßbuch von 1970 diese Osternachtfeier weiter läutern und ihr im österlichen Triduum eine Mittelpunktstellung geben. Die dem Meßbuch beigegebene Grundordnung des Kirchenjahres umreißt sie in folgenden Worten:
„In ihr (der Osternacht) erwartet die Kirche nächtlich wachehaltend die Auferstehung des Herrn und feiert sie in heiligen Zeichen. Daher soll die ganze Vigil als nächtliche Feier gehalten werden, d. h. erst nach Anbruch der Dunkelheit beginnen und vor dem Morgengrauen des Sonntags enden“ (Nr. 21).
Die Liturgie der Osternacht besteht aus

a) der Lichtfeier,
b) dem Wortgottesdienst,
c) der Tauffeier,
d) der Eucharistiefeier.

Bei der *Lichtfeier* ziehen Priester und Assistenz in weißen Gewändern mit der Osterkerze zu einem *Holzfeuer* vor der Kirche, um das sich nach Möglichkeit auch die Gemeinde versammelt. Wo ein solches Feuer vor der Kirche nicht möglich ist, kann auch eine angepaßte Möglichkeit am Kircheneingang geschaffen werden. Nach der Begrüßung und kurzer Einführung segnet der Priester das Feuer und betet, Gott möge in uns die Sehnsucht nach dem unvergänglichen Licht entflammen. Die alte römische Liturgie kannte eine solche Segnung des Feuers anfangs nicht, „sie ist vielmehr fränkischen Ursprungs und scheint von Anfang an die Bestimmung gehabt zu haben, die heidnischen Frühlingsfeuer, die zu Ehren des Wuotan oder irgendeiner anderen heidnischen Gottheit angezündet wurden, um Gedeihen der Feldfrüchte zu erlangen, durch ein kirchliches Sakramentale zu verdrängen“[119]. Auf diesen heidnischen Ursprung dürften auch einige heidnische Bräuche zurückgehen, die sich manchenorts bis in die Gegenwart erhalten haben, „so z. B. wenn von dem angebrannten Holze kleine Kreuze verfertigt werden, die man auf die Felder steckt, oder wenn man die Asche des verbrannten Holzes auf die Fluren streut“ (ebd.). Auch der festgehaltene Brauch, dieses Feuer möglichst aus einem Stein zu schlagen, dürfte auf altgermanische und antike Vorstellungen zurückgehen. Das Mittelalter sah darin einen Hinweis auf Christus, den „Eckstein, der, durch die Schläge des Kreuzes niedergestreckt, uns den Heiligen Geist ausgegossen hat“[120].

Die *Osterkerze* hat ihre frühesten Wurzeln sicher in dem von Anfang an in Rom und anderswo bestehenden Brauch, die Osternacht durch zahlreiche Lichter zu erhellen. In ihnen sah man den aus der Todesnacht auferweckten Herrn symbolisiert. Aus ursprünglich zwei mannshohen Kerzen wurde schließlich die eine, der die gallische Liturgie eine besondere Segnung widmet und zu der die allegorische Gestaltungsfreude gallischer und fränkischer Theologen weitere symbolträchtige Elemente beigetragen hat. Weil es im Rahmen dieses Buches zu weit führen würde, alle Einzelheiten in ihrer geschichtlichen Entwicklung zu erklären, soll im folgenden nur der heutige Ritus beschrieben werden.

Er stellt es dem Zelebranten frei, ob und in welchem Umfang er die erwähnten Symbole in die Lichtfeier einbaut. Sie bestehen darin, daß der Zelebrant mit einem Instrument ein Kreuz in die Osterkerze ritzt und dabei spricht: „Christus, gestern und heute, Anfang und Ende.“ Darüber zeichnet er den ersten und darunter den letzten Buchstaben des griechischen Alphabets und spricht: „Alpha und Omega.“ Mit den Worten „Sein ist die Zeit und die Ewigkeit. Sein ist die Macht und die Herrlichkeit in alle Ewigkeit. Amen“ schreibt er nun die einzelnen Ziffern der jeweiligen Jahreszahl zwischen die Kreuzesarme. In deren Endpunkte und in ihren Schnittpunkt werden fünf Weihrauchkörner eingefügt und mit einem roten Wachsnagel verschlossen. Dabei spricht der Priester: „Durch seine heiligen Wunden (1), die leuchten in Herrlichkeit (2), behüte uns (3) und bewahre uns (4) Christus, der Herr. Amen (5).“[121] Nun entzündet der Priester die Osterkerze und spricht: „Christus ist glorreich auferstanden vom Tod. Sein Licht vertreibe das Dunkel der Herzen.“ Der Diakon oder der Priester hebt die so geschmückte Osterkerze empor und singt „Lumen Christi–Licht Christi“. Alle antworten: „Deo gratias“. Hinter dem mit der Osterkerze vorausgehenden Diakon bildet sich nun eine Prozession in die Kirche. Am Eingang (bzw. in der Mitte, wenn die Segnung des Feuers am Eingang stattgefunden hat) wird die Osterkerze zum zweiten Mal erhoben und „Lumen Christi“ gesungen. Jetzt entzünden alle Mitfeiernden ihre Kerzen am Licht der Osterkerze. Vor dem Altar wird die Osterkerze zum dritten Mal erhoben und „Lumen Christi“ gesungen. Nun erstrahlen alle Lichter der Kirche. Die *Prozession hinter der Osterkerze* ist eindrucksvoll und symbolträchtig. Drängt sich doch wie von selbst das Wort Christi in Joh 8,12 auf: „Ich bin das Licht der Welt. Wer mir nachfolgt, wird nicht in der Finsternis gehen, sondern er wird das Licht des Lebens haben." Zugleich erinnert die vorausgetragene Osterkerze an die Feuersäule, in der Jahwe dem aus der Knechtschaft ziehenden Israel in der Nacht voranzog und den Weg in die Freiheit wies (vgl. Ex 13,21).

Die Osterkerze wird auf einen Leuchter im Altarraum gestellt und inzensiert. Es folgt das feierliche *Osterlob* (praeconium paschale), mit seinem lateinischen Anfangswort auch „Exsultet" genannt, während die Gläubigen stehen und ihre brennenden Kerzen in Händen halten. Dieser hymnische Lobpreis eines noch unbekannten Verfassers ist gespeist vom Gedankengut eines Ambrosius und Augustinus, greift aber zum Teil auf noch ältere Texte zurück. Hierzu gehört vor allem der „älteste bekannte Lobpreis auf die christliche Osternacht" aus der ersten Hälfte des 4. Jahrhunderts, der uns in den Osterhomilien des Asterios Sophistes begegnet[122] und selbst wieder abhängig ist von der jüdischen Pascha-Theologie und -Liturgie[123]. Auch das altchristliche, an jedem Abend stattfindende Ritual der Anzündung und Begrüßung des Lichtes (lucernarium), das sein Vorbild in jüdischer und antiker Kultur hat, dürfte diesen Lobpreis beeinflußt haben[124].

Seine heutige Fassung ist wahrscheinlich anfangs des 7. Jahrhunderts im gallischen Liturgiebereich entstanden[125]. Das Exsultet kann in einer längeren oder gestrafften Form vorgetragen und, wenn es die Bischofskonferenzen für gut befinden, durch Akklamationen der Gemeinde begleitet werden. Es beginnt mit dem Aufruf zu frohlockender Freude, gerichtet an die Chöre der Engel, an die vom „Glanz aus der Höhe" überstrahlte Erde und an die „von Licht und herrlichem Glanze" umkleidete „Mutter Kirche" und geht dann über in die Form einer Präfation, die in hymnischer Begeisterung die Erlösungstat Christi feiert und die Osternacht der Auferstehung Christi besingt. Der Blick wendet sich der Befreiungstat Gottes an den „Söhnen Israels" zu, die er aus der Knechtschaft Ägyptens und durch die Fluten des Roten Meeres in die Freiheit führte. Diese Heilstat Gottes wird zum Symbol des Pascha-Mysteriums Christi, das zu preisen der Text nach immer neuen Wendungen und Bildern ringt, um dann in staunende Bewunderung auszubrechen: „O unfaßbare Liebe des Vaters ... O wahrhaft heilbringende Sünde des Adam ... O glückliche Schuld ... O wahrhaft selige Nacht ..." Schließlich wendet sich der Hymnus in rührenden Worten der Osterkerze als dem Symbol des unsichtbaren Herrn zu, „der von den Toten erstand, der den Menschen erstrahlt im österlichen Licht".

Weil dieses Exsultet ein Höhepunkt österlicher Verkündigung ist, hat man mit guten Gründen gefragt, ob es nicht passender erst nach dem Wortgottesdienst vor der Tauffeier eingeordnet werden sollte.

## Wortgottesdienst

Insgesamt werden *neun biblische Lesungen* vorgetragen, davon zwei aus dem Neuen Testament (Epistel und Evangelium). Aus pastoralen Gründen kann die Zahl der alttestamentlichen Lesungen im äußersten Fall bis auf zwei vermindert werden, doch muß die Lesung vom Durchzug durch das Rote Meer wegen ihres Vorbildcharakters des Pascha-Mysteriums immer dabeisein. Den sieben alttestamentlichen Lesungen folgt jeweils ein Antwortgesang und eine Oration. Nach dem Gebet nach der siebten Lesung werden die Altarkerzen angezündet, und der Priester stimmt das Gloria an, in das die Glocken der Kirche einfallen. Nach der Festoration („... du hast diese Nacht hell gemacht durch den Glanz der Auferstehung unseres Herrn ...") folgt die Epistel aus Röm 6,3–11, in der von unserer Schicksals- und Lebensgemeinschaft mit Christus kraft der Taufe die Rede ist. Nach der Lesung erheben sich alle, und zum erstenmal nach den langen und ernsten Wochen der Fastenzeit erklingt wieder das *Halleluja.* Viele werden bedauern, daß es nicht mehr wie früher in dreimal steigendem Ton vom Priester gesungen und von der Gemeinde wiederholt wird. Aber auch die einmalig gesungene Melodie ist in ihrer Eigenart und ihrem Reichtum noch ergreifend für jeden, der im Glauben Passion und Auferstehung Christi mitfeiert. „Dieses Alleluja steigt mit schwerem Flügelschlag auf. Es ringt sich empor aus dem Grabe Adams und trägt an seinen Schwingen die Blutstropfen Christi. Es ist das Hochzeitslied der Paschanacht, die in der Umarmung des Auferstehungstages langsam hell wird. Aber das alles sind nur Worte. Das erste Alleluja der Osternacht ist ein Mysterium und unaussprechlich wie alle Mysterien. So wie dieses Alleluja ist das ganze Christenleben: ein zartes, verhaltenes Freudenlied, das mitten in der Leidensnacht der Zeit den Aufgang des ewigen Tages grüßt."[126] Der anschließende Psalm 118 mit einem dreifachen Halleluja als Kehrvers wird zum festlichen Danklied für das Heilsereignis der Auferstehung: „Danket dem Herrn, denn er ist gütig, denn seine Huld währt ewig!" Das Evangelium ist in den drei Lesejahren verschieden, so daß die Auferstehungstexte aller Synoptiker zur Verlesung kommen. Nach der Homilie folgt die Tauffeier.

## Die Tauffeier

Die Liturgen begeben sich zum Taufbrunnen, sofern sich dieser, wie es wünschenswert ist, im Blickfeld der Gemeinde befindet; „andernfalls wird ein Gefäß mit Wasser im Altarraum aufgestellt". Weil die Osternacht seit jeher der bevorzugte Tauftermin der Kirche war, ist es auch heute erwünscht, daß im Rahmen der Tauffeier das Sakrament auch tatsächlich gespendet wird. In diesem Fall werden die Täuflinge aufgerufen und der Gemeinde vorgestellt. Nach einer kurzen Einführung wird die gekürzte Allerheiligenlitanei gesungen, wobei die Kirchen-, Orts- und Namenspatrone der Täuflinge eingefügt werden können. Bei der anschließenden Segnung des Taufwassers senkt der Priester ein- oder dreimal die Osterkerze ins Taufwasser ein, indem er spricht: „Durch deinen geliebten Sohn steige herab in dieses Wasser die Kraft des Heiligen Geistes." Nach der Absage an Satan und dem Taufbekenntnis wird die Taufe gespendet. Bei erwachsenen Täuflingen schließt sich die Spendung der *Firmung* durch den taufenden Priester an, wenn ein Bischof nicht anwesend ist. Wird keine Taufe gespendet und auch kein Taufwasser geweiht, erfolgt lediglich eine Segnung des Wassers (Weihwasser, Osterwasser). Seit der Wiederherstellung der Osternachtfeier 1951 ist an dieser Stelle die sogenannte *Erneuerung des Taufversprechens* vorgesehen, also Absage und Taufbekenntnis. Die Gläubigen beantworten die entsprechenden Fragen des Priesters mit „Ich widersage" und „Ich glaube". Es folgt die Besprengung der Gemeinde mit dem gesegneten Wasser, wobei die Antiphon „Vidi aquam" [127] oder ein anderer Taufgesang gesungen wird. Die Besprengung der Gemeinde mit dem Wasser ist eine alte Form der Tauferinnerung, die auch im sonntäglichen „Asperges" weiterlebt [128]. Mit den Fürbitten schließt dieser Teil der Osternachtliturgie.

## Eucharistiefeier

Zur Gabenbereitung wird empfohlen, daß neugetaufte Erwachsene oder Schüler Brot und Wein zum Altar bringen. Die Präfation wird zum dankenden Lobpreis unseres geopferten Osterlammes Jesus Christus: „Denn er ist das wahre Lamm, das die Sünde der Welt hinwegnimmt. Durch seinen Tod hat er unseren Tod vernichtet und durch seine Auferstehung das Leben neu geschaffen." In den Hochgebeten I–III sind besondere österliche Texte eingeschoben, die von der Osternacht bis zum Weißen Sonntag gebetet werden und in denen nicht nur des österlichen Heilsereignisses gedacht wird, sondern auch eine Fürbitte für jene gesprochen wird, „die an diesem Osterfest aus dem Wasser und dem Heiligen Geist zum neuen Leben geboren wurden, denen du alle Sünde vergeben hast". In der Einleitung zum Friedensgruß wird jenes Friedensgrußes gedacht, den Jesus seinen Jüngern am Abend des Auferstehungstages entbot. Der feierliche dreigliedrige Schlußsegen und der durch ein doppeltes Halleluja bereicherte Entlassungsruf schließen die Osternachtliturgie ab.

*Der Ostersonntag*

Er hatte, wie im geschichtlichen Teil ersichtlich, ursprünglich keine eigene Liturgie, weil der Osternachtgottesdienst sich bis in den frühen Morgen erstreckte. Nach der Wiedereinführung der Osternachtfeier müssen wir in der dabei zelebrierten Eucharistiefeier die eigentliche Festmesse sehen, auch wenn sie vor Mitternacht gefeiert wird. Das neue Meßbuch fügt dieser Feststellung hinzu: „Wer an der Messe in der Nacht teilnimmt, kann in einer zweiten Ostermesse nochmals kommunizieren." Gleiches gilt für das Zelebrieren. Die Befürchtung in vielen Ländern des Erdkreises, es könnte die Tagesmesse des Ostersonntags vor leeren Bänken gefeiert werden, haben sich nicht erfüllt. Die Meßfeier, deren Lesungstexte in allen drei Lesejahren der neuen Perikopenordnung die gleichen sind, ist erfüllt von Ergriffenheit und Freude über die Auferstehung des Herrn. So, wenn der *Eröffnungsvers* den Auferstandenen selber sprechen läßt: „Ich bin erstanden und bin immer bei dir. Halleluja. Du hast deine Hand auf mich gelegt. Halleluja. Wie wunderbar ist für mich dieses Wissen. Halleluja." Froher Jubel prägt insbesondere die *Zwischengesänge*. Der erste besteht aus Ps 118 mit dem Kehrvers „Das ist der Tag, den der Herr gemacht... (Haec dies...)." Als zweiter Zwischengesang dient die Ostersequenz „Victimae paschali laudes" mit ihrem sieghaften Osterbekenntnis „Wir wissen: Christus ist auferstanden! Wahrhaft erstanden vom Tode! Du Sieger, du unser König, erbarme dich unserer Not! Amen. Halleluja." In der *ersten Lesung* (Apg 10,34a.37–43) legt Petrus Zeugnis vom Pascha-Mysterium Christi ab. Für die *zweite Lesung* sind zwei österliche Texte zur Auswahl bereitgestellt: Kol 3,1–4 und 1 Kor 5,6b–8. In beiden werden wir aufgerufen, aus der Teilhabe an Tod und Auferstehung Christi die sittlichen Folgerungen zu ziehen. Das *Evangelium* bringt den Auferstehungsbericht nach Joh 20,1–9. Die *Präsidialgebete* erbitten in der Freude über Christi Auferstehung Erneuerung „durch deinen Geist, damit auch wir auferstehen und im Licht des Lebens wandeln" (Tagesgebet); „Bewahre und beschütze uns in deiner Liebe und führe uns zur Herrlichkeit der Auferstehung" (Schlußgebet).

Weil wohl in den meisten Pfarreien viele Teilnehmer dieser Messe die bisherigen Gottesdienste des österlichen Triduums nicht mitgefeiert haben, kommt es in der Predigt darauf an, die Einheit des rettenden Pascha-Mysteriums, also Tod und Auferstehung als ein Ganzes, lebendig ins Bewußtsein zu stellen, so wie es die Osterpräfation tut und wie es auch im Kommunionvers zum Ausdruck kommt. Auch sollte bei dieser Gelegenheit Bezug auf die Osternacht genommen und ihre zentrale Bedeutung als Höhepunkt des gesamten Kirchenjahres gewürdigt werden. Bestrebungen, einzelne ihrer Elemente im „Hochamt" des Ostersonntags zu wiederholen, könnten sich leicht zum Schaden der wiedergewonnenen Ostervigil auswirken. In vielen Pfarreien wird die Ostervesper bereits von vielen Gläubigen besucht. Bildet sie doch den sinnvollen Abschluß des österlichen Triduums.

### *3. Die Osterzeit oder Pentekoste*

Die Erfahrung, daß festliche Höhepunkte eine gewisse Zeit zum Ausschwingen und Ausklingen brauchen, erkennen wir schon im jüdischen Festkalender. Sie bestätigt sich auch in der altchristlichen Praxis, das Pascha-Mysterium Christi nicht nur an den Drei Österlichen Tagen, sondern auch in den anschließenden sieben Wochen bzw. fünfzig Tagen dankbar und freudig zu feiern. Schon aus der ersten Hälfte des 2. Jahrhunderts haben wir hierfür ein literarisches Zeugnis im apokryphen „*Brief der Apostel*"[129], das wenige Jahrzehnte später zahlreiche Bestätigungen findet[130]. Das *Konzil von Elvira* wehrt sich gegen Bestrebungen, aus dem Zeitraum von 50 Tagen, griechisch auch Pentekoste und lateinisch Quinquagesima genannt, einen solchen von 40 Tagen (lat.: Quadragesima) zu machen[131].

Ein Vorbild hatte eine solche 50-Tage-Feier schon im jüdischen Festkalender, wo man 50 Tage nach dem Fest der ungesäuerten Brote das „Wochenfest = Pfingsten" beging (s.o. 2. Kap., 2b). Nach Apg 2,1 ff erfolgte an diesem Tag die sichtbare *Ausgießung des Heiligen Geistes*, der als die eigentliche Frucht des Pascha-Mysteriums verstanden werden muß. Nach Joh 20,22 erfüllte Christus schon am Ostertag seine Jünger mit dem Heiligen Geist.

Dieser Zeitraum der Pentekoste war liturgisch geprägt von der dankbaren Freude, die u.a. sichtbar wurde im häufigen Halleluja und im Verbot des Fastens und des knienden Gebets[132]. Die neue Grundordnung des Kirchenjahres steht also auf festem Boden ältester Tradition, wenn sie feststellt: „Die Zeit der fünfzig Tage vom Sonntag der Auferstehung bis Pfingstsonntag wird als ein einziger Festtag gefeiert, als ‚der große Tag des Herrn'" (Nr. 22). Symbolischer Ausdruck ist die Vorschrift, die Osterkerze als Sinnbild des auferstandenen Herrn während der 50 Tage im Angesicht der Gemeinde in der Nähe des Altares stehen und während der Gottesdienste, auch an Werktagen, brennen zu lassen[133]. Früher pflegte man sie nach dem Evangelium von Christi Himmelfahrt zu löschen und wegzustellen, was leicht in der Richtung mißverstanden werden konnte, als ob der verherrlichte Christus nach seiner Himmelfahrt nicht mehr inmitten seiner Gemeinde gegenwärtig wäre. Die Neuordnung sieht vor, daß die Osterkerze mit Ablauf der Osterzeit einen würdigen Platz in der Taufkapelle bzw. am Taufbrunnen erhält[134]. An ihr sollen bei der Taufe die Kerzen der Neugetauften entzündet werden. Auch bei jeder Begräbnismesse soll die brennende Osterkerze an einem hervorragenden Platz stehen, gegebenenfalls beim Sarg[135].

Die ersten acht Tage der Osterzeit bilden die *Osteroktav*. Man könnte sie im Hinblick auf die „große Oktav" der sieben Wochen auch als kleine Oktav bezeichnen, ohne damit ihre Bedeutung schmälern zu wollen. Ihre Anfänge im Sinne einer liturgisch besonders gefeierten Zeit reichen mindestens in den Beginn des 4. Jahrhunderts zurück, vielleicht sogar in die zweite Hälfte des 3. Jahrhunderts, wie sich aus den neuentdeckten Psalmenhomilien des Asterios Sophistes schließen läßt[136]. Asterios nennt den Oktavtag einmal den „zweiten ‚achten Tag'"[136a]. Die Liturgie dieser Oktav war nicht nur vom Pascha-Mysterium, sondern auch von der *Rücksicht auf die Neugetauften* geprägt, die in den täglichen Eucharistiefeiern tiefer in die Geheimnisse des Glaubens, insbesondere der in der Osternacht empfangenen Initiationssakramente, eingeführt wurden. Als frühestes uns bekanntes Beispiel solcher „mystagogischer Katechesen" dürften die erwähnten Osterhomilien des Asterios angesehen werden, die berühmtesten sind sicher die fünf mystagogischen Katechesen des Bischofs Cyrill (Johannes?) von Jerusalem aus der zweiten Hälfte des 4. Jahrhunderts und die auf Ambrosius zurückgehenden Schriften „De mysteriis" und „De sacramentis"[137]. Nach Augustinus handelt es sich bei der Osteroktav um eine „ecclesiae consensio", einen übereinstimmenden Brauch der Kirche, der so alt sei wie die Quadragese[138]. Die Gläubigen mußten ihre Arbeit ruhen lassen und an den täglichen Gottesdiensten teilnehmen.

Diese Woche hieß früher auch *weiße Woche* oder Woche in weißen Kleidern; im Osten auch Woche der Erneuerung. Ursprünglich ging sie erst am Sonntag zu Ende, der deshalb den Namen *Sonntag der weißen Kleider* trug. Vom 7. Jahrhundert an wurden die weißen Kleider von den Neophyten bereits am Samstag abgelegt, entsprechend der Vorverlegung der Osternachtfeier auf den Karsamstag.

Die *Eingangsgesänge* der Osteroktav, die in der späteren römischen Liturgie zum Einzug der weißgekleideten Neophyten vom Chor gesungen wurden, waren betont auf die Neugetauften abgestimmt und verkündeten das ihnen zuteilgewordene Heil. So heißt es (auch heute noch) am *Montag:* „Der Herr hat euch in das Land geführt, wo Milch und Honig strömen. Immer soll das Gesetz des Herrn in euren Herzen sein. Halleluja"; am *Dienstag:* „Gott hat euch getränkt aus den Quellen der Weisheit. In seiner Gnade werdet ihr stark..."; am *Mittwoch:* „Kommt her, ihr, die ihr von meinem Vater gesegnet seid, nehmt das Reich in Besitz..."; am *Donnerstag:* „Deine siegreiche Hand rühmen sie alle, o Herr..."; am *Freitag:* „Der Herr führte sein Volk aus dem Land der Knechtschaft..."; am *Samstag:* „Der Herr führte sein Volk heraus in Freude, seine Erwählten in Jubel. Halleluja"; und schließlich am *Weißen Sonntag:* „Wie neugeborene Kinder verlangt nach der unverfälschten Milch des Wortes, damit ihr durch sie heranwachst und das Heil erlangt. Halleluja."

Im 7. Jahrhundert bildete sich das sogenannte *„Pascha annotinum"* (von annus = Jahr) heraus als ein Jahrgedächtnis der empfangenen Taufe. „Eltern und Paten bringen die zu Ostern des vergangenen Jahres getauften Kinder zum Gotteshaus, um in Dankbarkeit gegen Gott deren Taufjahrestag zu feiern. Mit ihnen hat sich die Gesamtgemeinde eingefunden, für die sich hier eine zusätzliche, jährlich wiederkehrende Tauferinnerungsfeier ergibt."[139] Weil der eigentliche Jahrestag wegen des wechselnden Ostertermins oft vor das Osterfest fiel, schälte sich schließlich der Montag nach dem Weißen Sonntag als Gedächtnistag heraus. Als aber mit Beginn des 2. Jahrtausends die Kintertaufe gleich nach der Geburt gespendet wurde, verlor sich allmählich diese Sitte.

Die heute noch weithin übliche *Erstkommunion* der Kinder am Weißen Sonntag hat sich erst im Lauf des 18. Jahrhunderts eingebürgert. An und für sich wäre sie an jedem anderen Tag denkbar. Andererseits ist es sinnvoll, das eucharistische Sakrament als eines der Initiationssakramente im Zusammenhang mit Ostern zu sehen und es nicht nur als privates Heilsgeschehen, sondern auch als Angelegenheit der ganzen Gemeinde zu werten. Allerdings müßte man Wege suchen und finden, um so manchen äußeren Pomp, der die Kinder mehr ablenkt als hinführt, zu vermeiden.

Um die Einheit der Osterzeit stärker zu betonen, „werden die Sonntage der Osterzeit in Zukunft nicht mehr ‚Sonntage nach Ostern', sondern ‚Ostersonntage' heißen. Der Weiße Sonntag wird somit der zweite Ostersonntag sein"[140]. Pfingsten selbst ist somit achter Sonntag der Osterzeit und Endpunkt der großen Osteroktav, der Pentekoste. Diese Sonntage können mit ihrer Liturgie auch nicht durch ein Hochfest verdrängt werden, ähnlich wie die Sonntage der österlichen Bußzeit und des Advents.

*Ihre Liturgie* lebt besonders intensiv aus dem Pascha-Mysterium als der Einheit von Leiden, Tod und Verherrlichung Christi. Diese ist nicht nur in der Auferstehung, sondern auch in der Himmelfahrt und Geistsendung zu sehen. Die Erstlesungen werden immer aus der Apg mit ihren Berichten vom Leben, Wachstum und Zeugnis der Urkirche genommen, die Zweitlesungen, jährlich abwechselnd, aus 1 Petr, 1 Joh und Offb, weil diese Texte „dem Geist der Osterzeit mit seiner Glaubensfreude und festen Hoffnung am besten zu entsprechen" scheinen[141]. Die Evangelien des 2. und 3. Sonntags der Osterzeit berichten von Erscheinungen des Auferstandenen. Um dieses Thema nicht zu unterbrechen, wurde das Evangelium vom Guten Hirten vom 3. auf den 4. Sonntag der Osterzeit verlegt. An den drei folgenden Sonntagen sind die Perikopen den Reden und Gebeten des Herrn nach dem Abendmahl entnommen („Abschiedsreden" und „hohepriesterliches Gebet" Jesu nach Joh). Für die Osterzeit stehen *fünf Präfationen* zur Verfügung, von denen nur die erste für bestimmte Tage festgelegt ist (Osternacht, Ostersonntag, Osteroktav).

Die *Wochentage der Osterzeit* in der 2.–6. Woche haben eigene Tagesgebete, die übrigen Propriumteile sind in zwei Wochenreihen enthalten, die sich jeweils nach 14 Tagen wiederholen. Die Lesung ist durchgehend der Apg entnommen, das Evangelium mit Ausnahme der Osteroktav, in der alle Evangelisten vertreten sind, als ausgewählte Bahnlesung dem Johannesevangelium, und zwar den Kapiteln 3, 6, 10, 14–17. An allen Tagen kann der feierliche Schlußsegen für die Osterzeit gesprochen werden.

Es war schon festgestellt worden, daß die alte Kirche die gesamte Pentekoste als eine einzige Festzeit mit dem ungeteilten Thema des Hindurchgangs Christi durch Tod zur Herrlichkeit beging. Eine Ausfaltung in einzelne Aspekte und damit eine Minderung der ganzheitlichen Sicht erfolgte erst später. So geschah es auch mit dem Fest der *Himmelfahrt Christi.* Während z.B. nach dem Bericht der Pilgerin *Ätheria* die Christen von Jerusalem noch Ende des 4. Jahrhunderts Himmelfahrt und Geistsendung als Vollendung der Heilstat Christi zusammen am 50. Tag begingen, setzt sich in der übrigen Kirche noch im 4. Jahrhundert ein gesondertes Fest der Himmelfahrt am 40. Tag nach Ostern durch. Anstoß hierfür waren neben der grundsätzlichen Hochschätzung der „heiligen" Zahl 40 vor allem die Bemerkung in Apg 1,3: „40 Tage hindurch ist er ihnen erschienen und hat über das Reich Gottes gesprochen", und der sich in V. 9–11 anschließende Bericht über die Himmelfahrt. *Augustinus,* von dem mehrere Predigten zu diesem Tag erhalten sind, stellt bereits fest, daß dieser Tag „auf dem ganzen Erdkreis gefeiert wird"[142].

Heute hat Christi Himmelfahrt den Rang eines Hochfestes. Seine *Festmesse* betont sowohl Christi Wiederkunft (Eröffnungsvers) wie auch seine bleibende Gegenwart in der Gemeinde (Kommunionvers). Das Tagesgebet sieht in der Himmelfahrt auch eine Erhöhung des Menschen. Er soll sich mit der Gnade Gottes „über das Irdische erheben und suchen, was droben ist" (Gabengebet). Während die beiden Lesungen (Apg 1,1–11 und Eph 1,17–23) in allen Lesejahren gleich bleiben, bringt das Evangelium die Himmelfahrtsberichte nach Mt, Mk und Lk abwechselnd. Das Festgeheimnis kommt auch in den beiden Präfationen und in den Einschüben der Hochgebete I–III zum Ausdruck. Wo Christi Himmelfahrt kein gebotener Feiertag ist, wird es auf den folgenden Sonntag verlegt.

„Die *Wochentage nach Christi Himmelfahrt* bis zum Samstag vor Pfingsten einschließlich bereiten auf die Herabkunft des Heiligen Geistes vor" (GOK 26). Sie haben eigene Meßformulare, „die an die Verheißungen Christi über die Sendung des Heiligen Geistes erinnern"[143]. Auf diese Weise wird die in der Volksfrömmigkeit gewachsene Pfingstnovene auch in der offiziellen Liturgie beheimatet. Die Kirche schließt sich so den Jüngern Jesu an, die nach der Himmelfahrt ihres Herrn „einmütig im Gebet verharrten, zusammen mit den Frauen und mit Maria, der Mutter Jesu, und mit seinen Brüdern" (Apg 1,14).

Der 50. Tag nach Ostern, das *Pfingstfest*, ist als der krönende Abschluß der Osterzeit zu sehen. So haben es auch die östlichen Kirchen ohne Unterbrechung in ihrer Liturgie gehalten. In der römischen Liturgie beobachten wir jedoch die schon bei anderen Festen registrierte Tendenz, diesen Tag immer mehr zu verselbständigen und daraus ein mehr oder weniger isoliertes Fest der Aussendung des Heiligen Geistes zu machen. Entsprechend gab man ihm eine Oktav, die bezeichnenderweise die Sommerquatember (also Bußtage) übernehmen mußte, die sich seit viel älterer Zeit hier angesiedelt hatten. In vielen Ländern bekam Pfingsten einen zweiten oder gar dritten Feiertag (wie Weihnachten und Ostern), und man sprach von einem eigenen Pfingstfestkreis. Es ist nicht zuletzt die Frucht liturgiegeschichtlicher Studien, unter denen die bereits erwähnte von *O. Casel* besonders zu nennen wäre und aus denen „die innere Verknüpfung zwischen der Gabe des Heiligen Geistes und der Auferstehung und Himmelfahrt des Herrn deutlich werden"[144], daß die Ritenkongregation in der GOK bemüht war, das Pfingstfest wieder stärker an Ostern zurückzubinden. Aus diesem Grund entfällt künftig die Oktav von Pfingsten. Die Vigilmesse, früher auch Tauftermin neben der Osternacht, darf nicht mehr am Morgen des vorausgehenden Samstags gefeiert werden. An ihre Stelle tritt eine neugestaltete Vorabendmesse, die als erste Pfingstmesse zu gelten hat. Sie enthält vier alttestamentliche Erstlesungen zur Auswahl. Ihr Tagesgebet betont nachdrücklich den Zusammenhang von Ostern und Pfingsten, indem es sagt: „Gott, unser Herr, du hast das österliche Geheimnis im Geschehen des Pfingsttages vollendet..." Die seitherige Pfingstpräfation, die bezeichnenderweise die Überschrift

„De Spiritu Sancto" trug, wird durch eine neue ersetzt, in der der österliche Zusammenhang weit stärker ins Bewußtsein erhoben wird: „Denn heute hast du das österliche Heilswerk vollendet, heute hast du den Heiligen Geist gesandt über alle, die du mit Christus auferweckt und zu deinen Kindern berufen hast... Darum preisen dich alle Völker auf dem Erdenrund in österlicher Freude..."

Diese ganzheitliche Sicht der einen Pentekoste kommt in den eingeschobenen Texten der Hochgebete I–III leider weniger zum Ausdruck. Denn dort wird nur, ähnlich wie bisher, gesagt, daß „der Heilige Geist in Feuerzungen auf die Jünger herabkam".

Die *erste Festlesung* aus Apg 2,1–11 berichtet vom Pfingstgeschehen in Jerusalem. Das Zusammenfallen dieses Ereignisses mit dem jüdischen Wochen- oder Pfingstfest, das sowohl Erntedankfest für die Weizenernte wie Gedächtnis des Bundesschlusses auf dem Sinai war (s.o. 2. Kap., 2b), enthielt den unübersehbaren Hinweis, daß die Christen das neue Bundesvolk sind und das Pascha-Mysterium Christi die ersten Früchte in der jungen Kirche zeitigt. Die *zweite Lesung* (1 Kor 12,3b–7.12–13) zeigt die Bedeutung des Heiligen Geistes als Lebensprinzip des Leibes Christi, der die Kirche ist. Während das bisherige *Evangelium* einen Abschnitt aus den Abschiedsreden Jesu brachte, in dem u.a. von der Sendung des Heiligen Geistes die Rede ist (Joh 14,23–31), bringt die neue Perikope für alle drei Lesejahre bezeichnenderweise die Erscheinung des Auferstandenen am Ostersonntagabend, bei der seine Jünger bereits den Heiligen Geist empfangen (Joh 20,19–23).

Ein hohes Lied auf das Wirken des Heiligen Geistes ist die *Sequenz „Veni, Sancte Spiritus"*, die dem Pfingstfest als obligatorisch erhalten geblieben ist. Sie wurde auch „goldene Sequenz" genannt und hat den Erzbischof Stephan Langton von Canterbury († 1228) zum Verfasser. Lateinischer Text und deutsche Übersetzung finden sich auch im GL (243f)[145].

Wo der Montag nach Pfingsten gebotener Feiertag ist, wie z.B. in der Bundesrepublik Deutschland und einigen Schweizer Kantonen, kann nach dem lateinischen Missale entweder die Pfingstmesse oder eine der Votivmessen zum Heiligen Geist genommen werden. Das deutsche Meßbuch enthält darüber hinaus eine eigens gestaltete Messe, die in glücklicher Weise auf die Thematik Kirche ausgerichtet ist. Sie ist aus der Seitenwunde des geopferten Herrn als Werk des Heiligen Geistes hervorgegangen (Gabengebet). Der Geist ist es, der auch die Heiden beruft und alle Glaubenden zum Zeugnis für Christus verpflichtet und befähigt (Lesungen und Zwischengesänge).

Als Relikt aus der Zeit isolierter Festbetrachtung kann die rote Farbe der Meßgewänder an Pfingsten gesehen werden. Schon *Innozenz III.* hatte sie als Hinweis auf die Feuerzungen bei der Herabkunft des Heiligen Geistes gedeutet[146]. Dabei wäre es doch sicher sinnvoller, daß der große Oktavtag von Ostern die gleiche liturgische Farbe wie das Hauptfest aufweist.

## 4. *Die österliche Bußzeit*

### a) *Die geschichtliche Entwicklung*

Im Abschnitt über den Karfreitag (5. Kap., 2b) war bereits davon die Rede, daß sich schon die Christen des 2. Jahrhunderts durch ein zweitägiges Trauerfasten auf das Osterfest vorbereiteten. Im 3. Jahrhundert dehnte man es, wenn auch nicht als „Vollfasten", auf die ganze Karwoche aus, wie wir aus einem Brief des *Dionysius von Alexandrien* wissen[147]. Das erste Allgemeine *Konzil von Nizäa* spricht bereits wie selbstverständlich und allen bekannt von der „quadragesima paschae", also einer vierzigtägigen Vorbereitungszeit[148]. Man wollte damit Jesus nachahmen, der nach seiner Taufe im Jordan 40 Tage fastete (Mt 4,2; Lk 4,1f). Die Kirchenväter sahen darin auch einen Hinweis auf die 40 Tage, die Mose auf dem Sinai (Ex 34,28) und der Prophet Elija auf dem Weg zum Berg Horeb (1 Kön 19,8) fasteten, ebenso auf die 40 Jahre der Wüstenwanderung Israels u.a.m. Die Quadragesima begann ursprünglich am sechsten Sonntag vor Ostern und erstreckte sich bis zum Gründonnerstag, an dem in Rom die feierliche Wiederaufnahme der Büßer stattfand. Ob es in Rom im 4. Jahrhundert zeitweise eine Fastenzeit von nur drei Wochen gegeben hat, wie der griechische Kirchenhistoriker *Sokrates* wissen will, ist umstritten[149].

Weil man an Sonntagen nicht fastete, suchte man im 5. Jahrhundert die Zahl der wirklichen Fasttage auf 40 zu erhöhen. Dies wurde in zwei Schritten erreicht: Zunächst löste man den Karfreitag und Karsamstag aus dem österlichen Triduum heraus und gelangte so zur Zahl 36. Manche Väter sahen darin mit einem gewissen Wohlgefallen den Zehnten der 365 Tage eines Jahres[150]. Bald aber bezog man die vier Werktage vor dem ersten Fastensonntag in die Fastenzeit ein und gelangte so zum heutigen Aschermittwoch als dem Beginn der Quadragesima (= Caput ieiunii).

Aber auch damit gab man sich nicht zufrieden. Im Lauf des 6. Jahrhunderts maß man den drei vorausgehenden Sonntagen eine besondere Bedeutung bei und nannte sie Quinquagesima (= der 50.) und, in abrundender Zählweise, Sexagesima (= der 60.) und Septuagesima

(= der 70.). Wahrscheinlich hing die Heraushebung dieser Sonntage auch damit zusammen, daß ihre Stationsgottesdienste in den berühmten Kirchen der römischen Stadtpatrone Laurentius, Paulus und Petrus stattfanden und in der damaligen Zeit die wiederholten Goten- und Langobardeneinfälle eine besondere Bereitschaft für zusätzliche Gebets- und Bußübungen schufen. Auch mag für eine solche *Vorfastenzeit* der liturgische Brauch der byzantinischen Kirche von Einfluß gewesen sein, die Fastenzeit schon mit dem achten Sonntag vor Ostern beginnen zu lassen, weil man dort außer an Sonntagen auch an Samstagen nicht fastete und deshalb für eine vierzigtägige Fastenzeit acht Wochen benötigte. In der so entstandenen römischen Vorfastenzeit wurde allerdings kein eigentliches Fasten verlangt. Nur war die Liturgie charakterisiert (in späterer Zeit) durch die violette Farbe der Meßgewänder und den Wegfall des Halleluja, Gloria und Tedeum. Bei der Neuordnung des Kirchenjahres 1969 kam diese Vorfastenzeit wieder in Wegfall.

Das *Fasten* in der Quadragesima bestand darin, daß man sich mit einer täglichen Mahlzeit begnügte. Sie wurde entsprechend dem antiken Brauch am Abend eingenommen. Hinzu kam die Enthaltung von Fleischspeisen und Wein, später auch, und zwar in manchen Ländern bis zum Ende des Mittelalters und darüber hinaus, die Abstinenz von sogenannten Laktizinien (Milch, Butter, Käse und auch Eier)[151]. Vom Hochmittelalter an läßt sich eine fortlaufende Milderung der Fastenpraxis beobachten, was sicher mit einer Aufwertung des Leibes in der Philosophie und Theologie der Hochscholastik zusammenhängt.

Wir heutigen Menschen stehen dem Umfang und der Intensität des Fastens in der alten Kirche mit Verwunderung und vielleicht auch mit Skepsis gegenüber. Wie *J. Schümmer* in seiner Monographie über „Die altchristliche Fastenpraxis" aufzeigt, steht dahinter eine Fülle tiefer Glaubensgedanken. Wer als Katechumene zum christlichen Glauben kam, sei es aus dem Judentum oder den heidnischen Religionen, war schon zumeist mit religiös motivierten Speiseenthaltungen vertraut. Ganz davon abgesehen, daß auch ein Fasten aus nichtreligiösen Gründen vorwiegend medizinischer Art bei Griechen und Römern nichts Ungewöhnliches war[152]. Darüber hinaus sahen die damaligen Christen im Fasten eine Verstärkung des Gebetes, was der heilige *Nilus* mit dem bildstarken Vergleich ausdrückt: „Das Gebet des Fastenden ist gleich dem jungen Adler, der sich in die Lüfte schwingt, doch das des Unmäßigen, beschwert durch die übergroße Sättigung, sinkt abwärts."[153] Im Fasten sah man des weiteren eine Wegbereitung für den Geistempfang, eine wirksame Waffe im Kampf gegen böse Geister, eine angemessene Vorbereitung auf religiöse Handlungen wie Empfang der Taufe und der Eucharistie und die Ermöglichung tätiger Hilfsbereitschaft für die Armen durch Einsparung der eigenen Ausgaben. Wenn *Tertullian* den berühmten Ausspruch der Heiden überliefert: „Seht, wie sie einander lieben, daß sie sogar bereit sind, für die anderen zu sterben"[154], so konnte nach damaliger Auffassung diese Bereitschaft nicht überzeugender bekundet werden als dadurch, daß man fastete, um einen Armen ernähren zu können[155]. Auch missionarische Rücksichten auf die reiche Fastenpraxis der Juden und heidnischen Religionen, z. B. der Mysterienkulte, mögen das Fasten der alten Kirche begünstigt haben[156]. Bei alldem wußte die Kirche um die Warnung des Propheten Jesaja (58, 5 ff) vor dem veräußerlichten Fasten und schärfte die entsprechenden Mahnungen der Bergpredigt Jesu (Mt 6, 16–18) immer wieder ein.

Die Quadragesima der alten Kirche war in ihrer inhaltlichen Gestaltung wesentlich mitgeprägt von den Bemühungen um die *Rekonziliation der Büßer* und die *Hinführung der Taufbewerber* zum Empfang der Initiationssakramente in der Osternacht. Es ging bei beiden letztlich um die Erfüllung des grundlegenden Aufrufes in Mk 1, 15: „Bekehrt euch und glaubt an das Evangelium!" Was die Kirche ihnen an besonderer liturgisch-aszetischer Bemühung abverlangte, das vollzogen die Gläubigen in solidarischer Weise im Geist und teilweise real mit und schufen so eine Atmosphäre des Mit- und Füreinanders, die der ganzen Gemeinde zugute kam. Es ist hier nicht der Raum, die Einzelheiten der Buß- und Katechumenatsriten zu beschreiben, zumal sie regional und temporal sehr verschieden sind und manche Entwicklung durchlaufen haben[157].

### *b) Die Neuordnung der österlichen Bußzeit*

Bei der Neuordnung der Quadragesima stellte sich im deutschen Sprachraum die Frage, ob die gewohnte Bezeichnung „*Fastenzeit*" dem eigentlichen Sinn dieser Vorbereitungszeit gerecht werde. Viele hielten sie für ungenügend in einer Zeit, wo man nur noch zwei gebotene Fasttage (Aschermittwoch und Karfreitag) kennt. Außerdem sah man darin nur eine mehr oder weniger negative Abgrenzung gegenüber anderen Zeiten des Kirchenjahres, während doch der Sinn österlicher Vorbereitung umfassender sei, nämlich außer den Werken der Entsagung eine größere Offenheit für das Wort Gottes und einen größeren Eifer im Besuch des Gottesdienstes und in Werken tätiger Liebe fordere, ein Umdenken (vgl. Mk 1, 15) auf allen Gebieten im Sinne der Botschaft Jesu.

Bei der Suche nach besseren Namen wurden viele Vorschläge gemacht: österliche Bußzeit, österliche Bereitungszeit, österliche Rüstzeit und, in Anlehnung an das lateinische Quadragesima, „die vierzig Tage vor Ostern“[158]. Bei der deutschen Übersetzung der GOK und des beigegebenen römischen Kommentars entschied man sich für *„österliche Bußzeit“*. Jedoch meldeten sich bald Stimmen, die in der Abschaffung des Wortes Fastenzeit auch einen Verlust sahen: „Gerade Zeiten, denen dieses uralte und unerläßliche Rahmen-Element der österlichen Vorbereitungszeit mehr und mehr verlorengegangen ist (mitten in der Wohlstandsgesellschaft!), sollten sich durch das Wort erinnern lassen, daß der eigentliche Gewinn dieser vierzig Tage nur dem geschenkt wird, der das wirkliche Fasten wiederentdeckt... Die überraschendste Erkenntnis der wieder Fastenden wird die sein, daß wirkliches Fasten nicht nur in vertikaler Richtung aufschließt (Fasten und Beten sind den Alten nicht umsonst zu einem Doppel-Begriff verschmolzen), sondern merkwürdigerweise auch in der Horizontalen.“[159]

In der Tat scheint die Minimalisierung der Fastenpraxis ein Ausdruck von Skepsis und Vorbehalten gegenüber den reichen Erfahrungen der alten Kirche zu sein, die ja ihren Niederschlag in der bisher einzigen Fastenpräfation gefunden haben, wo es heißt: „Durch das Fasten des Leibes hältst du die Sünde nieder, erhebst du den Geist, gibst du uns die Kraft und den Sieg durch unseren Herrn Jesus Christus.“ Als Ergebnis einer Rückbesinnung ist wohl die Tatsache zu werten, daß das neue deutsche Meßbuch das Wort Fastenzeit als Hauptüberschrift über dem Beginn der Fastenliturgie beibehalten und darunter die neue Bezeichnung „Österliche Bußzeit“ als Untertitel gesetzt hat. Sicherlich läuft jede Bezeichnung einer großen Sache Gefahr, mit der Zeit im Bewußtsein der Menschen abzuflachen und ihre Kraft zu verlieren, so wie eine elektrische Batterie bei häufigem Gebrauch einen Leistungsabfall oder gar eine Erschöpfung zeitigt, wenn nicht immer wieder eine (Sinn-)Aufladung erfolgt.

Was die *umfassende Sinngebung* der österlichen Bußzeit angeht, so könnte gerade die 1968 zusammen mit den neuen Hochgebeten von Rom veröffentlichte neue Präfation, die im Meßbuch als „Präfation für die Fastenzeit I“ ausgewiesen ist, eine wertvolle Hilfe sein und jeder einseitigen Sinnfüllung begegnen. Denn diese Präfation faßt das eigentliche Ziel der Vorbereitungszeit fest ins Auge und motiviert die Anstrengungen der Fastenwochen mit dem Blick auf das österliche Geschehen, indem es heißt: „Denn jedes Jahr schenkst du deinen Gläubigen die Gnade, das Osterfest in der Freude des Heiligen Geistes zu erwarten. Du mahnst uns in dieser Zeit der Buße zum Gebet und zu Werken der Liebe, du rufst uns zur Feier der Geheimnisse, die in uns die Gnade der Kindschaft erneuern. So führst du uns mit geläutertem Herzen zur österlichen Freude und zur Fülle des Lebens durch unseren Herrn Jesus Christus."

Die beiden kirchlichen Institutionen, die die Liturgie der vierzigtägigen Fastenzeit wesentlich geprägt hatten, nämlich die öffentliche Kirchenbuße und die katechumenale Vorbereitung der Taufbewerber (Kompetenten), gingen in den christlichen Ländern allmählich verloren. Vieles in der Liturgie dieser Fastenzeit blieb deshalb den späteren Jahrhunderten weithin unverständlich. Im Wissen um den ursprünglichen Sinn hat das II. Vaticanum *Grundlinien der Reform* vorgeschrieben, die wegen ihrer Wichtigkeit im Wortlaut wiedergegeben seien:

„Die vierzigtägige Fastenzeit hat die doppelte Aufgabe, vor allem einerseits durch Tauferinnerung oder Taufvorbereitung, andererseits durch Buße die Gläubigen, die in dieser Zeit mit größerem Eifer das Wort Gottes hören und dem Gebet obliegen sollen, auf die Feier des Pascha-Mysteriums vorzubereiten. Dieser Doppelcharakter soll sowohl in der Liturgie wie auch in der Liturgiekatechese in helles Licht gerückt werden.

*a)* Daher sollen die der Fastenliturgie eigenen Taufmotive stärker genutzt werden; einige sollen gegebenenfalls aus der älteren Tradition wieder hervorgeholt werden.

*b)* Das gleiche ist zu sagen von den Bußelementen. In der Katechese aber soll den Gläubigen gleichzeitig mit den sozialen Folgen der Sünde das eigentliche Wesen der Buße eingeschärft werden, welche die Sünde verabscheut, insofern sie eine Beleidigung Gottes ist; dabei ist die Rolle der Kirche im Bußgeschehen wohl zu beachten und das Gebet für die Sünder sehr zu betonen" (LK 109).

„Die Buße der vierzigtägigen Fastenzeit sei nicht bloß eine innere und individuelle Übung, sondern auch eine äußere und soziale. Die Bußpraxis soll je nach den Möglichkeiten unserer Zeit und der verschiedenen Gebiete wie auch nach den Verhältnissen der Gläubigen gepflegt und von den in Art. 22 benannten Autoritäten empfohlen werden" (LK 110).

Die Neuordnung von 1969 (GOK 27–31) wollte in Befolgung dieser Weisungen „der Liturgie die edle Einfachheit zurückgeben und sie der Fassungskraft der Gläubigen anpassen". Darum hielt sie es für erforderlich, „auf weniger bedeutsame Dinge zugunsten der wichtigeren zu verzichten"[160]. Dabei konnte man sich jedoch nicht entschließen, wieder zum ursprünglichen Beginn der Fastenzeit, dem ersten Fastensonntag, zurückzukehren, von wo aus es bis zum Beginn des österlichen Triduums 40 Tage sind. Zur Begründung verweist der römische Kommentar auf die Tatsache, daß der Ritus der Aschenauflegung an diesem Tag den Aschermittwoch bei den Gläubigen volkstümlicher werden ließ „als manche anderen höheren Feiertage. Deshalb schien es nicht ratsam, diesbezüglich eine Neuerung einzuführen, die der ‚Quadragesima' ... ihre volle Symbolik zurückgegeben hätte" (ebd. 1). So nahm man es lieber in Kauf, daß die österliche Bußzeit, die „von Aschermittwoch bis zum Beginn der Abendmahlsmesse am Donnerstag in der Karwoche" dauert[161], einschließlich der Sonntage 44 Tage umfaßt, ohne Sonntage aber nur 38.

Die *Vorfastenzeit* wurde „abgeschafft, weil sie keinen eigenen Charakter trug und im Stundengebet die Teile ‚per annum' benutzte. Es war stets schwierig, dem Volk über diese Teile etwas zu sagen (was bedeuten heute noch die Ausdrücke Septuagesima, Sexagesima und Quinquagesima?); durch diese Zeit ging besonders auch der Bußliturgie der Quadragesima ihr Neuheitscharakter verloren. Die Eigentexte dieser drei Sonntage werden im römischen Missale an anderer Stelle verwendet; bis zum Aschermittwoch ausschließlich wird das ‚Alleluja' gesungen."[162]

Was den erwähnten „Neuheitscharakter" der Quadragesima angeht, so handelt es sich bei den eucharistischen Feiern neben der Thematik der Buße, der Taufe und der Passion Christi um den Gebrauch der violetten Meßgewänder und um den Wegfall des freudigen Gloria und Halleluja.

Das *Gloria* – „ein Erbstück aus dem Hymnenschatz der alten Kirche, ein kostbarer Überrest aus jener fast versunkenen, einstmals gewiß sehr reichen Literatur von gottesdienstlichen Gesängen, die in der jungen Kirche nach dem Vorbild der biblischen Gesänge, vor allem der Psalmen, erwachsen sind"[163] – gehörte ursprünglich nicht zur Meßliturgie. In Rom wurde es nur bei besonders festlichen Gelegenheiten in der Papstmesse, später auch in den Bischofsmessen gesungen. Erst gegen Ende des 11. Jahrhunderts durfte es auch der einfache Priester in Messen mit festlichem Charakter gebrauchen. In den Messen der Quadragesima war es niemals zugelassen.

Das *Halleluja* (= Preiset den Herrn), zusammen mit dem beigegebenen Vers der zweite Zwischengesang (nach der zweiten Lesung), galt schon in der alten Kirche wegen seines melodischen Reichtums als ein besonderes Schmuckstück der römischen Meßfeier. Während es in Rom noch gegen Ende des 4. Jahrhunderts auch in Trauergottesdiensten gesungen wurde, war es seit dem 5./6. Jahrhundert aus den Meßfeiern der Fastenzeit verbannt. Die Griechen, die es auch in ihrer Fastenzeit beibehalten haben, machten daraus in der Zeit des großen Schismas (1054) und auch später einen Anklagepunkt gegen die römische Kirche[164]. An die Stelle des Halleluja tritt als zweiter Zwischengesang ein Gesangstext, den man früher „*Tractus*“ nannte. Er bestand aus einer Reihe von Psalmversen, deren Melodien meist aus älterer Zeit stammten und verhältnismäßig schlicht waren, weil sie der spätere Kunstgesang noch nicht beeinflußt hatte. Darum hielt man sie für die Bußzeit der Quadragesima für besonders geeignet. Das neue Meßbuch trägt stärker der Tatsache Rechnung, daß der zweite Zwischengesang auf das Evangelium vorbereiten soll und eine Art Huldigung (Akklamation) an den im Evangelium zu uns sprechenden Herrn ist. Darum wählt es meistens Verse aus dem Neuen Testament.

## Der Aschermittwoch

Der Beginn der öffentlichen Buße für die einer schweren Sünde („Kapitalsünde“) Schuldigen war schon sehr früh auf den Beginn der Quadragesima festgelegt, ursprünglich am Montag nach dem ersten Fastensonntag, später aber am Aschermittwoch. Die Büßer legten dabei ein Bußgewand an und wurden mit Asche bestreut. Dann erfolgte der Ritus der Austreibung aus der Kirche, der besonders in Gallien sehr dramatisierend durchgeführt wurde. Die Anlegung eines besonderen Büßergewandes und die Bestreuung mit Asche als Ausdruck der Trauer und Bußgesinnung sind schon im Alten Testament und in der heidnischen Antike bekannt. Auch Jesus erwähnt diese Symbolik der Buße, wenn er den galiläischen Städten Chorazin und Betsaida ihre Unbußfertigkeit mit den Worten zuruft: „Wenn einst in Tyrus und Sidon die Wunder geschehen wären, die bei euch geschehen sind – man hätte dort in Sack und Asche Buße getan“ (Mt 11,21). Auch der alten Kirche ist diese Praxis wohlbekannt (Tertullian, Cyprian u.a.). Während die Institution der öffentlichen Kirchenbuße gegen Ende des ersten Jahrtausends verlorenging, erhielt sich der Ritus der Aschenbestreuung, indem man ihn nun bei allen Gläubigen vornahm. Auf der *Synode von Benevent* (1091) empfahl Papst *Urban II.* diesen Brauch allen Kirchen. Dabei wurde Klerikern und männlichen Laien die Asche aufs Haupt gestreut, den Frauen machte man ein Aschenkreuz auf die Stirn. Ein besonderes Gebet der Aschensegnung findet sich erst im 11. Jahrhundert[165]. Die Vorschrift, für die Aschengewinnung Palmzweige des vorausgehenden Jahres zu verbrennen, begegnet uns erstmals im 12. Jahrhundert[166]. Die Meinung, das Aschenkreuz sei „nicht nur eine Erinnerung ans Sterben, sondern auch eine Verheißung der Auferstehung, mit anderen Worten ein in vollem Sinn österlicher Ritus“[167], erscheint in ihrer Begründung etwas gezwungen. Denn von der Antike und dem Alten Testament bis hin zu den neuesten kirchlichen Dokumenten erscheint er immer als ein Symbol der Vergänglichkeit, Trauer und Buße. Die Neuordnung hält daran fest, daß am Aschermittwoch überall gefastet und das Aschenkreuz erteilt wird[168].

Nach dem neuen Meßbuch erfolgt die Segnung der Asche nach dem Evangelium und der Homilie. Nach einer Gebetseinladung spricht der Priester eine von zwei angegebenen Orationen, in denen die Bitte ausgesprochen wird, „die vierzig Tage der Buße in rechter Gesinnung zu begehen". In beiden Orationen wird bereits das eigentliche Ziel der Fastenzeit ins Auge gefaßt: „damit wir das heilige Osterfest mit geläutertem Herzen feiern"; „erneuere uns nach dem Bild deines Sohnes und schenke uns durch seine Auferstehung das unvergängliche Leben". Der Priester besprengt die Asche, die auch nach dem neuen Meßbuch aus „den gesegneten Palmzweigen des Vorjahres bereitet" wird, mit Weihwasser und legt sie den einzelnen auf. Außer den traditionellen Begleitworten, die an die Austreibung aus dem Paradies erinnern: „Bedenke, Mensch, daß du Staub bist und wieder zum Staub zurückkehren wirst" (vgl. Gen 3,19), kann auch der programmatische Aufruf Jesu in Mk 1,15 gesprochen werden: „Bekehrt euch und glaubt an das Evangelium!" Während der Aschenausteilung, die mit den Fürbitten abgeschlossen wird, werden Antiphonen (mit dem Bußpsalm 51), ein Responsorium oder ein anderer geeigneter Gesang gesungen. Der Aschenritus kann auch als Wortgottesdienst außerhalb einer Messe stattfinden.

Im Tagesgebet der Meßfeier, deren Bußritus entfällt, wird gebetet um „die Kraft zu christlicher Zucht, damit wir dem Bösen absagen und mit Entschiedenheit das Gute tun". Hier handelt es sich um eine freie Wiedergabe der lateinischen Oration, die früher den Aschenritus abschloß, und in der um die „Kraft zum christlichen Kriegsdienst" gebetet wird. Dieser bildstarke Vergleich, der in der alten Kirche und im Mittelalter sehr beliebt war und sich bereits im Buch Ijob 7,1 findet, will zum Bewußtsein bringen, daß der Christ nicht zu einem bequemen Leben berufen ist, sondern zum Kampf gegen alle gottfeindlichen Mächte, nicht zuletzt gegen seine eigene Selbstsucht.

Die beiden Lesungen (Joel 2, 12–18 und 2 Kor 5,20 – 6,2) sind eindringliche Aufrufe zu Buße und Versöhnung. Das Halleluja entfällt bis zur Osternachtsmesse, an seine Stelle tritt der „Tractus". Das Evangelium aus der Bergpredigt (Mt 6, 1–6.16–18) warnt davor, die guten Werke des Almosengebens, des Gebetes und des Fastens dadurch zu entwerten, daß man sie aus egozentrischen Motiven verrichtet. Die Präfation, die einzige, die direkt vom leiblichen Fasten spricht, enthält dessen klassische Begründung, von der oben schon die Rede war und die deutlich macht, daß Fasten einem höheren Ziel dient.

Die Fastensonntage

Den Weisungen des II. Vaticanums (LK 109f) entsprechend, war die Neuordnung bemüht, die der Fastenliturgie eigenen *Taufmotive* stärker zu nutzen und sie gegebenenfalls aus der älteren Tradition wieder hervorzuholen. Gleiches gilt von den Elementen, die zu *Umkehr und Buße* aufrufen und hinführen. Diese Bemühung konzentrierte sich in besonderer Weise auf die Fastensonntage, weil sich ja hier der größere Teil der Gemeinde zum Gottesdienst versammelt. Diese Sonntage geben der erneuerten Fastenliturgie das eigentliche Gepräge, jeder von ihnen hat bei allen Gemeinsamkeiten sein eigenes, unverwechselbares Gesicht. Dies geschieht vor allem durch das Evangelium, das dem Sonntag seine spezielle Thematik gibt, unterstützt von den übrigen Lesungen, Gebeten und Gesängen. Der erste, zweite und sechste Sonntag hat zudem eine eigene, auf das Evangelium bezogene Präfation, was für den 3.–5. Sonntag nur im Lesejahr A der Fall ist. Doch kann auch an diesen Sonntagen aus pastoralen Gründen in den Lesejahren B und C das Evangelium vom Lesejahr A genommen werden, wozu dann auch die entsprechende Präfation und die evangeliumsbezogenen Gesangsteile treten. Bei mehreren Evangelien ist eine Kurzfassung angegeben.

Der *erste Sonntag* bringt die Perikope von der Versuchung Jesu in der Wüste, den Lesejahren entsprechend nach Mt, Mk und Lk. Die hierauf bezogene Präfation hebt das vierzigtägige Fasten Jesu hervor, durch das er „diese Zeit der Buße“ geheiligt hat. Sie rühmt seinen Sieg über „die teuflische List des Versuchers“ und dankt für die uns geschenkte „Kraft, den alten Sauerteig zu entfernen, damit wir Ostern halten mit lauterem Herzen und zum ewigen Ostern gelangen“. Die beiden nichtevangelischen Lesungen, die in den drei Lesejahren verschieden sind, lassen sich unschwer auf die Thematik des Evangeliums beziehen. Das Tagesgebet, das „die heiligen vierzig Tage als eine Zeit der Umkehr und Buße“ charakterisiert, bittet um die Gnade, „daß wir in der Erkenntnis Jesu Christi voranschreiten und die Kraft seiner Erlösungstat durch ein Leben aus dem Glauben sichtbar machen“. So enthält der erste Fastensonntag die *Botschaft vom Kampf Christi* (Wüste, Fasten, Hunger, Versuchung), aber auch *von seinem Sieg* über die gottwidrigen Mächte und eine Vorahnung seiner Herrlichkeit („Engel kamen und dienten ihm“). Es ist ein Vorspiel zum österlichen Pascha-Mysterium.

Noch deutlicher wird diese Hinführung zum Pascha-Mysterium im Evangelium des *zweiten Fastensonntags*. Es handelt sich um die Perikope von der Verklärung Jesu. Ihre Bedeutungsfülle wird erst richtig klar, wenn man sie im Zusammenhang der synoptischen Berichte sieht:

Jesus hatte seinen Jüngern zum erstenmal sein Leiden, seinen Tod und seine Auferstehung angekündigt und damit eine große Bestürzung ausgelöst (Mt 16, 21–23 par.). Daran schloß sich das Wort von der notwendigen Selbstverleugnung und Kreuzesnachfolge an. Die dann berichtete Verklärung auf dem Berg ist Bestätigung dafür, daß Kreuz und Tod nicht Ende sind, sondern Hindurchgang zur Herrlichkeit. Diesen Grundgedanken hebt auch die Eigenpräfation hervor: „Denn er hat den Jüngern seinen Tod vorausgesagt und ihnen auf dem heiligen Berg seine Herrlichkeit kundgetan. In seiner Verklärung erkennen wir, was Gesetz und Propheten bezeugen: daß wir durch das Leiden mit Christus zur Auferstehung gelangen." Die alttestamentlichen Lesungen berichten von den Verheißungen Gottes an Abraham und den Bund mit ihm. Die neutestamentlichen Lesungen bauen im zuversichtlichen Glauben auf die Erlösung durch Jesus Christus, „der unseren armseligen Leib verwandeln wird in die Gestalt seines verherrlichten Leibes in der Kraft, mit der er sich alles unterwerfen kann". Was im Evangelium von Christus berichtet wird, soll auch uns zuteil werden, also Anteil an seinem Pascha in Leid und Herrlichkeit. Damit wir in unserem Erdendunkel diese österliche Botschaft festhalten können, läßt uns das Tagesgebet sprechen: „Nähre uns mit deinem Wort und reinige die Augen unseres Geistes, damit wir fähig werden, deine Herrlichkeit zu erkennen."

So sind die beiden ersten Fastensonntage bereits eine intensive Ausrichtung auf das österliche Mysterium, indem sie Weg und Ziel unseres irdischen Lebens aufzeigen und um die Kraft beten, diesen Weg in der Nachfolge Christi mitzugehen. An den drei folgenden Sonntagen des Lesejahres A beherrscht das Taufmotiv vom Evangelium her die gesamte Meßfeier.

Der *dritte Fastensonntag* bringt die Perikope von der Begegnung Jesu mit der Samariterin am Jakobsbrunnen (Joh 4, 5–42), in der Jesus diese Frau und viele ihrer Landsleute zum Glauben an seine Messianität führt und sie bekennen läßt: „Dieser ist der wahre Retter der Welt." Er gibt den Menschen das „lebendige Wasser". Wer von ihm trinkt, „wird nicht mehr durstig sein, vielmehr wird das Wasser ... in ihm zur Quelle werden, die Wasser für das ewige Leben ausströmt". Die Präfation rühmt vor allem, daß Jesus die Gnade des Glaubens schenkt, um „im gläubigen Herzen das Feuer der göttlichen Liebe zu entzünden". Auch die alttestamentliche Lesung (Ex 17, 3–7) führt zum Geheimnis des Taufwassers hin, indem sie berichtet, wie Mose auf Geheiß Gottes Wasser aus dem Felsen schlägt. „Und dieser Fels war Christus" (1 Kor 10,4), so stellt bekanntlich Paulus die Verbindung von diesem alttestamentlichen Ereignis zum Christusgeschehen der Taufe her. Dieses aber gründet, wie die neutestamentliche Lesung aufzeigt (Röm 5, 1–2.5–8), im Opfertod Jesu, der „seine Liebe zu uns darin erwiesen, daß Christus für uns gestorben ist, als wir noch Sünder waren". Während auch der Eröffnungsvers (Nr. 2), der zweite Zwischengesang und der Kommunionvers das Thema vom rettenden Taufwasser aufgreifen, bittet das Tagesgebet im Bewußtsein unserer Sündhaftigkeit um Vergebung „durch Fasten, Gebet und Werke der Liebe". Das Gabengebet fügt noch die Bitte hinzu, Gott möge uns die Kraft schenken, „auch den Brüdern zu vergeben".

Während so der dritte Fastensonntag im Lesejahr A wesentlich vom Thema der Taufe geprägt und deshalb besonders geeignet ist, als Taufvorbereitung und als Tauferinnerung und -erneuerung für die gesamte Gemeinde zu dienen, bringt das Evangelium im Lesejahr B den Bericht von der Tempelreinigung, in dem Jesus einen deutlichen Hinweis auf seinen Tod und seine Auferstehung gibt (Joh 2, 13–25). Im Evangelium des Lesejahres C knüpft Jesus an zwei „Zeitungsnachrichten" an und kommentiert sie gleichlautend mit den Worten: „Wenn ihr euch nicht bekehrt, werdet ihr alle genauso umkommen." In die gleiche Richtung weist auch das anschließende Gleichnis vom unfruchtbaren Feigenbaum, dem noch einmal eine Chance zum Überleben geschenkt wird (Lk 13, 1–9). So greift der Sonntag dieses Lesejahres vornehmlich das Thema der rettenden Bekehrung auf.

Auch der *vierte Fastensonntag* des *Lesejahres A* ist vom Thema der Taufe geprägt. Jesus heilt einen Blindgeborenen, indem er seine Augen mit einem Teig aus Erde und Speichel berührt und ihm befiehlt, sich im Teich Schiloach zu waschen, und führt ihn so zum Glauben an den „Menschensohn" (Joh 9, 1–41). Den Taufbezug dieser Perikope versteht man erst dann richtig, wenn man weiß, daß die alte Kirche die Taufe auch als „Erleuchtung" (griech.: Photismos) und die Täuflinge als „Erleuchtete" bezeichnete. Die Präfation dieser Messe rühmt diesen Zusammenhang mit den Worten: „Denn durch seine Menschwerdung hat er das Menschengeschlecht aus der Finsternis zum Licht des Glaubens geführt. Wir sind als Knechte der Sünde geboren, er aber macht uns zu deinen Kindern durch die neue Geburt aus dem Wasser der Taufe." Auch die Salbung des Hirten David zum König Israels, die in der alttestamentlichen Lesung berichtet wird (1 Sam 16), läßt sich unter dem Aspekt der Taufe ausdeuten: Ist doch auch diese eine freie Berufung durch Gott, Geistverleihung und Teilhabe am königlichen Priestertum Christi. Deutlicher noch nimmt die neutestamentliche Lesung (Eph 5, 8–14) auf das Evangelium Bezug, wenn sie beginnt: „Einst wart ihr Finsternis, jetzt aber seid ihr durch den Herrn Licht geworden. Lebt als Kinder des Lichts!" Sie schließt mit einem Vers aus einem urkirchlichen Christuslied, das „ein Taufhymnus in der Bildersprache des Morgens“ *(W. Stählin)* ist: „Wach auf, Schläfer, und steh auf von den Toten, und Christus wird dein Licht sein.“ Dieses Lichtmotiv klingt auch im anschließenden Zwischengesang und im Schlußgebet noch einmal auf. Das Eingangslied ruft zur Freude auf (Sonntag „Laetare“), Tages- und Gabengebet sind von der Vorfreude auf das Osterfest geprägt.

Der freudige Charakter dieses Sonntags wird von manchen Liturgieerklärern auf den Katechumenatsritus der „Öffnung der Ohren“ am drauffolgenden Mittwoch zurückgeführt[169]. Die an diesem Tag üblichen rosafarbenen Meßgewänder, die das ernste Violett verdrängen und im 16. Jahrhundert erstmals erwähnt werden, dürften ihren Ursprung im päpstlichen Brauch haben, an diesem Tag die „Goldene Rose“ zu weihen. Diese Weihe „hängt nicht mit der Taufvorbereitung zusammen, sondern vermutlich mit einem Volksbrauch, durch welchen in Rom schon im 10. Jh. der Sieg des Frühlings über den Winter festlich begangen wurde, bei welcher Gelegenheit man wahrscheinlich Blüten zu tragen pflegte. Seit dem 11. Jh. bediente sich der Papst an Stelle der natürlichen Blüte einer künstlichen, kostbaren Rose, die er anfänglich an seine Beamten, später an hervorragende Persönlichkeiten außerhalb Roms verschenkte.“[170]

Auch im Evangelium des *Lesejahres B* (Joh 3, 14–21 = Gespräch mit Nikodemus) kommt neben dem Pascha-Mysterium die Lichtsymbolik ausführlich zur Sprache. Mitten in das Zentrum christlichen Glaubens stößt die neutestamentliche Lesung (Eph 2, 4–10) vor, wenn sie unsere Teilhabe am Pascha-Mysterium Christi verkündet: „Gott, der voll Erbarmen ist, hat uns, die wir durch unsere Sünden tot waren, in seiner großen Liebe ... zusammen mit Christus wieder lebendig gemacht. Aus Gnade seid ihr gerettet. Er hat uns mit Christus auferweckt und uns mit ihm einen Platz im Himmel gegeben.“

Das *Lesejahr C* bringt im Evangelium das Gleichnis vom verlorenen Sohn (Lk 15, 1–3.11–32), dieses Hohelied von der verzeihenden Vatergüte Gottes. Dieses Thema wird bereits vom zweiten Zwischengesang, der ja grundsätzlich auf das Evangelium bezogen ist, aufgegriffen und klingt nach im Kommunionvers. Die neutestamentliche Lesung (2 Kor 5, 17–21) spricht von der Versöhnung mit Gott, die für den Glaubenden und Getauften eine Neuschöpfung bedeutet, und schließt mit dem eindringlichen Ruf: „Laßt euch mit Gott versöhnen!“

Der *fünfte Fastensonntag* des *Lesejahres A* erhält seinen besonderen Akzent durch das Evangelium von der Auferweckung des Lazarus (Joh 11, 1–45). Jesus erweist sich als „die Auferstehung und das Leben“: „Wer an mich glaubt, wird leben, auch wenn er stirbt, und jeder, der lebt und an mich glaubt, wird in Ewigkeit nicht sterben." Das ist in der Tat eine neue, eine revolutionierende Botschaft, nicht nur für die Taufbewerber, sondern für alle vom Todesschicksal gezeichneten Menschen. Auch die beiden vorausgehenden Lesungen sprechen vom lebendigmachenden Geist Gottes, der die Gräber öffnet und ins verheißene Land führt (Ez 37, 12b–14). „Wenn der Geist dessen, der Jesus von den Toten auferweckt hat, in euch wohnt, dann wird er, der Christus Jesus von den Toten auferweckt hat, durch seinen Geist, der in euch wohnt, auch euren sterblichen Leib lebendig machen" (Röm 8, 8–11). So führt auch die Liturgie dieses Sonntags in den innersten Kern christlicher Heilsbotschaft hinein, sie ist bereits österliche Botschaft, wie sich auch aus der Eigenpräfation erkennen läßt: „Er hat Erbarmen mit uns Menschen und führt uns zum neuen Leben durch die österlichen Sakramente."

Auch der Sonntag des *Lesejahres B* enthält diese befreiende Botschaft vom Pascha-Mysterium in eindrucksvollen Perikopen. Gemäß dem Evangelium (Joh 12, 20–33) ist Jesus das Weizenkorn, das in die Erde fällt und stirbt, um reiche Frucht zu bringen. „Jetzt ist meine Seele erschüttert ... Aber wenn ich von der Erde erhöht bin, werde ich alle an mich ziehen." Der Evangelist fügt hinzu: „Das sagte er, um anzudeuten, auf welche Weise er sterben werde." Den gleichen Gedanken spricht der Hebräerbrief in der zweiten Lesung aus: „Obwohl er Sohn war, hat er durch Leiden den Gehorsam gelernt; zur Vollendung gelangt, ist er für alle, die ihm gehorchen, Urheber des ewigen Heils geworden" (Hebr 5, 7–9). Dies ist der Neue Bund, den Gott mit der Menschheit schließt, nachdem der Alte von Israel so oft gebrochen worden ist: „Denn ich verzeihe ihre Schuld, und ihrer Sünde gedenke ich nicht mehr" (1. Lesung nach Jer 31, 31–34).

Im Evangelium des *Lesejahres C* schenkt Jesus der Ehebrecherin einen neuen Anfang, indem er sie vor der Steinigung bewahrt und ihr die Schuld verzeiht. Einen solchen Neubeginn schenkt Gott auch seinem ganzen Volk, wenn er in der ersten Lesung (Jes 43, 16–21) ausruft: „Denkt nicht mehr an das Frühere, achtet nicht auf das Vergangene! Seht, ich schaffe etwas Neues." Es lohnt sich, in Tränen zu säen, um mit Jubel zu ernten (1. Zwischengesang). Der Weg ist vorgezeichnet, weil das Ziel erkennbar ist: „Christus will ich erkennen und die Macht seiner Auferstehung und die Gemeinschaft mit seinen Leiden; sein Tod soll mich prägen. So hoffe ich auch zur Auferstehung von den Toten zu gelangen ... Das Ziel vor Augen, jage ich nach dem Siegespreis: der himmlischen Berufung, die Gott uns in Christus Jesus schenkt" (aus der 2. Lesung, Phil 3, 8–14).

So enthalten die Meßproprien der Fastensonntage 3–5 eine eindringliche Fülle von Heilsbotschaft und Wegweisung. Sie sind einerseits von der unmittelbaren Vorbereitung der Taufbewerber auf den Empfang der Initiationssakramente geprägt, andererseits aber auch geeignet, die Gemeinden in Glaube und Liebe zu erneuern und mit Dank für ihre Berufung zu erfüllen.

Mit dem *fünften Fastensonntag* begann vor der Neuordnung die sogenannte *Passionszeit.* Diese Bezeichnung wollte zum Ausdruck bringen, daß mit diesem Sonntag in den Texten der Meßfeier das Leiden Christi stärker in den Vordergrund tritt. Dies ist sicherlich auch in der neugeordneten Liturgie mit dem Herannahen des österlichen Triduums zunehmend der Fall. Andererseits darf nicht übersehen werden, daß die gesamte Fastenzeit vom Hindurchgang des Herrn durch Leiden und Tod zur Auferstehung geprägt ist. Der Verzicht auf diese Benennung wird im Kommentar zur GOK unter dem Gesichtspunkt begründet, „damit die innere Einheit der österlichen Bußzeit gewahrt wird. Der bisherige erste Passionssonntag wird – wie im Ambrosianischen Ritus – ‚Fünfter Fastensonntag' heißen."[171]

Mit dem seitherigen „Ersten Passionssonntag" verband sich der Brauch, Kreuze und Bilder im Gotteshaus zu verhüllen. Er geht wahrscheinlich auf die Sitte des „*Hungertuches*" oder Fastenvelums zurück, mit dem man seit dem 11. Jahrhundert zu Beginn der Fastenzeit dem Volk den Blick zum Altar versperrte. Grund hierfür war möglicherweise die Verbundenheit der Gläubigen mit den öffentlichen Büßern, die im Rahmen der Bußriten zum Beginn der Fastenzeit aus dem Gotteshaus verwiesen wurden. Weil sich aber alle als Sünder wußten, wie z. B. auch die Ausdehnung des Aschenritus auf alle Gläubigen beweist, sollte und wollte auch die Gemeinde den Anblick des Altares entbehren; man sprach gelegentlich auch von einem Fasten der Augen. Später wurden die Hungertücher kleiner und mit Bildern aus der Passion Christi versehen. In unseren Tagen beobachten wir eine Neubelebung dieses Brauches durch die Fastentücher der Aachener Misereor-Zentrale. Hierbei geht es allerdings weniger um eine Verhüllung des Altares, sondern um eine katechetisch-pastorale Zielsetzung. Es mag interessieren, daß nach einer Mitteilung der Misereor-Zentrale das Hungertuch von 1976/77 auch von über 500 evangelischen Kirchengemeinden erworben wurde.

Die *Verhüllung der Kreuze und Bilder,* die etwas später als die des Altares aufkam, beruht vielleicht auch auf diesem Gedanken des „Fastens der Augen". Der Bischof *Wilhelm Durandus von Mende* (Südfrankreich) erklärt diesen Brauch am Ende des 13. Jahrhunderts damit, daß Christus in der Zeit des Leidens seine Gottheit verborgen hatte, was er im Schlußsatz der Evangelienperikope dieses Sonntags angedeutet sah, weil es dort heiße: „Jesus aber verbarg sich und ging aus dem Tempel.“[172] Die Herausgeber des Schott-Meßbuches vor dem II. Vaticanum sehen den Grund dieser Verhüllung darin, „um so an die Erniedrigung des Erlösers zu erinnern und das Bild des Gekreuzigten um so tiefer in unsre Herzen zu prägen“[173]. Bei der Neuordnung der Fastenliturgie zeigt sich eine gewisse Unsicherheit. Der Kommentar zur GOK von 1969 schreibt: „Kreuze und Heiligenbilder werden in Zukunft nicht mehr verhüllt, es sei denn, eine Bischofskonferenz erachte diesen Brauch für ihr Gebiet erhaltenswert; die Gläubigen sollen in den letzten Tagen der österlichen Bußzeit zur Betrachtung des Leidens Christi angeleitet werden.“[174] Das im folgenden Jahr erschienene Missale Romanum sagt in einer Rubrik vor dem fünften Fastensonntag etwas zurückhaltender, daß dieser Brauch beibehalten werden kann, wenn es die Bischofskonferenz für tunlich erachtet. Das deutsche Meßbuch von 1975 bestimmt: „Der Brauch, die Kreuze und Bilder in den Kirchen zu verhüllen, soll beibehalten werden. In diesem Fall bleiben die Kreuze verhüllt bis zum Ende der Karfreitagsliturgie, die Bilder jedoch bis zum Beginn der Osternachtfeier.“ Bevor diese Entscheidung gefallen war, hatte der Liturgiewissenschaftler *B. Kleinheyer* die Sinnfrage neu gestellt und den sicher richtigen Gedanken herausgestellt, daß nur die Verhüllung jener Bilder und Kreuze sinnvoll sei, die den in Herrlichkeit thronenden Herrn darstellen, nicht aber jener, die den Herrn in seiner Erniedrigung zeigen. Im letzten Fall verkehre „eine Verhüllung des Kreuzes... das in der Liturgie dieser Wochen vor Ostern Gemeinte in sein Gegenteil.“[175]

## Der Palmsonntag

Eine herausragende Stellung in der Zeit der 40 Tage nimmt der sechste Fastensonntag ein, der *„Palmsonntag vom Leiden Christi“*, wie die vollständige Benennung im römischen Meßbuch lautet. In dieser Bezeichnung wird bereits deutlich, daß in der Liturgie dieses Tages zwei Aspekte verschmelzen, nämlich das Gedächtnis des Einzugs Jesu in Jerusalem und das Gedächtnis seiner Passion.

Aus dem Bericht der Pilgerin *Ätheria* erfahren wir, daß die Christen in Jerusalem zu Beginn des 5. Jahrhunderts sich am frühen Nachmittag auf dem Ölberg zu einem ausgedehnten Wortgottesdienst versammelten, um dann gegen Abend in einer Prozession mit Palm- oder Ölzweigen in Händen in die Stadt Jerusalem zu ziehen[176]. Dieser Ritus fand bald auch in anderen Kirchen des Ostens Wertschätzung und Nachahmung. Was die Verbreitung im Westen angeht, so gab es in Spanien und Gallien um das Jahr 600 zwar schon den Namen Palmsonntag[177], aber noch keine Palmprozession. Dort war nämlich „der sechste Sonntag der Fasten der Tag der Übergabe des Glaubensbekenntnisses und der Salbung der Katechumenen. Daher das Evangelium Joh 12, 1–11 (Salbung in Bethanien), wobei die folgenden Verse (12–16) mitgelesen wurden (Einzug Jesu in Jerusalem). Daher nahm der Sonntag bald den Namen Palmsonntag an, obwohl noch keine eigene Gedächtnisfeier stattfand."[178] Der Gebrauch und die Segnung von „Palmzweigen" wird für die Mitte des 8. Jahrhunderts bezeugt (Sakramentar von Bobbio). „Man weihte schon früh statt der Palmen und Ölbaumzweige, die nur in südlichen Ländern zu haben waren, grünende und blühende Zweige anderer Bäume, auch Buchsbaumzweige, in Deutschland meist Zweige von Weiden, die schon Kätzchen tragen."[179]

Während in den ältesten griechischen und lateinischen Liturgietexten die Palmzweige nur eine symbolische Bedeutung als Zeichen des Lebens, der Hoffnung und des Sieges hatten, schrieb ihnen der Volksglaube bald auch eine sehr massive, ja *magische Wirkung* zu. Um dies zu verstehen, muß man beachten, daß bei den heidnischen Griechen und Römern den Zweigen bestimmter Bäume eine apotropäische Kraft beigemessen wurde, d. h., daß sie böse Geister abwehren und von diesen verursachte Schäden von Haus, Hof und Flur fernhalten können[180]. „Dieser Volksglaube lebte auch in den christlich gewordenen Völkern fort, welche die Erben der antiken Kultur waren. Dazu kam noch die hohe Wertschätzung, welche der christliche Volksglaube allen Dingen widmete, die in engen Beziehungen zum christlichen Kulte standen. Man hielt sich darum auch für berechtigt, den Palmen oder den Zweigen anderer Bäume, welche deren Stelle vertraten, eine heilkräftige Wirkung zuzuschreiben, nachdem sie in feierlicher Prozession zu Ehren des Erlösers unter Gebeten und Gesängen getragen worden waren ... So gebrauchte man denn auch die in der Prozession getragenen Zweige zum Zwecke der Abwehr aller Übel von den Häusern und deren Bewohnern, ehe noch in der Weiheformel dieser Wirkungen gedacht wurde. Denn nicht die Formel hat den Brauch geschaffen, sondern der im Volke schon lange geübte Brauch hat die Veranlassung geboten, jene Wendungen in die Formel einzufügen; dadurch wurde der Brauch gleichsam kirchlich legalisiert und die erhoffte Wirkung nicht den Palmen an sich, sondern dem über dieselben gesprochenen kirchlichen Segen zugeschrieben."[181]

Das Vertrauen auf die apotropäische Kraft geweihter Palmzweige führte in der Folge zu manchen übertriebenen Vorstellungen und bedenklichen Praktiken, die sich z. T. bis in unser Jahrhundert erhalten haben. So aß man Knospen und Triebe geweihter Zweige, um Krankheiten vorzubeugen, steckte Palmzweige in Kreuzform auf die Äcker oder verbrannte sie, um damit Unwetter, Blitz und Hagel fernzuhalten, befestigte sie an den Kruzifixen im Haus, um seine Bewohner vor jedem Ungemach zu schützen und sah in ihnen wirksame Abwehrmittel gegen Ungeziefer beim Vieh, Schadfliegen beim Gemüse und gegen Füchse, die das Geflügel bedrohen[182]. Hier fehlte es offenbar an der rechten Einsicht und Belehrung über Sinn und Tragweite kirchlicher Benediktionen, die eine Fürbitte der Kirche um die Hilfe Gottes in den vielfältigen Bedrohungen menschlicher Existenz und Heilsgefährdung sind. Gesegnete bzw. geweihte Gegenstände aber haben Zeichencharakter und sind Ausdruck und Hinführung zu Glaube, Hoffnung und Liebe, nicht aber Träger magischer Kräfte[182a].

Mit dem Ende des 8. Jahrhunderts mehren sich auch die Zeugnisse für eine *Palmprozession*, bei der schon bald der eigens hierfür verfaßte Hymnus „Gloria, laus et honor" des Bischofs *Theodulf von Orléans* einen festen Platz bekam. Diese Prozession nahm im Mittelalter immer mehr spielerisch-dramatische Elemente auf. Christus „wurde bei der Prozession symbolisch dargestellt durch ein Kreuz oder auch durch das auf einer Bahre getragene Evangelienbuch. Sehr häufig führte man in Deutschland einen hölzernen, auf Rädern sich bewegenden Esel, den sogenannten Palmesel, mit, auf welchem sich eine Figur des Heilandes befand"[183]. Die noch im Mittelalter übliche und allmählich in Wegfall gekommene Sitte, sich in einer Kirche außerhalb der Stadtmauern zur Palmenweihe zu versammeln und dann in die Hauptkirche der Stadt zu ziehen, wurde bei der Neuordnung der Karwoche 1955 in gewissem Sinn neu belebt und fand auch Berücksichtigung im neuen römischen Meßbuch.

Nach dem neuen deutschen Meßbuch von 1975 gibt es verschiedene Formen für die *„Feier des Einzugs Christi in Jerusalem"*. Nach der ersten Form versammelt sich die Gemeinde in einer Nebenkirche oder an einem anderen passenden Ort. Nach einem Eröffnungsgesang begrüßt der Priester im roten Meßgewand oder im Chormantel die Gemeinde und gibt eine Einführung in den Sinn der Palmprozession. Dabei sollte deutlich werden, daß es sich nicht um eine historisierende Darstellung des Einzugs Jesu handelt, um eine Art Mysterienspiel, sondern um öffentliche Bekundung der Christusnachfolge im Glauben und in dankbarer Liebe. Zunächst wird eines von zwei zur Wahl stehenden Gebeten zur Segnung der Zweige gesprochen. Diese sind „Zeichen des Lebens und des Sieges, mit denen wir Christus, unserem König, huldigen". Nach ihrer Besprengung mit Weihwasser wird die Perikope vom Einzug Jesu nach einem der vier Evangelien vorgetragen und gegebenenfalls eine kurze Homilie gehalten. Nun beginnt die Prozession mit dem geschmückten Kreuz an der Spitze, begleitet von

Ministranten mit Rauchfaß und brennenden Kerzen. Hinter dem Priester mit seiner Assistenz folgen die Gläubigen mit den gesegneten Zweigen in Händen. Als begleitender Gesang sind Kehrverse („Pueri Hebraeorum“) mit Psalmen (24 und 47) und dem bereits erwähnten Hymnus des *Theodulf von Orléans* (GL 197) vorgesehen. Es können aber auch andere passende Gesänge gewählt werden. Nach dem Einzug in die Kirche und der Begrüßung des Altares spricht der Priester das Tagesgebet, während die übrigen Eröffnungsriten der Meßfeier entfallen.

Bei der Form II („Feierlicher Einzug“) beschränkt sich das Gedächtnis auf einen feierlichen Einzug in die Kirche vor dem Hauptgottesdienst. An einem geeigneten Platz außerhalb des Altarraumes werden die Zweige gesegnet und das entsprechende Evangelium verkündet. Dann ziehen der Priester mit seiner Begleitung und eine Gruppe von Gläubigen in der oben beschriebenen Ordnung zum Altarraum.

Die Form III („Einfacher Einzug“) verbindet das Gedächtnis des Einzugs Jesu in Jerusalem mit dem gewöhnlichen Einzug zur Messe, bei dem der zugehörige Eröffnungsvers oder ein ihm entsprechender anderer Gesang vorgetragen wird. Die Eröffnungsriten bleiben wie sonst. Es wird jedoch die Empfehlung ausgesprochen, „am Vorabend oder zu einer passenden Zeit am Sonntag einen Wortgottesdienst zum Thema des messianischen Einzugs Christi und seines Leidens zu halten“.

Wie die Meßproprien der übrigen Fastensonntage ist auch die *Meßfeier* des Palmsonntags ganz von der *evangelischen Perikope* geprägt. Sie besteht nämlich aus dem Bericht vom Leiden Christi nach Mt, Mk und Lk, verteilt auf die drei Lesejahre, wobei auch die Möglichkeit besteht, aus pastoralen Gründen die beigegebenen Kurzfassungen zu wählen. Das Thema vom erlösenden Leiden Jesu beherrscht auch die übrigen Propriumsteile, wenn man vom *Eröffnungsvers* absieht, der dem Jubel über den messianischen Einzug Jesu in Jerusalem Raum gibt. Die *alttestamentliche Lesung* aus dem dritten Gottesknechtslied (Jes 50, 4–7) spricht vom Leidensgehorsam des „Knechtes Gottes“ und mündet in den *Responsorialpsalm* mit Versen aus Psalm 22 mit dem dazugehörigen Kehrvers „Mein Gott, mein Gott, warum hast du mich verlassen?“ Die *neutestamentliche Lesung* aus Phil 2, 6–11 läßt dem Leidensgehorsam Jesu „bis zum Tod am Kreuz“ bereits auch seine Erhöhung folgen, ein Text, der in seinem Kern (V. 8f) auch als *zweiter Zwischengesang* benutzt wird und in dieser Funktion uns auch am Karfreitag begegnet. In fast schon österlicher Freude beschreibt die *Präfation* das Pascha-Mysterium Christi in bewundernswerter Prägnanz und lapidarischer Kürze: „Er war ohne Sünde und hat für die Sünder gelitten. Er war ohne Schuld und hat sich ungerechtem Urteil unterworfen. Sein Tod hat unsere Vergehen getilgt, seine Auferstehung uns Gnade und Leben erworben." Auch *Tages- und Schlußgebet* verweisen auf die zentrale Heilstat Jesu und erbitten uns ihre Frucht, während das *Gabengebet* „Verzeihung durch das Leiden deines Sohnes" und Versöhnung „durch das einzigartige Opfer unseres Herrn Jesus Christus" erfleht.

## Die Werktage der österlichen Bußzeit

Nicht nur der Aschermittwoch und die Sonntage der Fastenzeit, sondern auch ihre Werktage (= Wochentage) sind von den beiden großen Themen der Umkehr und der Taufe geprägt und ordnen sich so in das Gesamtthema der Fastenzeit ein: Vorbereitung auf Ostern. Alle Tage haben ein eigenes Meßproprium. Die biblischen Perikopen sind in jedem Jahr die gleichen, Lesung und Evangelium bilden eine thematische Einheit. Mit dem Beginn der vierten Fastenwoche besteht das Evangelium aus einer ausgewählten *Bahnlesung des Johannesevangeliums*. Die Lesungen von der Samariterin (Joh 4, 5–42), der Heilung des Blindgeborenen (Joh 9, 1–41) und die Auferweckung des Lazarus (Joh 11, 1–45), die im Lesejahr A am 3., 4. und 5. Fastensonntag verlesen werden, bilden auch das Evangelium von Auswahlmessen, die an allen Tagen der betreffenden Woche, besonders in den Lesejahren B und C, gefeiert werden können. Fällt eine Wochentagslesung wegen einer anderen Feier aus, so kann der Priester „unter Berücksichtigung der Lesungsreihe der ganzen Woche Texte von geringerer Bedeutung weglassen oder eine andere Verteilung der Texte vornehmen, wenn dies zur sinnvollen Darbietung des Lesestoffes der Woche beiträgt"[184]. Selbstverständlich tragen auch die vier Präfationen für die Fastenzeit, die an den Werktagen bis zum fünften Fastensonntag, und die beiden Präfationen vom Leiden Christi, die in der fünften Fastenwoche und in der Karwoche genommen werden, wesentlich mit dazu bei, Sinn und Ziel der Fastenzeit ins Bewußtsein zu rufen.

Wie schon der Palmsonntag, so stehen auch die folgenden Tage der *Karwoche* ganz unter dem Thema vom Leiden Christi. Auf den bisherigen Brauch, am Kardienstag die Passion nach Mk und am Karmittwoch die nach Lk zu lesen, hat man verzichtet. Sie kommen im Rahmen des dreijährigen Perikopenzyklus am Palmsonntag zur Verlesung. Die Lesungen der drei ersten Kartage sind Ausschnitte aus den drei ersten Gottesknechtsliedern beim Propheten Jesaja; die Evangelien berichten Ereignisse aus den letzten Tagen vor dem Leiden des Herrn. Die Liturgie dieser Tage darf durch keine andere Meßfeier verdrängt werden.

Der *Gründonnerstag*, dessen Abend schon dem österlichen Triduum angehört, ist in seinen Vormittagsstunden durch die „*Missa chrismatis*" ausgezeichnet, d.h. durch jene Meßfeier, bei der „der Bischof – umgeben von seinem Presbyterium – die heiligen Öle segnet und den Chrisam weiht"[185].

Die Weihe des Chrisams und des Katechumenen- und Krankenöles gehört zum ältesten Traditionsgut. Sie wird u.a. am Anfang des 3. Jahrhunderts in der Kirchenordnung des *Hippolyt* erwähnt[186].

Daß man im Abendland diese Ölweihen auf den Gründonnerstag legte, war bedingt durch die Spendung der Taufe und Firmung in der Osternacht, wofür Katechumenenöl und Chrisam gebraucht wurden.

An diesem Tag erfolgte in der römischen Liturgie auch die *Wiederaufnahme der öffentlichen Büßer*, damit sie zusammen mit der Gemeinde wieder das Osterfest feiern konnten. Zeitweise gab es – allerdings wohl kaum in Rom selbst – an diesem Tag drei Messen: für die Weihe der heiligen Öle, für die Rekonziliation der Büßer und zum Gedächtnis des Letzten Abendmahles Jesu[187]. Später wurden alle drei Anliegen in einer Meßfeier wahrgenommen. Wie wir schon hörten, ging die Institution der öffentlichen Buße allmählich ganz verloren. Bis zur Neuordnung der Karwochenliturgie wurde diese einzige Gründonnerstagsmesse am Vormittag gefeiert[188].

Die *Chrisam-Messe* des neuen Meßbuches ist, der Tradition entsprechend, in der Regel am Vormittag vorgesehen, wie der neue Ordo für die Ölweihen vom 3.12.1970 vorschreibt (Nr. 9). Ergeben sich aber für Klerus und Volk an diesem Tag besondere Schwierigkeiten, so kann sie auch auf einen anderen Tag vorverlegt werden, aber möglichst nahe an Ostern (Nr. 10). Der Bischof feiert sie in Konzelebration mit seinem Priesterkollegium in der Regel in seiner Kathedrale. Nach dem genannten Ordo macht gerade diese Messe deutlich, daß dem Bischof die Fülle des Priestertums eigen ist und „von ihm das Leben der Gläubigen in Christus in gewisser Weise herfließt und abhängt" (Nr. 1). Wie es in der Einleitung zu dieser Meßfeier heißt, soll sie „ein Ausdruck der Verbundenheit zwischen dem Bischof und seinen Priestern sein. Daher empfiehlt es sich, daß nach Möglichkeit alle Priester an dieser Messe teilnehmen und in ihr die Kommunion unter beiden Gestalten empfangen. Zum Zeichen der Einheit aller Diözesanpriester sollen Priester aus allen Regionen des Bistums mit dem Bischof konzelebrieren." Das eigentliche Thema dieser Messe ist das *Hohepriestertum Christi*, zu dem er vom Heiligen Geist gesalbt wurde (1. Lesung: Jes 61,1ff und Evangelium: Lk 4, 16–21) und an dem er den Seinen Anteil gegeben hat (2. Lesung: Offb 1, 5–8 und Eröffnungsvers, der daraus genommen ist). Die Präfation ist dankender Lobpreis für das

Hohepriestertum Christi, an dem sowohl das ganze Gottesvolk durch das gemeinsame Priestertum teilnimmt wie auch jene von ihm Erwählten, „die durch Auflegung der Hände teilhaben an seinem priesterlichen Dienste". Die folgenden Sätze sind eine eindrucksstarke Zusammenfassung jener Aufgaben, zu denen die Inhaber des Weihepriestertums berufen sind: „In seinem Namen feiern sie immer wieder neu das Opfer, durch das er die Menschen erlöst hat, und bereiten deinen Kindern das Ostermahl. Sie dienen deinem Volk in Werken der Liebe, sie nähren es durch das Wort und stärken es durch die Sakramente. Ihr Leben sollen sie einsetzen für dich und das Heil der Menschen, dem Vorbild Christi folgen und dir ihre Liebe und ihren Glauben in Treue bezeugen."

Die *Weihe der Öle* findet entsprechend der lateinischen Tradition in dieser Messe dergestalt statt, daß das Krankenöl vor der abschließenden Doxologie des eucharistischen Hochgebetes benediziert wird, die Weihe des Katechumenenöls und des Chrisams aber erst nach der Schlußoration erfolgt. Aus pastoralen Gründen kann der gesamte Ritus aber auch am Ende des Wortgottesdienstes vollzogen werden[189].

Mit der Missa chrismatis kann auch eine *„Erneuerung der Bereitschaftserklärung* zum priesterlichen Dienst" verbunden werden. Wo dies üblich ist, geschieht es im Anschluß an die Homilie. In ihr „soll der Bischof seine Priester zur Treue in ihrem Amt aufmuntern und sie einladen, ihre versprochene Bereitschaft zum priesterlichen Dienst öffentlich zu erneuern"[190].

SECHSTES KAPITEL

# Weihnachten und sein Festkreis

In der alten Kirche gab es in den ersten drei Jahrhunderten außer der sonntäglichen Feier des Pascha-Mysteriums und seiner Jahresfeier, die wir im Deutschen Ostern nennen, kein anderes Fest. Dies wird mit dem Beginn des 4. Jahrhunderts anders. Es setzt sich nämlich die Tendenz durch, den Festinhalt des einen Jahresfestes zu entfalten, das Heilsgeschehen in Christus historisierend und nachahmend darzustellen und unter einzelnen Teilaspekten zu begehen. So wurde, wie wir beim Osterfestkreis schon sahen, aus der einen Nachtfeier des Jahrespascha das vorausgehende Gedächtnis seines Leidens und Sterbens am Karfreitag, der Einsetzung der Eucharistie am Gründonnerstagabend und des Einzugs Jesu in Jerusalem am Palmsonntag. Auch die Zeit nach Ostern zeigt die gleiche Tendenz, indem Himmelfahrt und Geistsendung immer stärker als selbständige Feste begangen werden.

Es kann deshalb nicht überraschen, daß auch der Beginn des Christusereignisses, seine Menschwerdung und Geburt, in Ost und West zum Gegenstand eines festlichen Gedenkens werden.

## *1. Der Ursprung des Weihnachtsfestes*

Weiße Flecken und Flächen auf der Landkarte, unerforschte Gebiete, haben in der Vergangenheit stets den Forscherdrang belebt. Ähnliches gilt für die Frage der Entstehung des Weihnachtsfestes und des ihm verwandten Epiphaniefestes, die noch weithin im dunkeln liegt. Seit fast 100 Jahren bieten zahlreiche Forscher einen beachtlichen Fleiß und Scharfsinn auf, um Ursprung und Veranlassung dieser Feste zu erhellen[191]. Als gesichertes Ergebnis läßt sich festhalten, daß das Geburtsfest Christi am 25. Dezember im Jahre 336 in der römischen Stadtliturgie bereits gefeiert wurde. Dies ergibt sich aus kalendarischen Listen der Todestage römischer Bischöfe („Depositio episcoporum") und römischer Märtyrer („Depositio martyrum") des *F. D. Filocalus* aus dem Jahre 354[192]. Auch spricht manches dafür, daß das im Osten fast gleichzeitig entstandene Fest der Epiphanie am 6. Januar erst nach dem Fest vom 25. Dezember in der römischen Liturgie Eingang fand, während es sich in Mailand, Gallien und Spanien schon vor dem römischen Weihnachtsfest angesiedelt hatte.

Was die eigentlichen Ursachen für die Einführung eines römischen Geburtsfestes Christi am 25. Dezember angeht, so stehen sich zwei Lager von Forschern gegenüber. Nach der *„apologetisch-religionsgeschichtlichen Hypothese"* kam der Anstoß zu diesem Fest vom heidnischen Fest des „Unbesiegten Sonnengottes" (= Natale Solis Invicti), das der römische Kaiser *Aurelian* im Jahre 274 zu Ehren des syrischen Sonnengottes von Emesa für das ganze Reich eingeführt und auf den Tag der Wintersonnenwende, den 25. Dezember, festgelegt hatte. Es sollte nach des Kaisers Absichten mithelfen, sein Riesenreich zusammenzuhalten und zu festigen. Um nun die Christen gegenüber der Anziehungskraft dieses Festes zu immunisieren, habe ihm die Kirche Roms – so die „apologetisch-religionsgeschichtliche Hypothese" – das Geburtsfest Christi am gleichen Tag entgegengesetzt. Dabei habe sie darauf hinweisen können, daß schon die Heilige Schrift des Alten Testaments den erwarteten Erlöser als „Sonne der Gerechtigkeit" (Mal 3,20) bezeichne. Im Neuen Testament nenne sich Christus selber das „Licht der Welt" (Joh 8,12), nach dem Prolog des Joh sei er als „das wahre Licht, das jeden Menschen erleuchtet" (1,9), in diese Welt gekommen. Unser heutiges Weihnachtsfest sei zwar nicht inhaltlich, wohl aber nach seinem Termin vom römischen Sonnengottfest abhängig, ihm verdanke es den entscheidenden Anstoß. Triumphierend hätten jetzt die Christen ihren heidnischen Mitbürgern entgegenhalten können, daß sie das Fest der wahren Sonne begehen, die allein der Welt Licht und Heil schenken könne.

Die sogenannte *„Berechnungshypothese"*[193] geht davon aus, daß sich schon im 3. Jahrhundert christliche Theologen darum bemühten, den im Evangelium nicht genannten Geburtstag Christi zu berechnen. Dabei wandte man wegen der stark im Bewußtsein verankerten Christus-Sonne-Symbolik den Tagundnachtgleichen (Äquinoktien) und den beiden Sonnenwenden (Solstitien) besondere Aufmerksamkeit zu. So gelangte man u.a. zur Meinung, Johannes der Täufer sei zum Herbstäquinoktium empfangen und zur Sommersonnenwende geboren worden. Weil aber nach Lk 1,26 Christus sechs Monate später als Johannes empfangen worden sei, wäre seine Empfängnis auf das Frühlingsäquinoktium (25. März) und seine Geburt entsprechend auf den 25. Dezember anzusetzen. Im Gleichklang der neu aufsteigenden Sonne mit dem Beginn des Erdenlebens Jesu sah man ein beglückendes Werk der göttlichen Vorsehung. „Wer sich in die Mentalität der Christen des 3. und 4. Jahrhunderts eingelebt hat, begreift ohne weiteres, wie die Symbolkraft eines auf den Tag der Wintersonnenwende berechneten Geburtstages Christi die Herzen geradezu im Sturm erobern mußte. Das war ja nichts anderes als ‚die Hand Gottes selbst'! Sein eigenhändiges Siegel unter menschliche Berechnungen! Was konnte es für die göttliche Vorsehung Geziemenderes gegeben haben, als gerade diesen so symbolträchtigen Tag auszuwählen! ... Ja, ich stehe nicht an zu behaupten, daß gerade in der sieghaften Leuchtkraft der Symbolik dieses Datums das eigentliche Geheimnis des Siegeszuges des Weihnachtsfestes beschlossen liegt."[194] Wenn auch solche Berechnungsversuche des Geburtsdatums Christi uns heute sehr apriorisch und fragwürdig erscheinen, so sei diese Berechnung und Überzeugung doch der eigentliche Anstoß zur Feier des Geburtsfestes Christi am 25. Dezember, nicht die Rücksicht auf das heidnische Fest des „Sol Invictus".

Bei einem *abwägenden Vergleich* der beiderseitigen Argumente drängt sich die Vermutung auf, daß die Berechnungsversuche sehr wohl eine gewisse Voraussetzung und Bereitschaft geschaffen haben, dem Sonnenfest des Aurelian ein Geburtsfest Christi entgegenzusetzen. Denn man konnte ja nur auf einen Erfolg dieser Neueinführung bauen, wenn eine gewisse Überzeugung von der Geschichtlichkeit des Geburtsdatums Christi am 25. Dezember gegeben war. Dabei kann man der religionsgeschichtlichen Hypothese insofern recht geben, als von der Einführung des „Natale Solis Invicti" der eigentliche und drängende Anstoß ausgegangen ist.

Daß sich das neue Fest in der damals wenig zentralisierten Kirche mit so erstaunlicher Schnelligkeit im Westen und in vielen Teilkirchen des Ostens noch im 4. Jahrhundert ausbreitete, hat wahrscheinlich auch darin seinen Grund, daß die Bekämpfung der *arianischen Irrlehre* die Person – und nicht nur das Werk – des Gottmenschen stärker in den Vordergrund treten ließ und ein Geburtsfest Christi dem Glaubensbekenntnis von Nizäa, das diese Irrlehre verurteilte (325), auch einen angemessenen liturgischen Ausdruck zu geben vermochte. In den meisten östlichen „Liturgiebereichen gestaltete man die Form der Festfeier, soweit das anging, der von Epiphanie nach; inhaltlich wurde grundsätzlich nur das Geburtsmysterium aus dem Ideenkreis des Erscheinungsfestes herausgeschält. Tatsächlich sind aber gedanklich hie und da Doppelungen entstanden, auch in der römischen Liturgie."[195]

Ursprünglicher Inhalt des Weihnachtsfestes ist die Menschwerdung (Inkarnation) des Gottmenschen, sein „Erscheinen im Fleische", also sowohl Empfängnis wie Geburt. Deshalb ist es auch verständlich, daß sich das im 7. Jahrhundert hinzugekommene Fest der Verkündigung des Herrn (25. März) nicht als gebotener Feiertag durchsetzen konnte, zumal es im Schatten des nahen Osterfestes bzw. der Karwoche steht.

## 2. *Die Liturgie des Weihnachtsfestes*

Nach römischer Tradition, die sich bis ins 6. Jahrhundert nachweisen läßt, kann jeder Priester an Weihnachten *drei Messen* feiern. Auch das neue Meßbuch von 1970 hat diesen ungewöhnlichen Brauch beibehalten. Im deutschen Sprachgebiet sprechen wir von der Christmette (= Missa in nocte), der Hirtenmesse (= Missa in aurora) und dem Hochamt (= Missa in die). Die *Mystiker des Mittelalters* sahen darin einen Hinweis auf die „dreifache Geburt" des Herrn: „Die erste und *oberste* Geburt ist die, daß der himmlische Vater seinen eingeborenen Sohn in göttlicher Wesenheit, doch in Unterscheidung der Person gebiert. Die *zweite* Geburt, deren man heute gedenkt, ist die mütterliche Fruchtbarkeit, die jungfräulicher Keuschheit in wahrhafter Lauterkeit zuteil wird. Die *dritte* Geburt besteht darin, daß Gott alle Tage und zu jeglicher Stunde in wahrer und geistiger Weise durch Gnade und aus Liebe in einer guten Seele geboren wird. Diese drei Geburten begeht man heute mit den drei heiligen Messen."[196]

Eine solche Deutung ist sicher geistvoll und fromm, der geschichtliche Ursprung ist jedoch wesentlich prosaischer. Als erste und einzige Messe zelebrierte der Papst im 4. Jahrhundert die eigentliche *Festmesse in St. Peter* zur gewohnten Stunde, also um 9 Uhr. Im 5. Jahrhundert kam die *Mitternachtsmesse* in der Basilika Santa Maria Maggiore hinzu. Diese Kirche war nach dem Konzil von Ephesus (431), auf dem die Gottesmutterschaft Mariens dogmatisiert wurde, unter Papst *Sixtus III.* (432–440) an Stelle der alten Basilika des Liborius auf dem Esquilin als Marienkirche neu errichtet worden. In ihr erbaute man wenig später eine unterirdische Kapelle als Nachbildung der Geburtsgrotte von Betlehem. In dieser Kapelle zelebrierte der Papst nach der Nokturn die „Mitternachtsmesse", nahm noch an den anschließenden Laudes teil und begab sich dann zur Ruhe[197]. Wahrscheinlich wurde diese nächtliche Meßfeier angeregt und begünstigt durch einen Brauch der Christen in Jerusalem. Sie pflegten in der Nacht vor Epiphanie in der von Konstantin über der Geburtsgrotte in Betlehem erbauten Kirche eine Messe zu feiern und dann in Prozession nach Jerusalem zurückzukehren, wo man am Morgen eine weitere Eucharistiefeier hielt.

Um die Mitte des 6. Jahrhunderts kam eine *dritte Meßfeier* in der Kirche der heiligen Anastasia in der Nähe des Palatin hinzu. Diese Kirche war der im Osten hochverehrten Märtyrin *Anastasia von Sirmia* geweiht und nach Eroberung Roms durch die Byzantiner deren Hofkirche geworden. Weil das Gedächtnis dieser Heiligen im Osten am 25. Dezember festlich begangen wurde, feierte der Papst persönlich – wohl aus Reverenz gegenüber dem byzantinischen Statthalter – diese

Messe, ohne daß aber die Heilige in den Propriumstexten besonders erwähnt worden wäre.

Die dreifache Weihnachtsmesse fand Aufnahme in den päpstlichen Sakramentarien und wurde mit deren Verbreitung auch außerhalb Roms übernommen. Sieht man davon ab, daß es in den Weihnachtsmessen des neuen Meßbuches zusätzlich eine alttestamentliche Lesung gibt, so sind ihre Propriumsteile im wesentlichen die gleichen wie bisher.

Die *Christmette* ist zunächst charakterisiert durch die *Evangelienperikope* von der Geburt Christi in Betlehem (Lk 2, 1–14). Sie schließt mit dem Gesang der Engel, der bekanntlich auch den Gloria-Hymnus der Messe einleitet und ihm den Namen gegeben hat. An diesem Tag hat dieser Hymnus eine besondere Klangfarbe. Die *alttestamentliche Lesung* (Jes 9,1–3.5–6) kündet von der messianischen Hoffnung, die an diesem Festtag Erfüllung gefunden hat: „Das Volk, das im Dunkel lebt, schaut ein großes Licht... Denn ein Kind ist uns geboren, ein Sohn uns geschenkt. Die Herrschaft ruht auf seiner Schulter. Man gibt ihm den Namen ‚Wunderrat, Gottheld, Ewigvater, Friedensfürst'." Die *zweite Lesung* (Tit 2, 11–14) spannt den Bogen von der ersten Erscheinung der „Gnade Gottes" bis zur endzeitlichen Epiphanie, auf die sich der Christ vorbereiten muß, indem er „besonnen, gerecht und fromm in dieser Welt" lebt. Der *Halleluja-Vers* verkündet jubelnd die „große Freude: Heute ist uns der Heiland geboren: Christus der Herr." Die *Lichtsymbolik* wird im Tagesgebet angesprochen, denn „in dieser hochheiligen Nacht ist uns das wahre Licht aufgestrahlt", ebenso in der ersten der drei Weihnachtspräfationen, wo vom „neuen Licht deiner Herrlichkeit" die Rede ist. Das *Gabengebet* spricht vom *„wunderbaren Tausch"*, durch den wir „deinem Sohn gleichgestaltet werden, in dem unsere menschliche Natur mit seinem göttlichen Wesen vereint ist". Dieser bei den Kirchenvätern beliebte Gedanke wird auch vom Tagesgebet des Hochamtes aufgegriffen, wenn es dort heißt: „Laß uns teilhaben an der Gottheit deines Sohnes, der unsere Menschennatur angenommen hat." Vor allem aber gibt ihm die dritte Weihnachtspräfation, die sowohl in den Weihnachtsmessen wie in der Oktav genommen werden kann, einen klassischen Ausdruck: „Denn einen wunderbaren Tausch hast du vollzogen, dein göttliches Wort wurde ein sterblicher Mensch, und wir sterbliche Menschen empfangen in Christus dein göttliches Leben." Der *Eröffnungsvers* Ps 2,7 („Dixit Dominus..."), der gleiche wie beim seitherigen Introitus, kann durch einen zweiten Vers ersetzt werden, in dem das Geheimnis der Menschwerdung direkt ausgesprochen wird („Freut euch im Herrn..."). Diesem Mysterium gilt in allen Weihnachtsmessen eine besondere Ehrfurchtsbezeigung, indem man beim Credo niederkniet, wenn die Worte von der Empfängnis und Geburt Jesu gesprochen werden.

Die *Hirtenmesse* hat ihren Namen vom Evangelium (Lk 2, 15–20), in dem die Begegnung der Hirten mit dem Kind in der Krippe ebenso schlicht wie eindrucksvoll berichtet wird. Die Lichtsymbolik kommt in dieser Messe noch stärker als in der ersten zum Tragen: „Ein Licht strahlt heute über uns auf" (Eröffnungsvers und Kehrvers des 1. Zwischengesanges); „dein ewiges Wort ist Fleisch geworden, um uns mit dem Glanz deines Lichtes zu erfüllen. Gib, daß in unseren Werken widerstrahlt, was durch den Glauben in unserem Herzen leuchtet" (Tagesgebet); „Licht erstrahlt den Gerechten, Freude denen, die redlichen Herzens sind" (Antwortpsalm 97,11). „Freude und Dank" (Schlußgebet) durchziehen wie ein Leitmotiv die ganze Meßliturgie.

Das *Hochamt* verkündet im Prolog des Johannesevangeliums (1, 1–18) das Geheimnis der Inkarnation in johanneischer Theologie: „Im Anfang war das Wort, und das Wort war bei Gott, und das Wort war Gott... In ihm war das Leben, und das Leben war das Licht der Menschen. Und das Licht leuchtet in der Finsternis, und die Finsternis hat es nicht ergriffen ... Das wahre Licht, das jeden Menschen erleuchtet, kam in die Welt... Und das Wort ist Fleisch geworden und hat unter uns gewohnt." In dieser Menschwerdung hat sich das Prophetenwort vom Freudenboten, „der Frieden kündet, gute Botschaft bringt und Heil kündet" (aus 1. Lesung Jes 52, 7–10) zutiefst erfüllt. In Christus hat der Vater nach den vielfältigen Prophetenworten seine endgültige Offenbarung ausgesprochen. Denn der Sohn „ist Abglanz seiner Herrlichkeit und Abbild seines Wesens; er trägt das All durch sein machtvolles Wort, hat Reinigung von den Sünden bewirkt und sich dann zur Rechten der Majestät in der Höhe gesetzt" (aus 2. Lesung Hebr 1, 1–6).

Aus solchen und anderen Texten wird deutlich, daß auch Weihnachten als ein *Fest unserer Erlösung* begangen wird, wenn auch dabei nicht Passion und Auferstehung im Vordergrund stehen, sondern die Menschwerdung und der „wunderbare Tausch". Doch wird das Pascha-Mysterium auch in der Weihnachtsliturgie zum Ausdruck gebracht, wie das vorstehende Zitat aus der zweiten Lesung des Hochamtes zeigt und wie es noch deutlicher in der zweiten Lesung der Christmette geschieht: „Er hat sich für uns hingegeben, um uns von aller Gesetzlosigkeit loszukaufen und sich ein reines Volk zu schaffen, das ihm gehört und darauf brennt, das Gute zu tun" (Tit 2,14). Im Hinblick auf diese inhaltliche Gemeinsamkeit mit dem Osterfest hat man den Vorschlag gemacht: „Man würde wohl besser unterteilen in eine ‚österliche Begehung der Erlösung' und in eine ‚weihnachtliche Begehung der Erlösung'."[198] In diesem Zusammenhang sei auch der bekannte Satz des *Römischen Martyrologiums* zum 25. Dezember erwähnt: „Jesus Christus, ewiger Gott und des ewigen Vaters Sohn, wollte durch seine heiligste Ankunft die Welt konsekrieren", also heiligen und erlösen. Auch die Weihnachtsliturgie hat es mit dem erhöhten Herrn zu tun, der sich in der Menschwerdung der Gottgleichheit entäußerte, „wie ein Sklave" das Leben eines Menschen führte und sich bis zum Todesgehorsam am Kreuz erniedrigte, um dann zum „Kyrios" erhöht zu werden (vgl. Phil 2, 6–11).

Weil das Leben der Jungfrau *Maria* mit dem Mysterium der Menschheit untrennbar verbunden ist, wird ihr Name, außer im Credo, auch in den Einschubtexten der Hochgebete I–III ausdrücklich genannt. Vor allem ist, wie wir noch sehen werden, der Oktavtag von Weihnachten ihrem Gedächtnis besonders geweiht.

Zur festlichen Weihnachtsliturgie zählt bereits auch die *Abendmesse am 24. Dezember* („Missa in vigilia" = „Messe am Heiligen Abend"), während die Messe am Morgen dieses Tages noch als Adventsmesse zu gelten hat. Solche Vigilmessen haben sonst nur noch Pfingsten, die Hochfeste der Geburt Johannes' des Täufers und der heiligen Apostel Petrus und Paulus und das Hochfest der Aufnahme Marias in den Himmel[199]. Hierbei „ist zu beachten, daß die mittelalterliche Konzeption der Vigil als eines Bußtages vor dem Fest bei der Neuordnung aufgegeben wurde. Mit Ausnahme der Ostervigil, die im Lauf der Osternacht gefeiert werden muß, heißt ‚Vigilmesse' in Zukunft jene Messe, die in den Abendstunden vor oder nach der ersten Vesper eines Hochfestes als Festmesse gefeiert werden kann."[200] Die neue Vigilmesse von Weihnachten entspricht in ihren Texten nur zum Teil denen der seitherigen Messe, die am Morgen des 24. Dezember in violetten Meßgewändern gefeiert wurde. Geblieben ist u. a. der *Eröffnungsvers* mit seiner zuversichtlichen Heilserwartung (Ex 16, 6f: „Heute sollt ihr es erfahren: Der Herr kommt, um uns zu erlösen, und morgen werdet ihr seine Herrlichkeit schauen") und das *Tagesgebet*, das die Erwartung der ersten Ankunft Christi mit der endzeitlichen Wiederkunft geschickt verbindet. Die *erste Lesung* (Jes 62, 1–5) beschreibt in leuchtenden Farben die Herrlichkeit des neuen Jerusalem als der von Gott geliebten Braut. In der *zweiten Lesung* (Apg 13, 16f.22–25) zitiert Paulus im Rahmen einer Missionspredigt das Wort des Vorläufers Johannes: „Ich bin nicht das, wofür ihr mich haltet; aber seht, nach mir kommt einer, dem ich nicht wert bin die Sandalen von den Füßen zu lösen." Das *Evangelium* (Mt 1, 1–25) berichtet vom Stammbaum

Jesu und von der Botschaft des Engels an Josef: „das Kind, das sie erwartet, ist vom Heiligen Geist. Sie wird einen Sohn gebären; ihm sollst du den Namen Jesus geben, denn er wird sein Volk von seinen Sünden erlösen." Weil diese Messe schon dem Fest angehört, gilt für sie, was von den anderen Weihnachtsmessen bezüglich des Credo und der Einschubtexte in den Hochgebeten I–III gesagt worden ist, ebenfalls.

### *3. Der Advent als weihnachtliche Vorbereitungszeit*

Ähnlich wie das Osterfest bekam auch Weihnachten eine Vorbereitungszeit, der man den Namen Advent (= Ankunft) gab. Manche Phasen der geschichtlichen Entwicklung, die in den einzelnen Teilkirchen sehr uneinheitlich verlief, sind noch wenig erforscht. Volksfrömmigkeit und Brauchtum, die sich schon stark auf das Weihnachtsfest konzentrierten, haben auch dem Advent einen besonderen Stellenwert im Bewußtsein der Christen beschert.

#### *a) Die geschichtliche Entwicklung des Advents*

Die ersten Spuren einer weihnachtlichen Vorbereitungszeit finden sich nicht in der römischen Liturgie, sondern in Spanien und vor allem in Gallien. Hierbei ist von Bedeutung, daß in diesen Ländern wegen ihrer engen Verbindung mit der Kirche des Ostens das Epiphaniefest am 6. Januar das ältere Geburtsfest Christi war und zeitweise auch – im Gegensatz zu Rom – ein wichtiger Tauftermin.

Sehen wir einmal von einigen unsicheren Nachrichten aus der zweiten Hälfte des 4. Jahrhunderts ab, die von „drei Wochen gesteigerter religiöser Betätigung" sprechen[201], so ist das älteste Zeugnis für einen Advent als Vorbereitungszeit die Fastenordnung des Bischofs *Perpetuus von Tours* († 490). Sie fordert ein dreimaliges Fasten in der Woche in der Zeit vom Fest des heiligen Martinus (11. November) bis Weihnachten. *Jungmann* konnte nachweisen, daß diese Bestimmung auf einer ursprünglichen „quadragesima sancti Martini" beruhte, die vom genannten Heiligenfest bis Epiphanie reichte. Dies sind 56 Tage oder acht Wochen. Weil man aber in jenen Teilen der Kirche, die damals eine enge Verbindung zu Byzanz und Jerusalem hatten, nicht nur am Sonntag, sondern auch am Samstag mit dem Fasten aussetzte, ergeben sich genau 40 Fasttage. Der eigentliche Anlaß für eine solche Quadragese war die Tatsache, daß Epiphanie dort Tauftermin war und man diesen in seiner Vorbereitung nicht geringer behandeln wollte als den der Osternacht[202]. Für welche Teilkirchen und für welche Zeiträume man eine solche Quadragese annehmen muß, bleibt wegen der spärlichen Quellenlage ungewiß. Vor allem ist mit diesen Erkenntnissen noch nichts über die eigentliche Adventsliturgie ausgesagt.

Deren erste Spuren lassen sich um die Mitte des 5. Jahrhunderts in Ravenna feststellen, das hierin stark vom Osten abhängig war. Dabei ist die Erwartung der Geburt Christi das eigentliche Thema dieser Liturgie. In Rom werden die ersten Anfänge einer Adventsliturgie erst um die Mitte des 6. Jahrhunderts sichtbar, und zwar im Zusammenhang mit dem *Winterquatember*, dessen Messen adventliche Gedanken aufgreifen[203]. Eine wegweisende Lösung bahnt sich unter *Gregor dem Großen* (590–604) an, dessen stadtrömisches Sakramentar vier Sonntagsmessen und drei Quatembermessen mit adventlichem Gepräge enthält. Dabei läßt sich feststellen, daß nicht so sehr die Erwartung der endzeitlichen Ankunft (Parusie), sondern die Menschwerdung Christi und die Vorbereitung auf ihre liturgische Feier den ursprünglichen Inhalt des Advents ausmachen[204]. Denn die Menschwerdung als geschichtliches Ereignis ist der Anfang unserer Erlösung und verbürgt ihre Vollendung bei der Wiederkunft Christi[205].

In anderen Teilen der Kirche, besonders in Gallien, kam es zu starken Akzentverschiebungen in dieser Hinsicht, indem die eschatologische Ausrichtung des Advents stark ausgeprägt wurde. Wahrscheinlich ist dies dem Einfluß irischer Missionare (z.B. *Kolumban dem Jüngeren*, 530–615) zuzuschreiben, die den zum Gericht kommenden Herrn und die im Hinblick auf das Endgericht geforderte Buße sehr stark in den Vordergrund stellten und in ihrer Bußpredigerhaltung auch den Advent zur eigentlichen Bußzeit deklarierten[206]. So kam es in den gallischen Liturgien u.a. zum Wegfall des Gloria, Halleluja und des Tedeum (im Stundengebet) und zum Gebrauch violetter Meßgewänder. Von Gallien aus drang dann einiges von diesem Bußcharakter im 12. Jahrhundert auch in die römische Adventsliturgie ein, wie die Unterlassung des Gloria und das Tragen violetter Meßgewänder. Daß man jedoch in Rom den Advent nicht als eigentliche Bußzeit betrachtete, zeigt sich auch darin, daß man dort niemals auf das freudige Halleluja verzichtete. Interessant ist die Begründung für den Wegfall des Gloria nach dem offiziellen Kommentar zur GOK: Es geschehe aus einem anderen „Grund als in der österlichen Bußzeit: Der Gesang der Engel an Weihnachten soll wieder wie etwas Neues erklingen".[207] Ein Adventsfasten ist seit dem CIC von 1917/18 nicht mehr geboten.

Was die *zeitliche Dauer* des Advents betrifft, so setzte sich die römische Lösung von vier Adventssonntagen nur zögernd durch, obwohl König *Pippin* und sein Sohn *Karl der Große* dies für das Frankenreich angeordnet hatten. Man kannte lange Zeit hindurch in den verschiedenen Diözesen einen Advent von vier, fünf und sechs Wochen. Noch heute hat die Mailändische Liturgie sechs Adventssonntage. Erst im Lauf des 10./11. Jahrhunderts scheint sich die römische Lösung im fränkisch-gallischen Raum durchgesetzt zu haben.

War der 24. Dezember ein Sonntag, so ließen manche Kirchen den Advent bereits am 26. November beginnen, um sowohl die Liturgie der vier Adventssonntage wie die der Vigil begehen zu können. Schließlich setzte es sich jedoch durch, daß man den Advent in diesem Fall erst am 3. Dezember begann, die Liturgie des 4. Adventssonntags aber zugunsten der Vigil entfallen ließ[208]. Die Regelung, daß der Advent frühestens am 27. November und spätestens am 3. Dezember beginnt, wurde auch bei der Neuordnung der Liturgie festgehalten: „Die Adventszeit beginnt mit der ersten Vesper des Sonntags, der auf den 30. November fällt oder diesem Datum am nächsten kommt."[209] Die Liturgie des vierten Adventssonntags kann jedoch nicht mehr unterdrückt werden, wenn er auf den 24. Dezember fällt.

### *b) Die Liturgie des Advents*

Die neue Grundordnung des Kirchenjahres macht eine wesentliche Aussage zum *Sinn der adventlichen Vorbereitungszeit* und gibt so die Richtlinien für die liturgische Feier: „Die Adventszeit hat einen doppelten Charakter: sie ist einerseits Vorbereitungszeit auf die weihnachtlichen Hochfeste mit ihrem Gedächtnis des ersten Kommens des Gottessohnes zu den Menschen. Anderseits lenkt die Adventszeit zugleich durch dieses Gedenken die Herzen hin zur Erwartung der zweiten Ankunft Christi am Ende der Zeiten. Unter beiden Gesichtspunkten ist die Adventszeit eine Zeit hingebender und freudiger Erwartung" (39). Hiermit ist der in der römischen Liturgiegeschichte immer beachtete Grundtenor festgehalten, daß der Advent nicht in erster Linie Bußzeit im Hinblick auf das Gericht des wiederkommenden Herrn, sondern feierndes Gedächtnis der Inkarnation ist und erst von hier aus hingebende und freudige Erwartung auch der Parusie. Mit Recht hat *W. Croce* in seiner geschichtlichen Untersuchung des Advents von einem Grundgesetz der gesamten Liturgie gesprochen, wonach „die Heilsereignisse nur soweit den Gegenstand ihrer Feier bilden können, als sie bereits geschichtliche Wirklichkeit geworden sind. Wir können deswegen die Geburt Jesu Christi feiern, seinen Tod und seine Auferstehung; wir können auch sein Wirken in der Kirche feiern, wie es sich am Pfingsttag und im Leben eines jeden Heiligen machtvoll gezeigt hat; aber sein Kommen zum Gericht und zur endgültigen Erlösung seiner Kirche kann noch nicht zum Gegenstand der Feier im eigentlichen Sinn werden, weil es sich noch gar nicht erfüllt hat, sondern erst erwartet werden muß."[210]

Es muß nicht als Widerspruch gegen die oben zitierte Sinngebung des Advents ausgelegt werden, wenn die GOK den Tagen vom 17. bis 24. Dezember eine besondere Hinordnung auf Weihnachten zuweist[211], für die Zeit vom ersten Adventssonntag bis zum 16. Dezember aber von einem eschatologischen Aspekt spricht, „indem sie (= die Liturgie) zur Erwartung der zweiten Ankunft anleitet"[212]. Denn auch in diesem eschatologischen Abschnitt bleibt das erste Kommen Christi nicht ausgeklammert, sondern beide Aspekte durchdringen sich.

Das *Meßproprium* des einzelnen Adventssonntags ist in den drei Lesejahren mit Ausnahme der biblischen Lesungen und dem ersten Zwischengesang (Antwortpsalm) das gleiche, nur zuweilen ist der Hallelujavers verschieden. Entscheidend für das Gepräge der Meßfeier ist das jeweilige Evangelium, auf dessen Thematik alle anderen Texte mehr oder weniger bezogen sind.

Eine wesentliche Bereicherung der Adventsliturgie besteht in der Bereitstellung von *fünf Adventspräfationen*. Während das Meßbuch Pius' V. keine einzige Adventspräfation hatte, wurden 1968 zusammen mit den neuen Hochgebeten auch zwei Adventspräfationen veröffentlicht, die dann auch Aufnahme in das Missale Romanum gefunden haben. Die deutsche Ausgabe hat diese beiden als I und II, fügt aber drei weitere hinzu, von denen die letzte (V) in der Zeit vom 17. bis 24. Dezember bevorzugt werden soll. Die anderen können sonntags wie werktags nach freier Wahl genommen werden.

Am *ersten Adventssonntag* spricht das *Evangelium* von der Wiederkunft des Herrn und mahnt zur Wachsamkeit (Mt 24, 37–44; Mk 13, 33–37; Lk 21, 25–28.34–36). Die *alttestamentlichen Lesungen* der Lesejahre sind den Büchern Jes und Jer (C) entnommen. Sie schildern das Friedensreich des Messias, in dem er alle Völker versammeln wird (A), rufen um sein Kommen (B) und verheißen den messianischen „Sproß Davids" (C). Die *neutestamentlichen Lesungen*, die verschiedenen Paulusbriefen entommen sind, mahnen, vom Schlafe aufzustehen und die Werke der Finsternis abzulegen: „Denn jetzt ist das Heil uns näher ... Die Nacht ist vorgerückt, der Tag ist nahe" (Röm 13, 11–14 = A); sie geben der Zuversicht des Apostels Ausdruck, „daß euch keine Gnadengabe fehlt, während ihr der Offenbarung unseres Herrn Jesus Christus entgegenharrt" (1 Kor 1, 3–9 = B); sie beten um Wachstum in der Liebe, „damit eure Herzen gefestigt werden und ohne Tadel sind ... wenn Jesus, unser Herr, mit all seinen Heiligen kommt" (1 Thess 3, 12–4, 2 = C). So lenken die Meßtexte dieses Adventssonntags den Blick mit besonderer Intensität auf die Wiederkunft Christi.

Das *Evangelium* des *zweiten Adventssonntags* enthält die Bußpredigt des Vorläufers und Wegbereiters Johannes nach den drei Synoptikern: „Kehrt um! Denn das Himmelreich ist nahe" (Mt 3, 1–12 = A); „Laßt euch taufen! Bekehrt euch, damit eure Sünden vergeben werden" (Mk 1, 1–8; Lk 3, 1–6 = B und C). Die *alttestamentliche Lesung* im Lesjahr A verheißt den „Wurzelsproß aus Isai" als „Signal für die Völker" und schildert sein messianisches Reich in leuchtenden Farben (Jes 11, 1–10). In den Lesejahren B und C wird die Heimkehr des Gottesvolkes aus dem Exil zum ermutigenden Gleichnis für die Heilsvollendung im Reich des Messias (Jes 40, 1–5.9–11; Bar 5, 1–9). In den *neutestamentlichen Lesungen* wird Christus als der universale Heilbringer verkündet (Röm 15, 4–9 = A), der einen „neuen Himmel und eine neue Erde" heraufführen wird (2 Petr 3, 8–14 = B). Für diesen Tag Christi gilt es, „rein und ohne Tadel" zu sein, „reich an der Frucht der Gerechtigkeit, die Jesus Christus gibt" (Phil 1, 4–6.8–11 = C). Das *Tagesgebet* nimmt diese Gedanken und Mahnungen auf: „Laß nicht zu, daß irdische Aufgaben und Sorgen uns hindern, deinem Sohn entgegenzugehen. Führe uns durch dein Wort und seine Gnade zur Gemeinschaft mit ihm." Verheißung, Mahnung und freudige Erwartung kennzeichnen diesen Sonntag und verdichten sich im *Eröffnungsvers,* der wie das Leitmotiv über diesem Sonntag steht: „Der Herr wird kommen, um die Welt zu erlösen. Volk Gottes, mach dich bereit. Höre auf ihn, und dein Herz wird sich freuen" (vgl. Jes 30, 19.30).

Der *dritte Adventssonntag* ist vielen Gläubigen unter dem Namen „Gaudete" bekannt. Es ist das erste Wort des *Eröffnungsverses,* der aus der zweiten Lesung des Lesejahres C genommen ist und zu adventlicher Freude aufruft: „Freut euch im Herrn zu jeder Zeit! Noch einmal sage ich: Freut euch! Denn der Herr ist nahe" (Phil 4, 4 f). Bei der Meßfeier fällt der Gebrauch *rosafarbener Gewänder* besonders auf. Sie verdrängen das ernste Violett der Buße und signalisieren vorweihnachtliche Freude. Wahrscheinlich erfolgte diese Besonderheit in Angleichung an den vierten Fastensonntag, der als Sonntag „Laetare" ebenfalls einen freudigen Charakter hat (s. o. S. 92).

Im *Evangelium* steht wiederum die Gestalt des Täufers vor uns. Im Lesejahr A läßt er Jesus vom Gefängnis aus fragen: „Bist du der, der kommen soll, oder müssen wir auf einen andern warten?" Jesus verweist auf das, „was ihr hört und seht", wobei er auf die von Jesaja (vgl. 1. Lesung!) vorausgesagten Wundertaten des Messias hindeutet. Von Johannes selbst legt er ein hohes Zeugnis ab und nennt ihn den verheißenen Boten, der dem Messias den Weg bereiten soll (Mt 11, 2–11).

Die *neutestamentliche Lesung* aus dem Jakobusbrief ruft zur Geduld bis zur Ankunft des Herrn auf und mahnt: „Macht euer Herz stark, denn die Ankunft des Herrn steht nahe bevor“ (5, 7–10). Obwohl dieser Sonntag nur selten in die engere Vorbereitungsphase auf Weihnachten (17.–24. Dezember) fällt, ist das *Tagesgebet* ganz von der Erwartung des Geburtsfestes Christi geprägt: „Mache unser Herz bereit für das Geschenk der Erlösung, damit Weihnachten für uns alle ein Tag der Freude und der Zuversicht werde.“ Auch das *Schlußgebet* enthält eine ähnliche Bitte, die aus dem alten Meßbuch herübergenommen wurde: „Mache uns bereit für das kommende Fest.“

Im Evangelium des *Lesejahres B* nennt sich Johannes „die Stimme eines Rufers in der Wüste“, der dem Messias die Wege bereitet. Von diesem aber sagt er: „Mitten unter euch steht einer, den ihr nicht kennt“ (Joh 1,6.8.19–28). Von ihm kündet auch die alttestamentliche Lesung aus Jesaja (61,1–2a.10–11), während die neutestamentliche zur Selbstheiligung für die Ankunft des Herrn Jesus Christus aufruft (1 Thess 5,16–24). Besondere Erwähnung verdient der Antwortpsalm, der aus den meisten Versen des Magnificat besteht.

Auch das Evangelium des *Lesejahres C* stellt uns Johannes den Täufer vor Augen, wie er verschiedenen Volksgruppen Wegweisungen für ihr Leben gibt und von sich weg auf den kommenden Erlöser verweist: „Es kommt aber einer, der stärker ist als ich ... Er wird euch mit Heiligem Geist und mit Feuer taufen“ (Lk 3, 10–18). Die erste und zweite Lesung gleichen sich, indem sie mit dem Blick auf die Nähe des Herrn zur Freude aufrufen (Zef 3, 14–18a und Phil 4, 4–7, woraus auch der Eröffnungsvers genommen ist). So ist der Sonntag „Gaudete“ geprägt von vorweihnachtlicher Freude und Erwartung, die sich aber auch umsetzen muß in die Bereitschaft zum Leben im Geiste Christi.

Mit dem *vierten Adventssonntag* stehen wir in der Phase der näheren Vorbereitung auf das Geburtsfest des Herrn. Die Meßproprien sind deshalb geprägt von jenen Ereignissen, die der Geburt des Herrn unmittelbar vorausgehen, bzw. von Schrifttexten, die auf sie hinweisen. So berichtet das *Evangelium* im Lesejahr A von dem seelischen Zwiespalt Josefs und der Botschaft des Engels, er möge Maria zu sich nehmen, weil das Kind, das sie erwartet, vom Heiligen Geist stammt und „sein Volk von seinen Sünden erlösen“ wird (Mt 1, 18–24). In den Lesejahren B und C kommen zur Verlesung die Perikopen von der Verkündigung des Herrn (Lk 1,26–38) und vom Besuch Marias bei ihrer Verwandten Elisabet, wo Maria ob ihres Glaubens seliggepriesen wird und das Danklied des Magnificat anstimmt (Lk 1, 39–47). An die Verkündigung des Herrn knüpft das *Tagesgebet* an und spannt den Bogen von der Menschwerdung bis zum Pascha-Mysterium: „Durch die Botschaft des Engels haben wir die Menschwerdung Christi, deines Sohnes, erkannt. Führe uns durch sein Leiden und Kreuz zur Herrlichkeit der Auferstehung." Auch das *Gabengebet* erwähnt die Stunde der Verkündigung und Menschwerdung Christi im Schoß Marias. Auf die Mutter des Herrn weist auch die *erste Lesung* im Lesejahr A hin, wo Gott selbst dem König Achas durch den Propheten Jesaja das „Immanuelzeichen" gibt (Jes 7, 10–14). In der entsprechenden Lesung des Jahres B verkündet Gott durch den Propheten Natan den ewigen Bestand des Reiches Davids (2 Sam 7, 1–5.8b–11.16). Im Lesejahr C sagt der Prophet Micha das Kommen des Messias aus Betlehem-Efrat voraus: Er wird der Hirt der Heimgekehrten in der Kraft des Herrn sein. „Und er wird der Friede sein" (Mich 5, 1–4a).

Die *neutestamentliche Lesung* des Jahres A bringt die ersten Verse des Römerbriefes, in denen Paulus von seiner Berufung spricht, das Evangelium zu verkünden, „das Evangelium von seinem Sohn..." (Röm 1, 1–7). Die letzten Verse des gleichen Briefes, die sogenannte Schlußdoxologie, bilden die entsprechende Lesung des Jahres B (Röm 16, 25–27), während das Lesejahr C mit den Worten des Hebräerbriefes Christus bei seinem Eintritt in die Welt sprechen läßt: „... einen Leib hast du mir bereitet ... siehe, ich komme ... deinen Willen, Gott, zu erfüllen ... auf Grund dieses Willens sind wir durch die Opfergabe des Leibes Jesu Christi ein für allemal geheiligt" (Hebr 10, 5–10). So wird auch in dieser vorweihnachtlichen Lesung, ähnlich wie beim *Tagesgebet,* der Zusammenhang der Menschwerdung mit dem Pascha-Mysterium und der Erlösung deutlich aufgezeigt.

Das allen Meßfeiern des vierten Adventssonntags gemeinsame *Schlußgebet* lenkt noch einmal den Blick auf das bevorstehende Fest, wenn es uns beten läßt: „Laß uns das Kommen deines Sohnes in Freude erwarten und mache uns um so eifriger in deinem Dienst, je näher das Fest seiner Geburt heranrückt."

So führt der vierte Adventssonntag schon ganz nahe an das Mysterium des Weihnachtsfestes heran und enthält in vielerlei Aussagen, was die Adventspräfation V in den Satz zusammenfaßt: „Denn schon leuchtet auf der Tag der Erlösung, und nahe ist die Zeit unsres Heiles, da der Retter kommt, unser Herr Jesus Christus."

Die Meßliturgie der *Werktage im Advent* ist wesentlich bereichert worden. Während es vor der Reform keine adventlichen Meßformulare gab, hat zunächst jeder Tag der zweiten Adventsphase (17.–24.) sein eigenes Proprium. Für die Wochentage der vorausgehenden Phase gibt es eine sich wiederholende Wochenreihe, so daß z.B. jeder Montag dieser Zeit das gleiche Proprium hat, ausgenommen das Tagesgebet und die biblischen Lesungen, die für jeden einzelnen Tag eigene Texte aufweisen. In den Präsidialgebeten der ersten Adventsphase kommt sowohl der eschatologische wie der weihnachtliche Aspekt zum Tragen.

Die *Leseordnung* sieht für die ersten neun Werktage Lesungen aus dem Buch Jesaja vor, die auch die Wahl des Evangeliums bestimmen. Am Donnerstag der zweiten Adventswoche beginnen Evangelienperikopen über Johannes den Täufer, auf die dann die Lesungstexte bezogen sind. „In der letzten Woche vor Weihnachten werden aus Mattäus (1. Kapitel) und Lukas (2. Kapitel) die Begebenheiten, die der Geburt des Herrn unmittelbar vorausgingen, verkündet. Für die erste Schriftlesung sind verschiedene Texte aus dem Alten Testament – u. a. einige sehr bedeutsame messianische Weissagungen – mit Bezug auf das Evangelium ausgewählt.“[213]

Eine besondere Bereicherung haben die Werktage dieser vorweihnachtlichen Woche dadurch erhalten, daß die berühmten *O-Antiphonen* aus dem Stundengebet, die in der Zeit vom 17. bis 23. Dezember als Antiphonen zum Magnificat dienen, als Hallelujaverse eingesetzt sind. Sie sind „eine ganz eigenartige Kunst und ein besonderer Reichtum vorweihnachtlicher Liturgie... Schon in der Heiligen Schrift liebt man es, aus dem Schatz der Schriftworte durch neue Zusammenstellung der Worte oder Sätze immer neue, vom Geist des Gotteswortes durchdrungene Gestalten zu schaffen... Diese Art der Dichtung ist auch in der Kirche nie zum Stillstand gekommen und hat eine Poesie hervorgebracht, die die Liturgie mit Glanz erfüllt. Eines der bedeutendsten Beispiele sind die O-Antiphonen... Überlegen beherrschen der Verfasser (oder die Verfasser) den Motivreichtum der Bibel.“[214] Sie verbinden jeweils eine preisende Anrede des erwarteten Messias mit einer flehentlichen Bitte um sein heilbringendes Kommen. Im Lateinischen beginnen sie mit dem vokativen O (daher der Name) und lauten in ihren Anfängen nach der Übersetzung des neuen Lektionars:

1) „Du Weisheit des Höchsten...“ (O Sapientia)
2) „Du Führer des Hauses Israel...“ (O Adonai)
3) „Du Wurzel Jesse...“ (O radix Jesse)
4) „Du Schlüssel Davids...“ (O clavis David)
5) „Du Morgenstern, Glanz des ewigen Lichtes und Sonne der Gerechtigkeit“ (O Oriens)
6) „Du König der Völker und Eckstein der Kirche“ (O Rex gentium)
7) „Du Emmanuel, unser König und Gesetzgeber“ (O Emmanuel)[215].

Die bislang an den Werktagen des Advents häufig zelebrierten und gutbesuchten *„Rorate-Messen“*, ursprünglich Votivmessen zu Ehren der Gottesmutter an den Samstagen der Adventszeit, können auch weiterhin an den Wochentagen des Advents bis einschließlich 16. Dezember gefeiert werden[216].

## *4. Die Oktav des Weihnachtsfestes*

Außer dem Osterfest hat nur noch das Weihnachtsfest eine Oktav, also eine liturgische Festwoche, beibehalten. Dies ist sicher ein Zeichen für die hohe Wertung, die diesem Fest auch heute zuerkannt wird.

Der *Oktavtag* selbst fällt mit dem Beginn des bürgerlichen Jahres zusammen. Nachdem schon seit der Mitte des 2. vorchristlichen Jahrhunderts die römischen Konsuln an diesem ersten Januar ihre Amtsperiode begonnen hatten, verlegte *Gajus Julius Cäsar* bei der Neuordnung des Jahreskalenders im Jahre 46 vor Christus den *Jahresbeginn* vom ersten März auf den ersten Januar. Im Christentum hat dieser Tag einige Sinnwandlungen durchgemacht. Weil die Heiden diesen Jahresanfang zu Ehren des zweigesichtigen Gottes Janus in ausgelassener Freude, mit abergläubischen Sitten und groben Ausschweifungen begingen, versuchte die Kirche die Gläubigen dadurch zu immunisieren, daß sie Bußgottesdienste veranstaltete und zum Fasten aufrief. Es gab ein eigenes Meßformular „Ad prohibendum ab Idolis" (= Zum Fernhalten vom Götzendienst). Stellvertretend für viele Väterstimmen sei aus einer Predigt des heiligen *Augustinus* zitiert: „Jene mögen Neujahrsgeschenke machen, ihr sollt Almosen geben; jene mögen ausgelassene Lieder singen, ihr sollt euch hinziehen lassen zum Wort der Schrift; jene mögen ins Theater eilen, ihr in die Kirche; jene mögen sich berauschen, ihr sollt fasten."[217] Das *II. Konzil von Tours* (567) schreibt für die drei ersten Januartage Bußandachten zur Unterdrückung der heidnischen Bräuche vor, und das *IV. Konzil von Toledo* (633) ordnet ein strenges Fasten nach Art der Quadragesima an. Reste dieser Bußpraxis erhielten sich übrigens im Trienter Meßbuch bis in unsere Tage, indem Gaben- und Schlußgebet der Messe vom ersten Januar aus der alten Bußmesse stammen[218].

Die Kirche von Rom wandte nun eine andere, in ähnlichen Situationen bewährte Taktik an: Sie legte auf den ersten Januar ein Marienfest, den *Gedenktag (Natale) der Gottesmutter*. Wahrscheinlich war Rom dabei auch von der byzantinischen Kirche beeinflußt, wo Marienverehrung und Marienfeste wesentlich früher ausgeprägt waren. Als zu Beginn des 7. Jahrhunderts die beiden byzantinischen Marienfeste der Verkündigung und der Himmelfahrt in Rom Eingang fanden, trat das „Natale S. Mariae" wieder in den Hintergrund und machte einer Oktavfeier von Weihnachten Platz. In Spanien und vor allem in Gallien hatte sich im 6. Jahrhundert am ersten Januar das *Fest der Beschneidung des Herrn* eingebürgert, wofür Lk 2,21 sicher den Anstoß gab. Erst im 13./14. Jahrhundert finden wir dieses Fest auch in Rom, wo es unter der Bezeichnung „Beschneidung des Herrn und Oktav von

Weihnachten" mit marianisch-weihnachtlichem Charakter bis zur Liturgiereform von 1960 (Cod. rubr.) gefeiert wurde. Die GOK von 1969 kehrte wieder zum ursprünglichen römischen Brauch zurück, indem sie bestimmte: „Am 1. Januar, dem Oktavtag von Weihnachten, ist das *Hochfest der Gottesmutter Maria,* an dem auch der Namengebung Jesu gedacht wird."[219] Ein solches Mariengedächtnis wird übrigens auch in östlichen Riten begangen, und zwar im byzantinischen, ost- und westsyrischen Ritus am 26. Dezember und im koptischen Ritus am 16. Januar.

Auf ein eigenständiges *Fest des Namens Jesu* hat die Neuordnung verzichtet. Seine Wurzeln reichen ins 15. Jahrhundert zurück, wo sich besonders *Johannes von Capestrano* und *Bernhardin von Siena* um die Verehrung des heiligsten Namens Jesu bemühten. Papst *Innozenz XIII.* hatte es 1721 auf den zweiten Sonntag nach Epiphanie gelegt, *Pius X.* 1913 auf den Sonntag zwischen dem 1. und 6. Januar bzw. auf den 2. Januar, wenn kein Sonntag in diesen Zeitraum fiel. Der deutsche Regionalkalender erwähnt die „Namengebung des Herrn" ausdrücklich unter dem 1. Januar.

Das in allen Lesejahren gleiche *Meßformular* des neuen und zugleich uralten Marienfestes gedenkt in erster Linie der Gottesmutterschaft Marias, „die wir als Mutter deines Sohnes und Mutter der Kirche bekennen" *(Schlußgebet).* Im *Evangelium* (Lk 2,16–21) wird von ihr gesagt, daß sie die weihnachtlichen Geschehnisse bewahrte und in ihrem Herzen bewegte; zugleich werden Beschneidung und Namengebung Jesu erwähnt. Die 2. *Lesung* (Gal 4,4–7) sieht das Kommen des Sohnes Gottes, „geboren von einer Frau", in der „Fülle der Zeit" unter dem Gesichtspunkt der Erlösung derer, „die unter dem Gesetz stehen, und damit wir das Recht von Söhnen erlangten". Hingegen steht anscheinend in der *ersten Lesung* (Num 6,22–27) die Namengebung Jesu im Vordergrund, wenn es dort nach der Einsetzung des Aaronitischen Segens heißt: „So sollen sie meinen Namen auf die Israeliten legen, und ich werde sie segnen."

Man hat mit guten Gründen bedauert, daß in der Liturgie dieses Tages nicht der Tatsache Rechnung getragen wird, daß er *Beginn des bürgerlichen Jahres* ist[220]. Wenn fast alle Völker der Menschheitsfamilie diesem Tag eine besondere Bedeutung beimessen, sollte die Liturgie nicht schweigend darüber hinwegsehen. Hier sollte ein Wort des späteren Papstes *Paul VI.* während der Konzilsverhandlungen beachtet werden: „Die Liturgie ist doch für die Menschen da und nicht die Menschen für die Liturgie."[221] Es gibt zwar im neuen Meßbuch im Abschnitt „Messen in verschiedenen öffentlichen Anliegen" an erster Stelle die Messe „Zum Jahresbeginn", in der vor allem die Präsidialgebete den Beginn des neuen Jahres ausdrücklich erwähnen und dafür den Segen Gottes erbitten („Laß uns nicht nur den Anfang dieses Jahres mit Freude feiern, sondern gib, daß wir alle Tage in deiner Liebe geborgen sind“ Gabengebet); aber die vorangestellte Rubrik sagt etwas lakonisch: „Diese Messe wird nicht am 1. Januar, dem Hochfest der Mutter des Herrn, genommen.“ Dahinter steht die ängstliche Treue gegenüber der allgemeinen rubrikalen Vorschrift, daß an Hochfesten keine Votivmessen gefeiert werden dürfen. Eine Überprüfung und Änderung dieser Bestimmung erscheint sinnvoll und dringlich. Denn: „Ist es nicht Aufgabe der Kirche, die in der Pastoralkonstitution (Art. 1) behauptet hat, daß es nichts wahrhaft Menschliches gibt, das nicht in ihrem Herzen einen Widerhall fände, dem Menschen, der heute oft mit Sorge und bisweilen Resignation der Zukunft entgegenblickt, in einer entsprechenden Liturgiefeier, deren positive Ansätze ja jetzt schon vorhanden sind, Weisung und Hilfe für eine gläubige Bewältigung von Vergangenheit, Gegenwart und Zukunft anzubieten?“[222] Erfreulicherweise hat das MD wenigstens das Tages- und Gabengebet durch einen Zusatz in Klammern auf das neue Jahr bezogen.

Schon die ältesten liturgischen Kalender haben eine *Reihe von Heiligenfesten* im unmittelbaren Anschluß an das Weihnachtsfest. Das Mittelalter sah in diesen Heiligen das Ehrengefolge des Christuskindes und nannte sie „Comites Christi“ (= Gefolgsleute)[223]. In der römischen Liturgie sind es der „Erzmärtyrer“ (= Erstmärtyrer) Stephanus am 26. Dezember, der Apostel und Evangelist Johannes am 27. und die von Herodes ermordeten Kinder von Betlehem am 28. (vgl. Mt 2,13–18). In ihnen sah man die drei möglichen Formen des Martyriums dargestellt: willentlich und wirklich (Stephanus), willentlich, aber nicht wirklich (Johannes) und wirklich, aber nicht willentlich (Unschuldige Kinder)[224].

Das Fest des hl. Stephanus reicht im Osten ins 4. Jahrhundert zurück, im Westen ist es seit dem Anfang des 5. Jahrhunderts bekannt. Seine Verehrung erfuhr einen starken Auftrieb, als der Presbyter *Lucian* im Jahre 415 seine Reliquien in Jerusalem fand und Teile davon den Weg in viele Länder und Kirchen fanden. An zahlreichen Orten entstanden Kirchen und Kapellen zu Ehren dieses „Archidiakons“ (= erster Diakon, vgl. Apg 6,5). In Rom allein sollen es im Mittelalter 35 gewesen sein[225]. Die erste Lesung der Meßfeier schildert seine Wirksamkeit und sein Martyrium (Apg 6,8–10; 7,54–60), im Evangelium (Mt 10,17–22) macht Jesus die Jünger mit den kommenden Verfolgungen um seinetwillen vertraut. Das Tagesgebet bezeichnet den Heiligen als Beispiel der Feindesliebe, das Schlußgebet als Vorbild eines unerschrockenen Glaubenszeugen. Mit seinem Festtag verbanden sich im Mittelalter zahlreiche Volksbräuche[226].

Auch das Fest des *Apostels und Evangelisten Johannes* reicht im Osten bis ins 4. Jahrhundert zurück, ursprünglich verbunden mit dem Gedächtnis seines Bruders Jakobus d. Ä. Hauptsächlich auf *Irenäus von Lyon* basierend, „bildet sich eine traditionelle Anschauung aus, daß der Apostel Johannes in Ephesos wirkte, unter Domitian auf die Insel Patmos verbannt wurde, wo er die Apokalypse schrieb, dann nach Ephesos zurückkehrte, dort das Evangelium verfaßte und hochbetagt (unter Trajan) starb“[227]. Zu seiner Verehrung im Mittelalter trug auch die Legende bei, er habe, ohne Schaden zu nehmen, einen Becher mit vergiftetem Wein getrunken, um einen heidnischen Priester von Ephesus zu bekehren, und er sei vor der Lateinischen Pforte in Rom in einen Kessel mit siedendem Öl geworfen worden, ohne daß es ihm geschadet habe. – Die *Festmesse* stellt in den Präsidialgebeten heraus, daß uns Johannes in besonderer Weise das Geheimnis des ewigen und fleischgewordenen Wortes verkündet hat. Die Lesung (1 Joh 1,1–4) stellt ihn als Augen- und Ohrenzeugen vor, dessen Zeugnis Glauben verdient. Das Evangelium (Joh 20,2–8) schildert das Erlebnis des leeren Grabes am Auferstehungsmorgen: „er sah und glaubte“.

Vom frühen Mittelalter bis in unsere Tage hat sich die Segnung und Austeilung des „*Johannisweines*“ erhalten. Sie hängt mit der heidnischen Sitte (Griechen, Römer, Germanen) zusammen, zu Ehren der Götter einen Trunk zu sich zu nehmen. Bei den Germanen hieß dies „Minne trinken“ (= in liebender Erinnerung trinken). Nach der Christianisierung änderte man diesen Brauch um in einen Trunk zu Ehren bestimmter Heiliger, z. B. des Michael, Stephanus, Johannes des Täufers, Martin von Tours u. a. m. Die Johannisminne erlangte eine besondere Bedeutung und Dauer, nachdem sich eine kirchliche Segnung des Johannisweines herausgebildet hatte, sicher auch im Hinblick auf die erwähnte Legende vom Trinken des vergifteten Weines[228].

Das Fest der *Unschuldigen Kinder* am 28. Dezember scheint sich im Westen herausgebildet zu haben. Es wird erstmals im Kalendarium der nordafrikanischen Stadt Karthago 505[229] erwähnt, nachdem schon vorher zahlreiche Kirchenväter das Martyrium dieser Kinder gerühmt hatten. Der Zusammenhang mit dem Weihnachtsgeschehen hat sicherlich den Termin beeinflußt. Obwohl Märtyrerfest, bekam es unter dem Einfluß der gallischen Liturgie Trauercharakter, der sich in der violetten Farbe der Meßgewänder und im Wegfall des Gloria und Tedeum auswirkte. Erst der Codex rubricarum „Ratio et via“ vom 25. 7. 1960 glich die Rubriken den anderen Märtyrerfesten an. – Während das Evangelium (Mt 2,13–18) von der Flucht nach Ägypten und vom Kindermord in Betlehem berichtet, führt die Lesung den am Vortag begonnenen ersten Johannesbrief als Bahnlesung weiter (bis zum Ende der Weihnachtszeit, spätestens 12. Januar).

Am 29. Dezember ist das nichtgebotene Gedächtnis des Märtyrerbischofs *Thomas Becket* von Canterbury († 1170), am 31. das des Papstes *Silvester I.* († 335).

Am Sonntag in der Weihnachtsoktav wird das *Fest der Heiligen Familie* begangen. Fallen jedoch Weihnachten und sein Oktavtag auf einen Sonntag, dann wird es am 30. Dezember gefeiert. Es handelt sich um ein recht junges Fest, das man in die Gruppe der Devotions- oder Ideenfeste einreihen kann. Die *Verehrung* der Heiligen Familie Jesus, Maria und Josef nahm im 19. Jahrhundert, vor allem von Kanada aus, einen weltweiten Aufschwung und wurde besonders von *Leo XIII.* sehr gefördert. Man sah in der Familie von Nazaret ein hilfreiches Vorbild für die gefährdete christliche Familie. Ein *Fest der Heiligen Familie* durfte seit 1893 auf Antrag von Diözesen und Ordensfamilien begangen werden, und zwar am 3. Sonntag nach Erscheinung des Herrn. Nachdem es unter *Pius X.* vorübergehend ausgesetzt worden war (1911), führte es das Missale von 1920 (editio typica) wieder ein, und zwar für den 1. Sonntag nach Erscheinung. – Die *Festmesse* bittet mit dem Blick auf das „leuchtende Vorbild“ der Heiligen Familie um die Gnade, daß auch unsere Familien „in Frömmigkeit und Eintracht leben und einander in der Liebe verbunden bleiben“ (Tagesgebet) und daß „wir das Vorbild der Heiligen Familie nachahmen und nach der Mühsal dieses Lebens in ihrer Gemeinschaft das Erbe erlangen ...“ (Schlußgebet). Die alttestamentliche Lesung (Sir 3,2–6.12–14) spricht vom Verhalten der Kinder zu den Eltern, die neutestamentliche (Kol 3,12–21) von christlicher Lebensweise, die auch in die Familien ausstrahlen muß, während das Evangelium im Lesejahr A von der Flucht der Heiligen Familie nach Ägypten und der Rückkehr nach Nazaret berichtet (Mt 2,13–15.19–23), im Lesejahr B die Ereignisse bei der Darstellung des Jesuskindes im Tempel beschreibt (Lk 2,22–40) und im Lesejahr C die Wallfahrt mit dem zwölfjährigen Jesus zum Paschafest nach Jerusalem schildert (Lk 2,41–52). Statt einer eigenen wird eine der drei Weihnachtspräfationen genommen, wie es die Stellung des Festes innerhalb der Oktav nahelegt.

### 5. *Epiphanie und das Fest der Taufe Jesu*

*Das Hochfest der Erscheinung des Herrn,* wie wir das griechische Wort Epiphaneia oder Theophaneia (= Gotteserscheinung) übersetzen, ist das ursprüngliche Geburtsfest Christi im Osten. Unter Epiphanie verstand man in der Antike sowohl die sichtbare Erscheinung eines Gottes wie auch den feierlichen Besuch des als Gottheit verehrten Herrschers in den Städten seines Reiches. Die ältesten Spuren des Epiphaniefestes führen nach Alexandrien in Ägypten, wo der Kirchenschriftsteller *Klemens* am Anfang des 3. Jahrhunderts erwähnt, daß die gnostische Sekte der Basilidianer am 6. Januar das Fest der Taufe Jesu feiere, die nach ihrem Verständnis zugleich die eigentliche Geburt des Sohnes Gottes sei[230]. Wahrscheinlich entstand dann „als Reaktion auf dieses Fest" „in der Großkirche das Epiphaniefest"[231] und wurde als Geburtsfest Jesu in den Kirchen des Ostens heimisch. Es spricht vieles dafür, daß die Wahl des 6. Januar, ähnlich wie das römische Geburtsfest Jesu am 25. Dezember, von einem heidnischen Fest beeinflußt wurde. In Alexandrien feierten nämlich die Heiden in der Nacht vom 5. auf den 6. Januar den Geburtstag des Gottes Äon (Gott der Zeit und Ewigkeit), bei dem auch in einem feierlichen Zeremoniell Wasser aus dem Nil geschöpft und aufbewahrt wurde[232]. Schon früh verband sich mit diesem Geburtsfest Jesu das *Gedächtnis seiner Taufe,* es wurde darüber hinaus zu einem wichtigen *Tauftermin im Osten.* Hinzu kam das Gedächtnis des ersten Wunders Jesu auf der *Hochzeit in Kana,* wo er Wasser in Wein verwandelte, also auch ein Offenbarwerden seiner Herrlichkeit (vgl. Joh 2,11). Das Gedächtnis dieses Weinwunders an diesem Tag wurde wahrscheinlich angeregt durch heidnische Vorstellungen, in der Nacht zum 6. Januar würden manche Quellen Wein statt Wasser hervorsprudeln[233]. Demgegenüber konnten die Christen darauf hinweisen, daß sich eine solche Wandlung tatsächlich bei Jesus ereignet hat.

In der zweiten Hälfte des 4. Jahrhunderts erfolgte eine *beiderseitige Übernahme* des östlichen und westlichen Geburtsfestes. Während der Osten am 25. Dezember außer der Geburt Jesu auch die Ankunft der Weisen feierte und den 6. Januar dem Gedächtnis der Taufe Jesu und der Hochzeit von Kana vorbehielt und die Taufe spendete, beging der Westen am 6. Januar die Epiphanie des Erlösers mit der Ankunft der Weisen, der Taufe Jesu und der Hochzeit von Kana. Die Antiphon zum Magnificat der Zweiten Vesper faßt diese drei Ereignisse bündig zusammen, während die Antiphon zum Benedictus sie im Bild der Vermählung Christi mit seiner Kirche beschreibt: „Heute wurde die Kirche dem himmlischen Bräutigam vermählt: Im Jordan wusch Christus sie rein von ihren Sünden. Die Weisen eilen mit Geschenken zur königlichen Hochzeit. Wasser wird in Wein gewandelt und erfreut die Gäste." J. A. Jungmann charakterisiert die thematische Unterschiedlichkeit der beiden Feste in folgender Weise: „Das Geheimnis der Menschwerdung bleibt beide Male das eigentliche Thema; an Weihnachten wird aber mehr die Herablassung des Gottessohnes betrachtet, der ein armes Menschenkind geworden ist; an Epiphanie dagegen ist der Blick auf die göttliche Größe dieses Kindes gerichtet, die schon in die Welt hinausstrahlt."[234]

In der deutschen Volksfrömmigkeit des Mittelalters treten die „*Heiligen Drei Könige*" stark in den Vordergrund, besonders seit der Überführung ihrer angeblichen Reliquien von Mailand nach Köln durch Reinhard von Dassel 1164. Epiphanie heißt nun weithin Fest der Heiligen Drei Könige oder Dreikönigstag. Diese Akzentuierung verdunkelt die Tatsache, daß es sich nicht um ein Heiligen-, sondern ein Herrenfest handelt. Bekanntlich ist im Bericht des Evangeliums weder von Königen noch von der Dreizahl die Rede. Zum erstenmal spricht *Origenes* von *drei* Magiern, was wohl durch die Dreizahl der Geschenke nahegelegt wurde, während sich die Bezeichnung Könige erst im 6. Jahrhundert bei *Cäsarius von Arles* nachweisen läßt. Die Namen Caspar, Melchior und Balthasar werden seit dem 9. Jahrhundert genannt. Von dem vielfältigen Brauchtum dieses Tages sei die mittelalterliche Sitte der *Sternsinger* genannt, die durch katholische Jugendgruppen in unseren Tagen eine Neubelebung erfahren hat. Seit dem Ende des Mittelalters kennt man auch eine *Segnung der Wohnungen* mit dem an diesem Tag gesegneten Wasser und Weihrauch. Dabei pflegt man an die Türen die Buchstaben C + M + B zu schreiben. Eine in das Rituale Romanum aufgenommene „Segnung der Kreide"[235] deutet dies als Namenszeichen der Drei Könige und begünstigt so die weitverbreitete volkstümliche Erklärung, während es nach anderen die Anfangsbuchstaben der drei Worte „Christus mansionem benedicat – Christus segne die Wohnung" sind[236]. Auch das neue Benediktionale kennt für das Epiphaniefest eine Segnung des Hauses bzw. der Wohnung mit vorausgehender Segnung von Wasser, Salz, Kreide und Weihrauch (41–51).

Die beherrschende Thematik der *Festmesse* geht vom *Evangelium* aus, das uns die von einem Stern geführten „Magier aus dem Osten" zeigt, wie sie „den neugeborenen König der Juden" suchen und ihm huldigen (Mt 2,1–12). Hier wird deutlich, daß Jesus der Messiaskönig der ganzen Welt ist und auch die Heiden zum Heil führen will. Hier beginnt sich bereits zu erfüllen, was der Prophet in der *alttestamentlichen Lesung* (Jes 60,1–6) der Stadt Jerusalem in leuchtenden Farben verheißt: „Auf, Zion, werde licht, denn es kommt dein Licht, und die Herrlichkeit des Herrn erstrahlt über dir ... Völker wallen hin zu deinem Licht und Könige zu deinem strahlenden Glanz." Diese Universalität des Gottesheiles im neuen Jerusalem der Kirche findet auch in der *zweiten Lesung* (Eph 3,2–3a.5–6) ihren Ausdruck: Sie verkündet als Offenbarung im Geist, „daß nämlich die Heiden Miterben sind, zu demselben Leib gehören und an derselben Verheißung in Christus Jesus teilhaben durch das Evangelium". Dieser heilbringenden Erscheinung Christi gibt der *Eröffnungsvers* wie ein Leitmotiv Ausdruck: „Seht, gekommen ist der Herrscher, der Herr. In seiner Hand ist die Macht und das Reich." Die glaubende Gemeinde aber stellt sich im *Halleluja-* und *Kommunionvers* an die Seite der Magier aus dem Osten und bekennt: „Wir haben seinen Stern aufgehen sehen und sind gekommen, dem Herrn (mit Geschenken) zu huldigen." Auch die *Präfation* kündet die Botschaft vom Weltenheiland und „Licht der Völker": „Er ist als sterblicher Mensch auf Erden erschienen und hat uns neu geschaffen im Glanz seines göttlichen Lebens." Betont weihnachtlichen Charakter haben auch die *Einschubtexte der Hochgebete* I–III, indem sie von der Feier des hochheiligen Tages sprechen, „an dem dein eingeborener Sohn, dir gleich in ewiger Herrlichkeit, als wahrer Mensch leibhaft und sichtbar erschienen ist", als unser „Erlöser und Heiland". Wenn beim Weihnachtsfest gesagt wurde, daß auch es ein Fest der Erlösung wie Ostern ist, wenn auch unter einem anderen Aspekt, dann gilt dies auch für das Hochfest der Epiphanie.

Man hat mit Recht und öfter darauf hingewiesen, daß dieses Hochfest, dem die frühere Festordnung den zweiten Rang gleich hinter Ostern zugewiesen hatte (Duplex I. Klasse mit privil. Oktav zweiter Ordnung), *das eigentliche Christkönigsfest* der Liturgie sei. „Nur ein Verblassen des Inhalts der liturgischen Epiphaniefeier und eine Intellektualisierung der liturgischen Theologie konnte dazu führen, daß 1925 durch Pius XI. ein weiteres Christkönigsfest am letzten Sonntag im Oktober angeordnet wurde. Das ist kennzeichnend für die Entwicklungslinie moderner Frömmigkeit, die bei einem Vergleich beider Feste klar hervortritt. Das Christkönigsfest feiert den allgemeinen Gedanken des Königtums Christi, feiert einen Ehrentitel, einen Namen, einen Begriff. Zum Wesen der liturgischen Epiphaniefeier gehört es dagegen, daß eine königliche Handlung Christi, ein wesentliches Heilsgeschehen konkret vergegenwärtigt wird. Dort also eine Idee, hier die Realität des Epiphaniemysteriums, das das ganze Erlösungsmysterium in sich schließt."[237]

Eine Rubrik am Ende der Festmesse besagt, daß das Fest auf den Sonntag zwischen dem 2.–8. Januar verlegt wird, wenn der 6. Januar kein gebotener Feiertag ist. Ist dies ein Sonntag nach dem 6. Januar, dann wird das Fest der Taufe des Herrn in dem betreffenden Jahr in diesem Gebiet auf den folgenden Montag verlegt[238].

*Das Fest der Taufe Jesu*

Im geschichtlichen Überblick war deutlich geworden, daß auch die Taufe Jesu und die Hochzeit zu Kana ursprüngliche Elemente des Epiphaniefestes sind. In der römischen Liturgie zeigt sich das weniger in der Festmesse als vielmehr im Breviergebet dieses Tages. Außerdem hatte das Gedächtnis der Taufe Jesu bis zur letzten Neuordnung des Kirchenjahres seinen Hauptort am Oktavtag des Erscheinungsfestes. Durch die GOK wurde es noch näher an den Festtag verlegt, indem es als „Fest der Taufe des Herrn" am Sonntag nach Erscheinung begangen wird. Darüber hinaus wird die Taufthematik auch im Evangelium des zweiten Sonntags nach Erscheinung (Lesejahr A) berührt, während die Perikope von der Hochzeit zu Kana im Lesejahr C des gleichen Sonntags zur Verlesung kommt.

Im Mittelpunkt des *Festpropriums* steht das *Evangelium* von der Taufe Jesu, wobei die drei synoptischen Berichte den drei entsprechenden Lesejahren zugeordnet sind. Schon die Kirchenväter sahen in diesem Ereignis eine große heilstheologische Bedeutung. Sie liegt einmal in der dabei erfolgten Offenbarung der Gottessohnschaft Jesu durch „die Stimme vom Himmel": „Dies ist mein geliebter Sohn, den ich erwählt habe" (Mt 3,17). Die andere Bedeutung liegt in der Herabkunft des Heiligen Geistes auf Jesus in Gestalt einer Taube. Die Vätertheologie sah darin die eigentliche Salbung und Sendung Jesu zum Messiasamt vor dem Beginn seines öffentlichen Lebens. Zugleich habe Jesus mit der Übernahme der Johannestaufe seine Solidarität mit der schuldbeladenen Menschheit bekundet und dabei dem Wasser die Kraft der Sündenvergebung verliehen. Auf die Salbung und Sendung zum Messiasamt bezieht sich ausdrücklich die *neutestamentliche Lesung* (Apg 10,34–38), wo Petrus sagt: „Ihr wißt, was im ganzen Judenland geschehen ist... nach der Taufe, die Johannes verkündet hat: wie Gott Jesus von Nazaret gesalbt hat mit Heiligem Geist und Kraft, wie dieser umherzog, Gutes tat und alle heilte..." Die *alttestamentliche Lesung* ist dem ersten Gottesknechtslied entnommen (Jes 42,1–4.6–7) und enthält nach der traditionellen Auslegung ebenfalls Hinweise auf Salbung und Sendung des Messias: „Seht, mein Knecht, den ich stütze, mein Erwählter, an dem ich Wohlgefallen finde. Meinen Geist habe ich auf ihn gelegt, er wird den Völkern das Recht bringen... Ich mache dich zum Bund mit dem Volk, zum Licht der Heiden." In treffender Weise faßt die *Präfation* den heilstheologischen Gehalt des Festgeschehens zusammen: „Denn bei der Taufe im Jordan offenbarst du das Geheimnis deines Sohnes durch wunderbare Zeichen: Die Stimme vom Himmel verkündet ihn als deinen geliebten Sohn, der auf Erden erschienen ist, als dein ewiges Wort, das unter uns Menschen wohnt. Der Geist schwebt über ihm in Gestalt einer Taube und bezeugt ihn als deinen Knecht, den du gesalbt hast, den Armen die Botschaft der Freude zu bringen."

Mit dem Fest der Taufe des Herrn schließt der Weihnachtsfestkreis. Es beginnt die allgemeine Kirchenjahrzeit, die anschließende Woche zählt bereits als erste der 33/34 Wochen im Jahreskreis.

## *6. Zwei weihnachtliche Feste außerhalb des Festkreises*

In einem inhaltlichen Zusammenhang mit dem Geheimnis der Menschwerdung und ihrer Festfeier stehen zwei Herrenfeste, die mit ihren seitherigen Namen „Mariä Lichtmeß" und „Mariä Verkündigung" meist als Marienfeste betrachtet wurden und nun „Darstellung des Herrn" und „Verkündigung des Herrn" heißen.

### *Darstellung des Herrn – 2. Februar*

Das Fest „*Darstellung des Herrn*" am 2. Februar, am 40. Tag nach Weihnachten, hat jene biblischen Geschehnisse im Tempel von Jerusalem zum Gegenstand, die in Lk 2,22–39 berichtet werden und bei denen in der Tat Jesus mehr im Mittelpunkt steht als seine Mutter. Nach den alttestamentlichen kultischen Reinheitsvorschriften (Lev 12,1–8) galt eine Frau nach der Geburt eines Knaben 40 Tage, nach der Geburt eines Mädchens 80 Tage als unrein und mußte danach ein Schaf und eine Taube, wenn sie arm war, nur zwei Tauben als Sündopfer dem Priester übergeben. „Der Priester soll sie entsühnen, und so wird sie gereinigt." Ein erstgeborener Knabe galt als Eigentum des Herrn (Ex 13,2); er mußte vor den Herrn gebracht (Ex 13,12) und mit einem Geldopfer ausgelöst werden (Num 18,16). Diesen Vorschriften entsprechend brachten Maria und Josef Jesus zum Tempel, Maria entrichtete dabei sowohl das Opfer ihrer „Reinigung" wie der Auslösung ihres Erstgeborenen.

Was die Entstehung dieses damit zusammenhängenden Festes betrifft, so kann man eine *östliche* (Jerusalem) und eine *westliche* (Rom) *Ursprungskomponente* unterscheiden. Aus Jerusalem berichtet die Pilgerin *Ätheria* um 400, daß der 40. Tag nach Epiphanie, dem damals einzigen Geburtsfest Jesu in Jerusalem, also der 14. Februar, mit einer großen Festfeier begangen wurde. Bei der Auferstehungskirche habe eine große Prozession stattgefunden, und Priester und Bischof hätten in ihren Predigten die Geschehnisse von Lk 2,22–39 erklärt. Die Feierlichkeiten seien mit einer Messe beendet worden[239]. Während *Ätheria* noch keinen Namen für das Fest nennt, erscheint es um die Mitte des 5. Jahrhunderts als „*Fest der Begegnung*" (griech.: Hypapante), das bereits eine Lichterprozession kennt[240]. Dieser Festname will daran erinnern, daß Jesus zum erstenmal dem Tempel seines Vaters und darinnen Simeon und Hanna begegnet.

In Rom ist diese Festfeier möglicherweise schon um die Mitte des 5. Jahrhunderts bekannt[241]. Nach späteren Zeugnissen hat sich mit diesem 40. Tag nach Weihnachten auch eine *Lichterprozession* herausgebildet, die eine alte heidnische Sühneprozession verdrängen sollte, die alle fünf Jahre zu Beginn des Februars als Stadtprozession (= Amburbale) gehalten wurde. An diesen Bußcharakter erinnerte noch die bis 1960 vorgeschriebene violette Farbe der liturgischen Gewänder. Die bei der christlichen Prozession mitgetragenen Lichter erinnern daran, daß Simeon an diesem Tag Jesus ein „Licht, das die Heiden erleuchtet" (Lk 2,32), genannt hat. Eine Segnung der dabei getragenen Lichter entstand noch vor der Jahrtausendwende in Gallien[242].

Lichterweihe und Lichterprozession führten zu der deutschen Bezeichnung „*Lichtmeß*", die wenig von der eigentlichen Thematik des Festes aussagt. Auch der bis 1969 offizielle Name „*Reinigung Mariens*" (Purificatio Beatae Mariae Virginis) muß als höchst unglücklich und mißverständlich bezeichnet werden, da ja Maria nach der Lehre der Kirche in jeder Hinsicht ohne Sünde ist. Im historischen Kommentar zum neuen Allgemeinen Römischen Kalender von 1969, wo die einzelnen Änderungen vermerkt sind, heißt es zum 2. Februar: „Reinigung Mariens. Der Name dieses Festes wird geändert. Er heißt Darstellung des Herrn. So wird deutlich, daß es sich um ein Herrenfest handelt."[243]

Die *Kerzenweihe* vor der Festmesse kennt nach dem neuen Meßbuch *zwei Formen.* Bei der *ersten* versammelt sich die Gemeinde „in einer Nebenkirche, bei einer Kapelle oder an einem anderen geeigneten Ort, von dem aus die Prozession zur Kirche ziehen soll. Die Gläubigen halten Kerzen in den Händen" (1). Nach der Ankunft des Priesters, der weiße Gewänder trägt, werden die Kerzen entzündet und die Antiphon gesungen: „Seht, Christus, der Herr, kommt in Macht und Herrlichkeit, er wird die Augen seiner Diener erleuchten. Halleluja." Es kann aber auch ein anderer passender Gesang gewählt werden. Der Priester begrüßt die Gemeinde und führt sie in den Sinn der Festliturgie ein. Danach segnet er die Kerzen, wobei er aus zwei Gebetstexten einen auswählen kann. Im ersten heißt es im Hinblick auf die dem greisen Simeon geschenkte Offenbarung Christi als „Licht zur Erleuchtung der Heiden“: „Segne die Kerzen, die wir in unseren Händen tragen und zu deinem Lob entzünden. Führe uns auf dem Weg des Glaubens und der Liebe zu jenem Licht, das nie erlöschen wird.“ Nach der Besprengung mit Weihwasser zieht die Prozession unter Gesang zur Kirche, wobei der Lobgesang des Simeon oder ein anderer passender Gesang verwendet wird. Die *zweite Form* der Kerzenweihe unterscheidet sich von der ersten nur dadurch, daß statt der Prozession nur ein feierlicher Einzug des Priesters und einer Vertretung der Gemeinde vorgesehen ist. Ausgangspunkt ist ein geeigneter „Platz beim Eingang oder in der Kirche, der wenigstens einem Großteil der Gläubigen die Mitfeier ermöglicht“ (9). Hier erfolgen Einführung und Kerzenweihe und dann der feierliche Einzug zum Altarraum. Auch bei dieser vereinfachten Form ist vorgesehen, daß die Gläubigen brennende Kerzen in den Händen halten.

Den thematischen Mittelpunkt des *Meßpropriums* bilden natürlich die Ereignisse im Tempel, wie sie die *Evangelienperikope* (Lk 2,22–40) schildert. Eine Kurzfassung ist möglich. Diese Geschehnisse werden aber auch zusammenfassend verkündet in der *Festpräfation*, wo es heißt: „Denn heute hat die jungfräuliche Mutter deinen ewigen Sohn zum Tempel getragen; Simeon, vom Geist erleuchtet, preist ihn als Ruhm deines Volkes Israel, als Licht zur Erleuchtung der Heiden. Darum gehen auch wir dem Erlöser freudig entgegen ...“ Was der Prophet Maleachi in der *alttestamentlichen Lesung* (3,1–4) als das Kommen des Herrn zu seinem Tempel und als die ersehnte Ankunft seines „Boten des Bundes“ zum Gericht ankündigt, sieht die Liturgie im Erscheinen Christi im Tempel erfüllt. Der Einzug des Herrn in sein Heiligtum nach Ps 24,7–10 ist deshalb auch Thema des *Antwortpsalmes*. Die *neutestamentliche Lesung* (Hebr 2,14–18) sieht in der Menschwerdung Jesu die Voraussetzung für sein Erlösungswerk: „Darum mußte er in allem den Brüdern gleich sein, um ein barmherziger und treuer Hoherpriester vor Gott zu sein und die Sünden des Volkes zu sühnen.“ Das *Schlußgebet* bittet um Stärkung unserer Hoffnung und Vollendung der Erlösung in uns: „Laß uns Christus entgegengehen und in ihm das ewige Leben finden.“ Es wird deutlich, daß die Festliturgie nicht bei der frommen Betrachtung einer Idylle stehenbleibt, sondern das gesamte Heilsmysterium ins Auge faßt. Wegbeginn und Ziel werden in einem geschaut.

## *Das Hochfest der Verkündigung des Herrn – 25. März*

Seine Wurzeln reichen im Osten zurück bis in die Zeit vor dem Allgemeinen Konzil von Ephesus (431). Damals gab es bereits das wohl *älteste Marienfest* unter dem Titel „Gedächtnis der heiligen, immer jungfräulichen Gottesmutter". Es wurde am 26. Dezember, also im Anschluß an das Geburtsfest Christi, gefeiert[244]. Auch im Westen gab es schon im 5. Jahrhundert ein Gedächtnis der Verkündigung (Annuntiatio) bzw. Menschwerdung (Incarnatio) am Sonntag vor Weihnachten, wie wir von Petrus Chrysologus für Ravenna erfahren[245]. Ein Fest der Verkündigung am 25. März, neun Monate vor Weihnachten, ist im Osten bereits für die Mitte des 6. Jahrhunderts bezeugt[246]. Im Westen stammen die ältesten Nachrichten davon aus dem 7. Jahrhundert[247]. Im Zusammenhang mit dem Ursprung des Weihnachtsfestes war davon die Rede (S. 103), daß man schon im 3. Jahrhundert dem Frühlingsäquinoktium, das man auf den 25. März datierte, eine erhöhte Bedeutung beimaß. Es galt als erster Tag der Schöpfung, als Geburtstag Christi oder als Tag seiner Empfängnis und als Tag seines Kreuzestodes[248]. So ist es verständlich, daß sich dieser Tag nach Festlegung des Geburtstages Christi auf den 25. Dezember als Tag seines Lebensbeginns im Schoß Mariens herauskristallisierte.

Weil der 25. März meist in die österliche Bußzeit fällt, deren Ernst nicht recht mit der Freude dieses Festes zu harmonieren schien, behielt Spanien noch lange den älteren Festtermin des 18. Dezembers bei, ebenso die Kirche von Mailand den letzten Adventssonntag[249].

Die *Benennung des Festes* rechnet es teils den Herrenfesten, teils den Marienfesten zu. So spricht schon der Liber Pontificalis (Anm. 247) von „Verkündigung des Herrn"; es gibt auch die Namen Empfängnis Christi, Menschwerdung Christi, während andere Kalendarien es als „Verkündigung Mariens" bezeichnen. Im Hinblick auf seine heilsgeschichtliche Bedeutung bevorzugt die GOK den Namen „Verkündigung des Herrn", ohne damit die Bedeutung Mariens an diesem Heilsgeschehen schmälern zu wollen, und weist ihm den Rang eines Hochfestes zu, nachdem es schon Papst *Leo XIII.* 1895 mit dem Rang „Duplex I. Klasse" ausgezeichnet hatte. Fällt das Fest in die Karwoche oder – in seltenen Fällen – in die Osterwoche, so wird es am Montag nach der Osteroktav nachgeholt.

Das *Festevangelium* (Lk 1,26–38) kündet vom Ratschluß Gottes, Maria zur Mutter seines Sohnes zu erwählen. Dieses Kind „wird groß sein und Sohn des Höchsten genannt werden. Gott, der Herr, wird ihm den Thron seines Vaters David geben. Er wird über das Haus Jakob in Ewigkeit herrschen, und seine Herrschaft wird kein Ende haben."

Mit ihrem opferbereiten Jawort und der sich damit vollziehenden Inkarnation des Gottessohnes beginnt das messianische Zeitalter, das Mysterium Christi, der Neue Bund Gottes mit den Menschen. Dies ist Geschenk der unauslotbaren Gnade Gottes. Doch darf und muß dabei auch die dienende Rolle Marias als „Magd des Herrn" gesehen werden. An ihr hat sich das „Immanuelzeichen" der *alttestamentlichen Lesung* (Jes 7,10–14) erfüllt. Die *zweite Lesung* (Hebr 10,4–10) spannt den Bogen vom Geheimnis der Menschwerdung bis hin zum erlösenden Pascha-Mysterium, indem sie „Christus bei seinem Eintritt in diese Welt" sprechen läßt: „An Schlacht- und Speiseopfern hast du kein Gefallen, doch einen Leib hast du mir bereitet... Siehe, ich komme... deinen Willen, Gott, zu erfüllen." Daraus zieht der Hebräerbrief den Schluß: „Auf Grund dieses Willens sind wir durch die Opfergabe des Leibes Jesu Christi ein für allemal geheiligt." Jubelnd verkündet der *Halleluja-Vers* das Festgeheimnis mit den Worten des Johannesprologs: „Das Wort ist Fleisch geworden und hat unter uns gewohnt, und wir haben seine Herrlichkeit geschaut", die Festpräfation rühmt dankend „das Werk deiner Liebe... So hast du an Israel deine Verheißung erfüllt und den gesandt, den die Völker erwarten." Im Glauben an das Geheimnis der Menschwerdung *(Tagesgebet)* bittet die Kirche, die darin ihren eigenen Ursprung erkennt *(Gabengebet)*, Gott möge ihr Anteil am göttlichen Leben seines Sohnes schenken *(Tagesgebet)* und „uns in der Kraft seiner Auferstehung zur ewigen Freude" führen *(Schlußgebet)*. Wie an Weihnachten knien Priester und Gemeinde bei den Worten des Credo von Empfängnis und Geburt Christi anbetend nieder.

Dieser Durchblick durch die Liturgie der Festmesse, die im Brevier noch weiter entfaltet wird, macht deutlich, daß dieses Hochfest primär als ein Herrenfest und erst in zweiter Linie als Marienfest betrachtet werden muß. Dabei sollte nicht übersehen werden, daß bereits Weihnachten von seinem ursprünglichen Verständnis her das Mysterium der Inkarnation im Schoß Marias in sein Festgeheimnis einbezog.

SIEBTES KAPITEL

# Die allgemeine Kirchenjahrzeit

Im Abschnitt über die Struktur des Kirchenjahres (3. Kap., 4) wurde schon erwähnt, daß das sogenannte Temporale oder Herrenjahr nicht nur aus den beiden großen Festkreisen besteht, sondern daß auch die 33 (34) Wochen zwischen den Festkreisen als sogenannte „allgemeine Kirchenjahrzeit" oder „Zeit im Jahreskreis" (= tempus per annum) ein wesentlicher Teil davon sind[250].

## 1. *Einteilung und Bedeutung der allgemeinen Kirchenjahrzeit*

Wie der Kommentar zur neuen Ordnung des Kirchenjahres ausführt, unterteilte man bisher diese Zeit „in zwei Abschnitte, deren Umfang in den einzelnen Jahren wegen des Ostertermins verschieden war. Man unterschied eine Zeit nach Erscheinung und eine Zeit nach Pfingsten. Die Meßtexte der Sonntage nach Erscheinung, die wegen des Beginns der Fastenzeit nicht verwendet worden waren, wurden vor dem letzten Sonntag nach Pfingsten eingeschoben."[251] Für die Zeit nach Erscheinung bis zum Sonntag Septuagesima waren bislang sechs Sonntage mit der entsprechenden Liturgie für Meßfeier und Brevier vorgesehen. Bei einem besonders frühen Ostertermin konnten jedoch nur die beiden ersten gefeiert werden. Die Zeit nach Pfingsten konnte im Höchstfall 28 Sonntage umfassen. Liturgische Sonntagsformulare waren es jedoch nur 24. Die nach Erscheinung ausgefallenen Sonntage wurden deshalb zwischen dem 23. und 24. Sonntag eingeschaltet (= nachgeholte Sonntage), sicher keine ideale Lösung.

Die *Zählung der Sonntage nach Pfingsten* taucht erst in fränkischen Liturgiebüchern des 8. Jahrhunderts auf. Vorher pflegte man diese Sonntage nach ihrer Stellung zu bestimmten nachpfingstlichen Festen zu zählen. So kennt zum Beispiel ein Evangeliar aus dem 7. Jahrhundert, das die stadtrömische Liturgie wiedergibt („Comes" von Würzburg), „2 Wochen nach Pfingsten, 7 Wochen nach Peter und Paul (‚post natale apostolorum'), 5 Wochen nach Laurentius und 7 nach Cyprian (14. Sept.). Statt des Festes des hl. Cyprian wählen andere Quellen (Sakramentare) das Fest des Erzengels Michael (29. Sept.) zum

Einschnitt und zählen bis zu 9 Sonntage ‚post Angeli'."[252] Nach der Einführung des Dreifaltigkeitsfestes (s. u. 7. Kap., 3) kannte man auch die Zählung nach „Trinitatis" (post festum Ss. Trinitatis), die von den reformatorischen Kirchen übernommen wurde und heute noch dort üblich ist[253].

Mit der Neuordnung von 1969 bilden die Wochen nach dem Sonntag der Taufe des Herrn bis vor Aschermittwoch und vom Pfingstmontag bis zum Beginn des Advents eine Einheit mit durchgehender Zählung, nämlich die 33/34 Wochen im Jahreskreis. „In ihnen wird das Christusgeheimnis eher als ganzes gefeiert, zumal an den Sonntagen."[254] Von den Sonntagen nach Pfingsten gilt, was *Martimort* schon vor der Neuordnung schrieb: Es „sind Sonntage in reiner Form: Sie verwirklichen ohne ein hinzukommendes Merkmal den christlichen Sonntag an sich, den Herrentag, wie wir ihn der kirchlichen Überlieferung verdanken. Jeder dieser Sonntage ist Ostern, jeder ein Festtag."[255] „Jeder Sonntag hat eigene Gebete, Lesungen und Gesänge. An den Wochentagen können Gebete und Gesänge beliebig von einem der 34 Meßformulare genommen werden"[256], sofern nicht ein einfallendes Fest oder Heiligengedächtnis den Vorrang hat.

Für die *Zählweise* dieser Jahreswochen gibt die neue Leseordnung für die Meßfeier einige wichtige Hinweise: Der Sonntag nach Erscheinung des Herrn, an dem das Fest der Taufe des Herrn begangen wird, gilt nur theoretisch als 1. Sonntag im Jahreskreis. Mit dem Montag danach beginnt jedoch die Liturgie der ersten Woche. Nach dem Dienstag vor Aschermittwoch erfolgt eine Unterbrechung der allgemeinen Kirchenjahrzeit. Sie wird wiederaufgenommen mit dem Montag nach dem Pfingstsonntag, der deshalb auch nur theoretisch als einer der 33/34 Sonntage im Jahreskreis zählt. Dabei ist folgendes zu beachten: Hat das betreffende Jahr nur 33 Sonntage, dann wird eine Woche des Jahreskreises übersprungen. Wäre also beispielsweise die Woche mit Aschermittwoch die fünfte, so beginnt mit Pfingstmontag bereits die siebte. Man hat dies deshalb so geregelt, damit man nicht am Schluß des Kirchenjahres die 34. Woche ausfallen lassen muß, die wegen ihrer eschatologischen Texte auf jeden Fall beibehalten werden sollte[257].

## 2. *Die Leseordnung der allgemeinen Kirchenjahrzeit*

Die Sonn- und Wochentage der allgemeinen Kirchenjahrzeit bekommen ihr liturgisch-theologisches „Gesicht" vor allem durch die Lesungen, die ihnen durch die neue Ordnung zugeteilt sind. Während die Schriftperikopen der liturgisch besonders geprägten Festkreise unter dem Gesichtspunkt der thematischen Abstimmung ausgewählt wurden, gilt bei den Lesungen der allgemeinen Kirchenjahrzeit das Prinzip der *ausgewählten Bahnlesung* (lectio semi-continua), d.h., es wird ein biblisches Buch fortlaufend gelesen, wobei jedoch einzelne Teile aus pastoralen Gründen übergangen werden. „Die Überlieferung vieler Liturgien – einschließlich der römischen – kennt den Brauch, in den Schriftlesungen einzelne Verse auszulassen. Man muß zugeben, daß solche Auslassungen nicht leichthin vorgenommen werden dürfen, soll der Sinn des Textes oder die Absicht und der Stil der Schrift nicht entstellt werden. Doch hat man sich aus seelsorglichen Gründen für die Beibehaltung dieses Brauches in der vorliegenden Leseordnung entschlossen, wobei sichergestellt wurde, daß der wesentliche Inhalt unversehrt bleibt. Andernfalls wären nämlich bestimmte Texte zu lang geworden oder hätten trotz ihres nicht geringen – manchmal sogar großen geistlichen Nutzens – ganz ausgelassen werden müssen, weil sie den einen oder anderen Vers enthalten, der aus seelsorglichen Erwägungen weniger vorteilhaft ist oder zu schwierige Probleme aufwirft.“[258]

## *Die Sonntage im Jahreskreis*

Die *Lesungen aus dem Alten Testament* sind thematisch auf die jeweiligen Evangelien abgestimmt. Auf diese Weise wollte man einer zu großen Vielfalt von Themen vorbeugen, zugleich aber auch die Einheit von Altem und Neuem Testament herausstellen. Dabei war man darauf bedacht, möglichst kurze und leichtverständliche Lesungen auszuwählen, andererseits die wichtigeren Texte des Alten Testamentes den Gläubigen bekannt zu machen.

Für die *neutestamentlichen Lesungen* sind die paulinischen Briefe und der Jakobusbrief vorgesehen, nachdem die Petrus- und Johannesbriefe schon in der Oster- und Weihnachtszeit zur Verlesung gekommen sind. Sieht man davon ab, daß der 1. Korintherbrief auf die ersten Sonntage der drei Lesejahre und der Hebräerbrief auf die Lesejahre B und C verteilt worden sind, so hat jeder Brief „sein“ Lesejahr, wie sich aus folgender tabellarischer Übersicht ergibt:

*Die zweite Lesung an den Sonntagen im Jahreskreis*

| Sonntag | Lesejahr A | Lesejahr B | Lesejahr C |
|---|---|---|---|
| 2 | 1 Korinther, 1–4 | 1 Korinther, 6–11 | 1 Korinther, 12–15 |
| 3 | 1 Korinther, 1–4 | 1 Korinther, 6–11 | 1 Korinther, 12–15 |
| 4 | 1 Korinther, 1–4 | 1 Korinther, 6–11 | 1 Korinther, 12–15 |
| 5 | 1 Korinther, 1–4 | 1 Korinther, 6–11 | 1 Korinther, 12–15 |
| 6 | 1 Korinther, 1–4 | 1 Korinther, 6–11 | 1 Korinther, 12–15 |
| 7 | 1 Korinther, 1–4 | 2 Korinther | 1 Korinther, 12–15 |
| 8 | 1 Korinther, 1–4 | 2 Korinther | 1 Korinther, 12–15 |
| 9 | Römer | 2 Korinther | Galater |
| 10 | Römer | 2 Korinther | Galater |
| 11 | Römer | 2 Korinther | Galater |
| 12 | Römer | 2 Korinther | Galater |
| 13 | Römer | 2 Korinther | Galater |
| 14 | Römer | 2 Korinther | Galater |
| 15 | Römer | Epheser | Kolosser |
| 16 | Römer | Epheser | Kolosser |
| 17 | Römer | Epheser | Kolosser |
| 18 | Römer | Epheser | Kolosser |
| 19 | Römer | Epheser | Hebräer, 11–12 |
| 20 | Römer | Epheser | Hebräer, 11–12 |
| 21 | Römer | Epheser | Hebräer, 11–12 |
| 22 | Römer | Jakobus | Hebräer, 11–12 |
| 23 | Römer | Jakobus | Philemon |
| 24 | Römer | Jakobus | 1 Timotheus |
| 25 | Philipper | Jakobus | 1 Timotheus |
| 26 | Philipper | Jakobus | 1 Timotheus |
| 27 | Philipper | Hebräer, 2–10 | 2 Timotheus |
| 28 | Philipper | Hebräer, 2–10 | 2 Timotheus |
| 29 | 1 Thessalonicher | Hebräer, 2–10 | 2 Timotheus |
| 30 | 1 Thessalonicher | Hebräer, 2–10 | 2 Timotheus |
| 31 | 1 Thessalonicher | Hebräer, 2–10 | 2 Thessalonicher |
| 32 | 1 Thessalonicher | Hebräer, 2–10 | 2 Thessalonicher |
| 33 | 1 Thessalonicher | Hebräer, 2–10 | 2 Thessalonicher |

Die *Evangelienperikopen* sind im allgemeinen im Lesejahr A dem Mt-, in B dem Mk- und in C dem Lk-Evangelium entnommen, so daß man auch von einem Mt-, Mk- und Lk-Jahr sprechen kann. Ausnahmen sind nur gegeben am 2. Sonntag im Jahreskreis, wo als Nachhall des Epiphaniegeschehens drei Perikopen aus Joh ausgewählt wurden, und an den Sonntagen 17–21 des Mk-Jahres, wo das 6. Kapitel des Joh mit der „Rede vom Brot des Lebens" gelesen wird; „diese Einfügung ist insofern organisch, als die Brotvermehrung im Johannesevangelium von der gleichen Erzählung wie bei Mk ausgeht"[259]. Mit dem 34. und zugleich letzten Sonntag gipfeln alle Lesungen der allgemeinen Kirchenjahrzeit in der Botschaft von Christus, dem „König als in David vorausgebildet, in der Niedrigkeit der Passion und des Kreuzes verkündet, als in der Kirche herrschend und am Ende der Zeit wiederkommend"[260].

*Die Wochentage im Jahreskreis*

Im Gegensatz zu den Sonntagen ist für die Wochentage außer dem Evangelium nur eine einzige Lesung vorgesehen. Während sich aber die Evangelien in jedem Jahr wiederholen, gibt es für die nichtevangelische Lesung zwei sich abwechselnde Jahresreihen, wobei die Reihe I in den ungeraden, die Reihe II in den geraden Jahren (z.B. 1980) gebraucht wird.

Die *nichtevangelische Lesung* wechselt nach einigen Wochen zwischen Altem und Neuem Testament ab, entsprechend der Länge der einzelnen Bücher. Im Hinblick auf den größeren Umfang des Alten Testaments beschränkt sich die Leseordnung hier auf ausgewählte Teile, die für die einzelnen Bücher charakteristisch sind. Die Heilsgeschichte bis zur Menschwerdung Christi ist dabei ein wichtiges Auswahlkriterium. Zuweilen wird die religiöse Bedeutung geschichtlicher Berichte durch Einzeltexte aus den Weisheitsbüchern abschließend erläutert. Nur wenige der Bücher des Alten Testaments konnten in der Wochentagslesung der allgemeinen Kirchenjahrzeit nicht berücksichtigt werden wie die kurzen Texte der Propheten Obadja (= Abdias) und Zefanja (= Sophonias), das Hohelied und die Bücher Ester und Judit. Jedoch sind sie an einigen Tagen der beiden Festkreise vertreten.

Die nichtevangelischen Schriften des Neuen Testaments sind mit Ausnahme der Apostelgeschichte, die ausgiebig in der Osterzeit verwendet wird, alle vertreten, und zwar in einem solchen Umfang, daß ihr Hauptinhalt erscheint. „Doch sind Stellen mit Themen, die unter pastoralen Gesichtspunkten heute weniger fruchtbar erscheinen, wegzulassen, zum Beispiel über die Glossolalie oder die alte Kirchenordnung."[261] Mit Rücksicht auf die eschatologische Ausrichtung der letzten Wochen werden hier die Geheime Offenbarung und aus dem Alten Testament das Buch Daniel gelesen. Auch hier soll die folgende Tabelle den Überblick erleichtern:

*Die erste Lesung an den Wochentagen im Jahreskreis*

| Woche | 1. Reihe | 2. Reihe |
|---|---|---|
| 1 | Hebräer | 1 Samuel |
| 2 | Hebräer | 1 Samuel |
| 3 | Hebräer | 2 Samuel |
| 4 | Hebräer | 2 Samuel; 1 Könige, 1–16 |
| 5 | Genesis, 1–11 | 1 Könige, 1–16 |
| 6 | Genesis, 1–11 | Jakobus |
| 7 | Sirach | Jakobus |
| 8 | Sirach | 1 Petrus; Judas |
| 9 | Tobias | 2 Petrus; 2 Timotheus |
| 10 | 2 Korinther | 1 Könige, 17–22 |
| 11 | 2 Korinther | 1 Könige, 17–22; 2 Könige |
| 12 | Genesis, 12–50 | 2 Könige; Klagelieder |
| 13 | Genesis, 12–50 | Amos |
| 14 | Genesis, 12–50 | Hosea; Jesaja |
| 15 | Exodus | Jesaja; Micha |
| 16 | Exodus | Micha; Jeremia |
| 17 | Exodus; Levitikus | Jeremia |
| 18 | Numeri; Deuteronomium | Jeremia; Nahum; Habakuk |
| 19 | Deuteronomium; Josua | Ezechiel |
| 20 | Richter; Rut | Ezechiel |
| 21 | 1 Thessalonicher | 2 Thessalonicher; 1 Korinther |
| 22 | 1 Thessalonicher; Kolosser | 1 Korinther |
| 23 | Kolosser; 1 Timotheus | 1 Korinther |
| 24 | 1 Timotheus | 1 Korinther |
| 25 | Esra; Haggai; Sacharja | Sprichwörter; Prediger (Kohelet) |
| 26 | Sacharja; Nehemia; Baruch | Ijob |
| 27 | Jona; Maleachi; Joel | Galater |
| 28 | Römer | Galater; Epheser |
| 29 | Römer | Epheser |
| 30 | Römer | Epheser |
| 31 | Römer | Epheser; Philipper |
| 32 | Weisheit | Titus; Philemon; 2 u. 3 Johannes |
| 33 | 1 und 2 Makkabäer | Offenbarung |
| 34 | Daniel | Offenbarung |

Die *Evangelienperikopen* sind als ausgewählte Bahnlesung den drei Synoptikern entnommen. In der 1.–9. Woche wird aus Mk, dem ältesten und gestrafftesten Evangelium, gelesen, in der 10.–21. Woche aus Mt und in der 22.–34. Woche aus Lk. Auf der Grundlage des Mk-Evangeliums, dessen erste 12 Kapitel ohne Auslassungen gelesen werden (abgesehen von zwei Stücken aus dem 6. Kapitel, die für Wochentage außerhalb der allgemeinen Kirchenjahrzeit benutzt werden), wird die Auswahl aus Mt und Lk getroffen, und zwar in dem Sinn, daß alles gelesen wird, was bei Mk nicht vorkommt. Doppelt oder dreifach wird das gelesen, was „eine eigene Färbung hat oder zum Verständnis des Zusammenhangs notwendig ist.“[262]

Wenn wegen einer anderen Feier die eine oder andere Wochentagslesung ausfallen muß, soll der Priester den sinnvollen Zusammenhang des Lesungsstoffes einer Woche dadurch sicherstellen, daß er gegebenenfalls Texte von geringerer Bedeutung kürzt oder eine andere Verteilung vornimmt.

Wird ein Heiligengedächtnis begangen oder eine Meßfeier für verschiedene Anlässe gewählt, so soll trotzdem auf eine gewisse *Kontinuität* der Leseordnung für die Wochentage geachtet werden. „In den meisten Fällen wird man der ausgewählten Bahnlesung eines Buches den Vorzug geben, wie sie für die Kirchenjahrzeit angegeben ist.“[263] Eine Ausnahme bilden jedoch die „lectiones propriae“, d.h. jene Eigenlesungen, die speziell von dem betreffenden Heiligen oder Festgeheimnis handeln.

Mit der Einführung der neuen Leseordnung verknüpfen sich hohe Erwartungen. Nachdem das II. Vaticanum in seiner Liturgiekonstitution (Art. 51) die Weisung gegeben hatte, den Gläubigen den Tisch des Gotteswortes reicher zu bereiten und entsprechend die Schatzkammer der Bibel stärker zu öffnen, „so daß innerhalb einer bestimmten Anzahl von Jahren die wichtigsten Teile der Heiligen Schrift dem Volk vorgetragen werden“, setzte eine intensive und weltweite Arbeit am neuen Lektionar ein[264]. Das Ergebnis wurde am 3. April von Papst Paul VI. durch die Apostolische Konstitution „Missale Romanum“ approbiert, am 25. Mai 1969 von der Kongregation für den Gottesdienst veröffentlicht und am ersten Adventssonntag des gleichen Jahres eingeführt. *Papst Paul VI.* formulierte die pastoralen Zielsetzungen dieser Leseordnung in eindrucksvoller Weise:

„Alle diese Anordnungen zielen darauf, daß bei den Christgläubigen jener Hunger nach dem Wort Gottes immer größer werde, der das Volk des Neuen Bundes unter Leitung des Heiligen Geistes zur vollkommenen Einheit der Kirche gleichsam hindrängt. Wir hegen die feste Zuversicht, daß kraft dieser Neuordnung Priester und Gläubige sich besser für das Herrenmahl bereiten und sich gleichzeitig durch intensivere Betrachtung der Heiligen Schrift täglich mehr mit den Worten des Herrn nähren. Die Heiligen Schriften sollen so ... für alle zum gleichsam unversieglichen Quell geistlichen Lebens, zur Grundlage der Glaubensunterweisung und zum Herzstück aller theologischen Lehre werden.“[265]

### *3. Die Herrenfeste der allgemeinen Kirchenjahrzeit*

Im Abstand von jeweils mehreren Jahrhunderten haben sich im zweiten Jahrtausend christlicher Zeitrechnung vier Hochfeste innerhalb der allgemeinen Kirchenjahrzeit herausgebildet, die man wegen ihrer Abhängigkeit vom Ostertermin auch als „bewegliche Hochfeste des Jahreskreises", von ihrem Gegenstand her aber auch als „Herrenfeste außerhalb der Festkreise" bezeichnet hat[266]. Es sind das Dreifaltigkeits-, Fronleichnams-, Herz-Jesu- und Christkönigsfest. Weil sie aus einer bestimmten Frömmigkeitshaltung ihrer Zeit herausgewachsen sind und als besondere Hilfe in äußeren und inneren Bedrängnissen der Kirche empfunden wurden, lassen sie sich in die Gruppe der Devotionsfeste einreihen. Man kann sie auch als Ideenfeste bezeichnen, insofern sie eine bestimmte Glaubenswahrheit oder einen besonderen Aspekt des Christusmysteriums zum Gegenstand des Bekenntnisses, des Lobes und der Danksagung machen und die „Festidee" als pastorales Programm zur Erneuerung und Festigung der Kirche gesehen wird. Wie bereits oben erwähnt (S. 29), kannte die alte römische Liturgie derartige Feste nicht.

#### *Das Hochfest der Dreifaltigkeit*

Als Auswirkung der christologischen und trinitarischen Auseinandersetzungen des 4. und 5. Jahrhunderts, die insbesondere durch die Irrlehre des Arius ausgelöst worden waren, zeigte sich auch in den vom Arianismus bedrohten westlichen Ländern Spanien und Gallien eine besondere Betonung des Dreifaltigkeitsglaubens in Verkündigung und Frömmigkeit, für die es im 6. und 7. Jahrhundert schon zahlreiche Zeugnisse gibt. Um die Mitte des 8. Jahrhunderts erscheint die heutige Dreifaltigkeitspräfation im älteren Gelasianischen Sakramentar, um 800 taucht die Dreifaltigkeitsmesse als Votivmesse für die Sonntage auf; diese selbst erlangen immer mehr ein trinitarisches Gepräge[267]. Ein eigenes Dreifaltigkeitsfest am Sonntag nach Pfingsten dürfte noch vor der Jahrtausendwende in fränkisch-gallischen Benediktinerklöstern begangen worden sein. Rom sperrte sich sehr lange gegen ein solches Fest. Von Papst *Alexander II.* († 1073) ist die Aussage überliefert, nach römischer Ordnung dürfe kein Tag in besonderer Weise dem Fest der Dreifaltigkeit geweiht werden, ebensowenig wie der heiligen Einigkeit, da an jedem Sonntag, ja sogar täglich, beider Gedächtnis begangen werde[268]. In ähnlicher Weise äußerte sich rund 100 Jahre später *Alexander III.* († 1181). Trotzdem breitete sich das Fest immer stärker aus. Schließlich führte es *Johannes XXII.* im Exil von Avignon 1334 für die ganze Kirche ein.

Daß dieses Fest gerade am Sonntag nach Pfingsten gefeiert wird, kann als ein dankender Rückblick auf das vollendete Heilsmysterium gedeutet werden, das nach der alten Theologie *der Vater durch den Sohn im Heiligen Geist* wirkt. Später hat man diese Einheit des göttlichen Heilswirkens durch eine stärkere Zueignung (Appropriation) der einzelnen Heilstaten an die drei göttlichen Personen etwas verdunkelt, indem man etwa in den Katechismen formulierte: „Gott der Vater hat uns erschaffen, Gott der Sohn hat uns erlöst, Gott der Heilige Geist hat uns geheiligt."[269]

Die *Festmesse,* die sich in den drei Lesejahren durch die Lesungen und den Antwortpsalm unterscheidet, beginnt mit dem Lobpreis des dreieinigen Gottes, „denn er hat uns sein Erbarmen geschenkt". Das Tagesgebet spricht, ähnlich wie das Schlußgebet, die Bitte aus, „daß wir im wahren Glauben die Größe der göttlichen Dreifaltigkeit bekennen und die Einheit der drei Personen in ihrem machtvollen Wirken verehren". Die uralte Präfation ist eine geschliffene Kurzformel der klassischen Trinitätstheologie.

Das Evangelium im *Lesejahr A* (Joh 3,16–18) kündet von der rettenden Liebe des Vaters, die in der Hingabe seines Sohnes gipfelt. Daß Gott ein „mitfühlender und wohlwollender Gott, reich an Gunst und Treue" ist, spricht die alttestamentliche Lesung (Ex 34,4b–6.8–9) aus. Die 2. Lesung verheißt den „Gott der Liebe und des Friedens" und schließt mit dem trinitarischen Segenswunsch: „Die Gnade des Herrn Jesus Christus und die Liebe Gottes und die Gemeinschaft des Heiligen Geistes sei mit euch allen!"

Im *Lesejahr B* bringt das Evangelium die Sendungsworte Jesu vom Schluß des Mt-Evangeliums mit der Verheißung seiner bleibenden Nähe. Entscheidend für die Wahl dieser Perikope war sicherlich der Taufbefehl mit der Nennung der drei göttlichen Personen. Die alttestamentliche Lesung (Dtn 4,32–34.39–40) betont die Einzigkeit des Bundesgottes, der sein Volk so eindrucksvoll aus Ägypten errettet hat. Im Neuen Bund hat Gott den Getauften seinen Geist geschenkt, der sie zu Kindern des Vaters und zu Teilhabern am Pascha-Mysterium Christi macht (2. Lesung: Röm 8,14–17).

Das Evangelium im *Lesejahr C* aus den Abschiedsreden (Joh 16,12–15) zeichnet sich durch die Transparenz für das Festgeheimnis aus: „Alles, was der Vater hat, ist mein … Von dem, was mein ist, nimmt er (sc. der Geist der Wahrheit) und wird es euch verkünden." In der alttestamentlichen Lesung (Spr 8,22–31) begegnet uns die personifizierte Weisheit Gottes, die schon vor der Schöpfung „als seine Vertraute ihm zur Seite" war. Ihre „Freude war es, bei den Menschen zu sein": aus der Sicht der neutestamentlichen Offenbarung wie eine leise Andeutung der Mehrpersönlichkeit Gottes. Die wuchtigen Sätze der 2. Lesung (Röm 5,1–5) weisen auf die Grundwerte der Erlösung hin: Friede mit Gott durch Jesus Christus, Zugang zur Gnade und unerschütterliche Hoffnung; „denn die Liebe Gottes ist ausgegossen in unseren Herzen durch den Heiligen Geist, der uns gegeben ist".

So halten die Lesungen ein reiches Verkündigungsgut bereit, und die Gemeinde kann mit gutem Grund das Lob des Dreieinen und Dreifaltigen im Halleluja-Vers anstimmen: „Ehre sei dem Vater und dem Sohne und dem Heiligen Geiste, dem, der da ist und der war und der kommen wird."

### *Das Hochfest des Leibes und Blutes Christi (Fronleichnam)*

Die Entstehung dieses Festes, das am Donnerstag nach dem Dreifaltigkeitssonntag begangen wird, muß im Zusammenhang mit der im 12. Jahrhundert mächtig aufbrechenden Verehrung des Altarsakramentes gesehen werden. Dabei wurde insbesondere die Realpräsenz des „ganzen Christus" im konsekrierten Brot betont. Mit dieser eucharistischen „Bewegung" verband sich ein großes Schauverlangen des mittelalterlichen Menschen, das u. a. zur Erhebung der konsekrierten Hostie nach der Wandlung führte, erstmals bezeugt für Paris im Jahre 1200[270]. In dieser Situation wurde eine Vision der Augustinernonne *Juliana von Lüttich* vom Jahre 1209, die sich öfter wiederholte, zum bedeutenden Anstoß für die Einführung eines besonderen Festes zu Ehren des eucharistischen Sakramentes. Es erschien ihr nämlich die glänzende Mondscheibe mit einer dunklen Stelle, was ihr als das Fehlen eines eucharistischen Festes im Jahreskreis der übrigen Feste gedeutet wurde. Auf ihr und ihrer geistlichen Berater Drängen führte der Bischof *Robert von Lüttich* 1246 erstmals ein solches Fest für seine Diözese ein. Im Jahre 1264 schrieb es Papst *Urban IV.*, früher Archidiakon in Lüttich, für die ganze Kirche vor. In seiner Einführungsbulle „Transiturus" begründet er das Fest und entwickelt dabei eine erfreulich ganzheitliche Darstellung von der Eucharistie als Opfer und Mahl. *Thomas von Aquin* soll auf seinen Wunsch die Texte für Brevier und Meßfeier erstellt haben. Jedoch wird seine alleinige Urheberschaft am Brevier-Offizium mit seinen großartigen Hymnen aus verschiedenen Gründen angezweifelt[271]. Der noch im gleichen Jahr erfolgende Tod Urbans IV. war der Ausbreitung des Festes nicht förderlich. Erst Papst Clemens V. drängte auf dem Konzil von Vienne (1311–1312) erneut auf seine Einführung, die dann unter Johannes XXII. durch die Veröffentlichung der Bulle „Transiturus“ in den Clementinischen Dekretalen erfolgte[272].

Der deutsche Name *Fronleichnam* (vron oder fron = Herr; lichnam = lebendiger Leib) entspricht der seitherigen lateinischen Festbezeichnung „Festum Ss. Corporis Christi“. Im Interesse einer ganzheitlichen Sicht des Sakramentes hat das neue Meßbuch diesen Namen erweitert in „Hochfest des Leibes und Blutes Christi“, fügt aber den traditionellen Namen „Fronleichnam“ hinzu. Diese neue Benennung macht zugleich deutlich, daß dieses Fest auch das Mysterium des „*kostbaren Blutes*“ einschließt, zu dessen Verehrung *Pius IX.* 1849 nach seiner glücklichen Rückkehr aus der Verbannung das „Fest des Kostbaren Blutes“ eingeführt und auf den 1. Juli gelegt hatte. Mit Recht vermerkt deshalb der Kommentar zur Neuordnung des Kirchenjahres: „Das Fronleichnamsfest ist zugleich das Fest des Kostbaren Blutes, wie aus den Texten der Meßfeier und des Stundengebetes und aus der Einführungsbulle Papst Urbans IV. deutlich hervorgeht.“[273]

Man hat mit einer gewissen Berechtigung darauf hingewiesen, daß das Gedächtnis des eucharistischen Sakramentes doch schon am Gründonnerstag, dem Tag seiner Einsetzung, stattfinde und mit dem Fronleichnamstag eine Doppelung erfolge. Man wird jedoch nicht übersehen dürfen, daß sich am Gründonnerstagabend, dem Beginn der heiligen drei Tage, wegen seiner Zugehörigkeit zum Karfreitag die festliche Freude weniger entfalten kann. Die Eucharistie als kostbare Frucht und Vergegenwärtigung des Pascha-Mysteriums nochmals zum Gegenstand einer glaubensfrohen Danksagung im Jahreskreis zu machen erscheint durchaus vertretbar und angemessen. Wird doch auch das zentrale Pascha-Mysterium als Ganzes nicht nur einmal im Jahr, sondern an jedem Sonntag festlich begangen, ohne daß hier der Vorwurf der Doppelung gerechtfertigt erscheint.

Das *Meßproprium* läßt vor allem in den Präsidialgebeten die theologische Urheberschaft des hl. *Thomas von Aquin* erkennen. In seiner theologischen Summa (III q 73 a 4 corp.) hat er die Bedeutung des eucharistischen Sakramentes unter dem Gesichtspunkt der Vergangenheit als Gedächtnis der Christuspassion, die ein wahres Opfer sei, gekennzeichnet; unter dem Gesichtspunkt der Gegenwart als Sakrament der Einheit mit Christus und untereinander; unter dem Aspekt der Zukunft als Vorausbild des „Genusses der Gottheit“. Diese dreifache Bedeutung taucht dann mit fast gleichen Worten in den Präsidialgebeten auf: „im wunderbaren Sakrament des Altares hast du uns das Gedächtnis deines Leidens und deiner Auferstehung hinterlassen ...“ (Tagesgebet); „Schenke deiner Kirche, was diese Gaben geheimnisvoll bezeichnen: die Einheit und den Frieden“ (Gabengebet); „der Empfang deines Leibes und Blutes ist für uns ein Vorgeschmack der kommenden Herrlichkeit. Sättige uns im ewigen Leben durch den vollen Genuß deiner Gottheit" (Schlußgebet). Diese drei Aspekte kehren in klassischer Form in der Antiphon zum Magnificat der II. Vesper wieder: „O heiliges Mahl, in dem Christus unsere Speise ist: Gedächtnis seines Leidens, Fülle der Gnade, Unterpfand der künftigen Herrlichkeit." Klassische Theologie begegnet uns auch in der Sequenz, die im Anschluß an die 2. Lesung gesungen werden kann, im berühmten „Lauda, Sion, Salvatorem", in deutscher Übersetzung bekannt als Lied „Deinem Heiland, deinem Lehrer", bzw. „Lobe Zion, deinen Hirten" (GL 545). Der Halleluja-Vers bringt das Christuswort vom lebendigen Himmelsbrot, das ewiges Leben verbürgt.

Das Evangelium im *Lesejahr A* ist der großen eucharistischen Verheißungsrede entnommen (Joh 6,51–58). Das „lebendige Brot, das vom Himmel herabgekommen ist", wurde vorgebildet in der Mannaspeisung, von der die erste Lesung berichtet (Dtn 8,2–3.14–16a). Die 2. Lesung (1 Kor 10,16f) kündet vom eucharistischen Glauben der Gemeinde in Korinth: Sinn des eucharistischen Geschehens ist die Teilhabe am Leib und Blut Christi und das Zusammenwachsen zu einem Leib.

Das Evangelium im *Lesejahr B* (Mk 14,12–16.22–26) schildert das Letzte Abendmahl Jesu mit der Einsetzung des eucharistischen Mysteriums und rückt so die Fronleichnamsfeier nahe an den Gründonnerstag heran. Das für viele vergossene Blut des Neuen Bundes hat seine Vorausbildung in jenem Bundesblut, mit dem Mose das Volk Israel besprengt (1. Lesung: Ex 24,3–8). Christus hat als „Mittler eines neuen Bundes" „nicht mit dem Blut von Böcken und Kälbern, sondern mit seinem eigenen Blut... eine ewige Erlösung vollbracht" (2. Lesung: Hebr 9,11–15).

Im Evangelium des *Lesejahres C* (Lk 9,11b–17) beschreibt der Evangelist das Wunder der Brotvermehrung in einer Weise, die transparent wird für das größere Wunder der eucharistischen Speisung („Jesus nahm ..., blickte zum Himmel hinauf, sprach den Segen und brach die Brote, dann gab er sie ..."). Die alttestamentliche Lesung (Gen 14,18–20) zeigt uns die geheimnisvolle Gestalt des Priesterkönigs Melchisedek, der mit seinen Gaben Brot und Wein zum Vorausbild Christi und seines eucharistischen Opfers geworden ist. Die 2. Lesung (1 Kor 11,23–26) bringt das älteste Zeugnis (ca. 55 n. Chr.) von der Einsetzung der Eucharistie und deutet sie als Gedächtnismahl des Opfertodes Christi: „Das tut zum Gedenken an mich... Denn sooft ihr von diesem Brot eßt und aus dem Kelch trinkt, verkündet ihr den Tod des Herrn, bis er kommt."

Vor einem so dichten Heilsgeschehen, wie es in der Festmesse verkündet und gefeiert wird, muß eigentlich die sich anschließende – wenn auch optisch eindrucksvollere – *Fronleichnamsprozession* zurückstehen. Auch hier seien einige geschichtliche Feststellungen vorausgeschickt.

Während in der Einführungsbulle „Transiturus“ *Urbans IV.* von einer Prozession noch nicht die Rede ist, wird sie erstmals für die Zeit zwischen 1274 und 1279 in Köln (St. Gereon) bezeugt[274]. Noch im 14. Jahrhundert findet sie in den meisten Ländern eine begeisterte Aufnahme und prunkvolle Ausgestaltung. Dabei wird die konsekrierte Hostie (ursprünglich verhüllt, später) allen sichtbar in einem kostbaren Schaugefäß (= Monstranz) mitgetragen. In Deutschland verbinden sich hiermit bald die *Elemente der Flur- und Bittprozessionen.* An vier Außenaltären wird eine Statio gehalten, bei der die vier Evangelienanfänge nach den vier Himmelsrichtungen gesungen und Bittgebete in kirchlichen und weltlichen Anliegen gesprochen werden, gefolgt vom sakramentalen Segen. Besonders in der Barockzeit wird die Fronleichnamsprozession „zum dankbaren Triumphzug, zum ‚Prangertag‘. Lebende Bilder, die schon im Mittelalter als Darstellungen der Passion und ihrer alttestamentlichen Vorbilder mitgegangen waren, werden jetzt zu großen Prunkwagen ausgebaut, deren Darstellungen manchmal den Bezug zur Eucharistie nicht mehr recht erkennen lassen (z. B. der Drachenstich des hl. Georg). Die Aufklärung hat von all diesem bunten Leben nur noch dürftige Reste übriggelassen.“[275]

Rom betrachtet die Fronleichnamsprozession nicht als Liturgie römischen Rechtes mit alleiniger römischer Zuständigkeit, sondern zählt sie zu den „pia exercitia“ (frommen Übungen), wofür die Bischöfe zuständig sind[276].

In manchen Kreisen hat sich in den beiden letzten Jahrzehnten Unbehagen über die traditionelle Form der Prozession eingestellt. Vor allem in größeren Städten versuchte man *neue Gestaltungsformen.* So feierte man z. B. auf öffentlichen Plätzen ein festliches Amt, zu dem – in einer gewissen Nachahmung der altrömischen Stationsgottesdienste – die einzelnen Pfarreien von ihrer Pfarrkirche aus in Prozessionsform ziehen, um sich im „Sakrament der Einheit“ als große Gemeinschaft mit Christus und untereinander zu erleben[277].

Nach mancherlei Versuchen und Erfahrungen mehren sich jedoch die Stimmen, die eine *Beibehaltung* bzw. *Wiedereinführung der Prozession* mit dem heiligen Sakrament befürworten. Dabei verweist man vor allem auf den durchaus nicht neuen, aber im II. Vaticanum wieder neu akzentuierten Gedanken der Kirche als des wandernden Gottesvolkes (in statu viatoris), das die vielfältigen Gefahren des Weges nur in der helfenden Nähe ihres Herrn bestehen kann. „Bei richtiger, im Geiste der Liturgie vollzogener Gestaltung könnte die Fronleichnamsprozession intensiver als jede andere Prozession eine Möglichkeit sein oder werden, dem sich oft genug in die Geworfenheit des Daseins hinausgehaltenen heutigen Menschen gleichsam im Realsymbol zum Bewußtsein zu bringen, daß er auf seiner irdischen Gratwanderung nicht verlassen ist, sondern daß er in der Gemeinschaft der Kirche mit dem eucharistischen Herrn in sich, vor, neben und hinter sich, auf dem Wege ist zu der ewigen Vereinigung mit dem Christus der Parusie, ‚der kommen wird, um verherrlicht zu werden in seinen Heiligen und wunderbar zu werden in allen, die geglaubt haben' (2 Thess 1,10).“[278]

*Das Herz-Jesu-Fest*

In diesem Hochfest, das am 3. Freitag nach Pfingsten gefeiert wird, dem Tag, der sich früher an die Oktav von Fronleichnam anschloß, begegnet uns ein typisches Devotionsfest, das den Gottmenschen unter dem Gesichtspunkt seiner im Herzen symbolisierten Liebe verehrt. Ansätze einer solchen Verehrung finden sich schon bei den Vätern, die sich besonders auf Stellen des Johannesevangeliums berufen (z. B. 7,37; 19,34). Hieran knüpften Theologen des Mittelalters an, vereinzelt schon im 12. (Anselm von Canterbury, Bernhard von Clairvaux), vor allem aber im 13. Jahrhundert (z. B. Albert d. Gr., Bonaventura). Insbesondere hat die Mystik des 13. und 14. Jahrhunderts dieser Verehrung einen starken Auftrieb gegeben durch Persönlichkeiten wie *Mechtild von Magdeburg, Gertrud von Helfta, Heinrich Seuse*. Später hat die „*Devotio moderna*“ und im 16. Jahrhundert der Jesuitenorden sich der Herz-Jesu-Verehrung besonders angenommen. Im 17. Jahrhundert kam es durch die französischen Oratorianer des *P. Bérulle* († 1629) und *Johannes Eudes* († 1680) zu einem neuen Höhepunkt. Johannes Eudes war es auch, der mit Erlaubnis seines Bischofs als erster ein Fest zu Ehren des Herzens Jesu in den Kirchen seiner Gemeinschaft feierte (20. Okt. 1672). Zwischen 1673 und 1675 hatte *Margarete Maria Alacoque* vom Orden der Heimsuchung in Paray-le-Monial mehrere Visionen, in denen ihr Christus auftrug, sich für die Einführung eines Herz-Jesu-Festes am Freitag nach der Fronleichnamsoktav und für die Pflege der Herz-Jesu-Freitage und der Heiligen Stunde einzusetzen. Rom sträubte sich fast 100 Jahre lang dagegen, erst *Clemens XIII.* gestattete 1765 den polnischen Bischöfen und der römischen Erzbruderschaft vom Herzen Jesu ein solches Fest. *Pius IX.* führte es 1856 verbindlich für die ganze Kirche ein, *Leo XIII.* erhöhte 1899 seinen Rang und ordnete für die bevorstehende Jahrhundertwende die Weihe der Welt an das heiligste Herz Jesu an[279]. Eine Neufassung der Festliturgie erfolgte 1928 durch *Pius XI.*, verbunden mit einer weiteren Rangerhöhung, die der von Weihnachten entsprach, wenn es allerdings auch nicht als Feiertag mit Arbeitsruhe begangen werden mußte. Zur ersten Jahrhundertfeier der allgemeinen Einführung veröffentlichte *Pius XII.* 1956 die Enzyklika „Haurietis aquas"[280].

Vor allem der Jansenismus und die Theologen der Aufklärung haben die Herz-Jesu-Verehrung heftig bekämpft. Auch in unserem Jahrhundert kam es zu mehr oder weniger laut geäußerten Vorbehalten, auf die auch *Pius XII.* in der genannten Enzyklika näher eingeht. Manche auf Mißverständnissen beruhenden Bedenken dürften gegenstandslos werden, wenn man das Wort Herz als Urwort oder Urbegriff im Sinne *Karl Rahners* versteht: „denn die Schrift und Lehre und Praxis der Kirche setzen, wo sie vom Herzen Jesu reden, dasselbe ganzmenschliche Urwort vom Herzen als der innersten ursprünglichen Mitte der leibseelischen Ganzheit der Person voraus. Der Gegenstand der Herz-Jesu-Verehrung ist somit der Herr im Hinblick auf dieses sein Herz."[281]

Die *Festmesse* des neuen Meßbuches übernimmt zum großen Teil jene Texte, die *Pius XI.* 1928 durch den Benediktinerabt *H. Quentin* unter seiner persönlichen Mitarbeit zusammenstellen ließ. Während frühere Meßformulare in erster Linie von der Passion Christi und der Mystik des Hohenliedes geprägt waren, stellte *Pius XI.* stärker den Gedanken der Sühne heraus, z.B. im Tages- und Gabengebet.

Der *Eröffnungsvers* besingt mit dem Psalmisten (33,11.19) den unwandelbaren „Ratschluß des Herrn" und die „Pläne seines Herzens": „Er will uns dem Tod entreißen und in der Hungersnot unser Leben erhalten." Für das *Tagesgebet* stehen zwei Versionen zur Verfügung: Die erste (= neue) bittet im Blick auf „die großen Taten seiner Liebe" um „die Fülle der Gnade und des Lebens", während die zweite (= alte) die Bitte ausspricht, „daß wir durch aufrichtige Umkehr Christus Genugtuung leisten und ihm mit ganzer Hingabe dienen". Auch das *Gabengebet*, aus der alten Messe übernommen, gibt dem Sühnegedanken Ausdruck. Das frühere *Schlußgebet* (Wir haben „deines liebreichsten Herzens Süßigkeit verkostet") wurde ersetzt durch die Bitte: „... Entzünde auch in uns das Feuer seiner Liebe, damit wir in unseren Brüdern ihn erkennen und ihm dienen." Neu ist auch die *Präfation*, die sich durch besondere Nähe zur Heiligen Schrift und Theologie der Väter auszeichnet: „Am Kreuz erhöht, hat er sich für uns dahingegeben aus unendlicher Liebe und alle an sich gezogen. Aus seiner geöffneten Seite strömen Blut und Wasser, aus seinem durchbohrten Herzen entspringen die Sakramente der Kirche. Das Herz des Erlösers steht offen für alle, damit sie freudig schöpfen aus den Quellen des Heiles."

Das *Evangelium* im *Lesejahr A* (Mt 11,25–30) bringt den „messianischen Jubelruf" und die Einladung an alle geplagten Menschen, bei ihm Ruhe zu suchen und zu finden. Die Liebe Gottes zeigt sich schon in der Erwählung und Errettung Israels (*1. Lesung:* Dtn 7,6–11). Sie wurde vor allem dadurch offenbar, „daß Gott seinen einzigen Sohn in die Welt gesandt hat, damit wir durch ihn leben ... Gott ist Liebe, und wer in der Liebe bleibt, bleibt in Gott, und Gott bleibt in ihm" (*2. Lesung:* 1 Joh 4,7–16).

Das Evangelium im *Lesejahr B* (Joh 19,31–37), das aus der seitherigen Messe übernommen wurde, berichtet, wie die Seite des Erlösers durch die Lanze des Soldaten geöffnet wird. Während die erste Lesung (Hos 11,1.3–4.8c–9) von der väterlichen Zuneigung Jahwes zu Israel spricht, rühmt die neutestamentliche Lesung (Eph 3,8–12.14–19), die ebenfalls dem Meßformular Pius' XI. entstammt, „den unergründlichen Reichtum Christi" und seine Liebe, „die alles Erkennen übersteigt".

Im *Lesejahr C* schildern Evangelium (Lk 15,3–7) und 1. Lesung (Ez 34,11–16) die Liebe des Herrn im Bild des Guten Hirten, der den verirrten Schafen nachgeht und sie heimholt. Auch die neutestamentliche Lesung (Röm 5,5b–11) ist ein Loblied auf die erbarmende Liebe Gottes, die er vor allem darin erwiesen hat, „daß Christus für uns gestorben ist, als wir noch Sünder waren". Das Thema vom Guten Hirten beherrscht in diesem Lesejahr auch den Antwortpsalm (Ps 23) und den Halleluja-Vers (Joh 10,14). Unwillkürlich denkt man an den Sonntag vom Guten Hirten (4. Ostersonntag) und erkennt, daß die Thematik des Herz-Jesu-Festes nichts Singuläres im Ablauf des Kirchenjahres ist.

Weitere Formen der Herz-Jesu-Verehrung finden sich in der Feier der *Herz-Jesu-Freitage*, den ersten Freitagen der einzelnen Monate, und in der sogenannten *Heiligen Stunde* an ihren Vorabenden. Für die Herz-Jesu-Freitage approbierte Leo XIII. 1899 eine besondere Votivmesse. Beide Andachtsformen haben in vielen Pfarreien bei entsprechend guter Sinngebung und Gestaltung ihren pastoralen Wert längst bewiesen[282].

### *Hochfest vom Königtum Christi = Christkönigssonntag*

Das jüngste der Ideenfeste zu Ehren des Herrn verdankt seine Entstehung Papst *Pius XI.* In seiner Enzyklika „Quas primas" vom 11. Dezember 1925[283] entwickelt er den Gedanken, daß das wirksamste Heilmittel gegen die zerstörenden Kräfte der Zeit die Anerkennung der Königsherrschaft Christi sei. Ihre Früchte seien „gerechte Freiheit, Ordnung, Ruhe, Eintracht und Friede". Da es notwendig sei, „die Königswürde unseres Erlösers möglichst weit zu verbreiten, scheint nichts zweckdienlicher zu sein als die Einsetzung eines eigenen und besonderen Festtages Christi des Königs. Denn Feste haben eine größere Wirkung als irgendwelche Dokumente des Lehramtes, weil sie alle Gläubigen belehren, nicht einmal, sondern jährlich, und nicht nur den Geist, sondern die Herzen erreichen."[284] Äußerer Anstoß für die Einführung in diesem Jahr war die 1600-Jahr-Feier des Ersten Allgemeinen Konzils von Nicäa, auf dessen Lehre von der Gleichwesentlichkeit Christi mit dem Vater sich seine Königsherrschaft wie auf ihr Fundament stütze. Als Festtermin setzt der Papst den letzten Sonntag im Oktober fest, vor allem im Hinblick auf das folgende Allerheiligenfest, damit „der Ruhm dessen laut verkündet werde, der in allen Heiligen und Erwählten triumphiert"[285]. An ihm solle auch die öffentliche Weihe an das Herz des Erlösers stattfinden.

Obwohl das Fest vor allem bei den Männern und der Jugend eine begeisterte Aufnahme fand, äußerten sich doch manche Bedenken im Hinblick darauf, daß die Festidee schon in anderen Zeiten des Kirchenjahres ausreichend, ja organischer zum Ausdruck komme, etwa im Advent, an Weihnachten, Epiphanie, Ostern, Christi Himmelfahrt, ja an jedem Sonntag, der von seinem griechisch-lateinischen Namen und Verständnis her ein Festtag des „Kyrios" Christus ist. Schon 1941 formulierte *J. A. Jungmann* dieses Unbehagen in seiner geistesgeschichtlichen Skizze „Das Christusgeheimnis im Kirchenjahr": „Und dennoch (sc. trotz begeisterter Aufnahme) mag uns ein Gefühl der Müdigkeit beschleichen angesichts dieser nicht endenwollenden Entwicklungen um das Christusbild. Immer neue Versuche, immer neue Bilder, immer neue Höhepunkte, immer neue Sprechweisen. Sind diese Erscheinungen nicht doch ein Zeichen dafür, daß irgendwo eine feste Basis verlassen wurde und daß in unserem religiösen Vorandrängen etwas ins Schwanken und Gleiten geraten ist? Oder war es ein Rundgang, auf den wir uns vor zwei Jahrtausenden begeben mußten, um die Reichtümer Christi in immer neuen Sichten sehen zu lernen – erst in ihrer gesammelten Schönheit, dann aber auch in ihrer Auflösung, in ihrer historischen Entfaltung, in ihrer inneren Tiefe und in ihrer äußeren Würde? Es dürfte dieses letztere der Fall sein. Und es scheint, daß der Kreis sich schließen will und daß der Rundgang nun wieder zu seinem Ausgangspunkt zurückkehrt."[286] Für diesen Wunsch scheint heute der Boden besser bereitet zu sein, und es muß als glücklicher Beitrag im Sinn Jungmanns betrachtet werden, daß das „Hochfest unseres Herrn Jesus

Christus, des Königs des Weltalls", wie das Fest im lateinischen Meßbuch mit seinem vollen Namen heißt, auf den letzten Sonntag des Kirchenjahres verlegt worden ist. So ist es stärker in jenen eschatologischen Zusammenhang gestellt, der dem letzten Sonntag des Kirchenjahres schon immer zu eigen war. Nun kann deutlicher werden, daß der erhöhte Herr und König Zielpunkt nicht nur des Kirchenjahres, sondern unserer irdischen Wanderschaft überhaupt ist, „derselbe gestern und heute und in Ewigkeit" (Hebr 13,8), „das Alpha und das Omega, der Erste und der Letzte, der Anfang und das Ende" (Offb 22,13). Wenn schon ein eigenes Fest von Christus dem König, dann scheint der letzte „Herrentag" ein organischerer Platz zu sein als der frühere Termin. Schon *Pius XI.* hatte den seitherigen Termin u.a. damit begründet, daß an diesem Sonntag „der Lauf des liturgischen Jahres sich fast vollendet hat" und die christlichen Mysterien gleichsam abgeschlossen sind[287]. So steht am Ende des Kirchenjahres der König der Herrlichkeit, „das Ziel menschlicher Geschichte, der Punkt, auf den hin alle Bestrebungen der Geschichte und der Kultur konvergieren, der Mittelpunkt der Menschheit, die Freude aller Herzen und die Erfüllung ihrer Sehnsüchte... Von seinem Geist belebt und geeint, schreiten wir der Vollendung der menschlichen Geschichte entgegen, die mit dem Plan seiner Liebe zusammenfällt: ‚alles in Christus dem Haupt zusammenzufassen, was im Himmel und was auf Erden ist' (Eph 1,10)."[288]

Die *Festmesse* weist im Vergleich mit der seitherigen nur geringfügige Änderungen auf, wobei jedoch nicht übersehen werden darf, daß das reichere biblische Gut der dreijährigen Perikopenordnung das biblische Christusbild umfassender darzustellen vermag. Der *Eingangsvers* (Offb 5,12; 1,6) enthält in prägnanter Kürze die Botschaft vom Pascha-Mysterium: Das geschlachtete Lamm empfängt „die Herrlichkeit und die Herrschermacht in Ewigkeit". Seine Erhöhung und Einsetzung zum Haupt der ganzen Schöpfung läßt uns vertrauensvoll beten: „Befreie alle Geschöpfe von der Macht des Bösen, damit sie dir allein dienen und dich in Ewigkeit rühmen" *(Tagesgebet)*; „Er, der für uns gestorben ist, schenke allen Völkern Einheit und Frieden" *(Gabengebet)*. Die *Präfation* preist Christus als „ewigen Priester" und „König der ganzen Schöpfung", der am Ende der Tage seinem Vater „das ewige, alles umfassende Reich" übergeben wird, ein Reich der Wahrheit und des Lebens, der Heiligkeit und Gnade, der Gerechtigkeit, der Liebe und des Friedens.

Im *Lesejahr A* unterstreicht das *Evangelium* (Mt 25,31–46), daß die tätige Nächstenliebe ein entscheidendes Kriterium des Endgerichtes sein wird, weil sich Christus mit allen notleidenden Menschen identifiziert: „Was ihr für einen meiner geringsten Brüder getan habt, das habt ihr für mich getan." Die Sorge Gottes für die Menschen beschreibt die *alttestamentliche Lesung* (Ez 34,11–12.15–17) im Bild der Hirtensorge (vgl. Herz-Jesu-Fest, Lesejahr C). Der von den Toten erweckte Christus verbürgt unsere eigene Auferstehung, er ist der Herrscher, der auch den Tod als letzten Feind vernichtet (*2. Lesung:* 1 Kor 15,20–26.28).

Im *Evangelium* des *Lesejahres B* (Joh 18,33b–37) bejaht Jesus vor Pilatus seine Königswürde und grenzt seine Königsherrschaft gegen Mißverständnisse ab. Die Vision Daniels vom Menschensohn, dem „Herrschaft, Würde und Königtum" übergeben werden, sieht die Liturgie in Christus erfüllt (*1. Lesung:* Dan 7,13–14). Die *2. Lesung* (Offb 1,5–8) enthält einen begeisterten Hymnus auf Christus. Er ist „der treue Zeuge, der Erstgeborene von den Toten, der Herrscher über die Könige der Erde ..." Er hat uns in seinem Pascha-Mysterium „die Würde von Königen gegeben und uns zu Priestern gemacht für den Dienst vor seinem Gott und Vater".

Im *Lesejahr C* läßt das *Evangelium* (Lk 23,35–43) deutlich werden, daß Christus auch in seiner Erniedrigung und Verspottung König bleibt und die Königsmacht hat, Menschen in die Herrlichkeit des Paradieses zu führen. Der von allen Stämmen Israels zum König gesalbte David ist ein Vorausbild des universalen Königs Christus (*1. Lesung:* 2 Sam 5,1–3). Ihm verdanken die Menschen ihre Errettung. Seine einzigartige Stellung verkündet rühmend der Christushymnus des Kolosserbriefes (*2. Lesung:* Kol 1,12–20).

## *Die Feste Verklärung des Herrn und Kreuzerhöhung*

Diese Feste unterscheiden sich von den vorgenannten rein äußerlich dadurch, daß sie einen festen Monatstermin haben. Beide führen ihre Feier auf einen kirchengeschichtlichen Anlaß zurück.

### Das Fest Verklärung des Herrn (6. August)

Ihm liegen die im wesentlichen übereinstimmenden Berichte der drei synoptischen Evangelien zugrunde (Mt 17,1–8; Mk 9,2–9; Lk 9,28b–36), wonach Jesus in Begleitung von Petrus, Jakobus und Johannes auf einen hohen Berg stieg, dort verklärt wurde und Mose und Elija mit ihm redeten. Dabei kam es zu einer Theophanie, als eine Stimme aus der Wolke rief: „Dies ist mein geliebter Sohn, an dem ich Gefallen gefunden habe: auf ihn sollt ihr hören" (Mt 17,5).

Zum Gegenstand einer liturgischen Festfeier wurde diese Begebenheit schon im 5. Jahrhundert in der ostsyrischen Liturgie, später auch in anderen östlichen Kirchen. Innerhalb der fränkisch-römischen Kirche taucht dieses Fest zum erstenmal im 10. Jahrhundert auf und verbreitet sich rasch. Das damals aufblühende Interesse am Heiligen Land und an den einzelnen Stationen im Leben Jesu mag dazu beigetragen haben. Für die Gesamtkirche wurde es erst 1457 durch Papst *Calixtus III.* eingeführt, und zwar zum dankbaren Gedächtnis an den im vorausgehenden Jahr errungenen Sieg über die Türken unter Johannes von Capestrano und Johannes Hunyadi[289].

Die *Festmesse,* die sich in den drei Lesejahren nur durch die den drei Synoptikern entliehenen Perikopen unterscheidet (s. o.), ist ganz vom biblischen Festereignis geprägt. Von ihm berichtet auch die 2. Lesung (2 Petr 1, 16–19), während die alttestamentliche Lesung (Dan 7,9–10.13–14) die Vision von dem „Hochbetagten" auf feurigem Thron und das Erscheinen des „Menschensohnes" beinhaltet. Die Eigenpräfation sieht die Bedeutung des Festereignisses u. a. darin, daß Jesus den Jüngern die Kraft gab, „das Ärgernis des Kreuzes zu tragen", und der ganzen Kirche die Hoffnung schenkte, „vereint mit ihrem Haupt die ewige Verklärung zu empfangen". An dieser Herrlichkeit des Herrn Anteil zu haben, ist auch die Bitte der Präsidialgebete.

## Das Fest Kreuzerhöhung (14. September)

Das Kreuz, an dem Jesus den Tod erlitt, war zunächst nur das materielle Instrument seiner Hinrichtung. Aber schon in apostolischer Zeit wurde es zum Symbol seines Opfertodes, ja zum Inbegriff für Christus selbst und den christlichen Glauben überhaupt. So kann Paulus von der Kraft des Kreuzes Christi sprechen (1 Kor 1,17) und sagen, daß das Wort vom Kreuz denen, die verlorengehen, Torheit ist (V. 18) und daß viele „als Feinde des Kreuzes Christi" leben (Phil 3,18).

Die ersten Spuren eines Festes der Kreuzverehrung führen in die erste Hälfte des 4. Jahrhunderts. Nach der sogenannten „Chronik von Alexandrien" soll die Kaiserin *Helena* am 14. September 320 das Kreuz des Herrn aufgefunden haben. Am 13. September des Jahres 335 erfolgte die Einweihung der Auferstehungs- und der Martyriumskirche (auch Kreuzeskirche genannt) auf dem Golgota in Jerusalem. Am Tage darauf sei das aufgefundene Kreuz des Herrn den Gläubigen feierlich zur Verehrung gezeigt worden. Diese Begebenheiten liegen dann einem Jahresgedächtnis zugrunde, das sich im 5. Jahrhundert für Konstantinopel und Ende des 7. Jahrhunderts auch für Rom nachweisen läßt. An diesem 14. September pflegte man in den Kirchen, die eine größere Kreuzesreliquie besaßen (Jerusalem, Konstantinopel, Rom), diese in einer feierlichen Zeremonie den Gläubigen zu zeigen, was man als „exaltatio“ = Erhöhung des Kreuzes zu bezeichnen pflegte und was dem Fest den Namen verlieh.

In der gallischen Liturgie kannte man im 8. Jahrhundert ein Kreuzfest am 3. Mai, dem Datum, an dem der Kaiser *Heraklius* im Jahr 628 die von den Persern entführte Kreuzreliquie zurückeroberte und im Triumphzug nach Jerusalem trug. Auch dieses gallische Fest eroberte sich einen Platz im römischen Festkalender, wobei man es in Verkehrung der geschichtlichen Zusammenhänge Kreuzauffindung, das am 14. September aber Kreuzerhöhung nannte und dabei an die Rückführung des Kreuzes durch Heraklius dachte. Nachdem schon *Benedikt XIV.* 1741 versucht hatte, diese unglückliche Doppelung zu beseitigen, ohne damit Erfolg zu haben, wurde das Fest am 3. Mai unter *Johannes XXIII.* aus dem römischen Festkalender gestrichen (Codex rubricarum). Diese Neuordnung hat die GOK übernommen, so daß nun das Kreuzfest am 14. September wieder seinen ursprünglichen Sinn erlangt hat[290].

Zentrale Themen der *Festmesse* sind der Kreuzestod Christi und die uns geschenkte Erlösung. Wie ein Leitmotiv steht der *Eröffnungsvers* über der Meßfeier: „Wir rühmen uns des Kreuzes unseres Herrn Jesus Christus. In ihm ist uns Heil geworden und Auferstehung und Leben. Durch ihn sind wir erlöst und befreit“ (vgl. Gal 6, 14). Die *Eigenpräfation* sieht das Kreuz in einer Antithese zum paradiesischen Baum der Erkenntnis: „Denn du hast das Heil der Welt auf das Holz des Kreuzes gegründet. Vom Baum des Paradieses kam der Tod, vom Baum des Kreuzes erstand das Leben. Der Feind, der am Holz gesiegt hat, wurde auch am Holze besiegt durch unseren Herrn Jesus Christus.“ *Evangelium* (Joh 3, 13–17) und *alttestamentliche Lesung* (Num 21, 4–9) sehen in der „ehernen Schlange“, die Mose auf Befehl Jahwes an einer Signalstange „erhöht“ hat, damit ihr Anblick den Todgeweihten Rettung bringe, ein Vorausbild und Gleichnis für den am Kreuz „erhöhten“ Herrn. Die 2. *Lesung* (Phil 2, 6–11) bringt die klassische Stelle von der Erniedrigung Christi in seinem Gehorsam „bis zum Tod am Kreuz“ und seiner Verherrlichung, worauf die Gemeinde im *Halleluja-Vers* mit Anbetung und Lobpreis antwortet: „Wir beten dich an, Herr Jesus Christus, und preisen dich, denn durch dein heiliges Kreuz hast du die Welt erlöst.“ Mit dem Blick auf dieses zentrale Glaubensgeheimnis bitten die *Präsidialgebete* um Teilhabe an der Frucht der Erlösung (Tagesgebet), um Vergebung der Schuld (Gabengebet) und um die Herrlichkeit der Auferstehung. So ist die Festthematik im Grunde die gleiche wie in der Karfreitagsliturgie.

## *Die Kirchweihfeste*

Schon früh feierte man in der Kirche nicht nur den Jahrestag der Verstorbenen, vor allem der Märtyrer, sondern auch den Jahrestag der Wahl und Weihe eines Bischofs und Papstes und das Jahresgedächtnis der Weihe einer Kirche. Man sprach vom natale (oder dies natalis), also vom Geburtstag eines Tempels bzw. einer Basilika. Hierfür gibt es nicht nur heidnische Vorbilder, sondern auch ein alttestamentliches Vorbild, nämlich die von *Judas Makkabäus* angeordnete Jahresfeier der Neueinweihung des Tempels im Jahre 165 v.Chr. (s.o. S. 21f). Die älteste Schilderung eines solchen Kirchweihfestes verdanken wir der Pilgerin *Ätheria,* die um 400 das Weihefest der Auferstehungs- und Martyriumskirche in Jerusalem beschreibt[291]. Wahrscheinlich kam der Brauch eines solchen Jahresgedächtnisses schon im 5. Jahrhundert nach Rom und in den übrigen Westen. Wurde eine Kirche einem bestimmten Heiligen geweiht, so wurde später der Weihetag oft auch zum betreffenden Heiligenfest[292].

Solche Kirchweihfeste hatten zunächst nur lokale Bedeutung. Eine bis heute bestehende Ausnahme bilden jedoch die Weihefeste der Lateranbasilika, der Basiliken der Apostel Petrus und Paulus und S. Maria Maggiore.

Der Weihetag der *Lateranbasilika* wird als Fest am 9. November begangen. Kaiser *Konstantin* hatte die ausgedehnten Palastanlagen mit dem umliegenden Gelände der römischen Kirche geschenkt und dort um 324 eine Basilika zu Ehren des Erlösers bauen lassen. Sie wurde anfangs des 10. Jahrhunderts zusätzlich Johannes dem Täufer und Johannes dem Evangelisten geweiht und hieß seitdem St. Johann im Lateran (*Papst Sergius III.*, 904). Nach einer Inschrift, die (*Clemens XII.* (1730–1740) anbringen ließ, ist sie „Mutter und Haupt aller Kirchen der Hauptstadt und des Erdkreises". Das Jahresgedächtnis ihrer Weihe verbreitete sich hauptsächlich durch die Augustinereremiten auch außerhalb Roms und fand 1570 Eingang in das Missale *Pius' V.* Im neuen römischen Generalkalender wurde der seitherige Name „Weihefest der Erzbasilika des heiligsten Erlösers" geändert. Er lautet jetzt „Weihe der Lateranbasilika".

Der gemeinsame Weihetag der Basiliken *St. Peter und St. Paul* (vor den Mauern) ist am 18. November als nichtgebotenes Gedächtnis im römischen Generalkalender verzeichnet. Schon *Konstantin d. Gr.* hatte über den Gräbern der beiden Apostel Basiliken erbauen lassen. Das Kirchweihfest der *Petersbasilika* ist seit dem 12. Jahrhundert am 18. November bezeugt. Dieser Tag wurde auch für die Konsekration der neuerbauten Peterskirche im Jahre 1626 beibehalten.

Die konstantinische Basilika *St. Paul vor den Mauern* wurde mehrmals umgebaut und 1823 durch einen Brand zerstört. Der mit Mitteln aus aller Welt errichtete prachtvolle Neubau wurde am 10. Dezember 1854 durch *Pius IX.* konsekriert, das alte Jahresgedächtnis am 18. November aber beibehalten.

Die Basilika *S. Maria Maggiore* auf dem Esquilin-Hügel entstand im 4. Jahrhundert, wurde aber nach dem Konzil von Ephesus 431, das die Gottesmutterschaft Mariens lehramtlich verteidigte, von Papst *Sixtus III.* an einem 5. August eines der folgenden Jahre zu einer Marienkirche geweiht. Eine im Mittelalter entstandene Legende, der Bauplatz sei mitten im Sommer durch Schneefall gekennzeichnet worden, trug im wunderfreudigen 14. Jahrhundert viel für eine Verbreitung der Jahresfeier unter dem Titel „Maria Schnee" auch außerhalb Roms bei. Mit der Aufnahme in das Brevier *Pius' V.* von 1568 fand es Aufnahme in den römischen Festkalender, wo es seinen Platz auch nach der Neuordnung als nichtgebotener Gedenktag beibehält. Allerdings stellt der Kommentar zum neuen Kalender fest: „Der Name dieses Gedenktages wird geändert und heißt: ‚Weihe der Basilika Santa Maria Maggiore', ohne Erwähnung der Gründungslegende der Basilika auf dem Esquilin."[293]

Eine besondere Bedeutung für jede Diözese hat das Weihefest der jeweiligen *Kathedralkirche*, das in allen Pfarreien als Eigenfest der Diözese begangen wird, in der Kathedrale selbst als Hochfest.

Der Weihetag der *einzelnen Kirche* wird, wenn er bekannt ist, jeweils an seinem Termin als Hochfest begangen. Für alle Kirchen aber, deren Weihetag nicht bekannt ist, wird für jede Diözese ein gemeinsames Jahresgedächtnis als Hochfest angesetzt. Schon seit dem 16. Jahrhundert forderten manche Provinzialsynoden wegen der an den verschiedenen Kirchweihtagen vorkommenden Ausschweifungen, daß alle Kirchweihfeste einer Kirchenprovinz auf das gleiche Datum gelegt würden[294].

Für die *Meßfeier* am Jahrestag der Kirchweihe stehen im neuen Meßbuch zwei Formulare zur Verfügung, eines für die Kirche, deren eigenes Weihefest begangen wird, das zweite für die Feier des Jahrestages einer anderen Kirche. In den beiden hierfür vorgesehenen *Präfationen* geht der Blick nicht nur auf das Haus aus Stein, in dem Gott in Christus als dem wahren Tempel des Neuen Bundes Gnade spendet, sondern auch auf die darin versammelte Gemeinde der Gläubigen. „Im sichtbaren Bau erkennen wir das Bild deiner Kirche, die du zur Braut deines Sohnes erwählt hast" (II). Sie ist der „Tempel des Heiligen Geistes" (II), erbaut „aus lebendigen Steinen". Hier werden die aus allen Orten zusammengerufenen Gläubigen eingefügt „in dem geheimnisvollen Leib“ Christi. „Hier lenkst du unseren Blick auf das himmlische Jerusalem und gibst uns die Hoffnung, dort deinen Frieden zu schauen“ (I).

Für beide Messen steht eine größere Anzahl biblischer Lesungen zur Auswahl bereit. Für die ersten Lesungen gibt es zwei Untergruppen: außerhalb der Osterzeit werden alttestamentliche, in der Osterzeit neutestamentliche Abschnitte vorgetragen. Als Evangelien sind u.a. vorgesehen: Mt 5, 23–24 (Mahnung zur Versöhnung mit dem Bruder, bevor man seine Gabe opfert); Lk 19, 1–10 (Begegnung Jesu mit Zachäus und Einkehr in seinem Hause); Joh 2, 13–22 (Vertreibung der Händler aus dem Tempel und Vorhersage der Auferstehung: Wiederaufrichtung des Tempels seines Leibes); Joh 4, 19–24 (Die Stunde der wahren Anbeter).

Die Theologie des christlichen Gotteshauses und seiner Weihe einschließlich der Altäre kommt gut im *neuen Ordo der Kirch- und Altarweihe* zum Ausdruck, der als editio typica durch Dekret der Kongregation für die Sakramente und den Gottesdienst am 29. Mai 1977 als Faszikel des neuen Pontificale Romanum erschienen ist. Die adaptierte deutsche Ausgabe steht z.Z. noch aus.

## 4. *Die Quatembertage*

Unter Quatembertagen versteht man den Mittwoch, Freitag und Samstag von vier Wochen im Jahr, die ungefähr mit dem Beginn der vier Jahreszeiten zusammenfallen und die man seit dem 8. Jahrhundert in Rom als „quattuor tempora = vier Zeiten“ bezeichnet.

Die *Frage des Ursprungs* ist noch nicht voll geklärt. Es steht jedoch fest, daß es sich um eine Institution der römischen Kirche handelt, die im Osten unbekannt blieb und erst mit der Verbreitung der römischen Liturgie in den westlichen Ländern Aufnahme fand. Die älteste Nachricht von einem viermaligen Fasten im Jahr dürfte sich in einer Schrift des *Pontius Maximus* aus dem 4. Jahrhundert finden, in der es mit Berufung auf den Propheten Sacharja empfohlen wird[295]. Die betreffende Prophetenstelle lautet: „So spricht der Herr der Heere: Das Fasten des vierten, das Fasten des fünften, das Fasten des siebten und das Fasten des 10. Monats werden für das Haus Juda Tage des Jubels und der Freude und frohe Feste sein“ (8, 19). Die nächsten literarischen Zeugnisse sind die 25 Quatemberpredigten des Papstes *Leo I.* († 461). Sie lassen darauf schließen, daß es sich beim Quatemberfasten um eine festverwurzelte Einrichtung handelt. Leo I. sieht es im Zusammenhang mit den vier Jahreszeiten. Es sei gemäß der Lehre des Heiligen Geistes so über den Kreislauf eines ganzen Jahres verteilt, daß „wir… (es) in jeder Jahreszeit wiederfinden. Im Frühling unterziehen wir uns dem Fasten während der 40 Tage vor Ostern, im Sommer zu Pfingsten, im Herbst im September und im Winter im Dezember…“[296] Dies geschehe deshalb, „damit wir aus dem sich immer wieder erneuernden Kreislauf des Jahres erkennen, daß wir beständig der Läuterung bedürfen“[297]. Das Dezemberfasten sieht er zugleich als Dank für die Ernte des Jahres: „Wir verkünden euch… in pastoraler Sorge, das Dezemberfasten zu begehen, um in würdiger Weise ein Opfer der Enthaltsamkeit für die abgeschlossene Ernte aller Früchte Gott, ihrem Spender, darzubringen.“[298] Den Ursprung des Quatemberfastens führt Leo I. auf die Überlieferungen der Apostel, aber auch auf alttestamentliche Vorschriften zurück, die im Gegensatz zu den Zeremonialgesetzen als sittliche Gebote auch im Neuen Bund Geltung hätten[299].

Diese Meinung von Herkunft und Alter des Quatemberfastens läßt die Notiz im „Liber Pontificalis“, einer Art Papstgeschichte aus der ersten Hälfte des 6. Jahrhunderts, durchaus glaubwürdig erscheinen, daß nämlich bereits Papst *Calixtus I.* (217–222) ein Fasten an drei Samstagen im Jahr zur Zeit „des Getreides, Weines und Öles“ angeordnet habe.

Das Quatemberfasten schloß mit der Vigilfeier in der Nacht zum Sonntag, wie *Leo I.* nicht weniger als 15mal in seinen Predigten erwähnt: „Am Mittwoch und Freitag wollen wir also fasten, am Samstag aber laßt uns beim heiligen Apostel Petrus die Vigilien feiern.“[300] Weil dieser nächtliche Gottesdienst bereits dem Sonntag zugerechnet wurde, hatte dieser keine weitere Meßfeier mehr und galt deshalb als „*dominica vacans*“ (= freier Sonntag). Als aber die Vigilgottesdienste immer weiter vorverlegt und schließlich schon in den Vormittagsstunden gefeiert wurden, wie wir dies auch bei der Osternachtfeier gesehen haben, schuf man für diese Sonntage eine eigene Meßfeier, die sich zum großen Teil aus Elementen der vorausgehenden Quatembermessen zusammensetzte.

Spätestens seit dem Ende des 5. Jahrhunderts wurden die Quatembertage zu bevorzugten *Weiheterminen*, wobei der Mittwoch und Freitag der Vorstellung und Prüfung der Kandidaten dienten, die Ordinationen aber im Vigilgottesdienst vor dem Sonntag stattfanden[301].

*Verschiedene Hypothesen* versuchen, den eigentlichen Grund für die Entstehung der römischen Quatember aufzuspüren. Nach *G. Morin* gehen sie auf die drei heidnisch-römischen Erntedankfeste zurück, die aus Anlaß der Getreideernte, der Weinlese und der Aussaat (im Dezember) gefeiert wurden. Dem würde entsprechen, daß Rom ursprünglich auch nur drei Quatemberwochen kannte[302]. Nach *L. Duchesne* haben die Quatember ihren Ursprung in der römischen Sitte des sogenannten Stationsfastens an allen Mittwochen und Freitagen, zu denen später auch die Samstage hinzukamen. Als dieses allwöchentliche Fasten außer Übung gekommen sei, habe man das Quatemberfasten als eine Art Ersatz eingeführt[303].

*Neuere Forschungen* sehen die Wurzeln in entsprechenden alttestamentlichen Fastenvorschriften, wobei vor allem Sacharja 8,19 und Joel 2,12–19 eine wichtige Rolle gespielt hätten, eine Vermutung, die vor allem auch durch die Predigten *Leos I.* bestärkt werden kann[304].

Wie bereits erwähnt, verbreitet sich die Sitte der Quatemberfasten mit dem Vordringen der römischen Liturgie, wobei vor allem an die Entsendung des Abtes *Augustinus* und seiner Mönche nach England unter *Gregor I.*, an die stark an Rom orientierte Missionsarbeit des *Bonifatius* und die Bemühungen *Pippins* und *Karls des Großen* zu denken ist. Jahrhundertelang bestand eine gewisse Unsicherheit in der zeitlichen Terminierung der einzelnen Quatemberwochen, die erst durch Papst *Gregor VII.* auf der römischen Synode von 1078 beseitigt wurde. Seitdem gilt die Regelung, daß Quatemberbeginn jeweils der Mittwoch nach dem ersten Fastensonntag, nach Pfingsten, nach Kreuzerhöhung (14.9.) und nach dem Festtag der hl. Luzia (13.12.) ist. Die Kinder prägten sich früher diese Regel mit dem alten Merkvers ein: „Asche, Pfingsten, Kreuz, Luzei – die Woch' danach Quatember sei."

Faßt man am Ende dieses knappen geschichtlichen Überblicks den *Sinngehalt* dieser Tage zusammen, so erscheinen sie als besondere aszetische Bemühung am Beginn der vier Jahreszeiten, vor allem in der schon im Alten Testament empfohlenen Dreiheit Gebet, Fasten, Almosen. Gleichzeitig waren sie Dank für die verschiedenen Ernten im Jahresablauf und dienten seit dem 5. Jahrhundert der Vorbereitung und Spendung der heiligen Weihen. In neuerer Zeit erfolgte eine gewisse Neubelebung dieser Tage durch besondere Gebete um Priester- und Ordensberufe.

Bei der *Neuordnung* des Kirchenjahres im Anschluß an das II. Vaticanum hat die Kirche grundsätzlich an den Quatembertagen festgehalten, ihre Terminierung und Gestaltung jedoch den Bischofskonferenzen übertragen, damit „den unterschiedlichen örtlichen und menschlichen Gegebenheiten" besser Rechnung getragen werden kann[305]. Zur heutigen Sinngebung dieser Tage bringt der römische Kommentar zur Neuordnung wichtige Aspekte: „In unserer Zeit, in der alle Menschen die großen Probleme des Friedens, der Gerechtigkeit und des Hungers deutlich spüren, sollten die regelmäßig mit den vier Jahreszeiten wiederkehrenden Übungen der Buße und der christlichen

Liebestätigkeit wieder ihren ursprünglichen Wert bekommen. Daher sollte in jedem Gebiet unter Berücksichtigung der Verhältnisse und örtlichen Gebräuche ein geeigneter Weg gefunden werden, eine Quatemberliturgie zu erhalten und sie in den besonderen Dienst der christlichen Liebestätigkeit zu stellen."[306]

Diesen allgemeingehaltenen Richtlinien haben auf Antrag der „Internationalen Arbeitsgemeinschaft der Liturgischen Kommissionen des deutschen Sprachgebietes" vom 2. 12. 1971 die Bischofskonferenzen des deutschen Sprachgebietes, jede für sich, aber in der Sache ziemlich übereinstimmend entsprochen[307]. Die Deutsche und die Österreichische Bischofskonferenz sowie die Berliner Ordinarienkonferenz (DDR) und die Diözese Luxemburg haben als Termine der viermaligen Quatember die erste Adventswoche, die erste Fastenwoche, die Woche vor Pfingsten und die erste Oktoberwoche bestimmt. Statt der traditionellen drei Tage kann die Feier gegebenenfalls auf einen einzigen Tag konzentriert werden. Im Unterschied hierzu legt die *Schweizer Bischofskonferenz* keine bestimmten Tage oder Wochen fest, sondern spricht die allgemeine Empfehlung aus, „daß im Advent, in der Fastenzeit, vor Pfingsten oder den Sommerferien und im Herbst vor dem Bettag oder zum Schulbeginn Gemeinde-Bußgottesdienste, aber auch andere (Wort-)Gottesdienste in bestimmten Anliegen gehalten werden. Den geeigneten Termin festzulegen ist Sache des Pfarrers."[308]

Was die inhaltliche Gestaltung angeht, so soll nach dem Willen der Deutschen und Österreichischen Bischofskonferenz unter dem Generalthema „geistliche Erneuerung der Gemeinde" für jede Quatemberwoche ein bestimmtes Thema festgesetzt und die besonderen pastoralen Aktionen der betreffenden Zeit im Kirchenjahr wie „Misereor", „Adveniat" u. ä. einbezogen werden.

Diese allgemeinen Richtlinien haben die *österreichischen Diözesen* gemäß einem Beschluß ihrer Bischofskonferenz (7.–8. 11. 1972) näher umschrieben: „Danach soll in *jeder* der vier Quatemberwochen der Gedanke der persönlichen Erneuerung, der Umkehr und der Hinführung zur Buße besonders gefördert und wenigstens in einem Gottesdienst um geistliche Berufe gebetet werden."[309] Folgende Schwerpunktthemen und Aufgaben sollen den *einzelnen* Wochen gegeben werden: „*Erste Woche im Advent:* Thema: Frieden für die Welt. Aktion: Bruder in Not. *Erste Fastenwoche:* Thema: Brot für alle Menschen. Aktion: Familienfasttag. *Woche vor Pfingsten:* Thema: Geist und Wahrheit. Aktion: Verkündigung, Gebet um die Gaben des Geistes, Massenmedien. *Erste Woche im Oktober:* Thema: Gemeinde konkret. Aktion: Beginn des Arbeitsjahres, Planung, Pfarrversammlung."[310]

Darüber hinaus sollen in die Gestaltung auch die „jeweils aktuellen Anliegen besonders einbezogen werden, sowohl um sie entsprechend zur Geltung zu bringen als auch um das Kirchenjahr zu entlasten." Die Wahrnehmung dieser besonderen Anliegen soll geschehen „in Gottesdiensten, Bildungsveranstaltungen, durch Aktionen und durch Massenmedien. Zuständig für die Durchführung ist der Pastoralrat bzw. der Pfarrgemeinderat in Verbindung mit der KA."[311]

Auch die *Berliner Ordinarienkonferenz* hat die Thematik der einzelnen Quatemberwochen bereits näher umschrieben:

*Adventsquatember:* Dem Reich Gottes Wege bereiten durch Bemühung um den Frieden unter den Menschen, in der Christenheit, in der Kirche, in der Gemeinde, in den Familien, am Arbeitsplatz.

*Fastenquatember:* Bekehrung und Buße, Verzicht und tätige Nächstenliebe.

*Pfingstquatember:* Um die Einheit der Christen, um die Gaben des Heiligen Geistes für die Kirche, um geistliche Berufe.

*Herbstquatember:* Erntedank.

„In jeder Gemeinde soll wenigstens an einem der drei Quatembertage (oder, wenn besondere Gründe vorliegen, an einem der anderen Werktage der Quatemberwoche) ein Gottesdienst in der angegebenen Meinung gehalten werden."[312]

Auch die *Diözese Luxemburg* hat bereits für die nähere inhaltliche Gestaltung der Quatemberwochen Hinweise veröffentlicht[313].

Für die Meßfeier an den Quatembertagen hatte die GOK vorgesehen, daß eine dem jeweiligen Anliegen entsprechende Votivmesse ausgewählt werde (Nr. 47). Dabei war dem Zusammenhang nach sicher auch an die „Missae ad diversa" (= Messen in besonderen Anliegen) gedacht. Das deutsche Meßbuch enthält darüber hinaus für jede Quatemberwoche eine eigene Messe, die von der jeweiligen Kirchenjahrzeit mitgeprägt ist[314].

### *Quatember und Erntedank*

Überblickt man die inhaltliche Füllung der Quatemberfeiern in der Geschichte, so fällt auf, daß besonders die Herbst- und Dezember-Quatember stark vom Dank für die verschiedenen Ernten des Jahres geprägt waren. Dies sollte nahelegen, den jährlichen Erntedank, der nach einem Entscheid der Fuldaer Bischofskonferenz am ersten Sonntag im Oktober zu begehen ist, mit den Herbstquatembern zu verbinden, und zwar so, daß jeweils der Sonntag danach zum Sonntag des Erntedanks gemacht wird. So ließe sich das Motiv des Erntedanks organisch in die gewachsene Liturgie integrieren.

Man hat zwar mit Recht darauf hingewiesen, daß es im christlichen Festverständnis eigentlich kein selbständiges Erntedankfest geben könne, weil der alles umfassende Grund für christliche Festfeiern die Heilstat Christi sei und diese vor allem in der Eucharistiefeier zum heilbringenden Fest werde. „Die eigentliche Festzeit des Christen ist die Feier der Eucharistie. Hier ist der Raum und die Zeit der engsten Christusgemeinschaft... Darum ist das Urfest der Christenheit die regelmäßige gemeindliche Feier der Eucharistie am Sonntag."[315] Andererseits weiß sich auch der Christ dem natürlich-irdischen Geschehen mit seinen Beglückungen und Gefährdungen ausgesetzt, und deshalb „bleiben die natürlichen Motive der Religiosität auch für den Christen lebendig"[316]. Darum haben Freude und Dank im Hinblick auf die Ernte auch im Leben der Christen Daseinsberechtigung und Anspruch auf Berücksichtigung innerhalb der christlichen Festfeier, wie wir dies auch beim Neujahrsfest gesehen haben (s. o. S. 118f). Dieser Erntedank sollte schon in der Feier der Herbstquatember selbst und am folgenden Sonntag für die ganze Gemeinde Ausdruck finden.

Im neuen Meßbuch findet sich unter den „Messen für verschiedene Anliegen" auch eine „*zum Erntedank*". In ihren Präsidialgebeten wird mit dem Dank für die empfangenen Gaben sowohl die Verpflichtung bekundet, mit ihnen den Notleidenden zu helfen (1. Tagesgebet), als auch die Bitte um „die Früchte deiner Gnade" (2. Tagesgebet) und die „ewigen Güter, welche die Erde nicht geben kann" (Schlußgebet), verbunden. Im Lektionar sind besondere Lesungen für diesen Anlaß vorgesehen, jedoch können in vielen Fällen auch die Sonntagslesungen Verwendung finden. Ansatzpunkte für die Predigt könnten vor allem die neuen Lob- und Dankgebete (= Beraka) bei der Gabenbereitung sein, in denen wir Gott preisen für die Gaben des Brotes (Weines), die Frucht der Erde (des Weinstocks) und der menschlichen Arbeit.

### 5. *Die Bittage*

Mitten in der festlichen Osterzeit haben sich noch im christlichen Altertum zwei Feiern herausgebildet, deren Ernst in einem gewissen Gegensatz zur freudigen Pentekoste steht, so daß schon Amalar von Metz († um 850) erstaunt ausruft: „Ich wundere mich, wie in unserer Kirche die Gewohnheit des gegenwärtigen Fastens aufkommen konnte, ... wo doch die heiligen Väter... sagen, das Fasten sei in der Pentekoste zu unterlassen."[317] Es handelt sich dabei um die Bittprozessionen (mit entsprechender Meßfeier) am 25. April, dem Fest des Evangelisten Markus, und an den drei Tagen vor Christi Himmelfahrt.

Die *ältere Prozession (litania maior)* am 25. April ist durch die Neuordnung des Kirchenjahres weggefallen. Der offizielle Kommentar zur GOK begründet dies damit, „weil sie in einem rein lokalen Brauch der stadtrömischen Kirche ihren Ursprung hat. Mit der Einführung dieser Prozession wollten die Päpste einen alten heidnischen Brauch durch einen christlichen Ritus ersetzen."[318] Der Kommentar zum neuen Kalender vermerkt: „Der große Bittag entfällt, da sein Inhalt sich fast mit den kleinen Bittagen deckt."[319] Bei dem erwähnten alten römischen Brauch handelt es sich um die sogenannten „*Robigalia*" am 25. April, die man zu Ehren des Gottes Robigus (oder der Göttin Robigo) zur Abwehr des damals weitverbreiteten Mehltau-Befalls beim Getreide beging. Anscheinend hat die römische Kirche noch im 4. Jahrhundert *(Papst Liberius?)* diese beim Volk tiefverwurzelte Flurprozession (Ambarvalia) durch ein christliches Gegenstück verdrängen wollen. Denn nicht nur der Termin der litania maior stimmt mit dem der Robigalia überein, sondern weitgehend auch der Weg, den beide Prozessionen genommen hatten. *Papst Gregor I.* hat sich um die Ausgestaltung dieses großen Bittages besonders bemüht[320].

Die sogenannten *litaniae minores* (= jüngere Bittprozessionen) oder Bittage haben ihren Ursprung in Gallien. Dort ordnete der Bischof *Mamertus von Vienne* im Jahre 469 wegen besonderer Heimsuchungen der Stadt (Erdbeben, Mißernten) an den drei Tagen vor Christi Himmelfahrt besondere Bußprozessionen, verbunden mit Fasten, an[321]. Sie wurden rasch auch von anderen Diözesen übernommen und von einer Synode von Orléans 511 für Gallien vorgeschrieben. In Rom wurden sie erst unter Papst *Leo III.* († 816) eingeführt, allerdings ohne das in Gallien vorgeschriebene Fasten[322].

Die GOK hat an diesen „jüngeren Bittagen" festgehalten und ihren Sinn in Zusammenfassung mit den Quatembertagen in folgender Weise umschrieben: „An den Bitt- und Quatembertagen betet die Kirche für mannigfache menschliche Anliegen, besonders für die Früchte der Erde und für das menschliche Schaffen; auch eignen sich die Tage für den öffentlichen Dank."[323] Die nähere Ausgestaltung wurde den Bischofskonferenzen übertragen[324]. Die Deutsche Bischofskonferenz hat auf ihrer Vollversammlung vom 21. bis 24. Februar 1972 in Freising beschlossen, die Feier der Bittage dort zu erhalten, wo sie im religiösen Leben der Gemeinde verwurzelt ist und auch heute noch gut durchgeführt werden kann. Dies kann an einem oder mehreren Tagen vor Christi Himmelfahrt geschehen. Dabei sollen alle „wesentlichen Bereiche und Gefährdungen des gegenwärtigen Lebens" in die Bittgottesdienste einbezogen werden. Diesen Beschluß, der einer Empfehlung der Internationalen Arbeitsgemeinschaft der Liturgischen Kommissionen des deutschen Sprachgebietes vom 2. Dezember 1971 entspricht, faßte in gleicher Form auch die Österreichische Bischofskonferenz. Die Berliner Ordinarienkonferenz, die Bischofskonferenz der Schweiz und der Bischof von Luxemburg trafen eine in der Sache ähnliche Entscheidung, wobei die erstgenannte den Sinn der Bittage als „Bitte um eine gute Ernte" versteht[325].

Für die Meßfeier steht im deutschen Meßbuch eine *Bittmesse* zur Verfügung. Ihre vier Tagesgebete (zur Auswahl) bitten im Bewußtsein, daß alles Gute nur von Gott allein kommen kann, um seinen Geist, „damit wir erkennen, was recht ist, und es mit deiner Hilfe auch tun" (1); um den Beistand seiner Gnade, „damit wir denken, reden und tun, was dir gefällt" (2); um seine tägliche Liebe und die Erneuerung seiner Gnade, „damit wir dir gefallen" (3); er möge fernhalten, was uns schadet, und gewähren, was uns zum Heile dient (4). Auch die Lesungen im Lektionar ermöglichen eine Anpassung an die jeweilige Situation.

Bei den Flurprozessionen nimmt die Allerheiligenlitanei traditionsgemäß die erste Stelle ein.

ACHTES KAPITEL

# Das Sanctorale des Kirchenjahres

Im Abschnitt über die Struktur des Kirchenjahres (3. Kap., 4) wurde schon erwähnt, daß es neben dem Temporale oder Herrenjahr auch einen Kranz von Heiligenfesten und -gedächtnissen gibt, der mit jenem eng verflochten ist. Es handelt sich um das festliche Gedenken an die Mutter Jesu, die Apostel und Märtyrer und jene große Schar heiliger Männer und Frauen aus allen Lebensständen und Gesellschaftsschichten, die mit der Nachfolge Christi in einem einzigartigen Sinn Ernst gemacht haben. Bevor wir ihre Feste und Gedächtnisse beschreiben, seien einige grundsätzliche, wenn auch kurze Gedanken und Feststellungen zur Theologie der Heiligenverehrung, zu ihrer Geschichte und zu den Leitlinien der Reform des Heiligenkalenders zum Ausdruck gebracht.

## 1. *Grundsätzliches zur Heiligenverehrung*

### a) *Zur Theologie der Heiligenverehrung*

Die Heiligenverehrung, insbesondere auch die Verehrung der Gottesmutter Maria, mußte sich manchmal gegen den Verdacht und Vorwurf verteidigen, sie verstoße gegen die alleinige Mittlerschaft Christi. Wenn man auch zugeben muß, daß es in manchen Zeiten und Ländern Übertreibungen und mißverständliche, auch mißbräuchliche Praktiken der Marien- und Heiligenverehrung gegeben hat, so hat doch die offizielle Lehre der Kirche die zentrale Aussage von 1 Tim 2,5f nie aus dem Auge verloren: „Einer ist Gott, einer auch Mittler zwischen Gott und den Menschen: der Mensch Christus Jesus, der sich als Lösegeld hingab für alle."

Wenn die Kirche die Heiligen verehrt, dann anerkennt und verkündet sie die siegreiche *Gnade des einzigen Erlösers* und Mittlers Christus. Sie dankt dem Vater für die in Christus geschenkte Erbarmung, die an einem ihrer Glieder und damit am ganzen Leib der Kirche sichtbar und wirksam geworden ist. Vielleicht gibt es keinen treffenderen liturgischen Ausdruck für diesen Aspekt der Heiligenverehrung als die Präfationen von den Heiligen. Dort heißt es u. a.: „Die Schar der Heiligen verkündet deine Größe, denn in der Krönung ihrer Verdienste krönst du das Werk deiner Gnade“ (I). „Denn in den Heiligen schenkst du der Kirche leuchtende Zeichen deiner Liebe“ (II). Die Präfation von den Märtyrern verkündet den gleichen Gedanken in anderer Formulierung: „Im Martyrium des heiligen N. offenbarst du das Wunder deiner Gnade, denn in der menschlichen Schwachheit bringst du deine göttliche Kraft zur Vollendung.“ „In ihnen offenbarst du deinen Ratschluß, uns Menschen die ursprüngliche Heiligkeit neu zu schenken und uns schon jetzt mit Freude an den Gütern der kommenden Welt zu erfüllen“ (Präfation von den heiligen Jungfrauen und Ordensleuten). Dieser dankerfüllte Lobpreis zeigt sich auch in den beiden Marienpräfationen: „... weil du Großes getan hast an der seligen Jungfrau Maria ...“ (I); „... dir, Vater, für die Erwählung der seligen Jungfrau Maria zu danken und mit ihr das Werk deiner Gnade zu rühmen. Du hast an der ganzen Schöpfung Großes getan und allen Menschen Barmherzigkeit erwiesen“ (II).

Die von den Heiligen empfangene und gelebte Gnade Gottes wird für die Lebenden zum *Zeichen und Zeugnis des Glaubens*, zum gelebten Evangelium, zum beispielgebenden Vorbild, das Orientierung, Aufmunterung, Ausdauer und Hoffnung in der christlichen Gestaltung des eigenen Lebens zu schenken vermag. Dies alles nicht im Sinn einer klischeehaften Kopierung, sondern als Fülle von Impulsen und Hilfen für das ganz persönliche und konkrete Bemühen des einzelnen Christen, im Hier und Heute Christus nachzufolgen.

Schließlich und nicht zuletzt gehört zur Heiligenverehrung auch das *Zutrauen*, vor ihnen als Brüdern und Schwestern Christi die persönlichen Sorgen und Nöte auszubreiten und um ihre *Fürsprache* bei Gott, dem Geber aller guten Gaben, zu bitten, wissend um die brüderliche Solidarität aller, die Christus angehören. „Die ‚Anrufung‘ aber ist doch im Grunde nur der Mut zur Liebe, Du zu sagen über allen Tod hinaus, und der Glaube, daß keiner allein lebt, sondern jedes Leben in Christo für alle gültig ist vor Gott. Und die ‚Fürbitte‘ der Heiligen bedeutet kein Vermittlungsbüro und keinen ‚Instanzenzug‘, sondern dies, daß jedes Leben des Glaubens und der Liebe von ewiger Gültigkeit und Bedeutung für alle ist und daß der Gerettete diese seine Bedeutung selig annimmt und lebt. Und weil es sich um die eine geistige Welt handelt, der sich Gott mitgeteilt hat und in der alles an jedem hängt, in der einer Bedeutung für andere haben kann, darum ist die ausdrückliche oder einschließliche Anrufung eines ‚amtlichen‘ Heiligen oder eines durch den einzelnen Christen glaubend und hoffend geliebten Heimgegangenen immer die Anrufung *aller* Heiligen, das heißt: das gläubige Sichbergen in der umfassenden Gemeinschaft aller Erlösten."[326]

Alle diese Aspekte der Heiligenverehrung haben auch auf dem *II. Vatikanischen Konzil* einen authentischen Ausdruck gefunden, der geeignet ist, manche Mißverständnisse bei vereinten und getrennten Brüdern abzubauen. Schon im ersten Konzilsdokument heißt es: „In den Gedächtnisfeiern der Heiligen verkündet die Kirche das Pascha-Mysterium in den Heiligen, die mit Christus gelitten haben und mit ihm verherrlicht sind. Sie stellt den Gläubigen ihr Beispiel vor Augen, das alle durch Christus zum Vater zieht, und sie erfleht um ihrer Verdienste willen die Wohltaten Gottes" (LK 104). „... die Feste der Heiligen künden die Wunder Christi in seinen Knechten und bieten den Gläubigen zur Nachahmung willkommene Beispiele" (LK 111). Ausführlicher kommt die *„Dogmatische Konstitution über die Kirche"* („Lumen gentium") auf die Heiligenverehrung zu sprechen, nachdem Papst *Johannes XXIII.* ausdrücklich gewünscht hatte, daß dieses Thema nicht unerwähnt bleibe. Im 7. Kapitel wird „der endzeitliche Charakter der pilgernden Kirche und ihre Einheit mit der himmlischen Kirche" beschrieben. Artikel 50 sieht nach einem kurzen geschichtlichen Überblick über die Heiligenverehrung ihren Sinn in der Wegweisung für uns durch ihr Vorbild und im Ausdruck brüderlicher Liebe, wodurch die Einheit der ganzen Kirche gestärkt werde. „Denn wie die christliche Gemeinschaft unter den Erdenpilgern uns näher zu Christus bringt, so verbindet auch die Gemeinschaft mit den Heiligen uns mit Christus, von dem als Quelle und Haupt jegliche Gnade und das Leben des Gottesvolkes selbst ausgehen. So ziemt es sich also durchaus, diese Freunde und Miterben Christi, unsere Brüder und besonderen Wohltäter, zu lieben, Gott für sie den schuldigen Dank abzustatten, ‚sie hilfesuchend anzurufen und zu ihrem Gebet, zu ihrer mächtigen Hilfe Zuflucht zu nehmen, um Wohltaten zu erflehen von Gott durch seinen Sohn Jesus Christus, der allein unser Erlöser und Retter ist'." Das Konzil beruft sich in Artikel 51 auf den „ehrwürdigen Glauben unserer Vorfahren" und legt die entsprechenden „Beschlüsse des II. Konzils von Nicäa, der Konzilien von Florenz und Trient wiederum vor". Zugleich mahnt es „alle, die es angeht", „jegliche vielleicht da und dort eingeschlichenen Mißbräuche, Übertreibungen oder Mängel fernzuhalten oder zu beheben ... Sie mögen also die Gläubigen darüber belehren, daß echte Heiligenverehrung nicht so sehr in der Vielfalt äußerer Akte als vielmehr in der Stärke unserer tätigen Liebe besteht, durch die wir zum größeren Wohl für uns und die Kirche ‚im Wandel das Beispiel, in der Gemeinschaft die Teilnahme, in der Fürbitte die Hilfe' der Heiligen suchen. Andererseits aber sollen sie die

Gläubigen unterrichten, daß unsere Gemeinschaft mit den Heiligen, sofern im vollen Lichte des Glaubens verstanden, in keiner Weise den Kult der Anbetung abschwächt, der Gott dem Vater durch Christus im Heiligen Geiste dargebracht wird, sondern ihn vielmehr reicher gestaltet."

Was bislang von der Heiligenverehrung allgemein gesagt wurde, trifft in besonderer und einzigartiger Weise für *Maria,* die Mutter Jesu Christi, zu. Ihre Auserwählung zur jungfräulichen Mutter des Erlösers, die ihr im Hinblick auf ihre Gottesmutterschaft geschenkte Gnadenfülle, ihr dienst- und opferbereites Eingehen auf den Anruf Gottes heben sie nach Begnadung und Mitarbeit am Werk der Erlösung aus allen anderen Heiligen weit heraus. Auch hier seien dem II. Vaticanum einige authentische Aussagen des katholischen Glaubens entnommen:

In knappen Sätzen hebt die *LK* die wesentlichen Aspekte der Marienverehrung hervor: „Bei der Feier dieses Jahreskreises der Mysterien Christi verehrt die heilige Kirche mit besonderer Liebe Maria, die selige Gottesgebärerin, die durch ein unzerreißbares Band mit dem Heilswerk ihres Sohnes verbunden ist. In ihr bewundert und preist sie die erhabenste Frucht der Erlösung. In ihr schaut sie wie in einem reinen Bilde mit Freuden an, was sie ganz zu sein wünscht und hofft" (103).

Ausführlicher sind die mariologischen Aussagen der *„Dogmatischen Konstitution über die Kirche"*, die ihr das verhältnismäßig lange Schlußkapitel „Die selige jungfräuliche Gottesmutter Maria im Geheimnis Christi und der Kirche" (VIII) widmet. Schon in dieser Überschrift tritt der christologische und ekklesiologische Aspekt der katholischen Mariologie deutlich hervor, der dann auch das ganze Kapitel prägt. In konzentrierter Form werden die Grundaussagen schon im einleitenden Abschnitt vorweggenommen: „Im Hinblick auf die Verdienste ihres Sohnes auf erhabenere Weise erlöst und mit ihm in enger und unauflöslicher Verbindung geeint, ist sie mit dieser höchsten Aufgabe und Würde beschenkt, die Mutter des Sohnes Gottes und daher die bevorzugt geliebte Tochter des Vaters und das Heiligtum des Heiligen Geistes zu sein. Durch dieses hervorragende Gnadengeschenk hat sie bei weitem den Vorrang vor allen anderen himmlischen und irdischen Kreaturen. Zugleich aber findet sie sich mit allen erlösungsbedürftigen Menschen in der Nachkommenschaft Adams verbunden, ja ‚sie ist sogar Mutter der Glieder (Christi), ... denn sie hat in Liebe mitgewirkt, daß die Gläubigen in der Kirche geboren würden, die dieses Hauptes Glieder sind' (Augustinus). Daher wird sie auch als überragendes und völlig einzigartiges Glied der Kirche wie auch als ihr Typus und klarstes Urbild im Glauben und in der Liebe gegrüßt, und die katholische Kirche verehrt sie, vom Heiligen Geist belehrt, in kindlicher Liebe als geliebte Mutter" (Art. 53).

Die Gottesmutterschaft Mariens wirkt sich auch aus als *Mitwirkung am Werk der Erlösung* und wird so in einem übertragenen Sinn zur Mutterschaft bei allen Erlösten (61). „In den Himmel aufgenommen, hat sie diesen heilbringenden Auftrag nicht aufgegeben, sondern fährt durch ihre vielfältige Fürbitte fort, uns die Gaben des ewigen Heils zu erwirken. In ihrer mütterlichen Liebe trägt sie Sorge für die Brüder ihres Sohnes ... Deshalb wird die selige Jungfrau in der Kirche unter dem Titel der Fürsprecherin, der Helferin, des Beistandes und der Mittlerin angerufen. Das aber ist so zu verstehen, daß es der Würde und Wirksamkeit Christi, des einzigen Mittlers, nichts abträgt und nichts hinzufügt" (62).

In Konsequenz dieser einzigartigen Stellung fordert das Konzil zur Marienverehrung, vor allem zur liturgischen, auf, wobei es Theologen und Prediger vor „jeder falschen Übertreibung" wie vor „zu großer Geistesenge" warnt. „Die Gläubigen aber sollen eingedenk sein, daß die wahre Andacht weder in unfruchtbarem und vorübergehendem Gefühl noch in irgendwelcher Leichtgläubigkeit besteht, sondern aus dem wahren Glauben hervorgeht, durch den wir zur Anerkennung der Erhabenheit der Gottesmutter geführt und zur kindlichen Liebe zu unserer Mutter und zur Nachahmung ihrer Tugenden angetrieben werden" (67).

Unter den nachkonziliären Aussagen zur Marienverehrung verdient das Apostolische Mahnschreiben *„Marialis cultus"* des Papstes *Paul VI.* vom 2. Februar 1974 besondere Beachtung[327]. Im ersten Teil werden die engen und vielfältigen Beziehungen zwischen Liturgie und Marienverehrung aufgezeigt (1–23). Der zweite Teil bringt einige „Erwägungen und Richtlinien zur rechten Marienverehrung" (24–38). Die marianischen Andachtsformen sollen trinitarisch und christologisch geprägt sein (25), müssen der Person und dem Wirken des Heiligen Geistes gebührenden Platz einräumen (26–27) und einen deutlichen kirchlichen Aspekt aufweisen (28). Sie sollen bestimmte „biblische, liturgische, ökumenische und anthropologische Richtlinien" beachten (29–38). „Höchstes und letztes Ziel aller Marienverehrung ist die Verherrlichung Gottes und das Bemühen der Gläubigen, ihr Leben und ihr Tun in Einklang mit dem Willen Gottes zu bringen" (39). Der dritte Teil empfiehlt unter den marianischen Andachtsformen besonders das Gebet des „Englischen Grußes" (41) und den Rosenkranz (42–54). Bemerkenswert ist dabei die Warnung des Papstes vor Übertreibungen, „als wären andere Übungen der Frömmigkeit ungeeignet und wertlos. Der Rosenkranz ist ohne Zweifel ein hervorragendes Gebet, aber jeder Christ soll sich frei dafür entscheiden können – nicht durch äußeren Druck, sondern durch die innere Gediegenheit der Sache selbst; dann erst wird er dieses Gebet in gelöster und ruhiger Seelenverfassung verrichten“ (55).

Das Apostolische Mahnschreiben schließt damit, daß es den theologischen Wert der Marienverehrung unterstreicht und ihren pastoralen Wert für die Erneuerung des christlichen Lebens aufzeigt (56–57)[328].

### *b) Zur Geschichte der Heiligenverehrung*

Die Geschichte der Heiligenverehrung ist ein so weitgefächertes und äußerst kompliziertes Gebilde mit einer Fülle notwendiger Differenzierungen nach Zeit und Raum, daß es im Rahmen dieses Buches nur darum gehen kann, die wichtigsten Entwicklungsschritte zu registrieren[329]. Den Beginn einer eigentlichen Heiligenverehrung kann man in die Mitte des 2. Jahrhunderts legen. Verehrt wurden zunächst jene Christen, die durch ihr Lebensopfer Zeugen Christi in einem einzigartigen Sinn geworden sind. Bischof *Polykarp von Smyrna* († um 155) dürfte der erste *Märtyrer* gewesen sein, dem seine Gemeinde kultische Verehrung erwiesen hat. Während sich im Anfangsstadium die Märtyrerverehrung auf jene Gemeinden und Orte begrenzte, die das Grab bzw. die sterblichen Überreste des betreffenden Märtyrers aufweisen konnten, wurden später manche Märtyrer auch von anderen Gemeinden in ihren Festkalender aufgenommen. Das fehlende Grab suchte man dann durch Reliquien (auch „Berührungsreliquien“) und in einer späteren Epoche auch durch Bilder zu ersetzen.

Zum geistigen Ursprung dieser Märtyrerverehrung bemerkt *Th. Klauser* mit guter Begründung: „Der christliche Märtyrerkult hat seine Wurzel in der schon vom Judentum ererbten Hochschätzung und privaten Verehrung des Gerechten und Märtyrers.“[330]

Den Märtyrern im Kult gleichgestellt wurden schon früh die *Apostel* als die amtlichen Zeugen, die von Christus selbst bestellt wurden und denen er die Verheißung gegeben hatte, daß sie „auf zwölf Thronen sitzen und die zwölf Stämme Israels richten“ werden (Mt 19,28b). Besondere Verehrung wird auch den *„Bekennern“* (confessores) zuteil, die in der Verfolgung um des Glaubens willen zwar nicht den Tod, wohl aber Folter, Gefangenschaft und Verbannung erdulden mußten. Mit dem Ende der großen Christenverfolgungen werden allmählich auch berühmte *Bischöfe* wie *Gregor Thaumaturgos* im Osten und *Martin von Tours* im Westen als „Märtyrer“ verehrt. Schließlich gehören auch die *Asketen* und *Jungfrauen*, die sich durch außerordentliche Christusnachfolge auszeichneten, zur Schar der Verehrten, indem man ihr ganzes Leben als eine Art unblutigen Martyriums betrachtete.

Die Verehrung dieser Heiligen, über deren Gräbern schon früh Altäre, Kapellen oder gar Basiliken errichtet, die Märtyrerakten verlesen und die Eucharistie gefeiert wurde, bestand nicht nur im ehrenden Gedächtnis ihres „Natale“ (= Sterbetag) und Nachahmung ihrer Tugenden (imitatio), sondern auch in der Anrufung (invocatio) und Bitte um ihre Fürsprache. Ähnlich wie bei der spätjüdischen Heiligenverehrung vertrauten auch die Christen auf die Fürsprache ihrer Märtyrer und Heiligen am Throne Gottes[331].

Die am Anfang zu beobachtende Konzentrierung auf Märtyrer und Apostel dürfte der Grund sein, daß über eine kultische Verehrung der *Gottesmutter* in den ersten drei Jahrhunderten kein eindeutiges Zeugnis vorliegt. Wohl gibt es neben den ehrenvollen Erwähnungen im Neuen Testament schon im 2. Jahrhundert die Parallele Eva–Maria (Justin, Irenäus), und es häuft sich mit Beginn des 3. Jahrhunderts der Lobpreis ihrer jungfräulichen Mutterschaft. Erster Ausdruck einer kultischen Verehrung ist vielleicht jener *koptische Papyrus* aus dem 3. Jahrhundert, dessen Text noch heute in der griechischen Liturgie Verwendung findet und auch im Westen wohlvertraut klingt: „Wir fliehen unter deine Barmherzigkeit, Mutter Gottes, verschmähe nicht unser Gebet in der Not, sondern errette uns aus den Gefahren, du einzig Reine und Gebenedeite.“[332] Über die Entstehung und Ausgestaltung der eigentlichen Marienfeste soll erst im folgenden Abschnitt (2) berichtet werden.

Um einer unkontrollierten Ausweitung der Heiligenverehrung auf immer neue Personen entgegenzutreten, bildete sich ein kirchliches Verfahren zur *Heiligsprechung* heraus. Ausgangspunkt war die Heiligsprechung des Bischofs *Ulrich von Augsburg* († 973) durch Papst *Johannes XV.* auf einer römischen Synode 993. Bei den immer mehr anschwellenden Anträgen wurde die Prüfung mehrmals verschärft, wobei vor allem heroische Christusnachfolge und der Nachweis von Wundern aufgrund der Anrufung gefordert wurden. Die heutigen Bestimmungen, die sich im kirchlichen Gesetzbuch (CIC) Can. 1999–2141 finden, gehen im wesentlichen auf *Benedikt XIV.* zurück.

In der mittelalterlichen Entwicklung läßt sich eine stürmische und theologisch wenig fundierte Hinwendung zu den Heiligen konstatieren. Sie ist durch drei charakteristische Phänomene gekennzeichnet:

„Es sind a) die Spezialisierung und Zuständigkeitserklärung der Heiligen für bestimmte Aufgaben; b) die Reliquienteilung und Reliquienhäufung als Unterpfand der Hilfe vieler Heiliger; c) der Wunderglaube und die Wundersucht... Die Lehre der Kirche wurde immer seltener dem gläubigen Volk vernehmlich verkündet. In der religiösen Praxis trat die Nachahmung (imitatio) zurück hinter der Anrufung (invocatio). Die Heiligen wurden aus Fürbittern (intercessor) im Bewußtsein des Volkes immer mehr zu Helfern (adiutor). Die Gefahr des religiösen Wildwuchses wurde noch dadurch vermehrt, daß die gesteigerte Heiligenverehrung sich an Wallfahrtsorten mit großen Reliquiensammlungen konzentrierte und das dort besonders wuchernde Ablaßwesen das quantitative Denken weiter begünstigte."[333]

Angesichts dieser weitreichenden Verdunkelung der wahren kirchlichen Heiligenverehrung ist es nicht verwunderlich, daß sich die Reformatoren zum Teil in heftigster Form gegen die Heiligenverehrung wandten. Um so erfreulicher ist es, daß sich in den reformatorischen Kirchen unserer Tage die Stimmen mehren, dem Anliegen der echten Heiligenverehrung, einschließlich der Marienverehrung, näherzukommen[334].

Die übersteigerte Heiligenverehrung des Mittelalters hatte dazu geführt, daß das Herrenjahr in der liturgischen Feier weitgehend vom Heiligenkult überdeckt wurde. Zwar hatten im 15. Jahrhundert zahlreiche Theologen und Bischöfe warnend ihre Stimme erhoben und eine Reduzierung der Heiligenfeste verlangt. In gleicher Richtung bemühten sich mehrere Provinzial- und Diözesansynoden vor und während des Konzils von Trient (1545–1563), jedoch ohne durchschlagenden Erfolg[335]. Auf dem Konzil selbst gab es in dieser Frage unterschiedliche Standpunkte. Es kam weder zu einer Liturgie- noch zu einer Kalenderreform. Darum übertrugen die Konzilsväter auf ihrer letzten Sitzung am 4. Dezember 1563 beide Aufgaben dem Papst. Die von *Pius IV.* 1564 eingesetzte Reformkommission sah „in der Einführung einer allgemein verpflichtenden Einheitsliturgie die wirksamste Reformlösung"[336]. In dem dann von Pius V. herausgegebenen Brevier und Missale (1568 und 1570) kam es zu einer erheblichen Reduzierung der Heiligenfeste. Auf der Grundlage des alten stadtrömischen Kalenders war zum erstenmal ein Universalkalender entstanden. Es gab „nur" noch 158 Heiligenfeste bei 156 Ferialtagen. Nach dem in beiden Büchern festgelegten Grundsatz sollten nur noch jene liturgischen Sonderformen und damit nur jene Partikularkalender beibehalten werden, die eine mehr als 200jährige Gewohnheit nachweisen können. Viele Diözesen und Orden verzichteten jedoch auf dieses Privileg, und so schien es zu einer damals als gesund und dauerhaft empfundenen Vereinheitlichung der Liturgie gekommen zu sein.

Diese Hoffnung erfüllte sich jedoch nicht in bezug auf den Heiligenkalender. Aus Gründen, auf die hier im einzelnen nicht eingegangen werden kann[337], kam es bis Anfang unseres Jahrhunderts wiederum zu einer Überfrachtung des Festkalenders. Der allgemeine Kalender kannte 230 Feste, zahlreiche Diözesankalender brachten es zusätzlich auf über 100 Eigenfeste. So war die lobenswerte Absicht des Trienter Konzils, das Temporale des Kirchenjahres stärker zur Geltung zu bringen, wieder vereitelt worden.

Eine Gesamtreform der Liturgie schwebte Papst *Pius X.* (1903 bis 1914) vor, für die er in realistischer Einschätzung der Gegebenheiten einen Zeitraum von etwa dreißig Jahren als notwendig erachtete. Jedoch suchte er sofort das Übergewicht der Heiligenfeste durch verschiedene rubrizistische Regelungen zu reduzieren. Außerdem verlangte er eine Verminderung der Eigenfeste in Diözesan- und Ordenskalendern. Dabei sollte nur noch eine besondere Ortsbezogenheit der Eigenfeste sie vor der Streichung bewahren. Diese Maßnahme führte tatsächlich zu einer spürbaren Verringerung der Eigenfeste. Am Universalkalender wurde jedoch kaum etwas geändert. In den folgenden Jahrzehnten kam es trotzdem wieder zu einem Zuwachs neuer Feste sowohl im allgemeinen wie in den Eigenkalendern. Im Jahre 1950 standen 71 Ferialtagen 262 Heiligenfeste gegenüber.

Kurz vor Beginn des II. Vaticanums gab es noch zwei erwähnenswerte Reformschritte in unserer Frage: *Pius XII.* hob durch Generaldekret über die Vereinfachung der Rubriken vom 23. März 1955 die Oktaven zahlreicher Eigenfeste auf und verschaffte so dem überlasteten Temporale etwas mehr freien Raum. *Johannes XXIII.* approbierte 1960 den „Codex rubricarum“ für Brevier und Meßbuch, der u.a. die komplizierte Festordnung auf vier Festklassen zurückführte, aber grundsätzlich an einer zentralistischen Einstellung zum Heiligenkalender zu Lasten der Eigenfeste beharrte.

### c) *Leitlinien für die Reform des Heiligenkalenders*

Im Hinblick auf die Bedeutung der Heiligenverehrung einerseits und den reformbedürftigen Zustand des Heiligenkalenders andererseits veröffentlichte das II. Vaticanum bereits in der Liturgiekonstitution wichtige Richtlinien künftiger Kalendergestaltung. Oberster Gesichtspunkt ist dabei der Vorrang des Herrenjahres vor dem Heiligenjahr, „damit der volle Kreis der Heilsmysterien in gebührender Weise gefeiert werde“ (LK 108). „Die Feste der Heiligen sollen nicht das Übergewicht haben gegenüber den Festen, welche die eigentlichen Heilsmysterien begehen“ (LK 111). Um dies zu verwirklichen, beschreitet das Konzil einen Weg, der schon der alten Kirche wohlvertraut war, nämlich den Weg der stärkeren Bindung der Heiligenfeiern an die Ortskirchen und damit den Weg der Dezentralisierung: „Eine beträchtliche Anzahl von ihnen möge der Feier in den einzelnen Teilkirchen, Nationen oder Ordensgemeinschaften überlassen bleiben, und nur jene sollen auf die ganze Kirche ausgedehnt werden, die das Gedächtnis solcher Heiliger feiern, die wirklich von allgemeiner Bedeutung sind" (ebd.). Dieser von der Sache und der Tradition her richtige und klare Grundsatz enthält allerdings insofern eine subjektive Komponente, als das Kriterium der „allgemeinen Bedeutung" von verschiedenen Personen und Gremien verschieden gehandhabt werden kann. „Der römische Liturgierat (Consilium ad exsequendam Constitutionem de sacra Liturgia), den Paul VI. durch sein Apostolisches Schreiben ‚Sacram Liturgiam' vom 26. 1. 1964 eingesetzt und mit der Durchführung der Liturgiereform beauftragt hat, stand daher in der Kalenderreform vor keiner leichten Aufgabe."[338]

Erste Leitlinie seiner Arbeit war die Verminderung bzw. *Zurückstufung der „Ideenfeste"*, was sich vor allem bei den Herren- und Marienfesten auswirkte. Der offizielle Kommentar stellt fest, daß in den letzten drei Jahrhunderten 16 Ideenfeste in den allgemeinen Kalender aufgenommen wurden, darunter vier Feste I. und sieben Feste II. Klasse. „Mehrere dieser Ideenfeste kennzeichnen die Frömmigkeitsrichtung einer bestimmten Zeit oder Ordensfamilie ... Aus der Natur der Ideenfeste ergibt sich, daß nur wenige von ihnen im Allgemeinen Kalender beibehalten werden. Die übrigen können den Eigenkalendern überlassen bleiben oder mit ihren Meßtexten unter die Votivmessen aufgenommen werden."[339] Was die Marienfeste angeht, so wird der folgende Abschnitt (2) nähere Einzelheiten aufzeigen. Weitere Leitlinien beziehen sich auf die Auswahl der Heiligen und die Neuordnung ihrer Festfeiern, worüber im Abschnitt 3 zu sprechen sein wird.

Die Frucht dieser Arbeit am neuen Kalender war der „Römische Kalender, gemäß Beschluß des Zweiten Vatikanischen Konzils erneuert und von Papst Paul VI. eingeführt". Er wurde von der Ritenkongregation durch Dekret vom 21. März 1969 veröffentlicht, nachdem Paul VI. ihn mit Apostolischem Schreiben Motuproprio („Mysterii Paschalis") vom 14. Februar 1969 approbiert hatte. Das umfangreiche Dokument umfaßt a) die Grundordnung des Kirchenjahres und des Kalenders, b) den allgemeinen Römischen Kalender mit entsprechenden vorausgehenden Erläuterungen, c) die neue Allerheiligenlitanei mit ihren zwei Grundformen und einigen Varianten. Ein umfangreiches Kommentarwerk zu diesen drei Teilen, das „im Auftrag des ‚Rates zur Durchführung der Liturgiekonstitution' erarbeitet" wurde, rundet das Dokument ab[340].

Neben dem allgemeinen Römischen Kalender, der das Fundament des Kirchenjahres bildet, sieht das Dokument auch die *Eigenkalender*

der Teilkirchen und Ordensgemeinschaften vor und stellt hierfür genaue Regeln auf (Art. 49–57). Diese Bestimmungen wurden durch eine Instruktion der Gottesdienstkongregation vom 24. Juni 1970 ergänzt. Besonders hervorzuheben ist daraus, daß es neben den Eigenkalendern der Bistümer und Ordensgemeinschaften auch gemeinsame Kalender für „Provinzen, Regionen, Nationen und noch größere Gebiete" geben kann, die in Zusammenarbeit der Beteiligten zu erstellen sind (Art. 51). Entsprechendes gilt für die *Ordenskalender.* Der für eine konkrete Pfarrei gültige Kalender ist so ein Kompositum aus allgemeinem (= Römischem), Regional-, Bistums- und Ortskalender.

Inwieweit der allgemeine Römische Kalender die Erwartungen bezüglich der Heiligenfeiern erfüllt, soll später geprüft werden. Zunächst sollen die in ihm enthaltenen Feste und Gedenktage der Gottesmutter Maria näher beschrieben werden.

## 2. *Feste und Gedenktage der Gottesmutter Maria*

Wenn auch, wie der geschichtliche Überblick gezeigt hat, die Marienfeste später als die Märtyrergedächtnisse und Apostelfeste entstanden sind, seien sie doch an erster Stelle beschrieben. Die hohe Zahl marianischer Feste und Gedenktage ist Ausdruck der liebenden und dankbaren Hochschätzung, die die Kirche der Mutter des Erlösers entgegenbringt. Allerdings scheint man zuweilen übersehen zu haben, daß es auch ein Zuviel an Festen geben kann, was dem Anliegen echter Marienverehrung mehr schadet als nützt[341]. Obwohl die Neuordnung des Kalenders einige als unnötige Verdoppelungen gestrichen hat, gibt es noch eine beachtliche Zahl von unterschiedlicher Bedeutung und Rangstufe. Der besseren Übersichtlichkeit wegen seien hier zunächst die Hochfeste und Feste in der Reihenfolge des Kirchenjahres dargestellt, anschließend die Gedenktage. Zuvor sei jedoch daran erinnert, daß die bislang als *„Mariä Lichtmeß"* und *„Mariä Verkündigung"* bezeichneten Feste bereits bei den Herrenfesten besprochen wurden, ebenso das Hochfest der Gottesmutter Maria im Zusammenhang mit der Weihnachtsoktav.

### *Das Hochfest Mariä Erwählung (8. Dezember)*

Gegenstand dieses Festes, das mit seinem vollen Namen „Hochfest der ohne Erbsünde empfangenen Jungfrau und Gottesmutter Maria" heißt, ist der Glaube, daß Maria vom ersten Augenblick ihrer Existenz im Schoß ihrer Mutter Anna „durch ein einzigartiges Gnadenprivileg des allmächtigen Gottes im Hinblick auf die Verdienste Christi Jesu, des Erlösers des Menschengeschlechtes, von jedem Makel der Erbschuld unversehrt bewahrt worden ist"[342].

Dieses Fest verdankt seine Entstehung mehreren Quellen. So feierte man im Osten schon um das Jahr 700 ein Fest der „Empfängnis der heiligen Anna" am 9. Dezember, also neun Monate vor dem Fest ihrer Geburt am 8. September. Gemeint war mit diesem Fest, daß (nach dem apokryphen Protoevangelium des Jakobus[343]) Anna trotz ihrer Unfruchtbarkeit und ihres hohen Alters Maria empfangen habe. Dieses Fest gelangte bald in das damals byzantinische Unteritalien und von dort nach England und Frankreich. In diesen Ländern bekam es aber schon früh den Akzent des unbefleckten Empfangenwerdens Marias, also eines Lebensbeginns ohne Erbsünde. Selbst ein so großer Marienverehrer wie *Bernhard von Clairvaux* sprach sich in einem Brief an die Kanoniker von Lyon gegen eine solche Feier aus, weil nach seiner Meinung alle Menschen, also auch Maria, von der Erbsünde erlöst werden müßten, wenn auch schon, wie Johannes der Täufer, im Mutterschoß[344]. Erst als um das Jahr 1300, hauptsächlich durch den Theologen *Duns Skotus*, die unbefleckte Empfängnis als bewahrende Vorerlösung Mariens gesehen wurde, nahmen die theologischen Bedenken allmählich ab. *Sixtus IV.* approbierte 1476 das Fest der Empfängnis der unbefleckten Jungfrau Maria, *Clemens XI.* dehnte es 1708 auf die ganze Kirche aus. Mit der bereits erwähnten dogmatischen Definition *Pius' IX.* wurde auch die Festfeier stärker untermauert. Neue Texte für Brevier und Meßfeier erschienen 1863. *Leo XIII.* erhob es zum Fest I. Klasse mit Oktav. Das Meßbuch *Pauls VI.* hat das Formular von 1863 zum großen Teil beibehalten, jedoch neue Lesungen, Zwischengesänge und eine Eigenpräfation eingeführt[345].

Der *Eröffnungsvers* läßt Maria mit den Worten des Buches Jesaja (61,10) sprechen: „Von Herzen will ich mich freuen über den Herrn. Meine Seele soll jubeln über meinen Gott. Denn er kleidet mich in Gewänder des Heils, er hüllt mich in den Mantel der Rettung und schmückt mich köstlich wie eine Braut." Die *Präsidialgebete* bitten mit dem Blick auf das marianische Gnadenprivileg um Befreiung von Schuld. Die *Eigenpräfation* stellt das Festgeheimnis in den Zusammenhang mit der Heilsgeschichte und preist Maria als „Urbild und Anfang der Kirche", als makellose Braut Christi, als ein Vorbild der Heiligkeit vor allen Heiligen. „Ihre Fürsprache erfleht uns deine Gnade durch unseren Herrn Jesus Christus." Das *Evangelium* bringt die Perikope von der Verkündigung des Herrn (Lk 1,26–38). Die *alttestamentliche Lesung* (Gen 3,9–15) enthält mit dem Urteil über die Schlange auch das sogenannte Protoevangelium (= 1. Evangelium), wonach es Feindschaft zwischen der Schlange und der Frau und ihrem beiderseitigen Nachwuchs geben wird. „Er trifft dich am Kopf, du triffst ihn an der Ferse." „Wenn man auch nicht sagen kann, daß der Erlöser und die Mutter des Erlösers als bestimmte Einzelgestalten angekündigt sind, so ist doch hier die Überwindung des Verführers von dem Geschlecht der Verführten her ausgesprochen, und insofern ist die Bezeichnung der Stelle als ‚Protoevangelium' berechtigt[346]. Viele Väter sahen darin die Verheißung, daß Christus (nach der Vulgata ist es die „Frau") die Macht des Bösen überwinden wird. Der *Antwortpsalm* (98,1.2–4) greift diese heilsgeschichtliche Deutung auf, wenn er auffordert: „Singet dem Herrn ein neues Lied, denn er hat Wundertaten vollbracht!" Die 2. *Lesung* preist mit den Worten des Epheserbriefes (1,3–6.11–12) die Gnadentat der Erlösung, wobei unausgesprochen auch an die Mitwirkung Mariens gedacht wird.

### *Das Fest Mariä Heimsuchung (2. Juli)*

Dieses Fest hat den biblischen Bericht vom Besuch Marias bei ihrer Verwandten Elisabet nach der Verkündigung des Herrn zum Gegenstand (Lk 1,39–56). Mit diesem Besuch ist die Geburtsstunde des Lobgesanges „Magnificat" verbunden. Zugleich glaubte man, daß sich in dieser Stunde der Begegnung die Heiligung des Vorläufers im Schoß seiner Mutter vollzogen habe (Lk 1,44 in Verbindung mit 1,15). Solche biblischen Geschehnisse haben Gemüt und Phantasie der mittelalterlichen Menschen tief ergriffen. Vor allem waren es die Franziskaner, die daraus ein festliches Gedächtnis machten. Ihr Ordensgeneral *Bonaventura* führte es 1263 für seinen Orden ein. Als Festtag wurde der 2. Juli wohl deshalb gewählt, weil es der Tag nach der Oktav des Johannes war. Die kirchliche Anerkennung fand das Fest durch *Urban VI.* und nach dessen Tod nochmals durch *Bonifaz IX.* im Jahre 1389. Aber erst durch *Pius V.* wurde es durch Aufnahme in den allgemeinen Festkalender für die ganze Kirche verbindlich. *Pius IX.* erhob es 1850 nach seiner Rückkehr aus dem Exil zum Fest duplex II. Klasse. Der neue Römische Kalender verlegt es auf den 31. Mai. Als Begründung wird angegeben, daß die Zeit zwischen den Hochfesten der Verkündigung des Herrn und der Geburt des Täufers besser mit dem Bericht des Evangeliums übereinstimme[347]. Das deutsche Meßbuch hielt jedoch mit „Rücksicht auf die tiefe Verwurzelung in der Volksfrömmigkeit (Wallfahrten, Kirchentitel)" am alten Termin fest.

Die *Festmesse* ist im Vergleich zum früheren Formular stark verändert. Das *Evangelium* (Lk 1,39–56) bringt nicht nur den Anfang des

Magnificat, sondern seinen ganzen Text und den Vers 56 mit der Notiz über den Abschluß des dreimonatigen Besuches. Die *Präsidialgebete* gehen wesentlich stärker als früher auf die verschiedenen Aspekte des biblischen Ereignisses ein und leiten daraus die entsprechende Bitte her: Maria eilt, vom Heiligen Geist geführt, zu Elisabet: „Hilf auch uns, den Eingebungen deines Geistes zu folgen ..." (Tagesgebet); „wie du mit Wohlgefallen auf den Dienst geschaut hast, den Maria ihrer Verwandten erwiesen hat, so schaue gnädig auf unser Opfer..." (Gabengebet); „Laß uns Christus, den Johannes schon im Schoß der Mutter erkannte, immer wieder im Sakrament als unser ewiges Leben empfangen" (Schlußgebet). Die *alttestamentliche Lesung* (Zef 3,14–18) enthält den Aufruf zur Freude, denn: „Der Herr, dein Gott, ist bei dir, ein Held, der dir Rettung bringt." Die *neutestamentliche Lesung* (Röm 12,9–16b) enthält Weisungen christlicher Lebensgestaltung, wie sie auch Maria verwirklicht hat.

### *Das Hochfest Mariä Aufnahme in den Himmel (15. August)*

Als eine Art Vorläufer dieses Festes muß „der Tag der Gottesmutter Maria" am 15. August gelten, der in einem Lektionar von Jerusalem (in armenischer Übersetzung) für die Mitte des 5. Jahrhunderts bezeugt ist[348]. Dieses mehr allgemeingehaltene Marienfest wandelt sich bald zu einer Feier des „Natale" im Sinn vom Heimgang (griech.: Koimesis; lat.: Dormitio) Marias. In dieser Sinngebung schrieb es Kaiser *Maurikios* (582–602) für sein ganzes Reich vor.

Die gallische Liturgie kannte im 6. Jahrhundert ein Marienfest am 18. Januar, das im 7. Jahrhundert als „Fest der Aufnahme Mariä" begangen wird (Sakramentar von Bobbio)[349]. In Rom ist ein Fest „Natale sanctae Mariae" am 15. August für die Mitte des 7. Jahrhunderts bezeugt (Evangeliar des Würzburger „Comes"). Unter Papst *Sergius I.* (687–701), der als Syrer viel für die Einbürgerung östlicher Marienfeste in Rom getan hat, wird es als Fest des Heimgangs mit einer Prozession von der Hadrianskirche zur Marienkirche ausgezeichnet. In dem von Papst *Hadrian I.* (772–795) dem Kaiser Karl d. Gr. übersandten Gregorianischen Sakramentar lautet der Festtitel „Aufnahme der heiligen Maria". In der ersten Oration, die bei der Prozession zu beten ist, wird bereits davon gesprochen, daß die Gottesmutter zwar gestorben ist, „aber nicht durch die Bande des Todes festgehalten werden konnte"[350]. Das Fest wurde schon früh mit einer Vigilfeier und einer Oktav ausgestattet. Eine besondere Bedeutung gewann es durch die Dogmatisierung der leiblichen Aufnahme Marias in den Himmel durch Papst *Pius XII.* am 1. November 1950. Dieser Glaubenssatz fand in den 1950/51 neugestalteten Texten für Missale und Brevier besondere Berücksichtigung.

Nach dem neuen Römischen Kalender kann die Vigil mit einer vom Festgedanken geprägten *Vorabendmesse* begangen werden. Die *Festmesse* hat die Texte von 1950 zum großen Teil beibehalten. Neu sind die beiden nichtevangelischen Lesungen und die Eigenpräfation. Das *Evangelium* ist das gleiche wie an Mariä Heimsuchung, offenbar wegen des darin vorkommenden Magnificat, das an diesem Festtag als Lobgesang der erhöhten Gottesmutter eine besondere Klangfarbe aufweist. Die *erste Lesung* (Offb 11,19a; 12,1.3–6a.10ab) bringt die Vision vom Kampf des Drachen mit der Frau und ihrem Sohn, eine apokalyptische Darstellung des Ringens zwischen dem Volk Gottes und dem Satansreich, der mit dem Triumph der Gottesherrschaft endet: „Jetzt ist gekommen die Rettung und die Macht und die Herrschaft unseres Gottes und die Vollmacht seines Gesalbten." Die Liturgie sieht im Einklang mit vielen Vätern in dieser Frau auch Maria mit ihrem Kind, weil sie ja zutiefst mit dem Geheimnis und Schicksal der Kirche verbunden ist. Die *zweite Lesung* (1 Kor 15,20–26) weist auf Christus als den Ersterstandenen von den Toten und Garanten unserer eigenen Auferstehung hin, die bei Maria schon Wirklichkeit geworden ist. Das Festgeheimnis wird vor allem in der *Eigenpräfation* entfaltet: Die in den Himmel erhobene Gottesmutter, deren Leib die Verwesung nicht schauen sollte, „wurde zum Urbild der Kirche in ihrer ewigen Vollendung. Dem pilgernden Volk ist sie ein untrügliches Zeichen der Hoffnung und eine Quelle des Trostes." Das *Tagesgebet* nennt vor dem eigentlichen Festgeheimnis die Bewahrung Marias vor aller Sünde und deutet so auf den theologischen Zusammenhang von Sünde und leiblicher Verwesung einerseits und Sündenlosigkeit und Aufnahme in den Himmel andererseits.

## Die Kräuterweihe am Fest der Aufnahme Mariä

Die Kräuterweihe an diesem Marienfest ist in Deutschland entstanden, wo sich schon im 10. Jahrhundert entsprechende Weiheformulare nachweisen lassen[351].

Schon die heidnische Antike und die germanischen Völker wußten um die Heilkraft mancher Pflanzen, die sie mit geheimnisvollen Beschwörungsformeln und magischem Zeremoniell ausgruben oder pflückten. „Die Kirche suchte die heidnischen Formeln und Bräuche auszurotten und verhängte darum über die ‚herbarii' und ‚herbariae', welche sich auf die Kunst, mit Pflanzen zu heilen und zu zaubern, verstanden, strenge kirchliche Strafen. Sie gestattete nur, bei dem Sammeln der Pflanzen das Vaterunser und den Glauben zu beten. Das schon bei

Regino stehende Verbot jener heidnischen Bräuche wurde wiederholt erneuert, die alte Übung aber damit noch nicht völlig ausgerottet."[352] Die Kirche griff nun zu der in ähnlichen Situationen geübten und wirksamen Methode, dieses heidnische Brauchtum gleichsam zu taufen, d. h. es zu verchristlichen. Sie schuf eine kirchliche Benediktion im Sinn eines Sakramentale und führte in ihren Gebeten die Wirkung der Heilkräuter auf Gott und die Fürsprache der Gottesmutter und der Heiligen zurück. Eine solche Segnung fand später auch Aufnahme in den Anhang des Rituale Romanum.

Leider entsprachen solche Segensgebete nicht in allem jenen Kriterien, die man an Sakramentalien des christlichen Glaubens anlegen muß. Sie konzentrierten ihre Aufmerksamkeit mehr auf die Sachen als die Personen und begünstigten den Eindruck, als ob schon der Besitz und die Gegenwart solcher Kräuter eine automatische Schutzwirkung ausübten. „Die geweihten Kräuter wurden im Hause zum Schutz gegen Feuer und Blitz aufbewahrt; man steckte sie auf Saatfelder, legte sie hinter die Krippen der Viehställe, verbrannte sie bei Gewittern am Herdfeuer und trug sie bei sich als Schutzmittel gegen Gefahren. Nach der Taufe legte man den Kindern geweihte Kräuter, besonders Orant (= Löwenmaul) und Marienbettstroh, ins Bett. In den Rauchnächten[353] steckte man Kräuter unter das Kopfkissen gegen Hexengefahr. Bei hoch und niedrig waren die geweihten Kräuter geschätzt."[354]

Daß man diese Kräuterweihe auf den 15. August legte, mag mit dem Umstand zusammenhängen, daß viele Kräuter wie auch die Ähren verschiedener Getreidearten, die vielerorts im „Würzwisch" (= Kräuterstrauß) zu finden waren, erst in diesem Monat zur Reife gelangten. Auch die symbolische, in der Liturgie übliche Bezeichnung der Gottesmutter als „Blume des Feldes und Lilie der Täler" (vgl. Hld 2, 1) mag dazu beigetragen haben, daß man ihr Fest im August bevorzugte. Zeitweise gab es allerdings auch andere Termine von Kräuterweihen, wie z. B. das Fest der Dreifaltigkeit, Petri Kettenfeier (1. August) und Mariä Geburt.

### *Fest Mariä Geburt (8. September)*

Auch dieses Marienfest hat seinen Ursprung im Osten. Wahrscheinlich geht es auf ein Weihefest der Annakirche in Jerusalem zurück, die am angeblichen Ort des Geburtshauses Marias im 5. Jahrhundert erbaut worden war. Aus den Hymnen des Griechen *Romanos*, der um 500 in Konstantinopel als Diakon tätig war, läßt sich schließen, daß es zu seiner Zeit als Geburtsfest Marias im Volk tief verwurzelt war[355]. In Rom ist es im 7. Jahrhundert nachweisbar und wurde dort, wie auch andere

Marienfeste des Ostens, von Papst *Sergius I.* durch eine Prozession wie am Fest der Aufnahme Mariä in den Himmel ausgezeichnet. Im 13. Jahrhundert bekam es eine Oktav, die bei der Rubrikenreform 1955 wieder entfiel. Neben dem Geburtsfest des Herrn und dem des Täufers ist es im Römischen Kalender das dritte Geburtsfest.

Die *Festmesse* feiert die Geburt Marias vor allem mit dem Blick auf ihre Gottesmutterschaft und die Geburt ihres Sohnes. So der Eröffnungsvers, das Tages- und Gabengebet, der Halleluja- und Kommunionvers. Sie ist „die Morgenröte des Heiles und das Zeichen der Hoffnung für die ganze Welt" (Schlußgebet). Die Eigenpräfation preist ihre Erwählung aus allen Menschen und ihre Segnung vor allen Frauen. Das Evangelium (Mt 1,1–16.18–23) bringt außer dem Stammbaum Jesu auch den Bericht über die Offenbarung, die Josef über ihre jungfräuliche Mutterschaft zuteil wurde. Die alttestamentliche Lesung aus dem Buch Micha (5,1–4a) enthält die bekannte Verheißung an Betlehem, daß aus ihm ein Herrscher über Israel hervorgehen wird, ein Hirt in der Kraft des Herrn, der „der Friede sein" wird. Als Alternativlesung kann Röm 8,28–30 gewählt werden (Berufung und Rechtfertigung der Auserwählten).

## *Die Gedenktage der Gottesmutter*

Auch die gebotenen und nichtgebotenen Gedenktage Marias sollen in der Reihenfolge des Kirchenjahres kurz beschrieben werden, ohne jedoch näher auf die jeweiligen Meßfeiern einzugehen.

### a) Gedenktag (g) Unserer Lieben Frau in Lourdes (11. Februar)

Dieses marianische Gedächtnis geht auf die 18 Erscheinungen zurück, die dem Mädchen *Bernadette Soubirous* in der Zeit vom 11. Februar bis 16. Juli 1858 zuteil wurden. Dabei gab sich Maria als „Immaculata Conceptio" zu erkennen. *Pius X.* setzte zur 50. Jahrfeier der ersten Erscheinung am 11. Februar 1908 ein Fest (duplex maius) ein. Die Neuordnung reduzierte es zu einem nichtgebotenen Gedenktag und änderte den Namen von „Fest der Erscheinung der unbefleckten Jungfrau Maria" in „Gedenktag Unserer Lieben Frau von Lourdes". „Auf diese Weise scheint besser zum Ausdruck zu kommen, daß der Gegenstand der Feier die Jungfrau Maria selbst ist und nicht die geschichtliche Tatsache der Erscheinungen."[356] Dabei hat man offenbar der allgemein anerkannten kirchlichen Lehre Rechnung getragen, daß Privatoffenbarungen auch dann, wenn sie kirchliche Anerkennung finden, nicht Gegenstand des pflichtmäßigen Offenbarungsglaubens werden können. „Trotzdem sind solche Privatoffenbarungen ... nicht geringzuachten und abwertend zu beurteilen. Sie sind Ausdruck der in der Kirche weitergehenden prophetischen Begabung und der Charismen, welche der Kirche in bestimmten Situationen entscheidende Anregungen, Impulse und Hilfen zur zeitgerechten Verwirklichung der unerschöpflichen und zeitweise auch unausgeschöpften Christusoffenbarung vermitteln."[357]

b) Gedenktag (g) Unbeflecktes Herz Mariä (Samstag nach Herz-Jesu-Fest)

Der um die Herz-Jesu-Verehrung verdiente *Johannes Eudes* († 1680) bemühte sich auch um die Verehrung des „heiligsten Herzens" Mariä und feierte seit 1646 mit seiner Ordensgemeinschaft ein diesbezügliches Fest, das sich in Frankreich schnell ausbreitete. Eine kirchliche Anerkennung ohne allgemeine Verbindlichkeit erfolgte unter *Pius VII.* anfangs des 19. Jahrhunderts. Erst *Pius XII.*, dem eine besondere Marienverehrung eigen war, schrieb es durch Dekret der Ritenkongregation 1944 für die ganze Kirche als Fest (duplex II. Klasse) für den Oktavtag von Mariä Aufnahme in den Himmel vor. Schon am 8. Dezember 1942, inmitten des Zweiten Weltkriegs, hatte er das Menschengeschlecht dem „gütigsten Herzen" (Brevier) der Gottesmutter anempfohlen. Sicher waren die Erscheinungen der Gottesmutter in *Fátima* (Portugal) am 13. Tag der Monate Mai–Oktober 1917, die 1930 vom zuständigen Diözesanbishof von Leiria nach gründlicher Untersuchung als glaubwürdig anerkannt worden waren, nicht ohne Einfluß auf die Aufnahme in den römischen Festkalender. Im neuen Römischen Kalender blieb es als nichtgebotener Gedenktag erhalten und wurde auf den Samstag nach dem Herz-Jesu-Fest gelegt[358].

c) Gedenktag (g) Unserer Lieben Frau auf dem Berge Karmel (16. Juli)

Es handelt sich primär um ein Ordensfest der Karmeliter, die ihren Ursprung auf eine Eremitengruppe auf dem Berge Karmel zurückführen, deren Regel Anfang des 13. Jahrhunderts die kirchliche Anerkennung fand. Der Ordensgeneral *Simon Stock* († 1265) hatte am 16. Juli 1251 eine Vision der Gottesmutter, die ihm ein Skapulier (= stilisiertes Kleidungsstück) überreicht haben soll. Dieser Tag wurde als Termin für ein marianisches Ordensfest gewählt, das zwischen 1376 und 1386 eingeführt und 1726 durch *Benedikt XIII.* auf die ganze Kirche ausgedehnt wurde (duplex maius). Im Codex rubricarum von 1960 ist es nur als Kommemoration erhalten, im neuen Kalender als nichtgebotener Gedenktag.

d) Gedenktag (G) Maria Königin (22. August)

Wenn Maria auch schon im Mittelalter als Königin der Engel und Heiligen gesehen und verehrt wurde, wie zahlreiche Gebete und Hymnen bezeugen, so bildeten sich doch erst im 19. Jahrhundert partikuläre Festfeiern unter diesem Aspekt heraus. So erhielten 1870 Spanien und die meisten lateinamerikanischen Diözesen das Recht, am 31. Mai ein Fest „Maria Königin aller Heiligen“ zu feiern[359]. Pius XII. schrieb es zum Abschluß des „Marianischen Jahres“ am 1. November 1954 als Fest (duplex II. Klasse) für die ganze Kirche vor, und zwar für den 31. Mai. Der neue Römische Kalender verlegte es auf den Oktavtag vom Fest der Aufnahme Marias in den Himmel, „damit die Verbindung zwischen der königlichen Würde der Gottesmutter und ihrer Aufnahme in den Himmel deutlicher wird“[360].

e) Gedenktag (g) Mariä Namen (12. September)

Dieses „Namenstagsfest“ hat seinen Ursprung in Spanien, wo es im 16. Jahrhundert bekannt ist. Nach der Befreiung Wiens von der Türkenbedrohung am 12. September 1683 dehnte es *Innozenz XI.* auf die ganze Kirche aus (Sonntag in der Oktav von Mariä Geburt). *Pius X.* setzte es auf den 12. September. Während es der neue Kalender als Verdoppelung des Festes Mariä Geburt entfallen ließ, behielt es der Regionalkalender des deutschen Sprachgebietes „wegen des historischen Bezuges zum Sprachgebiet und der Verwurzelung im Volk“ (Meßbuch) bei.

f) Gedächtnis (G) der Schmerzen Mariä (15. September)

Die Wurzeln dieses volkstümlichen Gedenktages liegen in der besonderen Verehrung der schmerzhaften Gottesmutter (mater dolorosa), wie sie während des Mittelalters besonders in Deutschland verbreitet war. Die Provinzialsynode von Köln 1423 scheint zum erstenmal ein solches Fest angeordnet zu haben, und zwar für den dritten Freitag nach Ostern[361]. *Benedikt XIII.* dehnte es 1721 unter dem Titel „Fest der sieben Schmerzen der seligen Jungfrau Maria“ auf die ganze Kirche aus und legte es auf den Freitag vor Palmsonntag, um so den Zusammenhang mit dem Leiden ihres Sohnes deutlicher werden zu lassen. Parallel hierzu entwickelte sich ein ähnliches Fest des Servitenordens am dritten Sonntag im September (ab 1667 gestattet), das *Pius VII.* zum Dank für seine glückliche Rückkehr aus französischer Gefangenschaft (1814) für die gesamte Kirche vorschrieb. *Pius X.* legte es 1913 auf den 15. September, den Oktavtag von Mariä Geburt und Tag nach Kreuzerhöhung. Als sieben Schmerzen Mariä betrachtet man die Weissagung Simeons, die Flucht nach Ägypten, den Verlust des zwölfjährigen

Jesusknaben, die Begegnung auf dem Kreuzweg, das Stehen unter dem Kreuz, Jesus auf dem Schoß seiner Mutter und seine Grablegung.

Während bereits der Codex rubricarum von 1960 das erstgenannte Fest zu einer Kommemoration zurückstufte und es nur noch dort gestattete, wo es besonders verwurzelt war, wurde es im neuen Kalender ganz gestrichen, weil es sich um eine Doppelung handele. Das Fest am 15. September erfuhr dabei eine Namensänderung. Statt „Fest der sieben Schmerzen Mariens" heißt es jetzt „Gedächtnis der Schmerzen Mariens". Es hat eine *Eigenpräfation*, deren Mittelteil das Festgeheimnis in aller Kürze umschreibt: „Als Maria unter dem Kreuze stand, erfüllte sich das Wort des greisen Simeon: ein Schwert durchdrang ihre Seele beim Leiden und Sterben ihres Sohnes. Du aber hast ihren Schmerz in Freude gewandelt und sie mit Christus in deine Herrlichkeit erhoben." Die mit dem früheren Fest verbundene 10strophige Sequenz, das berühmte „Stabat mater" („Christi Mutter stand mit Schmerzen") kann beibehalten werden. Was die Verfasserschaft angeht, so „hat man lange an *Jacopone da Todi* († 1306) gedacht. Doch hat schon *Dreves* starke Zweifel daran geäußert. Heute möchte man *Bonaventura* († 1274) als den Dichter dieses wahrhaft franziskanischen Liedes betrachten."[362]

g) Gedenktag (G) Unserer Lieben Frau vom Rosenkranz (7. Oktober)

Zur Vorgeschichte des „Rosenkranzfestes" gehört die weite Verbreitung des Rosenkranzgebetes und der Rosenkranzbruderschaften im 15. und 16. Jahrhundert. Bereits für das Jahr 1547 ist ein Rosenkranzfest in Spanien am dritten Sonntag im April bezeugt[363]. Als die Christenheit am 7. Oktober 1571 in der Seeschlacht von Lepanto einen bedeutenden Sieg über die türkische Flotte errang, schrieb man ihn dem Rosenkranzgebet zu. *Pius V.* ordnete für den Jahrestag ein „festum B.M.V. de victoria" (Maria vom Sieg) an. Sein Nachfolger *Gregor XIII.* gestattete 1573 den Kirchen mit einem Rosenkranzaltar ein „Fest des heiligen Rosenkranzes" am ersten Sonntag im Oktober. Als es im Jahre 1716 unter *Prinz Eugen* zum Sieg über die Türken bei Peterwardein kam, dehnte *Clemens XI.* das Fest auf die ganze Kirche aus. *Pius X.* verlegte es wieder auf den ursprünglichen Termin am 7. Oktober. Der Codex rubricarum von 1960 änderte den Namen in „Fest der seligen Jungfrau Maria vom Rosenkranz", der auch vom neuen Römischen Kalender beibehalten wurde.

h) Gedenktag (G) Unserer Lieben Frau von Jerusalem (21. November)

Den Anstoß zu diesem Fest gab wohl das Weihefest der Kirche S. Maria Nova zu Jerusalem am 21. November 543. Der lateinische Festname lautet „Gedächtnis der Darstellung der seligen Jungfrau Maria". Dieser Festgegenstand geht auf einen legendären Bericht des apokryphen Jakobusevangeliums (Kap. 7) zurück, wonach Maria im Alter von drei Jahren in den Tempel gebracht wurde, um hier unter den (legendären!) „Tempeljungfrauen" erzogen zu werden und Tempeldienste zu leisten. In Konstantinopel finden wir es im 8. Jahrhundert, unter Kaiser *Manuel Komnenos* wird es 1166 in der Liste der öffentlichen Feiertage geführt. Im Westen taucht es im 12. Jahrhundert in England auf. Im 14. Jahrhundert findet es Aufnahme in die päpstliche Kapelle in Avignon (1371). *Sixtus IV.* führt es in Rom ein (1472) und erlaubt seine Feier für jede Kirche. *Pius V.* verweigert jedoch die Aufnahme in den Festkalender des erneuerten Breviers und Missale wegen des legendären Festgegenstandes. *Sixtus V.* hatte jedoch keine derartigen Bedenken und schrieb es 1585 für die ganze Kirche vor. Daß dieses „Fest" wiederum in den neuen Römischen Kalender aufgenommen wurde, hat viele überrascht. Die Bezeichnung im deutschen Regionalkalender ist offenbar bemüht, den legendären Inhalt etwas in den Hintergrund treten zu lassen[364].

Zwei Marienfeste wurden nicht mehr in den Kalender aufgenommen: *Das Fest der Gottesmutterschaft Mariens* am 11. Oktober, weil sein Festgegenstand schon am 1. Januar begangen wird, und das Fest der allerseligsten Jungfrau Maria vom *Loskauf der Gefangenen* (B.M.V. de mercede) am 24. September, ein Ordensfest der sogenannten Mercedarier, die sich um die Freilassung der in sarazenischer Gefangenschaft lebenden Christen bemühten und ihr Werk unter den besonderen Schutz der Gottesmutter gestellt hatten.

Außer den vorgenannten marianischen Festen und Gedenktagen gab es im früheren Missale Romanum unter der Überschrift „Missae pro aliquibus locis" noch weitere *21 regionale Marientage*[365]. An sie denkt offenbar *Paul VI.* in seinem Apostolischen Mahnschreiben „Marialis cultus" vom 2. Februar 1974, wenn es dort heißt: „Darüber darf man nicht vergessen, daß im Römischen Kalender nicht alle Marienfeste aufgezeichnet sind, da unter die Eigenkalender unter Einhaltung der liturgischen Vorschriften mit Unserer freudigen Zustimmung Marienfeste der einzelnen Ortskirchen aufgenommen werden dürfen" (Nr. 9).

Bei dieser Gelegenheit verweist der Papst auch auf die Möglichkeit marianischer Gedächtnisfeiern „durch die *Votivmessen der Mutter-*

*gottes am Samstag* – eine ehrwürdige Tradition, die durch die Flexibilität des gegenwärtigen Kalenders und das reiche Angebot von Meßformularen überaus angenehm und abwechslungsreich geworden ist" (Nr. 9). Das neue Meßbuch enthält im Commune-Teil sieben Marienmessen, von denen es in einer einleitenden Rubrik heißt: „Diese Messen werden auch für das Gedächtnis der seligen Jungfrau Maria am Samstag und als Votivmessen von der Gottesmutter genommen." Darunter sind auch je eine Messe für den Advent („Rorate-Messe"), die Weihnachtszeit und die Osterzeit.

### *Die „Marienmonate" Mai und Oktober*

Wenn von Marienverehrung im Kirchenjahr die Rede ist, darf auch kurz erwähnt werden, daß die katholische Volksfrömmigkeit zwei Monate des Jahres in besonderer Weise der Verehrung Marias zuordnete, den „*Marienmonat*" *Mai* und den „*Rosenkranzmonat*" *Oktober*. Besondere Maiandachten lassen sich schon im Mittelalter feststellen. Sie hatten die Aufgabe, überkommene heidnische Maifeiern römischen und germanischen Ursprungs verchristlichen zu helfen. Daß man aber den ganzen Monat Mai durch tägliche oder wenigstens häufige Gebete der Gottesmutter „weihte", ist das Ergebnis einer Entwicklung, die im 17. Jahrhundert einsetzt und in der Mitte des 19. Jahrhunderts abgeschlossen ist[366]. *Paul VI.* empfahl in seiner Enzyklika „Mense maio" vom 1. Mai 1965 die besondere Verehrung der Gottesmutter in diesem Monat und nennt es „eine teure Gewohnheit Unserer Vorgänger, diesen Marienmonat zu wählen, um das christliche Volk zu öffentlichem Gebet einzuladen, sooft die Nöte der Kirche oder eine drohende Weltgefahr dies verlangten"[367].

Von einem Rosenkranzmonat spricht erstmals *Leo XIII.*, der nicht weniger als 16 Enzykliken bzw. Apostolische Schreiben über das Rosenkranzgebet veröffentlichte und anordnete, daß im Monat Oktober der Rosenkranz täglich in allen Pfarrkirchen gebetet wird.

Daß die praktische Verwirklichung solcher Marienmonate nicht ohne Problematik ist, zeigt in gut differenzierender Analyse ein neuerer Beitrag von P. Lippert[368]. Seiner abschließenden Bewertung, die im Grunde positiv ist, wird man die Zustimmung nicht verweigern können: „Sowohl der Monat der Maiandacht als auch der Monat des Rosenkranzes bietet pastorale Ansatzpunkte zu einer außerliturgischen, d. h. aber auch zu einer situationsbezogenen, viele Möglichkeiten eröffnenden Marienverehrung. Nur darf in solchen Andachten nicht ein ‚volkstümlicher' Ersatz für das anspruchsvollere liturgische

Beten angeboten werden. Inhaltlich und formal müssen sich alle konkreten Formen von Marienlob und Marienbitte vor einer theologischen Rückfrage ausweisen können."[369]

## *3. Die Heiligenfeiern des Römischen Kalenders*

### *a) Leitlinien bei der Auswahl*

Für die Neuordnung der Heiligenfeiern des Allgemeinen Kalenders legte der damit beauftragte „Römische Liturgierat" einige Leitlinien zugrunde, die im offiziellen Kommentar näher dargelegt[370] und in den folgenden Ausführungen zusammenfassend erläutert bzw. ergänzt werden sollen.

1) Die historisch-kritische Überprüfung des Sanctorale

Sie geht vom Grundsatz aus, daß die Christen unserer Zeit „ihre Heiligenverehrung durch die historische Wahrheit absichern" möchten, „was durchaus angemessen ist". Hierfür konnte die hagiographische Wissenschaft bedeutende Werke zur Verfügung stellen, wenn dabei auch nicht jede Dunkelheit gelichtet werden konnte[371]. Bei der Prüfung ließen sich verschiedene Gruppen von Heiligen unterscheiden:

*Heilige, die große historische Schwierigkeiten* hinsichtlich ihres Lebens und ihrer tatsächlichen Verehrung bieten, sind nicht mehr im neuen Kalender enthalten. Eine Ausnahme hat man bei der heiligen *Cäcilia* gemacht, von der historisch nur gesichert ist, daß es gegen Ende des 5. Jahrhunderts eine römische Titelkirche ihres Namens gab und daß darin um die Mitte des 6. Jahrhunderts ihr Fest am 22. November gefeiert wurde.

Von der Gruppe der *altrömischen Märtyrer* kennt man meist nur die „hagiographischen Koordinaten" Name, Ort und Tag. Einerseits dürfen sie als die „ehrwürdige Kernschar der Heiligen der Kirche Roms gelten", andererseits sind sie den Gläubigen des 20. Jahrhunderts wegen der Dürftigkeit verbürgter Angaben weithin unbekannt. Deshalb ging man einen Mittelweg: „Außer dem Hochfest der heiligen Apostel Petrus und Paulus (29. Juni) und dem Fest des heiligen Laurentius (10. August) stehen im Kalender die gebotenen Gedenktage folgender Heiligen: Agnes (21. Januar), Justin (1. Juni), Kornelius zusammen mit Cyprian (16. September) und Ignatius von Antiochien (17. Oktober)."[372] Den übrigen räumte man einen nichtgebotenen Gedenktag ein. Außerdem schuf man einen neuen Gedenktag für die ersten römischen Märtyrer unter Nero am 30. Juni. Auf diese Weise glaubte man, der römischen Traditionsverpflichtung gerecht zu werden. Hingegen hat man die angeblichen *Gründer altrömischer Titelkirchen* nicht mehr in den Kalender aufgenommen, weil die Nachrichten über sie legendär sind.

2) Auswahl der Heiligen von größerer Bedeutung

Schon das II. Vaticanum hatte das Kriterium aufgestellt, daß in den Allgemeinen Kalender nur jene Heiligen aufgenommen werden sollen, „die wirklich von allgemeiner Bedeutung sind" (LK 111). Von dieser Weisung fühlte sich der Römische Liturgierat offensichtlich überfordert. „Wenn man die Anordnung der Liturgiekonstitution wörtlich und streng ausgeführt hätte, wären nur wenige Heilige ‚mit wirklich allgemeiner Bedeutung' im Allgemeinen Kalender erhalten geblieben. Dieses Vorgehen schien nicht angemessen und gebührend; es hätte viel Verwunderung und Anstoß erregt."[373] So ist es zu verstehen, daß man jetzt von „Heiligen von größerer Bedeutung" spricht.

Von den 38 heiligen *Päpsten* des bisherigen Kalenders von 1960 wurden 23 gestrichen bzw. für die Eigenkalender freigestellt. Die verbleibenden 15 setzen sich zusammen aus sechs Märtyrerpäpsten der Verfolgungszeit, sechs Päpsten aus den folgenden vier Jahrhunderten (darunter zwei Märtyrer) und nur drei aus dem zweiten Jahrtausend unserer Zeitrechnung (Gregor VII., Pius V., Pius X.).

Aus den zahlreichen *nichtrömischen Märtyrern* bildete man drei Untergruppen: „bedeutende Märtyrer des Altertums" mit vier Gedenktagen, besonders volkstümliche Märtyrer mit acht und „bedeutende Märtyrer des Mittelalters und der Neuzeit" mit acht Gedenktagen.

Bei der großen Gruppe der „*Nicht-Märtyrer*" berücksichtigte man Missionare der verschiedenen Gegenden, Ordensgründer, „die einen bedeutsamen neuen Aspekt des religiösen Lebens in der Kirche zur Geltung brachten", und alle Kirchenlehrer, denen man wenigstens einen nichtgebotenen Gedenktag einräumte. 30 meist italienische Heilige wurden nicht mehr in den Allgemeinen Kalender aufgenommen, „um ein gewisses geographisches Gleichgewicht im Kalender zu erreichen."[374] Weitere 33 Heilige wurden den Eigenkalendern überlassen.

3) Universalität des Heiligenkalenders

Zunächst war man darauf bedacht, der *geographischen Universalität* Rechnung zu tragen, nachdem bislang vorwiegend Heilige aus den romanischen Ländern vertreten waren. Im neuen Kalender sind tatsächlich alle fünf Erdteile vertreten, vor allem durch Märtyrer. So finden wir darin den Japaner *Paul Miki* und seine mit ihm am 5. Februar 1597 in Nagasaki gekreuzigten 25 Gefährten, die ersten kanonisierten Heiligen des Fernen Ostens (1862); *Isaak Jogues* und seine Gefährten als Märtyrer Kanadas und der USA († 18. Oktober 1647); *Peter Chanel* als ersten Märtyrer Ozeaniens († 28. April 1841); *Karl Lwanga* und seine Gefährten, die in Uganda den Märtyrertod starben (3. Juni 1886). Als Vertreterin der lateinamerikanischen Heiligen stand *Rosa von Lima* († 24. August 1617) schon im bisherigen Kalender. Hinzu kamen nun *Turibio von Mongrovejo,* Erzbischof von Lima († 1606), und der bei Schwarzen und Mischlingen hochverehrte Laienbruder *Martin von Porres* († 1669). Diese geographische Universalität würdigt auch *Paul VI.* in seinem Apostolischen Schreiben zur Approbation des neuen Kalenders, wenn er feststellt: „Ebenbürtig finden sich so im neuen Kalendarium alle Völker durch Menschen vertreten, die für Christus ihr Blut vergossen oder sich durch ihr beispielhaftes Leben ausgezeichnet haben. Wir sind der Auffassung, daß daher der neue Generalkalender der lateinischen Kirche besser den Erfordernissen und dem Empfinden der heutigen Frömmigkeit entspricht und auch deutlicher den universellen Charakter der Kirche zum Ausdruck bringt."

Auch der *Universalität des christlichen Lebens* suchte man gerecht zu werden, indem jeder christliche Lebensstand im Sanctorale vertreten sein sollte. Desgleichen mußten die verschiedenen *Ausdrucksformen und Wege christlicher Tugend und Heiligkeit* repräsentiert sein, wie Einsatz für Mission und Caritas, Laienapostolat, Beschaulichkeit, Askese u. a. m. Ebenso sollten *Heilige aus allen Jahrhunderten* die temporale Universalität verwirklichen helfen[375].

Trotz der von vielen als weitgehend und schmerzlich empfundenen Reduzierung des Heiligenkalenders blieb man wohl hinter dem vom Konzil vorgezeichneten Ziel einer wesentlichen Entlastung des Allgemeinen Kalenders zugunsten des Temporale und der Eigenkalender zurück. Sieht man von den marianischen Festen und Gedenktagen ab, so verbleiben immerhin noch vier Hochfeste (Josef, Geburt des Johannes des Täufers, Petrus und Paulus, Allerheiligen), 17 Feste, 59 gebotene und 88 nichtgebotene Gedenktage, zusammen 168. Kritik hat man auch an der Tatsache geübt, daß sich darunter 89 Gedenktage von Heiligen aus den romanischen Ländern und 63 Ordensheilige befinden[376]. *Aus dem deutschen Sprachgebiet* finden sich unter den gebotenen Gedenktagen nur zwei (Bonifatius und Elisabeth von Thüringen), unter den nichtgebotenen zehn (Ansgar, Fidelis von Sigmaringen, Norbert, Heinrich, Bruno, Hedwig, Albert, Gertrud, Kolumban und Petrus Kanisius). Das ist immerhin in der Summe ein Gedenktag mehr als die 11 der spanischen Heiligen, aber wesentlich weniger im Vergleich mit den 37 Gedenktagen italienischer Heiliger. Es mag noch erwähnenswert sein, daß nur zwei Heilige des 20. Jahrhunderts im Allgemeinen Kalender vertreten sind (Maria Goretti und Pius X.). Die einzelnen Heiligenfeiern können aus dem unter 8.4 abgedruckten Regionalkalender ersehen werden.

### b) *Weitere Neuregelungen bei den Heiligenfeiern*

Was den *Termin* der einzelnen Gedächtnisfeiern betrifft, so versuchte die Neuordnung sie möglichst auf den Sterbetag als den Geburtstag für den Himmel (= natale) zu legen. So hatte es schon die alte Kirche bei dem Gedächtnis der Märtyrer gehalten[377]. Aus diesem Grund wurden manche seitherigen Termine geändert. War der Sterbetag eines Heiligen schon „belegt", so wählte man den ersten freien Tag vor oder nach dem Sterbetag. In manchen Fällen nahm man auch „den Jahrestag der Übertragung ... oder den Weihetag einer Kirche zu Ehren des Heiligen ... oder den Jahrestag der Weihe ... Für mehrere östliche Heilige wurde der Tag genommen, an dem sie in ihrer Heimat verehrt werden[378]. Einige Veränderungen erklären sich aus der Grundregel, daß in der österlichen Bußzeit und in der zweiten Adventsphase (17.–24. Dezember) keine Heiligenfeste und Gedenktage gefeiert werden dürfen. So verlegte man den Gedenktag des *Thomas von Aquin* vom 7. März auf den 28. Januar, den des Papstes *Gregor des Großen* vom 12. März auf den 3. September und den des heiligen *Benedikt* vom 21. März auf den 11. Juli. Das Fest des Apostels *Thomas* wurde vom 21. Dezember auf den 3. Juli verlegt.

Eine weitere Veränderung besteht darin, daß man die seitherigen *Titel* „Bekenner" und „Weder Jungfrau noch Märtyrerin" als weniger geeignet fallen ließ. „Auch der Titel ‚Witwe' erschien nicht erhaltenswert, da er seinen ehemaligen religiösen Sinn verloren hat."[379] Man verzichtete lieber darauf, jedem Heiligen unbedingt einen Titel beizulegen. Beibehalten wurden die Titel Apostel, Evangelist, Märtyrer, Jungfrau, Papst, Bischof, Priester, Diakon, Kirchenlehrer, Abt, Mönch, Einsiedler, Ordensmann (im Sinne von Ordensangehöriger ohne Priesterweihe) und Ordensfrau (wenn sie vor dem Eintritt in den Orden verheiratet war, sonst gilt der Titel Jungfrau)[380].

Was die *Meßfeier* betrifft, so werden an den Hochfesten und Festen die unveränderten Texte des Propriums oder des Commune (= gemeinsame Meßformulare) verwendet. An den Gedenktagen ist nur das Tagesgebet vom Heiligen verpflichtend. Alle anderen veränderlichen Meßtexte können auch vom Wochentag genommen werden.

In dieser eingeschränkten Form können Gedenktage von Heiligen auch an den Wochentagen der liturgisch besonders geprägten Zeiten mit Ausnahme des Aschermittwochs und der Karwoche berücksichtigt werden. An den Wochentagen im Jahreskreis kann außer dem für den betreffenden Tag vorgesehenen nichtgebotenen Gedenktag auch das Gedächtnis jedes Heiligen gewählt werden, der für diesen Tag im Martyrologium eingetragen ist[381].

### *c) Hochfeste der Heiligen im Römischen Kalender*

#### Das Hochfest Allerheiligen (1. November)

Seine Wurzeln finden sich *im Orient*, wo man schon im 4. Jahrhundert ein Gedächtnis aller Märtyrer beging. Der Festtag selbst war in den einzelnen Teilkirchen verschieden. Nach dem Zeugnis des syrischen Diakons *Ephräm* wurde es am 13. Mai begangen. *Johannes Chrysostomus* kennt es für die Kirche von Antiochien am Sonntag nach Pfingsten, an dem es heute noch die griechisch-orthodoxe Kirche unter dem Namen „Sonntag aller Heiligen" begeht. Die ostsyrische Liturgie feierte es am Freitag nach Ostern[382].

*In Rom* finden sich Spuren für alle drei Termine, was im Hinblick auf die engen Verbindungen zum Osten im 5. und 6. Jahrhundert verständlich ist. Unter Papst *Bonifaz IV.* (608–615) setzte sich der 13. Mai insofern durch, als sich der Papst von Kaiser *Phokas* den heidnischen Tempel des Pantheon, der seit über 100 Jahren nicht mehr benutzt worden war, schenken ließ und ihn am 13. Mai 609 (610?) als christliche Kirche zu Ehren der Jungfrau Maria und aller Märtyrer weihte. Zu diesem Weihetag ließ der Papst auf 28 Wagen Gebeine der Märtyrer aus den Katakomben in die Kirche bringen. An diese triumphal gefeierte Translation dürften noch Antiphonen der alten Kirchweihmesse erinnern, wo es u. a. heißt: „Erhebet euch, ihr Heiligen Gottes, von euren Wohnungen, heiligt die Orte, segnet das Volk."[383]

Einen weiteren Schritt auf das heutige Allerheiligenfest hin tat *Gregor III.* (731–741), als er in St. Peter eine Kapelle zu Ehren aller Heiligen, auch der Nicht-Märtyrer, errichten ließ. Möglicherweise ging von hier die Anregung zu einem Allerheiligenfest am 1. November aus, das zunächst in der Mitte des 8. Jahrhunderts für England und Irland bezeugt ist. Auf Bitten von Papst *Gregor IV.* (828–844) wird es mit Zustimmung der Bischöfe von *Ludwig dem Frommen* für sein ganzes Reich vorgeschrieben. Von Anfang an besaß es eine Vigil, Ende des 15. Jahrhunderts bekam es auch eine Oktav. Beide entfielen bei der Reform von 1955.

*Die Festmesse* hat im wesentlichen die seitherigen Texte übernommen, ist aber bereichert durch die 2. Lesung und die *Eigenpräfation.* In dieser wird das Festgeheimnis in hymnischer Weise besungen: „Denn heute schauen wir deine heilige Stadt, unsere Heimat, das himmlische Jerusalem. Dort loben dich auf ewig die verherrlichten Glieder der Kirche, unsere Brüder und Schwestern, die schon zur Vollendung gelangt sind. Dorthin pilgern auch wir im Glauben, ermutigt durch ihre Fürsprache und ihr Beispiel, und gehen freudig dem Ziel der Verheißung entgegen." Hier wird deutlich, daß das Fest nicht nur die kanonisierten Heiligen einschließt, sondern alle schon zur Vollendung gelangten Verstorbenen, also sicher auch verstorbene Angehörige und Freunde. Die *1. Lesung* (Offb 7,2–4.9–14) beschreibt sie als die „144000 aus allen Stämmen der Söhne Israels" und die „große Schar aus allen Nationen und Stämmen, Völkern und Sprachen", die in weißen Gewändern und mit Palmzweigen in den Händen vor dem Thron und dem Lamm stehen. Wenn es am Schluß dieser Lesung heißt, daß sie aus der großen Drangsal kommen und ihre Kleider im Blut des Lammes weiß gewaschen haben, so ist dies die bildhafte Einkleidung der Wahrheit, daß alle Heiligen die Frucht des Pascha-Mysteriums sind. Die *2. Lesung* (1 Joh 3,1–3) sieht in der uns geschenkten Gotteskindschaft die Grundlage unserer endzeitlichen Herrlichkeit. Der Weg zur Heiligkeit und Vollendung ist abgesteckt durch die acht Seligpreisungen der Bergpredigt, die das *Evangelium* verkündet (Mt 5,1–12a). In den *Präsidialgebeten* vertraut die betende Kirche auf die Fürsprache so vieler Heiliger (Tages- und Gabengebet) und läßt uns bitten: „... führe uns auf dem Weg der Pilgerschaft zum ewigen Gastmahl, wo du selbst die Vollendung der Heiligen bist" (Schlußgebet).

### Hochfest des heiligen Josef (19. März)

Die älteste Spur einer kultischen Verehrung des „Bräutigams der Gottesmutter Maria", wie der offizielle Titel im neuen Meßbuch lautet, findet sich im 8./9. Jahrhundert in koptischen Kalendarien für den 20. Juli[384]. Von kurzen Notizen ohne nähere Festangabe in verschiedenen Martyrologien des 9./10. Jahrhunderts abgesehen, begegnen wir einer Festfeier am 19. März zuerst im 12. Jahrhundert, in dem auch die Kreuzfahrer in Nazaret eine Kirche zu Ehren Josefs erbauten. Verehrung und Festfeier wurden vor allem durch die Franziskaner gefördert, insbesondere durch *Bernhardin von Siena* († 1444). Für die Wahl des 19. März gibt es nur Vermutungen. Erst Ende des 15. Jahrhunderts führte *Sixtus IV.* (1471–1484) das Fest für die ganze Kirche ein (simplex). *Gregor XV.* erhob es 1621 zum gebotenen Feiertag. *Pius IX.* erklärte 1870 Josef zum Schutzpatron der ganzen Kirche und erhöhte den Festrang auf „duplex I. Klasse")[385]. Die Neuausgabe des Missale von 1920 bringt zum erstenmal eine Eigenpräfation, die auch vom Missale von 1970 übernommen wurde. Weil das Fest immer in die Fastenzeit fällt, können es die Bischofskonferenzen auf einen anderen Termin verlegen[386]. Erwähnung verdient noch, daß Johannes XXIII. 1962 den Namen Josefs in den Kanon der Meßfeier aufnehmen ließ.

Eine Verdoppelung erlebte das Josefsfest, als ein von den Karmelitern Italiens und Frankreichs seit 1680 gefeiertes „*Schutzfest*" (Patrozinium) des heiligen Josef von *Pius IX.* 1847 auf die ganze Kirche ausgedehnt wurde (3. Sonntag nach Ostern). *Pius X.* machte es zu einem Fest I. Klasse mit Oktav und legte es auf den dritten Mittwoch nach Ostern. Durch Dekret der Ritenkongregation wurde es 1956 wieder aufgehoben[387].

In diesem Zusammenhang sei auch auf das Josefsfest hingewiesen, das *Pius XII.* am 1. Mai 1955 unter dem Titel „*Hochfest des heiligen Josef, des Arbeiters,* des Bräutigams der seligen Jungfrau Maria, Bekenners und Patrons der Arbeiter" in den Römischen Kalender einführte. Es wurde am 1. Mai 1956 als „duplex I. Klasse" zum erstenmal begangen. Der Papst war dabei von der Absicht geleitet, den 1. Mai als Tag der Arbeit, der im außerkirchlichen Raum von der Arbeiterschaft als Symbol ihrer Rechte schon seit Jahrzehnten gefeiert worden war, durch die Feier eines heiligen Arbeiters im christlichen Sinn zu bereichern. Bei der Neuordnung des Allgemeinen Kalenders wurde dieses Fest als nichtgebotener Gedenktag beibehalten. Der Kommentar zum neuen Kalender begründet die Reduzierung des Festranges im historischen Teil mit dem Hinweis, daß der Tag der Arbeit in mehreren Ländern an anderen Terminen gehalten werde (144). In seinem zweiten Teil (Veränderungen im Römischen Kalender) sagt er: „es handelt sich eher um eine sekundäre Erwähnung des heiligen Josef in Verbindung mit dem ‚Tag der Arbeit'" (181). Offenbar hat sich die früher schon genannte Absicht des Römischen Liturgierates durchgesetzt, Ideenfeste möglichst zurückzudrängen[388].

In der *Festmesse* des 19. März zeichnet die *Eigenpräfation,* die als einziger Propriumsteil aus der seitherigen Messe übernommen wurde, ein Bild des Heiligen. Er ist der „Gerechte", dem wichtige Schutzfunktionen in den Anfängen des Christusereignisses übertragen waren: Beschützer der jungfräulichen Gottesmutter als ihr Bräutigam, Beschützer des Gottessohnes „an Vaters Statt". Josef hat diese heilsgeschichtlich wichtigen Dienste als „treuer und kluger Knecht" im Gehorsam gegen Gott geleistet, ohne große Worte, selbstlos und in ausdauernder Treue. Schon der *Eröffnungsvers* charakterisiert den Heiligen unter diesem Aspekt: „Seht, das ist der treue und kluge Hausvater, dem der Herr seine Familie anvertraut, damit er für sie sorge" (vgl. Lk 12,42). Einem solchen „guten und getreuen Knecht" ist die Teilnahme am Festmahl seines Herrn geschenkt (*Kommunionvers;* Mt 25,21). Das *Evangelium* (Mt 1,16.18–21.24a) berichtet von der entscheidenden Stunde im Leben Josefs, als ihm das Geheimnis der Gottesmutterschaft Marias offenbart und die Weisung gegeben wird, Maria als seine Frau zu sich zu nehmen und ihrem Kind den Namen Jesus zu geben. Josef gehorcht, er wird der gesetzliche Vater Jesu, dem er den Namen gibt: „Jahwe rettet". So wird auch Josef zum Diener am Heil aller. Als Alternativ-Perikope kann auch die Erzählung vom zwölfjährigen Jesus im Tempel (Lk 2,41–51a) gewählt werden. Die *alttestamentliche Lesung* (2 Sam 7,4–5a.12–14a.16) bringt die Verheißung an David vom ewigen Fortbestand seines Hauses und seiner Herrschaft, die sich in typologischer Deutung erst im messianischen Königtum Jesu verwirklicht. Bindeglied zwischen David und Jesus aber ist der aus Davids Stamm hervorgehende „Josef, der Mann Marias" (Evangelium). So steht auch Josef im Strom der Heilsverheißungen und der Heilsgeschichte. Der *Antwortpsalm* (aus Ps 89) meditiert diese Verheißung. Die *neutestamentliche Lesung* (Röm 4,13.16–18.22) läßt eine (unausgesprochene) Parallelität zwischen Abraham und Josef deutlich werden: Abraham ist der Vater des Glaubens. „Gegen alle Hoffnung hat er voll Hoffnung geglaubt, daß er der Vater vieler Völker werde." Auch Josef glaubte dem so „unglaublichen" Worte Gottes. So gilt von beiden: „Darum wurde der Glaube ihm als Gerechtigkeit angerechnet." *Tages- und Gabengebet* knüpfen an die „treue Sorge" und den treuen Dienst Josefs für Jesus und seine Mutter an und bitten, Gott möge auf die Fürsprache des heiligen Josef seiner Kirche helfen, „die Geheimnisse der Erlösung treu zu verwalten" (Tagesgebet) und uns die Kraft schenken, Christus treu zu dienen (Gabengebet).

### Das Hochfest „Geburt des hl. Johannes des Täufers" (24. Juni)

Die biblischen Berichte über die wunderbaren Vorgänge beim Lebenseintritt des Johannes und Jesu Aussagen über seinen Vorläufer machen es verständlich, daß schon die alte Kirche dem Täufer eine besondere Hochschätzung und Verehrung schenkte. Ist er doch nach Jesu Worten mehr als ein Prophet (Lk 7,26), der größte unter allen Menschen (Lk 7,28), „der, von dem geschrieben steht (Mal 3,1): ‚Ich sende meinen Boten vor dir her, damit er dir den Weg bereitet'" (Lk 7,27). Jesus „stellte selbst die Kanonisationsbulle für ihn aus"[389]. Hinzu kommt sein im Evangelium berichtetes Martyrium, das ihm von Anfang an eine ähnlich starke Verehrung zuteil werden läßt wie den Aposteln und Stephanus.

Im Osten wie im Westen gibt es bereits im 4. Jahrhundert liturgische

Gedächtnisse. Die Termine in den östlichen Kirchen sind unterschiedlich. Die Griechen begehen sein Fest am 7. Januar, gemäß der östlichen Gepflogenheit, Heilige, die mit dem Festgegenstand eines Herrenfestes im Zusammenhang stehen, am Tag danach durch eine „Synaxis" zu ehren. Weil aber im Osten das Fest der Epiphanie wesentlich der Taufe Jesu geweiht ist, durfte der Täufer nicht fehlen. Das Johannesfest am 24. Juni ist im Westen entstanden. Man datierte es gemäß Lk 1,36a sechs Monate vor dem Geburtsfest des Herrn. Beide Tage sind jeweils der achte Tag vor dem Ersten des folgenden Monats (dies VIII ante Kalendas). Im Zusammenhang mit dem Termin des Weihnachtsfestes war schon davon die Rede, daß man schon im 3. Jahrhundert den Sonnenwenden im Hinblick auf die Heilsgeschichte besondere Bedeutung beimaß. Weil von der Sommersonnenwende an die Tageslänge abnimmt, nach der Wintersonnenwende aber zunimmt, sieht *Augustinus* in den beiden Festterminen eine kosmische Bestätigung für das Johanneswort: „Jener muß wachsen, ich aber geringer werden" (Joh 3,30)[390]. In Rom wurden nicht weniger als 20 Kirchen zur Ehre des Täufers errichtet. Eine Vigil ist schon für das 6. Jahrhundert bezeugt. Am Tag selbst werden bis zu drei Meßfeiern erwähnt, eine „ad fontem", d.h. in einem Baptisterium[391]. Mit dem Johannesfest, das zugleich den Sommeranfang markiert, haben sich vielerlei Volksbräuche verbunden, von denen sich die „Johannisfeuer" bis in die Gegenwart erhalten haben.

Die große Verehrung des Heiligen führt im Osten zu zwei weiteren Festen, dem Gedächtnis seiner *Enthauptung* und zu einem Fest seiner *Empfängnis*. Nur das erste faßte im Westen Fuß und gelangte über die gallisch-fränkische Liturgie auch in den Römischen Kalender, wo es am 29. August verzeichnet ist. Dieser Tag ist wahrscheinlich der Weihetag der Johanneskirche in Sebaste (Samaria), wo seine Jünger den Leichnam des Johannes bestattet haben sollen. Die neueste Reform hat es als gebotenen Gedenktag beibehalten. Das zweitgenannte Fest wurde im Osten neun Monate vor seinem Geburtsfest begangen (24. September) und hat sich in der byzantinischen Kirche bis heute erhalten[392].

Die liturgische Feier des Geburtsfestes kennt zunächst die *Vorabendmesse* (vor oder nach der Ersten Vesper des Hochfestes). Sie hat die meisten Texte aus der seitherigen Vigilmesse übernommen, bereichert durch die 2. Lesung, den Halleluja-Vers und die Eigenpräfation vom Festtag.

In der *Festmesse* berichtet das *Evangelium* (Lk 1,57–66.80) von der Geburt, Beschneidung und Namengebung des Johannes. Die wunderbaren Begleitumstände lösten in der ganzen Gegend Betroffenheit aus und ließen die Frage aufkommen: „Was wird wohl aus diesem Kind werden?“ Der letzte Vers der Perikope spannt den Bogen von seiner Kindheit bis zum öffentlichen Auftreten. Was in der *alttestamentlichen Lesung* (Jes 49, 1–6) vom „Knecht Gottes“ gesagt wird, gilt weithin auch vom Vorläufer des Herrn: „Der Herr hat mich schon im Mutterleib berufen... Er machte meinen Mund zu einem scharfen Schwert... damit ich Jakob zu ihm heimführe und ganz Israel bei ihm versammle... Und er sagte: ... Ich mache dich auch zum Licht aller Völker.“ Die Bedeutung des Johannes für die Heilsgeschichte würdigt auch Paulus in seiner Predigt in Pisidien (*2. Lesung* = Apg 13, 22–26): Er hat die Taufe zur Umkehr verkündet und Zeugnis abgelegt für den Herrn, „dem ich nicht wert bin die Sandalen von den Füßen zu lösen“. Der *Halleluja-Vers* preist den Heiligen mit einem Satz aus dem Lobgesang des Benedictus (Lk 1,76): „Du, Kind, wirst Prophet des Höchsten heißen; denn du wirst dem Herrn vorangehen und ihm den Weg bereiten.“ In einer großartigen Synthese verkündet die *Präfation* Begnadung und Berufung des Täufers: „Du hast ihn geehrt vor allen, die je eine Frau geboren hat, schon im Mutterschoß erfuhr er das kommende Heil, seine Geburt erfüllte viele mit Freude. Als einziger der Propheten schaute er den Erlöser und zeigte hin auf das Lamm, das die Sünde der Welt hinwegnimmt. Im Jordan taufte er Christus, der seiner Kirche die Taufe geschenkt hat, so wurde das Wasser zum heiligen Quell des ewigen Lebens. Bis an sein Ende gab Johannes Zeugnis für das Licht und besiegelte mit dem Blut seine Treue.“ In prägnanter Kürze umreißt schon der *Eröffnungsvers* die Sendung des Johannes: „Ein Mensch trat auf, der von Gott gesandt war; sein Name war Johannes. Er kam als Zeuge, um Zeugnis abzulegen für das Licht und das Volk für den Herrn bereitzumachen“ (Joh 1, 6–7; Lk 1,17). Vom Festgeheimnis inspiriert betet die Kirche: „Schenke deiner Kirche die Freude im Heiligen Geist und führe alle, die an dich glauben, auf dem Weg des Heiles und des Friedens“ *(Tagesgebet)*; „Gib, daß wir Christus, den Johannes vorausverkündigt hat, als den erkennen, der uns das ewige Leben erworben hat“ *(Schlußgebet)*.

### Hochfest der Apostel Petrus und Paulus (29. Juni)

Die Hochschätzung der Apostel in ihrer Gesamtheit wegen ihrer Bedeutung für die Gesamtkirche spiegelt sich bereits in neutestamentlichen Schriften, wenn es dort heißt, daß die Gemeinde „der Heiligen und Hausgenossen Gottes auf das Fundament der Apostel und Propheten gebaut“ ist (Eph 2,19f) und die Mauer des neuen Jerusalem zwölf Grundsteine hat, auf denen die Namen der 12 Apostel des Lammes stehen (Offb 21,14). Sind sie doch Augenzeugen des Christusgeschehens, die von ihm bestellten Boten und Hirten, die an seiner Statt die Botschaft des Heiles in alle Welt tragen und die Gemeinde des Herrn auferbauen, ausgestattet mit der Vollmacht des Bindens und Lösens (Mt 18, 18). In besonderer Weise gilt dies von *Petrus*, den Christus selbst zum Felsenfundament seiner Kirche bestimmt und dem er die „Schlüssel des Himmelreiches" auch als einzelnem übergeben hat (Mt 16, 18f).

Wenn von Kaiser Konstantin berichtet wird, daß er in Byzanz eine prächtige Kirche zu Ehren aller Apostel erbauen ließ, in der er auch begraben zu werden wünschte, und daß er das Grab des Herrn in der Auferstehungskirche mit zwölf reichverzierten Säulen umgeben ließ, so ist dies nicht nur Ausdruck seiner persönlichen Verehrung, sondern der der ganzen christlichen Gemeinde[393].

Im Osten scheint es zunächst ein Fest aller Apostel gegeben zu haben, von dem sich Spuren auch in der römischen Liturgie finden. Einzelne Apostel verehrte man vor allem dort, wo ihr Grab war oder wo sich besondere Erinnerungen an die Apostel vorfanden. Dies gilt in hervorragender Weise von den beiden „Apostelfürsten" *Petrus und Paulus.* Sie erlitten in Rom unter Kaiser Nero (54–68) das Martyrium, Petrus durch Kreuzigung, Paulus durch Enthauptung. Wenn sich auch historisch nicht nachweisen läßt, daß dies im selben Jahr und am gleichen Tag geschah, so wird doch ihr Gedächtnis seit der Mitte des dritten Jahrhunderts gemeinsam begangen, und zwar am 29. Juni[394]. Aus verschiedenen Dokumenten ergibt sich, daß an diesem Tag drei liturgische Feiern an verschiedenen Orten begangen wurden, nämlich die des Petrus in der nach ihm benannten Kirche auf dem Vatikanischen Hügel an der Via Aurelia, die des Paulus an der Straße nach Ostia (St. Paul vor den Mauern) und schließlich ein gemeinsames Gedächtnis an der Via Appia „ad catacumbas", nahe bei der heutigen Sebastianuskirche, wo sich im 3. Jahrhundert während der Valerianischen Verfolgung wahrscheinlich vorübergehend ihre Leiber oder wenigstens ihre Häupter befanden[395]. Weil eine dreimalige Feier am gleichen Tag in den weit auseinanderliegenden Heiligtümern sehr beschwerlich war, verlegte man das Gedächtnis in St. Paul anfangs des 8. Jahrhunderts auf den folgenden Tag, wobei jedoch Paulus auch in den Messen am 29. Juni immer eingeschlossen blieb.

Das römische Doppelfest breitete sich noch im 4. Jahrhundert in Italien und Nordafrika aus, im 5./6. Jahrhundert auch in den übrigen Ländern des Westens und in den meisten Kirchen des Ostens. Schon *Ambrosius* († 397) gibt Kunde von einer vorausgehenden Vigilfeier[396].

Bei der Neuordnung des Römischen Kalenders wurde die Vigil im Sinn einer festlichen *Vorabendmesse* beibehalten. Eröffnungs- und

Halleluja-Vers, die Präsidialgebete, die 2. Lesung (Gal 1, 11–20) und die Eigenpräfation sind neu. Das *Gedächtnis des Apostels Paulus am 30. Juni* wurde gestrichen und „der Basilika des heiligen Paulus zu Rom überlassen ... Außerhalb Roms kann man das doppelte Hochfest nicht begründen.“[397] Diese Veränderung veranlaßte eine stärkere Berücksichtigung des Apostels Paulus in der Liturgie des Hochfestes.

Über der *Festmesse* steht das Leitmotiv des neuen *Eröffnungsverses:* „Die Apostel Petrus und Paulus haben die Kirche begründet; sie haben den Kelch des Herrn getrunken, nun sind sie Gottes Freunde.“ Die *1. Lesung* (Apg 12, 1–11) berichtet von den Verfolgungen der jungen Christengemeinde in Jerusalem unter König Herodes Agrippa. Auch Petrus wurde verhaftet, aber in der Nacht vor der Gerichtsverhandlung wunderbar befreit. Der glücklich ausgewählte *Antwortpsalm* (aus Ps 34) mit dem Kehrvers „All meinen Ängsten hat mich der Herr entrissen“ wird zum Lobpreis der helfenden Hand des Herrn. Die *2. Lesung* (2 Tim 4, 6–8.17–18) zeigt den Apostel Paulus angesichts des nahen Martyriums voll Zuversicht: „Ich habe den guten Kampf gekämpft, den Lauf vollendet, die Treue gehalten. Jetzt liegt für mich der Kranz der Gerechtigkeit bereit ... Der Herr wird mich allem Bösen entreißen, er wird mich retten und in sein himmlisches Reich führen.“ Im *Evangelium* hören wir das Bekenntnis des Petrus: „Du bist der Messias, der Sohn des lebendigen Gottes.“ Der Herr macht ihn zum Felsenfundament seiner Kirche und überträgt ihm die Binde- und Lösevollmacht. Dieses Thema wird auch im *Halleluja-* und *Kommunion-Vers* aufgegriffen. Auch an diesem Hochfest bedeutet die *Eigenpräfation* eine echte Bereicherung. In meisterhafter Kürze umreißt sie die ekklesiologische Bedeutung der beiden Apostel: „Petrus hat als erster den Glauben an Christus bekannt und aus Israels heiligem Rest die erste Kirche gesammelt. Paulus empfing die Gnade tiefer Einsicht und die Berufung zum Lehrer der Heiden. Auf verschiedene Weise dienten beide Apostel der einen Kirche, gemeinsam empfingen sie die Krone des Lebens.“ Die *Präsidialgebete* wurden zum Teil neu gestaltet: „Hilf deiner Kirche, in allem der Weisung deiner Boten zu folgen“ (Tagesgebet); „Gib, daß wir im Brotbrechen und in der Lehre der Apostel verharren und in deiner Liebe ein Herz und eine Seele werden“ (Schlußgebet).

### Gedenktag aller verstorbenen Gläubigen (Allerseelen; 2. November)

Dieser Tag ist ein Gedächtnis eigener Art. Man kann ihn nicht Hochfest oder Fest nennen, in seiner Rangordnung steht er aber mit den „Hochfesten des Herrn, der seligen Jungfrau Maria und jenen Heiligen, die im Generalkalender verzeichnet sind“, auf gleicher Stufe[398].

Schon die heidnischen Völker der Antike kannten bestimmte Gedenktage ihrer Toten, wie z. B. die römischen „Parentalia" vom 13. bis 22. Februar (s. u. Kathedra Petri). Die Christen haben solche Bräuche zunächst beibehalten, sofern sie mit dem christlichen Glauben vereinbar schienen. Schon seit dem 2. Jahrhundert gibt es Zeugnisse dafür, daß solche Gedächtnisse Gebete für die Verstorbenen einschlossen und bald mit der Feier der Messe verbunden wurden[399]. Dabei wurde zunächst der dritte Tag nach der Beisetzung und das Jahresgedächtnis bevorzugt, später traten der siebte und der 30. Tag, manchenorts auch der 40., hinzu, „alles Termine des Totengedächtnisses, die neben der kultischen Begehung des Begräbnistages schon aus vorchristlicher Überlieferung stammen und an denen nun an die Stelle der alten Totenopfer und manchmal vielleicht auch an die Stelle des Refrigeriums die Feier der Eucharistie getreten ist"[400].

Daß man einen Tag des Jahres dem Gedächtnis aller verstorbenen Gläubigen weihte, begegnet uns zum erstenmal bei dem Bischof *Isidor von Sevilla* († 636), der seinen Mönchen vorschrieb, am Tag nach Pfingsten für die Seelen der Verstorbenen das Meßopfer darzubringen[401]. Am Anfang des 9. Jahrhunderts ordnete der Abt Eigil von Fulda an, daß am 17. Dezember, dem Jahrgedächtnis des hl. Sturmius, des Gründers des Klosters in Fulda, aller Verstorbenen „in Messe, Psalmodie und heiligem Gebet" gedacht werde[402]. Ähnliche Gedächtnisse gab es auch in den östlichen Kirchen. Dem Stundengebet des Allerheiligenfestes pflegte Amalar von Metz das Offizium für die Verstorbenen anzuschließen[403].

Das eigentliche *Geburtsjahr des Allerseelentags* ist das Jahr 998, in dem der Abt *Odilo von Cluny* (994–1048) das festliche Gedächtnis aller verstorbenen Gläubigen am 2. November für alle ihm unterstellten Klöster anordnete und hinzufügte: „Und wenn ein anderer sich an dieser unserer gläubigen Erfindung ein Beispiel nimmt, möge er aller guten Gebete teilhaft werden."[404] Dieses Gedächtnis breitete sich rasch über Frankreich, England und Deutschland aus. In Italien, insbesondere in Rom, wurde es erst im 13. Jahrhundert heimisch[405].

Ende des 15. Jahrhunderts bildete sich bei den Dominikanern von Valencia in Spanien die Sitte heraus, daß jeder Priester am 2. November *drei Messen* (wie an Weihnachten) feiert. *Benedikt XIV.* bestätigte sie 1748 und dehnte sie als Privileg auf alle Priester Spaniens, Portugals und Lateinamerikas aus. *Benedikt XV.* erweiterte es 1915 für alle Priester der Gesamtkirche mit der Auflage, daß jeder nur für eine Messe ein Stipendium annehmen dürfe und eine weitere zum Ausgleich für jene Meßstiftungen feiern müsse, die im Lauf der Jahrhunderte aus verschiedenen Gründen nicht wahrgenommen wurden oder in Vergessenheit geraten waren[406]. Diese Regelung gilt auch heute noch, jedoch muß der Priester vom Privileg der drei Messen keinen Gebrauch machen.

Während die GOK noch vorgeschrieben hatte, daß beim Zusammentreffen des Allerseelentags mit einem Sonntag dieser den Vorrang habe, gibt das neue Meßbuch von 1970 der Liturgie des Allerseelentags den Vorzug. Wie bei allen Messen für Verstorbene kann an diesem Tag statt der schwarzen Farbe auch Violett gewählt werden[407]. Die Meßliturgie für Verstorbene hat eine besondere Bereicherung dadurch gefunden, daß der seitherigen „Totenpräfation" vier weitere hinzugefügt wurden. Im Gegensatz zum lateinischen Missale gibt ihnen die deutsche Ausgabe kurze Charakterisierungen als Überschrift: I (die seitherige) = Die Hoffnung der Gläubigen; II = Der Eine, der für alle starb; III = Christus, die Auferstehung und das Leben; IV = Der Mensch in Gottes Hand; V = Der Tod als Sold der Sünde und das neue Leben als Geschenk Gottes. Schon aus diesen Überschriften wird deutlich, wie sehr es der neuen Liturgie darum geht, „den österlichen Sinn des christlichen Todes auszudrücken" (Lk 81) und, statt zu trauern „wie die anderen, die keine Hoffnung haben" (1 Thess 4, 13), das Pascha-Mysterium Christi als Grundlage unserer Hoffnung zu verkünden. Aus diesem Grund hat man auch auf die seitherige Sequenz „Dies irae" und andere Texte verzichtet, in denen die Angst vor einem schrecklichen Gericht Gottes die Leuchtkraft des Auferstehungsglaubens verdunkelt hat[408].

Alle Lesungen, Gebete und Gesänge der drei Gedächtnismessen sind vom Glauben an das österliche Mysterium und von der Bitte, die Verstorbenen daran teilnehmen zu lassen, geprägt. Am *Beispiel der ersten Messe* sei dies verdeutlicht.

Der *Eröffnungsvers* (1 Thess 4, 14; 1 Kor 15, 22) kündet die Teilhabe am Christusmysterium in lapidaren Sätzen: „Wie Jesus gestorben und auferstanden ist, so wird Gott auch die in Jesus Entschlafenen mit ihm vereinen. Denn wie in Adam alle sterben, so werden in Christus einst alle lebendig gemacht." Der Glaube an die Auferweckung Jesu läßt uns beten: „Stärke unsere Hoffnung, daß du auch unsere Brüder und Schwestern auferwecken wirst zum ewigen Leben" *(Tagesgebet)*. Die 1. Lesung (2 Makk 12, 43–45) enthält bereits ein alttestamentliches Zeugnis vom Glauben an die Auferstehung und die Möglichkeit des entsühnenden Opfers für die Verstorbenen. Der Psalm vom guten Hirten (23) als *Antwortpsalm* kündet von der Zuversicht der Glaubenden. Sie stützt sich auf „die Liebe Gottes, in Christus Jesus, unserem Herrn", der nach Tod und Auferweckung zur Rechten Gottes sitzt und für uns eintritt (2. *Lesung:* Röm 8, 31b–35.37–39). Die Liebe Gottes zu den Menschen gipfelt in der Hingabe seines Sohnes, „damit jeder, der an ihn glaubt, nicht verlorengeht, sondern das ewige Leben hat“ (2. *Zwischengesang:* Joh 3,16). Das *Evangelium* (Joh 14,1–6) ist eine tröstende Botschaft, indem es den Trauernden zuruft: „Euer Herz sei ohne Angst ... Im Haus meines Vaters sind viele Wohnungen ... Ich gehe hin, um euch einen Platz zu bereiten.“ Der *Kommunionvers* wiederholt diese Zusage des ewigen Lebens mit Joh 11,25f: „So spricht der Herr: Ich bin die Auferstehung und das Leben; wer an mich glaubt, wird leben, auch wenn er stirbt, und jeder, der lebt und an mich glaubt, wird in Ewigkeit nicht sterben.“ Auf diese Verheißungen gestützt, erflehen wir für unsere verstorbenen Brüder und Schwestern Aufnahme „in die Herrlichkeit deines Sohnes“ *(Gabengebet)* und rufen mit dem Blick auf Tod und Auferstehung Christi: „Führe sie vom Tod zum Leben, aus dem Dunkel zum Licht, aus der Bedrängnis in deinen Frieden“ *(Schlußgebet).*

### *d) Die Feste der Heiligen*

Außer den vier Hochfesten der Heiligen kennt auch der neue Römische Kalender noch eine größere Zahl von Festen der Heiligen und ein Fest der Engel. In erster Linie sind es die Feste der Apostel, die sich als Einzelfeste zum Teil nur zögernd und spät einbürgerten. Darunter ist auch je ein Sekundärfest der Apostel Petrus und Paulus. Die folgende Charakterisierung hält sich an die Reihenfolge des Kirchenjahres, und zwar nach dem Regionalkalender. Es sei daran erinnert, daß die Heiligenfeste der Weihnachtsoktav bereits dort besprochen wurden.

#### Fest der Bekehrung des Apostels Paulus (25. Januar)

Obwohl das Martyrologium Hieronymianum von einem römischen Gedächtnis „Translatio s. Pauli“ (= Übertragung) am 25. Januar weiß, ist in den römischen Quellen des 4.–9. Jahrhunderts hiervon nichts bekannt. Weil das Wort gelegentlich auch im Sinn von conversio (= Bekehrung) gebraucht wird, vermutet man darunter ein Fest der Bekehrung des Paulus, das zuerst in der gallisch-fränkischen Liturgie auftaucht. Der Termin hängt wahrscheinlich damit zusammen, daß es der Oktavtag eines gallischen Petrusgedächtnisses am 18. Januar (Übertragung des Primates) ist[409]. „Das Fest will aussagen, daß Paulus durch die Art seiner Berufung und den Umfang seines Wirkens eine einzigartige Stellung unter den Aposteln einnimmt“ (MD). Die Lesung (Apg 22, 3–16 oder 9, 1–22) berichtet vom wunderbaren Ereignis vor den Toren von Damaskus.

## Das Fest „Kathedra Petri" (22. Februar)

Erst neuere Forschungen haben den Sinn und die Geschichte dieses Festes, das man im Deutschen auch Petri Stuhlfeier genannt hat, offengelegt[410]. Daraus ergibt sich, daß dieses römische Gedächtnis, das bereits für die Mitte des 4. Jahrhunderts bezeugt ist (Depositio Martyrum), auf eine antike Gewohnheit zurückgeht. Im alten Rom beging man am Ende des Jahres, das ursprünglich am 1. März begann, vom 13. bis 22. Februar ein Totengedächtnis der Verwandten und Bekannten (= parentalia). Dabei hielt man für bestimmte Verstorbene einen Sessel (= cathedra) frei. Weil der eigentliche Todestag des Petrus der römischen Gemeinde unbekannt war, gedachte sie seiner am 22. Februar. Erst später deutete man „cathedra" als bischöflichen Lehrstuhl und sah darin die Übernahme der römischen Kirche durch Petrus.

Neben dieser „cathedra Petri" gab es in Gallien, wie schon kurz erwähnt, ein Gedächtnis der Primatsübertragung am 18. Januar. Im Rahmen des römisch-gallischen Liturgieaustausches übernahm Rom auch dieses Gedächtnis und deutete es um das Jahr 600 als Stuhlbesteigung in Rom und den 22. Februar als Stuhlbesteigung in Antiochien. Erst *Paul IV.* schrieb 1558 beide Gedächtnisse für die Gesamtkirche vor. Unter *Johannes XXIII.* verzichtete der Codex rubricarum 1960 auf das Fest am 18. Januar zugunsten des ursprünglichen Festes am 22. Februar. Der Römische Kalender von 1969 übernahm es als Fest mit dem Namen „Cathedra Petri" ohne Gedächtnis des hl. Paulus.

## Fest des Apostels Matthias (24. Februar)

Nach Apg 1, 15–26 wurde Matthias als Augenzeuge des gesamten öffentlichen Lebens Jesu (V. 21 f) an die Stelle des Verräters Judas berufen. Über sein weiteres Leben weiß die Geschichte nichts zu berichten. Kaiserin Helena soll seine Reliquien teils nach Rom, teils nach Trier (Abteikirche St. Matthias) haben bringen lassen. Das Altgelasianum kennt zwar schon seinen Namen im Kanon der Messe, eine eigene Festfeier dürfte aber erst um die Jahrtausendwende eingesetzt haben. Im neuen Römischen Kalender wurde sein Fest auf den 14. Mai verlegt, weil es am 24. Februar meistens in die Fastenzeit fiel. Der deutsche Regionalkalender hat jedoch den alten Termin beibehalten.

## Fest des Evangelisten Markus (25. April)

Es handelt sich um jenen Johannes Markus, dessen Mutter Maria ihr Haus für die Versammlung der Urgemeinde zur Verfügung stellte (Apg 12, 12). Zusammen mit seinem Vetter Barnabas nahm er an der ersten Missionsreise des Paulus teil (Apg 13, 2–5), nicht aber an der zweiten (Apg 15, 36–39). Die damals auftretende Spannung zwischen ihm und Paulus wurde später beigelegt. Denn wir finden ihn danach als hochgeschätzten Mitarbeiter des Paulus (z.B. 2 Tim 4,11). Die Überlieferung betrachtet ihn auch als Mitarbeiter des Petrus und Verfasser des zweiten Evangeliums mit dem Symbol des Löwen. Die Übertragung seiner Reliquien von Alexandrien, wo er der erste Bischof gewesen sein und das Martyrium erlitten haben soll, nach Venedig im 8. Jahrhundert ließ ihn zum bekannten Patron dieser Stadt werden. In Rom ist seine Feier erst für das 10./11. Jahrhundert bezeugt. Dort fiel sie zusammen mit der älteren Bittprozession (s.o. S. 160), was dazu führte, daß man ihn als einen der „Wetterherrn“ verehrte[411].

### Fest der Apostel Philippus und Jakobus (3. Mai)

*Philippus aus Betsaida* wurde von Jesus als einer der ersten Jünger berufen (Joh 1,43f). In den Apostellisten erscheint er immer an fünfter Stelle und wird im Johannesevangelium mehrmals erwähnt. Über seine späteren Lebensschicksale ist wenig Zuverlässiges bekannt.

*Jakobus der Jüngere*, der Sohn des Alphäus (Mt 10,3), ist außer in den Apostelkatalogen im Neuen Testament nicht erwähnt. Die frühere Annahme, daß er mit Jakobus, dem Bruder Jesu (Mk 6,3), identisch sei, der später die Gemeinde von Jerusalem leitete und um 62 als Märtyrer starb, ist heute weitgehend aufgegeben. Gleiches gilt auch in bezug auf seine Verfasserschaft des Jakobusbriefes[412]. Über seine weiteren Lebensschicksale ist nichts Sicheres bekannt.

Die beiden Apostel wurden in den Ostkirchen niemals gemeinsam gefeiert. In Rom hingegen begann ihre gemeinsame Verehrung, als ihre Reliquien in der Kirche der zwölf Apostel beigesetzt worden waren. Diese Kirche war schon im 4. Jahrhundert errichtet, unter den Päpsten *Pelagius I.* (556–561) und *Johannes III.* (561–574) aber von Grund auf umgebaut worden. Ihr Weihetag am 1. Mai 570 wurde dann zum Festtag der beiden Apostel[413]. Als *Pius XII.* 1955 das Fest „Josef der Arbeiter“ für den 1. Mai einführte, mußte das Apostelfest auf den 11. Mai ausweichen. Bei der Neuordnung wurde es wieder näher an den alten Festtag verlegt.

### Fest des Apostels Thomas (3. Juli)

Thomas, der im Johannesevangelium mehrmals mit dem Beinamen „Zwilling“ erwähnt wird, ist vor allem wegen seiner kritischen Haltung gegenüber der Auferstehungsbotschaft bekannt (Joh 20, 24–29). Nach dem Kirchenhistoriker Eusebius[414] soll er das Evangelium in Persien und Indien verkündet und dort auch das Martyrium erlitten haben. Ein Teil seiner Reliquien soll am 3. Juli 384 nach Edessa gebracht worden sein, wovon im 13. Jahrhundert Teile nach Ortona in

Apulien gelangten. Papst *Symmachus* (498–514) erbaute laut Liber Pontificalis in St. Peter ein kleines Oratorium zu Ehren des Heiligen. Das Festdatum vom 21. Dezember kommt im Sacramentarium Gregorianum vor[415]. 1969 wurde sein Fest mit Rücksicht auf die liturgisch besonders herausgehobenen Adventstage vom 17. bis 24. Dezember auf den traditionellen Festtag (Translation seiner Reliquien nach Edessa) zurückverlegt.

### Fest des Apostels Jakobus des Älteren (25. Juli)

Er war ein Bruder des Apostels Johannes und gehörte zusammen mit Petrus und Johannes zu dem besonders bevorzugten engeren Kreis der Jünger (vgl. Mk 5,37; 9,2; 14,33). In der Verfolgung des Herodes Agrippa im Jahre 42 wurde er mit dem Schwert getötet. Über seinem Grab in Jerusalem wurde später eine Kirche zu seiner Ehre erbaut. Daß er in Spanien gepredigt habe und dorthin auch seine Reliquien übertragen worden seien, ist legendär. Darum fällt auch die Zustimmung zu der Nachricht sehr schwer, der Bischof von Iria habe im Jahre 830 seine Reliquien in Compostela wiederentdeckt. Die im 10. Jahrhundert mächtig einsetzende Wallfahrt an sein angebliches Grab führte unübersehbare Pilgerscharen nach Santiago de Compostela und machte den Heiligen sehr volkstümlich. Die liturgische Feier ist in mehreren Sakramentaren des 8. Jahrhunderts für den 25. Juli bezeugt. In Rom wird sein Fest seit dem 9. Jahrhundert begangen[416].

### Fest des Diakons und Märtyrers Laurentius (10. August)

Er war Diakon des Papstes *Sixtus II.*, der während der Verfolgung des Kaisers *Valerian* am 6. August 258 zusammen mit vier seiner sieben Diakone das Martyrium erlitt[417]. Nach dem Liber Pontificalis starb Laurentius am 10. August des gleichen Jahres zusammen mit vier anderen Klerikern. Schon die „Depositio martyrum" von 354 kennt sein liturgisches Gedächtnis im „Coemeterium an der Straße nach Tibur" (Via Tiburtina). Die Geschichte seines Martyriums (= Passio) weiß schon früh von seinem Martyrium auf einem glühenden Rost ausführlich zu berichten. Danach habe er in seinen Todesleiden noch die Kraft zu scherzenden Worten mit seinen Peinigern gehabt[418]. Konstantin erbaute eine Basilika in der Nähe seiner von anderen Gräbern umgebenen Grabstätte mit einem besonderen Verbindungsgang zur eigentlichen Gruft. (Gräber galten damals als unantastbar.) Diese Kirche wurde mehrmals umgebaut und erweitert und ist heute als Basilika San Lorenzo eine der sieben Hauptkirchen der Stadt. „Etwa 30 andere Kirchen und die Aufnahme in den Kanon zeugen von der großen Verehrung"[419], die sich im ganzen Abendland rasch ausbreitete. Besonderen

Auftrieb erhielt sie nach dem Sieg über die Ungarn auf dem Lechfeld am Laurentiusfest des Jahres 955, den man der Fürsprache des Heiligen zuschrieb. Das Fest hatte schon früh eine Vigil, die erst durch die Neuordnung von 1969 in Wegfall kam. Die Meßliturgie hebt neben dem furchtlosen Martyrium besonders die Fürsorge des Laurentius für die Armen hervor, und zwar in Eröffnungsvers, Tagesgebet, 1. Lesung und Antwortpsalm.

Fest des Apostels Bartholomäus (24. August)

Sein Name wird nur in den Apostellisten des Neuen Testamentes erwähnt. Wahrscheinlich ist er identisch mit Natanael aus Kana, den Philippus dem Herrn zuführte, „ein echter Israelit, ein Mann ohne Trug", wie Jesus ihn nannte (Joh 1,47). Die Geschichte weiß über ihn nichts Gesichertes zu berichten. Nach armenischen Traditionen soll er dort das Evangelium verkündet und das Martyrium erlitten haben. Die byzantinische Liturgie kennt am 25. August eine Translation seiner Gebeine nach der Insel Lipari und nach Benevent. Von dort kam ein Teil durch die Vermittlung des Kaisers *Otto III.* um die Jahrtausendwende möglicherweise nach Rom[420], wo sie in der Kirche seines Namens auf der Tiberinsel beigesetzt wurden. Der Frankfurter Dom rühmt sich, die Hirnschale des Apostels zu besitzen, weshalb er auch als Patron des Domes und der Stadt gilt. Das Evangelium der Festmesse enthält seine Berufungsgeschichte (Joh 1, 45–51).

Fest des Apostels und Evangelisten Matthäus (21. September)

Matthäus, der in der Apostelliste des Matthäusevangeliums den Beinamen „der Zöllner" führt (10,3), ist möglicherweise nicht nur identisch mit dem in Mt 9,9 genannten Zöllner Matthäus, sondern auch mit dem in Mk 2, 13–15 von der Zollbank wegberufenen Levi, dem Sohn des Alphäus. Nähere Angaben über ihn fehlen in den Evangelien. Die Nachrichten über sein späteres Leben sind sicher mit Legenden vermischt. Er soll in Äthiopien und Persien missioniert haben. Die griechische und lateinische Kirche verehren ihn als Märtyrer. Seine Reliquien sollen von Äthiopien nach Salerno gekommen sein. Der über seinem Grab erbaute Dom empfing seine Weihe im Jahr 1084 durch den aus Rom vertriebenen Papst Gregor VII., der im folgenden Jahr dort starb und ebenfalls im Dom beigesetzt wurde[421].

Fest des Evangelisten Lukas (18. Oktober)

Lukas war nach Kol 4,14 Arzt und stammte aus heidenchristlichen Kreisen. Er begleitete zeitweise den hl. Paulus auf der zweiten Missionsreise („Wir-Berichte") und war auch während dessen zweimaliger römischer Gefangenschaft helfend in seiner Nähe. Mehrere Bezeugungen schon des 2. Jahrhunderts nennen ihn den Verfasser des dritten Evangeliums und der Apostelgeschichte. Nach dem Tod des Paulus soll er in Griechenland gewirkt haben und eines natürlichen Todes gestorben sein. Seine Gebeine wurden 357 nach Konstantinopel überführt und in der Apostelkirche beigesetzt. Auch die östlichen Kirchen feiern sein Fest am 18. Oktober. In Rom ist seine Verehrung seit dem 9. Jahrhundert bekannt[422].

### Fest der Apostel Simon und Judas (28. Oktober)

*Simon* mit dem Beinamen Kananäus (aus Kana: Mk 3, 19; Mt 10, 4) und „Zelotes" (= Eiferer: Lk 6, 15; Apg 1, 13) wird nur in den zitierten Apostelverzeichnissen im Neuen Testament erwähnt. Der Name Zelotes will besagen, daß er früher der Partei der Zeloten angehörte. Über sein späteres Leben ist nichts bekannt.

*Judas*, auch Thaddäus genannt (Mt 10, 3; Mk 3, 18) oder mit dem Zusatz „Bruder des Jakobus" (Lk 6, 16) oder „Sohn des Jakobus" (Apg 1, 13) bezeichnet, ist wohl kaum mit dem Herrenbruder Judas identisch (Mk 6, 3). Im Neuen Testament wird er nur in Joh 14, 22 kurz erwähnt. Auch über ihn weiß die Geschichte nichts Näheres zu berichten.

Während die östlichen Kirchen die beiden Apostel getrennt verehren, spricht schon das Martyrologium Hieronymianum von einem gemeinsamen Gedächtnis am 28. Oktober. Von Gallien her gelangte das Fest verhältnismäßig spät nach Rom. Auch das Kalendarium Karls des Großen kennt es noch nicht[423].

### Fest des Apostels Andreas (30. November)

Andreas, Bruder des Petrus, stammte aus Betsaida und wohnte später mit seinem Bruder in Kafarnaum, wo sie als Fischer tätig waren. Er wurde als Jünger des Täufers von Jesus berufen, dem er auch seinen Bruder Petrus zuführte (Joh 1, 35–42). Zusammen mit diesem und Johannes gehörte er zum engsten Vertrautenkreis und war u. a. Zeuge der Verklärung Jesu. Nach späteren Berichten soll er das Evangelium in den Ländern südlich des Schwarzen Meeres, den unteren Donaugebieten und schließlich in Griechenland verkündet haben. Am 30. November 60 soll er in Patras an einem X-förmigen Kreuz (Andreaskreuz) das Martyrium erduldet haben. Seine Gebeine, vielleicht nur ein Teil, wurden im 4. Jahrhundert in der Apostelkirche zu Byzanz beigesetzt. Von hier gelangten sie 1208 nach Amalfi, das Haupt kam 1462 nach Rom. Seine dortige Verehrung begann verhältnismäßig früh, nachdem Papst *Simplicius* (468–483) ihm eine Kirche (neben S. Maria

Maggiore) geweiht hatte. Sein Fest am 30. November ist seit Beginn des 6. Jahrhunderts in allen Kalendarien enthalten und schon früh durch eine Vigil ausgezeichnet worden[424]. Sie wurde erst in der Rubrikenreform von 1955 mit zahlreichen anderen Vigilien fallengelassen[425].

### Fest der Erzengel Michael, Gabriel und Rafael (29. September)

Engel sind nach dem katholischen Glaubensverständnis „von Gott geschaffene personale Wesen von einer nicht in menschlicher Weise leibgebundenen Geistigkeit“[426]. Die Bezeichnung Erzengel meint eine besonders herausragende Klasse unter den Engeln. Im Neuen Testament wird diese Bezeichnung Michael gegeben (Jud 9, vielleicht auch 1 Thess 4, 16). Das apokryphe griechische Henochbuch kennt sieben Erzengel; „die spätere christliche Überlieferung rechnet, abgesehen von Michael und Rafael (Tob 12, 15), auch Gabriel zu den Erzengeln sowie Uriel (aus Esdras 4)[427].

Während Gabriel und Rafael erst 1921 in den Römischen Festkalender aufgenommen wurden (24. März bzw. 24. Oktober), ist die Verehrung Michaels in der römischen Liturgie sehr alt. Schon zu Anfang des 5. Jahrhunderts gab es in Italien zahlreiche Kirchen und Kapellen, die ihm geweiht waren[428]. In Rom war es vor allem die Michaelskirche an der Via Salaria, deren Weihegedächtnis in den ältesten Sakramentarien für den 30. oder auch 29. September festgehalten ist. Einen besonderen Aufschwung nahm die Verehrung durch die Erscheinung Michaels auf dem Berg Gargano in Süditalien am 8. Mai 492, wo ihm ein berühmtes Heiligtum errichtet wurde. Zur Erinnerung an diesen Vorgang gab es bis 1960 ein „Fest der Erscheinung des hl. Erzengels Michael“. So wie er als Beschützer des alttestamentlichen Gottesvolkes galt (vgl. Dan 10, 13), so betrachtete ihn auch die römische Kirche und später das Heilige Römische Reich Deutscher Nation als machtvollen Schutzpatron[429]. Die Neuordnung des Römischen Kalenders vereinigte die Feste der Erzengel Gabriel und Rafael mit dem seitherigen Michaelsfest am 29. September. Die neue Eigenpräfation sieht in der Verehrung der Engel eine Verherrlichung ihres Schöpfers und fährt fort: „An ihrem Glanz und ihrer Würde erkennen wir, wie groß und über alle Geschöpfe erhaben du selber bist. Dich, den ewigen Gott, rühmen sie ohne Ende durch unseren Herrn Jesus Christus.“

Mit dem Fest des Erzengels Michael war ursprünglich auch das Gedächtnis aller anderen Engel einschließlich der Schutzengel verbunden. Ein eigenes *Schutzengelfest* läßt sich erst im 16. Jahrhundert in Spanien und Frankreich feststellen. *Clemens IX.* schrieb es 1667 auf Bitten des Kaisers Ferdinand II. für dessen Reich vor und legte es auf den ersten Sonntag im September. *Clemens X.* setzte es für die übrige

Kirche auf den 2. Oktober fest. Erst *Pius X.* bestimmte als allgemeinen Festtermin den 2. Oktober[429a]. Der neue Kalender behielt diesen Tag als gebotenen Gedenktag bei.

### *4. Der Regionalkalender für das deutsche Sprachgebiet*

Der neue Römische Kalender hatte im Abschnitt über die Eigenkalender der Teilkirchen und Ordensgemeinschaften vorgesehen, daß es auch einen gemeinsamen Kalender für „Provinzen, Regionen, Nationen und noch größere Gebiete" geben könne (Art. 51; s.o. 8. Kap., 1c). Die Instruktion der Gottesdienstkongregation vom 24. Juni 1970 begründete diese Bestimmung damit, daß auf diese Weise „Heiligen, die für die religiöse Geschichte der einzelnen Nationen oder Regionen vor allem durch Lehre oder Apostolatseifer eine besondere Bedeutung hatten, eine gebührende Verehrung erwiesen" werde (Nr. 14).

Auf der Grundlage dieser beiden römischen Dokumente wurde in mühevoller Arbeit[430] der „Regionalkalender für das deutsche Sprachgebiet" erarbeitet und „im Frühjahr 1971 von den Bischofskonferenzen Deutschlands, Österreichs und der Schweiz sowie von den Bischöfen von Luxemburg und Bozen-Brixen als ‚auctoritates territoriales' für den liturgischen Gebrauch approbiert. Am 12. Juli 1973 schloß sich der Bischof von Lüttich der Approbation an. Der Kalender umfaßt den römischen Generalkalender mit den für das Sprachgebiet erforderlichen Anpassungen und, darin eingeordnet, die Eigenfeiern des gesamten Sprachraumes."[431] Er wurde am 21. September 1972 von der Kongregation für den Gottesdienst konfirmiert und in den meisten Diözesen mit Beginn des Jahres 1973 verwendet.

Bei der Auswahl der Heiligen waren die Grundsätze maßgebend, die auch bei der Redaktion des Römischen Kalenders beachtet worden waren. Es wurden also Heilige aufgenommen, „die von allgemeiner Bedeutung für das gesamte Sprachgebiet sind, und Feiern anderer Heiliger, welche die vielfältige und fortdauernde Heiligkeit im Volk Gottes hier bezeugen. Wie im römischen Generalkalender wurde auch im Regionalkalender ein chronologisches und geographisches Gleichgewicht herzustellen versucht."[432] So ergeben sich folgende Klassifizierungen:

„Die wichtigsten *Glaubensboten* des Sprachgebietes und seiner großen Zonen,

die bedeutendsten *Märtyrer* des Sprachgebietes aus Altertum, Mittelalter und Neuzeit,

Heilige, deren *Wirksamkeit* sich auf das gesamte Sprachgebiet oder auf große Teile desselben erstreckte – wenn möglich aus allen wichtigen Perioden der Kirchengeschichte,
Heilige, die *von unserem Gebiet ausgehend* als Glaubensboten in anderen Regionen der Erde das Evangelium verkündeten,
Heilige aus verschiedenen kirchlichen und sozialen Ständen,
Heilige, deren *Verehrung* im gesamten Sprachgebiet oder in großen Teilen desselben verbreitet und noch lebendig ist."[433]

Insgesamt enthält der Regionalkalender im engeren Sinn, also ohne die Feiern des Allgemeinen Kalenders, mit denen er ja zu einer Einheit verschmolzen ist, 67 Feiern, von denen man sagen kann, daß sie zum deutschen Sprachgebiet in besonderer Beziehung stehen. Wegen seiner tiefen Verwurzelung im Frömmigkeitsleben wurde auch das Fest Mariä Heimsuchung mit dem alten Termin hinzugenommen (s. o. 8. Kap., 2). Von diesen 67 Feiern gehören 17 auch dem Allgemeinen Kalender an. Diese „gelten aber dennoch mit Recht als ‚Eigen'-Feiern, und zwar mit Rücksicht auf die primäre Zugehörigkeit dieser Heiligen zum Sprachgebiet durch ihr Leben und Wirken, nicht aber im Sinne ausschließlicher partikulärer Besonderheit"[434]. Eine nähere Aufschlüsselung ergibt, daß sich 19 Märtyrer, 28 Bischöfe, 12 Persönlichkeiten des öffentlichen Lebens und 29 Ordensleute und Einsiedler unter diesen Heiligen befinden (einige gehören zu mehreren Gruppen!). Insgesamt sind 15 Frauen darin vertreten. 32 Heilige gehören dem zweiten Jahrtausend christlicher Geschichte an, davon nur einer, Maximilian Kolbe (14. August), dem 20. Jahrhundert.

Um den einzelnen Bistümern und auch Ländern die Möglichkeit zu geben, ihnen besonders nahestehende Heilige durch einen gebotenen Gedenktag oder ein Fest hervorzuheben, haben alle Feiern im Regionalkalender (im engeren Sinn) den Charakter eines nicht gebotenen Gedenktages. „Der Regionalkalender ist somit keine neue zentralistische Direktive auf der Ebene des gesamten Sprachgebietes, sondern eine empfehlende Hervorhebung der für das Sprachgebiet bedeutendsten und besonders verehrten Heiligen aus dem reichen Bestand des Martyrologiums."[435]

Um die ausgewählten Heiligen den Gläubigen näherzubringen, enthält der Regionalkalender auch kurze Charakterisierungen der Heiligen, auch der schon im Römischen Kalender genannten. Die Bearbeiter waren bemüht, in Zusammenarbeit „mit dem beauftragten Fachmann der Evangelischen Kirche in Deutschland" eine möglichst weitgehende Übereinstimmung mit dem evangelischen Fest- und Namenkalender nach Bezeichnung und Datum der einzelnen Fest- und Gedenktage zu erreichen. „Der katholische Regionalkalender hat jetzt 110 Feste und

Gedenktage mit dem evangelischen Fest- und Namenkalender gemeinsam; nur bei 19 davon bestehen zur Zeit noch stärkere Abweichungen im Datum."[436]

Bei der Redaktion des Regionalkalenders wurden nur wenige Anpassungen des Römischen Kalenders vorgenommen. Im Unterschied zu ihm wurden die bisherigen Festdaten von Mariä Heimsuchung, vom Fest des Apostels Matthias sowie der Gedenktage Petrus Kanisius (27. April), Gertrud von Helfta (17. November) und Elisabeth (19. November) beibehalten. Dem Antrag, eine Anzahl von gebotenen Gedenktagen im Römischen Kalender auf einen nichtgebotenen Gedenktag zu reduzieren, gab Rom nur in begrenztem Umfang statt, nämlich für die Gedenktage der hl. Agnes (21. Januar) und Luzia (13. Dezember) und in jenen Fällen, wo ein gebotener Gedenktag mit einer Eigenfeier zusammentrifft.

Durch die Zugrundelegung des Regionalkalenders im neuen deutschen Meßbuch und Brevier wird der Heiligenverehrung eine breite gemeinsame Basis und sicher auch eine Fülle neuer Impulse gegeben.

Zur Information wird der Regionalkalender (als Einheit von Römischem Generalkalender und Eigenfeiern des deutschen Sprachgebietes) im folgenden wiedergegeben, und zwar in der Form, wie er im Einleitungsteil des Meßbuches abgedruckt ist. Dabei ist folgende Zeichenerklärung zu beachten:

H = Hochfest (Sollemnitas)
F = Fest (Festum)
G = *Gebotener Gedenktag* (Memoria obligatoria)
g = Nichtgebotener Gedenktag (Memoria ad libitum)
* = Eigenfeier des Regionalkalenders

## JANUAR

| | | | |
|---|---|---|---|
| 1 | H | | Neujahr, Oktavtag von Weihnachten, Namengebung des Herrn, **HOCHFEST DER GOTTESMUTTER MARIA** |
| 2 | G | | *Basilius der Große* (379) und *Gregor von Nazianz* (um 390), Bischöfe, Kirchenlehrer |
| 3 | | | |
| 4 | | | |
| 5 | | | |
| 6 | H | | **ERSCHEINUNG DES HERRN** |
| 7 | g | * | Valentin, Bischof von Rätien (um 475) |
| | g | | Raimund von Peñafort, Ordensgründer (1275) |
| 8 | g | * | Severin, Mönch in Norikum (482) |
| 9 | | | |
| 10 | | | |
| 11 | | | |
| 12 | | | |
| 13 | g | | Hilarius, Bischof von Poitiers, Kirchenlehrer (um 367) |
| 14 | | | |
| 15 | | | |
| 16 | | | |
| 17 | G | | *Antonius*, Mönchsvater in Ägypten (356) |
| 18 | | | |
| 19 | | | |
| 20 | g | | Fabian, Papst, Märtyrer (250) |
| | g | | Sebastian, Märtyrer (288) |
| 21 | g | * | Meinrad, Mönch auf der Reichenau, Einsiedler, Märtyrer (861) |
| | g | | Agnes, Jungfrau, Märtyrin in Rom (304) |
| 22 | g | | Vinzenz, Diakon, Märtyrer in Spanien (304) |
| 23 | g | * | Heinrich Seuse, Ordenspriester, Mystiker (1366) |
| 24 | G | | *Franz von Sales*, Bischof von Genf, Ordensgründer, Kirchenlehrer (1622) |
| 25 | F | | BEKEHRUNG DES APOSTELS PAULUS |
| 26 | G | | *Timotheus* und *Titus*, Bischöfe, Apostelschüler |
| 27 | g | | Angela Merici, Jungfrau, Ordensgründerin (1540) |
| 28 | G | | *Thomas von Aquin*, Ordenspriester, Kirchenlehrer (1274) |
| 29 | | | |
| 30 | | | |
| 31 | G | | *Johannes Bosco*, Priester, Ordensgründer (1888) |

Sonntag nach dem 6. Januar: F TAUFE DES HERRN

## FEBRUAR

| | | | |
|---|---|---|---|
| 1 | | | |
| 2 | F | | DARSTELLUNG DES HERRN |
| 3 | g | * | Ansgar, Bischof von Hamburg-Bremen, Glaubensbote in Skandinavien (865) |
| | g | | Blasius, Bischof von Sebaste in Armenien, Märtyrer (um 316) |
| 4 | g | * | Rabanus Maurus, Bischof von Mainz (856) |
| 5 | G | | *Agatha*, Jungfrau, Märtyrin in Catania (um 250) |
| 6 | G | | *Paul Miki und Gefährten*, Märtyrer in Nagasaki (1597) |
| 7 | | | |
| 8 | g | | Hieronymus Ämiliani, Ordensgründer (1537) |
| 9 | | | |
| 10 | G | | *Scholastika*, Jungfrau (um 547) |
| 11 | g | | Gedenktag Unserer Lieben Frau in Lourdes |
| 12 | | | |
| 13 | | | |
| 14 | G | | *Cyrill*, Mönch (869), und *Methodius*, Bischof (885), Glaubensboten bei den Slawen |
| 15 | | | |
| 16 | | | |
| 17 | g | | Sieben Gründer des Servitenordens (14. Jh.) |
| 18 | | | |
| 19 | | | |
| 20 | | | |
| 21 | g | | Petrus Damiani, Bischof, Kirchenlehrer (1072) |
| 22 | F | | KATHEDRA PETRI |
| 23 | G | | *Polykarp*, Bischof von Smyrna, Märtyrer (155) |
| 24 | F | * | MATTHIAS, Apostel |
| 25 | g | * | Walburga, Äbtissin von Heidenheim in Franken (779) |
| 26 | | | |
| 27 | | | |
| 28 | | | |
| 29 | | | |

## MÄRZ

| | | | |
|---|---|---|---|
| 1 | | | |
| 2 | | | |
| 3 | | | |
| 4 | g | | Kasimir, Königssohn (1484) |
| 5 | | | |
| 6 | g | * | Fridolin von Säckingen, Mönch, Glaubensbote (7. Jh.) |
| 7 | G | | *Perpetua* und *Felizitas*, Märtyrinnen in Karthago (202/203) |
| 8 | g | | Johannes von Gott, Ordensgründer (1550) |
| 9 | g | * | Bruno von Querfurt, Bischof von Magdeburg, Glaubensbote bei den Preußen, Märtyrer (1009) |
| | g | | Franziska, Witwe, Ordensgründerin in Rom (1440) |
| 10 | | | |
| 11 | | | |
| 12 | | | |
| 13 | | | |
| 14 | g | * | Mathilde, Gemahlin König Heinrichs I. (968) |
| 15 | g | * | Klemens Maria Hofbauer, Ordenspriester (1820 in Wien) |
| 16 | | | |
| 17 | g | * | Gertrud, Äbtissin von Nivelles (um 655) |
| | g | | Patrick, Bischof, Glaubensbote in Irland (461) |
| 18 | g | | Cyrill, Bischof von Jerusalem, Kirchenlehrer (386) |
| 19 | H | | **JOSEF, BRÄUTIGAM DER GOTTESMUTTER MARIA** |
| 20 | | | |
| 21 | | | |
| 22 | | | |
| 23 | g | | Turibio von Mongrovejo, Bischof von Lima (1606) |
| 24 | | | |
| 25 | H | | **VERKÜNDIGUNG DES HERRN** |
| 26 | g | * | Liudger, Bischof von Münster, Glaubensbote (809) |
| 27 | | | |
| 28 | | | |
| 29 | | | |
| 30 | | | |
| 31 | | | |

## APRIL

| | | | |
|---|---|---|---|
| 1 | | | |
| 2 | g | | Franz von Paola, Einsiedler, Ordensgründer (1507) |
| 3 | | | |
| 4 | g | | Isidor, Bischof von Sevilla, Kirchenlehrer (636) |
| 5 | g | | Vinzenz Ferrer, Ordenspriester, Bußprediger (1419) |
| 6 | | | |
| 7 | G | | *Johannes Baptist de la Salle,* Priester, Ordensgründer (1719) |
| 8 | | | |
| 9 | | | |
| 10 | | | |
| 11 | g | | Stanislaus, Bischof von Krakau, Märtyrer (1079) |
| 12 | | | |
| 13 | g | | Martin I., Papst, Märtyrer (655) |
| 14 | | | |
| 15 | | | |
| 16 | | | |
| 17 | | | |
| 18 | | | |
| 19 | g | * | Leo IX., Papst (1054) |
| 20 | | | |
| 21 | g | * | Konrad von Parzham, Ordensbruder in Altötting (1894) |
| | g | | Anselm, Bischof von Canterbury, Kirchenlehrer (1109) |
| 22 | | | |
| 23 | g | * | Adalbert, Bischof von Prag, Glaubensbote bei den Preußen, Märtyrer (997) |
| | g | | Georg, Märtyrer in Kappadozien (4. Jh.) |
| 24 | g | * | Fidelis von Sigmaringen, Ordenspriester, Märtyrer (1622) |
| 25 | F | | MARKUS, Evangelist |
| 26 | | | |
| 27 | g | * | Petrus Kanisius, Ordenspriester, Kirchenlehrer (1597) |
| 28 | g | | Peter Chanel, Priester, erster Märtyrer in Ozeanien (1841) |
| 29 | G | | *Katharina von Siena,* Ordensfrau, Kirchenlehrerin (1380) |
| 30 | g | | Pius V., Papst (1572) |

## MAI

| | | | |
|---|---|---|---|
| 1 | g | | Josef, der Arbeiter |
| 2 | G | | *Athanasius*, Bischof von Alexandrien, Kirchenlehrer (373) |
| 3 | F | | PHILIPPUS UND JAKOBUS, Apostel |
| 4 | g | * | Florian (304) und die Märtyrer von Lorch |
| 5 | g | * | Godehard, Bischof von Hildesheim (1038) |
| 6 | | | |
| 7 | | | |
| 8 | | | |
| 9 | | | |
| 10 | | | |
| 11 | | | |
| 12 | g | | Nereus und Achilleus, Märtyrer (um 304) |
| | g | | Pankratius, Märtyrer (um 304) |
| 13 | | | |
| 14 | | | |
| 15 | | | |
| 16 | g | * | Johannes Nepomuk, Priester, Märtyrer (1393) |
| 17 | | | |
| 18 | g | | Johannes I., Papst, Märtyrer (526) |
| 19 | | | |
| 20 | g | | Bernhardin von Siena, Ordenspriester, Volksprediger (1444) |
| 21 | g | * | Hermann Josef, Ordenspriester, Mystiker (1241) |
| 22 | | | |
| 23 | | | |
| 24 | | | |
| 25 | g | | Beda der Ehrwürdige, Ordenspriester, Kirchenlehrer (735) |
| | g | | Gregor VII., Papst (1085) |
| | g | | Maria Magdalena von Pazzi, Ordensfrau (1607) |
| 26 | G | | *Philipp Neri*, Priester, Gründer des Oratoriums (1595) |
| 27 | g | | Augustinus, Bischof von Canterbury, Glaubensbote in England (um 605) |
| 28 | | | |
| 29 | | | |
| 30 | | | |
| 31 | | | |

Erster Sonntag nach Pfingsten: **H DREIFALTIGKEITSSONNTAG**
Donnerstag nach Dreifaltigkeitssonntag: **H FRONLEICHNAM**
Freitag nach dem 2. Sonntag nach Pfingsten: **H HERZ JESU**
Samstag nach dem 2. Sonntag nach Pfingsten: **g** Herz Mariä

## JUNI

| | | | |
|---|---|---|---|
| 1 | G | | *Justin*, Philosoph, Märtyrer (um 165) |
| 2 | g | | Marcellinus und Petrus, Märtyrer in Rom (303) |
| 3 | G | | *Karl Lwanga und Gefährten*, Märtyrer in Uganda (1886) |
| 4 | | | |
| 5 | G | * | *Bonifatius*, Bischof, Glaubensbote in Deutschland, Märtyrer (754) |
| 6 | g | * | Norbert von Xanten, Ordensgründer, Bischof von Magdeburg (1134) |
| 7 | | | |
| 8 | | | |
| 9 | g | | Ephräm der Syrer, Diakon, Kirchenlehrer (373) |
| 10 | | | |
| 11 | G | | *Barnabas*, Apostel |
| 12 | | | |
| 13 | G | | *Antonius von Padua*, Ordenspriester, Kirchenlehrer (1231) |
| 14 | | | |
| 15 | g | * | Vitus (Veit), Märtyrer in Sizilien (um 304) |
| 16 | g | * | Benno, Bischof von Meißen (1106) |
| 17 | | | |
| 18 | | | |
| 19 | g | | Romuald, Abt, Ordensgründer (1027) |
| 20 | | | |
| 21 | G | | *Aloisius Gonzaga*, Ordensmann (1591) |
| 22 | g | | Paulinus, Bischof von Nola (431) |
| | g | | John Fisher, Bischof von Rochester (1535), und Thomas Morus, Lordkanzler, Märtyrer (1535) |
| 23 | | | |
| 24 | H | | **GEBURT JOHANNES' DES TÄUFERS** |
| 25 | | | |
| 26 | | | |
| 27 | g | * | Hemma von Gurk, Stifterin von Gurk und Admont (1045) |
| | g | | Cyrill, Bischof von Alexandrien, Kirchenlehrer (444) |
| 28 | G | | *Irenäus*, Bischof von Lyon, Märtyrer (um 202) |
| 29 | H | | **PETRUS UND PAULUS**, Apostel |
| 30 | g | * | Otto, Bischof von Bamberg, Glaubensbote in Pommern (1139) |
| | g | | Die ersten Märtyrer der Stadt Rom |

# JULI

| | | | |
|---|---|---|---|
| 1 | | | |
| 2 | F | * | MARIÄ HEIMSUCHUNG |
| 3 | F | | TOMAS, Apostel |
| 4 | g | * | Ulrich, Bischof von Augsburg (973) |
| | g | | Elisabeth, Königin von Portugal (1336) |
| 5 | g | | Antonius Maria Zaccaria, Priester, Ordensgründer (1539) |
| 6 | g | | Maria Goretti, Jungfrau, Märtyrin (1902) |
| 7 | g | * | Willibald, Bischof von Eichstätt, Glaubensbote (787) |
| 8 | g | * | Kilian, Bischof von Würzburg, und Gefährten, Glaubensboten, Märtyrer (um 689) |
| 9 | | | |
| 10 | g | * | Knud, König von Dänemark, Märtyrer (1086);<br>Erich, König von Schweden, Märtyrer (1160);<br>Olaf, König von Norwegen (1030) |
| 11 | G | | *Benedikt von Nursia,* Vater des abendländischen Mönchtums (547) |
| 12 | | | |
| 13 | g | * | Heinrich II. (1024) und Kunigunde (1033), Kaiserpaar |
| 14 | g | | Kamillus von Lellis, Priester, Ordensgründer (1614) |
| 15 | G | | *Bonaventura,* Ordensmann, Bischof, Kirchenlehrer (1274) |
| 16 | g | | Gedenktag Unserer Lieben Frau auf dem Berge Karmel |
| 17 | | | |
| 18 | | | |
| 19 | | | |
| 20 | g | * | Margareta, Jungfrau, Märtyrin in Antiochien (um 307) |
| 21 | g | * | Laurentius von Brindisi, Ordenspriester, Kirchenlehrer (1619) |
| 22 | G | | *Maria Magdalena* |
| 23 | g | | Birgitta von Schweden, Ordensgründerin (1373) |
| 24 | g | * | Christophorus, Märtyrer in Kleinasien (um 250) |
| 25 | F | | JAKOBUS, Apostel |
| 26 | G | | *Joachim und Anna,* Eltern der Gottesmutter Maria |
| 27 | | | |
| 28 | | | |
| 29 | g | | *Marta von Betanien* |
| 30 | g | | Petrus Chrysologus, Bischof von Ravenna, Kirchenlehrer (450) |
| 31 | G | | *Ignatius von Loyola,* Priester, Ordensgründer (1556) |

# AUGUST

| | | | |
|---|---|---|---|
| 1 | G | | *Alfons Maria von Liguori,* Ordensgründer, Bischof, Kirchenlehrer (1787) |
| 2 | g | | Eusebius, Bischof von Vercelli, Märtyrer (371) |
| 3 | | | |
| 4 | G | | *Johannes Maria Vianney,* Pfarrer von Ars (1859) |
| 5 | g | | Weihetag der Basilika Santa Maria Maggiore in Rom |
| 6 | F | | VERKLÄRUNG DES HERRN |
| 7 | g | | Xystus II., Papst, und Gefährten, Märtyrer (258) |
| | g | | Kajetan, Priester, Ordensgründer (1547) |
| 8 | G | | *Dominikus,* Priester, Ordensgründer (1221) |
| 9 | | | |
| 10 | F | | LAURENTIUS, Diakon, Märtyrer in Rom (258) |
| 11 | G | | *Klara von Assisi,* Jungfrau, Ordensgründerin (1253) |
| 12 | | | |
| 13 | g | | Pontianus, Papst, und Hippolyt, Priester, Märtyrer (235) |
| 14 | g | * | Maximilian Kolbe, Ordenspriester, Märtyrer (1941) |
| 15 | H | | **MARIÄ AUFNAHME IN DEN HIMMEL** |
| 16 | g | | Stephan, König von Ungarn (1038) |
| 17 | | | |
| 18 | | | |
| 19 | g | | Johannes Eudes, Priester, Ordensgründer (1680) |
| 20 | G | * | *Bernhard von Clairvaux,* Abt, Kirchenlehrer (1153) |
| 21 | G | | *Pius X.,* Papst (1914) |
| 22 | G | | *Maria Königin* |
| 23 | g | | Rosa von Lima, Jungfrau (1617) |
| 24 | F | | BARTHOLOMÄUS, Apostel |
| 25 | g | | Ludwig, König von Frankreich (1270) |
| | g | | Josef von Calasanza, Priester, Ordensgründer (1648) |
| 26 | | | |
| 27 | g | | *Monika,* Mutter des Augustinus (387) |
| 28 | G | | *Augustinus,* Bischof von Hippo, Kirchenlehrer (430) |
| 29 | G | | *Enthauptung Johannes' des Täufers* |
| 30 | | | |
| 31 | g | * | Paulinus, Bischof von Trier, Märtyrer (358) |

## SEPTEMBER

| | | | |
|---|---|---|---|
| 1 | | | |
| 2 | | | |
| 3 | G | | *Gregor der Große*, Papst, Kirchenlehrer (604) |
| 4 | | | |
| 5 | | | |
| 6 | | | |
| 7 | | | |
| 8 | F | | MARIÄ GEBURT |
| 9 | | | |
| 10 | | | |
| 11 | | | |
| 12 | g | * | Mariä Namen |
| 13 | G | | *Johannes Chrysostomus*, Bischof von Konstantinopel, Kirchenlehrer (407) |
| 14 | F | | KREUZERHÖHUNG |
| 15 | G | | *Gedächtnis der Schmerzen Mariens* |
| 16 | G | | *Kornelius*, Papst (253), und *Cyprian*, Bischof von Karthago, Märtyrer (258) |
| 17 | g | * | Hildegard von Bingen, Äbtissin, Mystikerin, Gründerin von Rupertsberg und Eibingen (1179) |
| | g | | Robert Bellarmin, Ordenspriester, Bischof von Capua, Kirchenlehrer (1621) |
| 18 | g | * | Lambert, Bischof von Maastricht (Tongern), Glaubensbote in Brabant, Märtyrer (um 705) |
| 19 | g | | Januarius, Bischof von Neapel, Märtyrer (um 304) |
| 20 | | | |
| 21 | F | | MATTHÄUS, Apostel und Evangelist |
| 22 | g | * | Mauritius und Gefährten, Märtyrer der Thebäischen Legion (280–305) |
| 23 | | | |
| 24 | g | * | Rupert (718) und Virgil (784), Bischöfe von Salzburg, Glaubensboten |
| 25 | g | * | Niklaus von Flüe, Einsiedler, Friedensstifter (1487) |
| 26 | g | | Kosmas und Damian, Ärzte, Märtyrer in Kleinasien (303) |
| 27 | G | | *Vinzenz von Paul*, Priester, Ordensgründer (1660) |
| 28 | g | * | Lioba, Äbtissin von Tauberbischofsheim (um 782) |
| | g | | Wenzel, Herzog von Böhmen, Märtyrer (929) |
| 29 | F | | MICHAEL, GABRIEL UND RAFAEL, Erzengel |
| 30 | G | | *Hieronymus*, Priester, Kirchenlehrer (420) |

# OKTOBER

| | | | |
|---|---|---|---|
| 1 | G | | *Theresia vom Kinde Jesus,* Ordensfrau (1897) |
| 2 | G | | *Schutzengel* |
| 3 | | | |
| 4 | G | | *Franz von Assisi,* Ordensgründer (1226) |
| 5 | | | |
| 6 | g | * | Bruno, Mönch, Einsiedler, Ordensgründer (1101) |
| 7 | G | | *Gedenktag Unserer Lieben Frau vom Rosenkranz* |
| 8 | | | |
| 9 | g | | Dionysius, Bischof von Paris, und Gefährten, Märtyrer (nach 250) |
| | g | | Johannes Leonardi, Priester, Ordensgründer (1609) |
| 10 | | | |
| 11 | | | |
| 12 | | | |
| 13 | | | |
| 14 | g | | Kallistus I., Papst, Märtyrer (222) |
| 15 | G | | *Theresia von Ávila,* Ordensfrau, Kirchenlehrerin (1582) |
| 16 | g | * | Hedwig von Andechs, Herzogin von Schlesien (1243) |
| | g | * | Gallus, Mönch, Einsiedler, Glaubensbote am Bodensee (um 640) |
| | g | | Margareta Maria Alacoque, Ordensfrau (1690) |
| 17 | G | | *Ignatius,* Bischof von Antiochien, Märtyrer (um 115) |
| 18 | F | | LUKAS, Evangelist |
| 19 | g | | Johannes de Brébeuf, Isaak Jogues, Priester, und Gefährten, Märtyrer in Nordamerika (1642–1649) |
| | g | | Paul vom Kreuz, Priester, Ordensgründer (1775) |
| 20 | g | * | Wendelin, Einsiedler im Saarland (6. Jh.) |
| 21 | g | * | Ursula und Gefährtinnen, Märtyrinnen in Köln (um 304) |
| 22 | | | |
| 23 | g | * | Johannes von Capestrano, Ordenspriester, Wanderprediger in Süddeutschland und Österreich (1456) |
| 24 | g | | Antonius Maria Claret, Bischof von Santiago in Kuba, Ordensgründer (1870) |
| 25 | | | |
| 26 | | | |
| 27 | | | |
| 28 | F | | SIMON UND JUDAS, Apostel |
| 29 | | | |
| 30 | | | |
| 31 | g | * | Wolfgang, Bischof von Regensburg (994) |

## NOVEMBER

| | | | |
|---|---|---|---|
| 1 | H | | ALLERHEILIGEN |
| 2 | | | ALLERSEELEN |
| 3 | g | * | Hubert, Bischof von Lüttich (727) |
| | g | * | Pirmin, Abtbischof, Glaubensbote am Oberrhein (753) |
| | g | | Martin von Porres (1639), Ordensmann |
| 4 | G | | *Karl Borromäus*, Bischof von Mailand (1584) |
| 5 | | | |
| 6 | g | * | Leonhard, Einsiedler von Limoges (6. Jh.) |
| 7 | g | * | Willibrord, Bischof von Utrecht, Glaubensbote bei den Friesen (739) |
| 8 | | | |
| 9 | F | | WEIHETAG DER LATERANBASILIKA |
| 10 | G | | *Leo der Große*, Papst, Kirchenlehrer (461) |
| 11 | G | | *Martin*, Bischof von Tours (397) |
| 12 | G | | *Josaphat*, Bischof von Polozk in Weißrußland, Märtyrer (1623) |
| 13 | | | |
| 14 | | | |
| 15 | g | * | Albert der Große, Ordensmann, Kirchenlehrer, Bischof von Regensburg (1280) |
| | g | * | Leopold, Markgraf von Österreich (1136) |
| 16 | g | | Margareta, Königin von Schottland (1039) |
| 17 | g | * | Gertrud von Helfta, Ordensfrau, Mystikerin (1302) |
| 18 | g | | Weihetag der Basiliken St. Peter und St. Paul zu Rom |
| 19 | G | * | *Elisabeth*, Landgräfin von Thüringen (1231) |
| 20 | | | |
| 21 | G | | *Gedenktag Unserer Lieben Frau in Jerusalem* |
| 22 | G | | *Cäcilia*, Jungfrau, Märtyrin in Rom (um 250) |
| 23 | g | * | Kolumban, Abt von Luxeuil und von Bobbio, Glaubensbote im Frankenreich (615) |
| | g | | Klemens I., Papst, Märtyrer (101) |
| 24 | | | |
| 25 | g | * | Katharina von Alexandrien, Märtyrin (4. Jh.) |
| 26 | g | * | Konrad (975) und Gebhard (995), Bischöfe von Konstanz |
| 27 | | | |
| 28 | | | |
| 29 | | | |
| 30 | F | | ANDREAS, Apostel |

Letzter Sonntag im Jahreskreis: H CHRISTKÖNIGSSONNTAG

## DEZEMBER

| | | | |
|---|---|---|---|
| 1 | | | |
| 2 | g | * | Luzius, Bischof von Chur, Märtyrer (5./6. Jh.) |
| 3 | G | | *Franz Xaver*, Ordenspriester, Glaubensbote in Indien und Ostasien (1552) |
| 4 | g | * | Barbara, Märtyrin in Nikomedien (306) |
| | g | | Johannes von Damaskus, Priester, Kirchenlehrer (um 750) |
| 5 | g | * | Anno, Bischof von Köln, Reichskanzler (1075) |
| 6 | g | | Nikolaus, Bischof von Myra (um 350) |
| 7 | G | | *Ambrosius*, Bischof von Mailand, Kirchenlehrer (397) |
| 8 | H | | **HOCHFEST DER OHNE ERBSÜNDE EMPFANGENEN JUNGFRAU UND GOTTESMUTTER MARIA** |
| 9 | | | |
| 10 | | | |
| 11 | g | | Damasus I., Papst (384) |
| 12 | g | | Johanna Franziska von Chantal, Ordensgründerin (1641) |
| 13 | g | * | Odilia, Äbtissin, Gründerin von Odilienberg und Niedermünster im Elsaß (um 720) |
| | g | | Luzia, Jungfrau, Märtyrin in Syrakus (um 304) |
| 14 | G | | *Johannes vom Kreuz*, Ordenspriester, Kirchenlehrer (1591) |
| 15 | | | |
| 16 | | | |
| 17 | | | |
| 18 | | | |
| 19 | | | |
| 20 | | | |
| 21 | | | |
| 22 | | | |
| 23 | g | | Johannes von Krakau, Priester (1473) |
| 24 | | | |
| 25 | H | | **WEIHNACHTEN, HOCHFEST DER GEBURT DES HERRN** |
| 26 | F | | STEPHANUS, erster Märtyrer |
| 27 | F | | JOHANNES, Apostel und Evangelist |
| 28 | F | | UNSCHULDIGE KINDER |
| 29 | g | | Thomas Becket, Bischof von Canterbury, Märtyrer (1170) |
| 30 | | | |
| 31 | g | | Silvester I., Papst (335) |

### 5. Die Diözesan- und Ordenskalender

Seit den ersten christlichen Jahrhunderten bestehen Sitte und Recht der Teilkirchen, also der Diözesen, daß sie ihre eigenen liturgischen Feiern haben. Dies gilt besonders für die Märtyrer- und Heiligenverehrung, die am Anfang lokal begrenzt war. Eine Tendenz zur Zentralisierung des liturgischen Kalenders setzt erst mit der Herausgabe der nachtridentinischen liturgischen Bücher ein. Das Diözesanrecht auf Eigenkalender konnte jedoch nie unterdrückt werden. Das II. Vaticanum hat es ausdrücklich bekräftigt, wenn es von den Heiligenfeiern sagt, „eine beträchtliche Anzahl von ihnen möge der Feier in den einzelnen Teilkirchen, Nationen oder Ordensgemeinschaften überlassen bleiben" (LK 111). Die zum Beginn des vorausgehenden Abschnitts erwähnten römischen Dokumente treffen auch nähere Bestimmungen über die Diözesan- und Ordenskalender. So heißt es in der GOK, Nr. 52: „Der Kalender eines Bistums enthält die Feier der Schutzheiligen und des Kirchweihfestes der Kathedrale; außerdem solche Heiligen und Seligen, die zum Bistum eine besondere Beziehung haben, z. B. durch Herkunft, längeren Aufenthalt, Tod ... Der Kalender jeder einzelnen Kirche enthält außer den Eigenfeiern des Bistums bzw. der Ordensfamilie die jeder Kirche eigenen Feiern, die im Verzeichnis der liturgischen Tage angegeben sind; außerdem die Feier eines Heiligen, wenn dessen Leichnam in der betreffenden Kirche beigesetzt ist."

Die Instruktion der Gottesdienstkongregation vom 24. Juni 1970 wiederholt weitgehend die Bestimmungen der GOK und präzisiert: „Der Diözesankalender kommt durch die Einfügung folgender Feiern in den Allgemeinen Kalender zustande: Eigenfeiern und durch Indult gestattete Feiern der gesamten Nation, Region, wie auch eines größeren Gebietes; Eigenfeiern und durch Indult gestattete Feiern des gesamten Bistums. Auf der Grundlage dieses Diözesankalenders werden die Kalender für die einzelnen Orte, Kirchen und Kapellen erstellt."[437]

Besondere Bestimmungen in beiden Dokumenten möchten vermeiden, „daß der Kalender des gesamten Bistums oder der gesamten Ordensgemeinschaft ungebührlich umfangreich wird"[438]. Bevor Heilige und Selige in die Eigenkalender aufgenommen werden, soll eine gründliche Prüfung erfolgen, „damit ihr Leben und Wirken wie auch die Entstehung und Verbreitung ihrer Verehrung als geschichtlich glaubwürdig erwiesen werden"[439]. Heilige, von denen die Geschichte (nicht die Legende!) nur wenig oder fast nichts Gesichertes zu berichten weiß, sollen nicht aufgenommen werden. „Auch die Namen jener Heiligen sollen gestrichen werden, die früher aus besonderen Gründen in den Kalender aufgenommen wurden, jetzt aber zum Bistum bzw.

zur Ordensgemeinschaft gar keine oder nur sehr geringe Beziehung haben."[440]

Auf der Grundlage dieser amtlichen Dokumente und des kurz zuvor erarbeiteten Regionalkalenders wurden die Diözesankalender des deutschen Sprachgebietes vorbereitet, um sie gemeinsam mit dem Regionalkalender von Rom konfirmieren zu lassen. Hierfür wurden von der für Kalenderfragen zuständigen Kommission aller Liturgischen Institute (Basisgruppe 12) unter Leitung von *Ph. Harnoncourt* (Graz) grundsätzliche und redaktionelle Richtlinien erarbeitet[441], nach denen noch innerhalb des Jahres 1971 alle Diözesen des deutschen Sprachgebietes ihre Eigenkalender neu redigierten. Sie wurden am 15. November 1972 von Rom konfirmiert.

„Die Diözesankalender haben insgesamt stark an Umfang verloren – die Heiligen des Regionalkalenders sind ja nur noch bei Vorliegen besonderer historischer Beziehungen darin enthalten –, aber sie haben stark an *diözesaner Prägung* und *teilkirchlichem Profil* gewonnen. Sie sind jetzt in der Regel Zeugnisse der örtlichen Kirchengeschichte und darum von großer pastoraler Bedeutung."[442]

Die Zahl der Eigenfeiern ist recht unterschiedlich. Während sich die Diözese Meißen mit sieben und Münster i. W. mit neun zufriedengeben, bringt es die älteste Diözese auf deutschem Boden, Trier, auf 46.

Auch für die *Ordenskalender* enthalten die beiden römischen Dokumente nähere Weisungen, die teilweise mit denen für die Regional- und Diözesankalender übereinstimmen. Das Recht auf einen Ordenskalender haben „die Männerorden, nach deren Kalender sich gegebenenfalls auch die Ordensfrauen und Schwestern dieser Orden sowie die dem Orden angegliederten Terziaren, die in Gemeinschaft leben und einfache Gelübde ablegen, richten. (Ferner) Ordenskongregationen, Gemeinschaften und Institute päpstlichen Rechtes, die in irgendeiner Form zur Feier des Stundengebetes verpflichtet sind."[443]

In die Ordenskalender werden aufgenommen „die Feier des Titels, des Stifters und des Schutzheiligen; außerdem solche Heiligen und Seligen, die zur Ordensgemeinschaft gehörten oder zu ihr in besonderer Beziehung standen"[444].

„Der Ordenskalender kommt zustande durch die Einfügung der Eigenfeiern und der dem Orden bzw. der Kongregation durch Indult gestatteten Feiern in den Allgemeinen Kalender."[445] Um die Verbindung der Ordensgemeinschaften mit den Ortskirchen sicherzustellen und zu vertiefen, feiern sie gemeinsam den Jahrestag der Kirchweihe der Kathedrale, der Hauptpatrone des Ortes und der übergeordneten Gebiete, in denen sich die Niederlassung befindet[446].

## 6. *Der Namenstagskalender*

Die Veröffentlichung des Römischen Generalkalenders von 1969, in dem viele dem Volk vertraute Namen nicht mehr vorkamen, löste eine unerwartet heftige Kritik aus. Man sprach von der Abschaffung und Degradierung von Heiligen, von „minderen" und „verschmähten" Heiligen, die der Liturgiereform zum Opfer gefallen seien, und tat so, als ob die oberste Kirchenleitung höchstpersönlich einige Heilige aus dem Himmel verjagt habe. Dabei wurde ein großes *Mißverständnis* deutlich, das die Kalenderreform nicht genügend beachtet hatte. Die Kritiker setzten liturgischen Kalender und Heiligenverzeichnis, wie es sich in Wand- und Taschenkalendern im Jahresablauf vorfindet, gleich. Sie übersahen, daß zu keinem Zeitpunkt der Kirchengeschichte alle Heiligen zugleich im liturgischen Kalender, der ihre gottesdienstliche Feier anzeigt, vorkamen. Dafür reichen die 365 Tage des Jahres einfach nicht aus. Wohl aber bemühte sich die Kirche, die Gesamtheit der Heiligen im sogenannten *Martyrologium* zusammenzufassen. Auch dieses ist ein liturgisches Buch, dessen Heiligengedächtnisse an den jeweiligen Tagen beim Stundengebet oder bei anderen Gelegenheiten verlesen wurden[447]. Aus diesem Heiligenverzeichnis aber wurde bei der Neuordnung des Römischen Kalenders kein einziger Heiliger „gestrichen" oder „getilgt".

Schon im kirchlichen Altertum finden sich in den Ostkirchen Bestrebungen, den Kindern bei der Taufe die Namen von Heiligen zu geben. So ermahnt der Patriarch von Konstantinopel, der Kirchenvater *Johannes Chrysostomus* († 407), die Gläubigen: „Deshalb geben wir den Kindern nicht irgendwelche beliebigen Namen, noch die der Eltern und Voreltern und derer, die durch ihr Geschlecht berühmt waren, sondern die von Heiligen, die durch Tugenden glänzten und durch ihre gläubige Zuversicht bei Gott am meisten vermochten."[448] Seit dem 13. Jahrhundert breitet sich auch im Westen stärker die Sitte aus, die Namen von Heiligen, auch von fremdländischen, zu wählen. Aber erst im 16. Jahrhundert spricht die römische Kirche entsprechende Mahnungen aus[449]. Zugleich wurde der schon im späten Mittelalter auftretende Brauch, den Festtag des Namensheiligen besonders zu feiern, neu belebt. Der Namenspatron soll Vorbild und Verpflichtung, aber auch Fürsprecher bei Gott sein. Während viele Christen der Gegenwart ihre Heiligennamen gedankenlos tragen, erkennen Feinde des Christentums darin eine Bastion, die sie z. T. leidenschaftlich bekämpfen. So konnte man in der Tagespresse lesen, daß der Präsident der afrikanischen Republik Zaire, Mobutu, im Jahre 1973 verbot, Kindern christliche Namen zu geben. Ein gleiches Verbot wurde aus der zentralafrikanischen Republik Tschad berichtet[450]. Auch von anderen totalitären Staaten sind solche Bestrebungen bekannt.

Um nun den Eltern die Wahl eines christlichen Namens zu erleichtern und die in Frage kommenden Heiligen besser kennenzulernen, wurde schon beim Beginn der Arbeiten für den Regionalkalender des deutschen Sprachgebietes auch ein besonderer Namenstagskalender im Sinn eines für unsere Zeit und unser Sprachgebiet angepaßten Martyrologiums geplant und in Auftrag gegeben. Er erschien 1975 unter dem Titel „Der große Namenstagskalender" und enthält 3550 Namen und 1540 Lebensbeschreibungen unserer Heiligen[451]. Bei der Auswahl der Heiligen für diesen Kalender waren verschiedene Gesichtspunkte maßgebend: „Einerseits sollte die Praxis der heutigen Namensgebung berücksichtigt werden, andererseits sollte die überaus reiche Tradition der Heiligenverehrung unseres Gebietes hervorgehoben und die Aufmerksamkeit auf vorbildliche Christen aus Vergangenheit und Gegenwart gelenkt werden. Aus unserem Jahrhundert sind auch einzelne hervorragende Personen angeführt, die durchaus verehrungs- und nachahmungswürdig gelebt haben, aber nicht heilig- oder seliggesprochen sind. Es steht nichts im Weg, auch solche Personen als Namenspatrone zu wählen."[452] Der gelungene Namenstagskalender kann dazu beitragen, „daß Paten oder Eltern auf der Suche nach Namen für ihre Kinder nicht nur nach gerade gängiger Mode oder wegen des Wohlklangs eines Namens entscheiden, sondern daß sie nach bewährter Tradition einen ganz bestimmten Patron als Vorbild und Fürsprecher für ihr Kind auswählen"[453]

NEUNTES KAPITEL

# Kirchenjahr und Stundengebet

Das Kirchenjahr, dessen Seele das Pascha-Mysterium Christi ist, prägt nicht nur den eucharistischen Gottesdienst als Mitte, Quelle und Höhepunkt christlicher Liturgie, sondern auch das Stundengebet der Kirche. Auch in ihm als einem wichtigen Teilbereich der Liturgie realisiert sich Aktionsgemeinschaft von Christus und Kirche zur Heiligung der Menschen und zur Verherrlichung des himmlischen Vaters. Denn auch hier ist der Herr gegenwärtig und wirksam, indem er in den Schriftlesungen selbst zu uns spricht und sich mit der betenden Kirche und ihren Gliedern verbindet. Wie in der Einführung bereits begründet, kann es im folgenden Abschnitt nicht darum gehen, das Stundengebet der einzelnen Zeiten und Feste textlich zu interpretieren, sondern seine geschichtliche Entfaltung aufzuzeigen und seine Bedeutung und derzeitige Struktur aufzuhellen.

## *1. Ursprung und Entfaltung des Stundengebetes*

Das Leben Jesu war ein einziger Hymnus der Verherrlichung des himmlischen Vaters. Seine Verkündigung, die Stunden seines öffentlichen und einsamen Betens, seine heilenden und helfenden Dienste an den Menschen und schließlich sein sühnendes Leiden und Sterben dienten dem Heil der Menschen und der Verherrlichung seines Vaters, wie es das hohepriesterliche Gebet in die Worte kleidet: „Ich habe dich auf Erden verherrlicht und das Werk vollendet, das du mir aufgetragen hast" (Joh 17,4). Die Evangelien berichten an zahlreichen Stellen, daß Jesus ein großer Beter war, daß er seine Jünger beten lehrte (vgl. „Gebet des Herrn") und sie ermahnte, „daß sie allezeit beten und darin nicht nachlassen sollten" (Lk 18,1).

Die Jüngergemeinde hat Beispiel und Mahnung ihres Herrn treu befolgt, wie Apostelgeschichte und Apostelbriefe mehrfach bestätigen[454].

Schon früh bildeten sich, zum Teil im Anschluß an die Gebets- und Opferzeiten im Judentum, bestimmte Gebetsstunden heraus. Hierzu gehören vor allem das Gebet am Morgen und Abend, aber auch zur

3., 6. und 9. Stunde, gerechnet nach den zwölf „Lichtstunden", die nach griechisch-römischer Tageseinteilung morgens um 6 Uhr begannen. „Wir finden schon seit dem Ausgang des 2. Jahrhunderts, und zwar bei einer ganzen Reihe von Zeugen, eine Gebetsordnung für alle Gläubigen, in der beinahe alle unsere Horen schon vorgesehen sind: Gebet um Mitternacht, Gebet zum Aufstehen, Gebet zur dritten, zur sechsten, zur neunten Stunde und Gebet am Abend – Gebetszeiten, die fast sicher in apostolische Zeit zurückgehen. Aber es ist das Gebet, das der einzelne verrichtete, wobei man der Phase des Leidens Christi gedenken sollte, die der Tagesstunde entsprach."[455]

Schon bald scheint diese mehr private Form einem offiziellen Gemeindegebet Platz zu machen. Dies gilt insbesondere für das Morgen- und Abendgebet. Sie werden von *Tertullian* „orationes legitimae" genannt, was wohl soviel bedeutet wie durch Gesetz und Brauch vorgeschriebene Gebetsstunden[456]. Nach *Hippolyt von Rom* sollen sich die Diakone und Priester jeden Morgen an einem vom Bischof bestimmten Ort versammeln und zusammen mit den Gläubigen einen Wortgottesdienst (Belehrung und Gebet) halten[457]. Für das Abendgebet hatte vor allem das „lucernarium", ein religiöser Ritus beim Anzünden des Lichtes, der sich (in unterschiedlicher Gestalt) bei Juden, Griechen und Römern findet, einen gewissen Vorbildcharakter. Die „*Apostolischen Konstitutionen*" Ende des 4. Jahrhunderts lassen bereits einen Aufbau erkennen, der unserer heutigen Vesper ähnlich ist[458].

Noch vor dem Konstantinischen Frieden bildet sich eine überörtliche Regelung heraus. Schwerpunkte bleiben das Morgenlob (Laudes) und die Vesper (vom lat. vesper bzw. vespera = Abend), an denen auch die Gemeinden teilnahmen[459]. Besonderen Einfluß auf die weitere Gestaltung nehmen die Mönchsgemeinden. Das römische Stundengebet wurde stark vom hl. Benedikt geprägt, der den in Rom vorgefundenen „Mönchskursus" in abgeänderter Form übernahm. Er besteht aus Matutin (aus der nächtlichen Vigilfeier entstanden), Laudes (auch Laudes matutinae genannt), Prim, Terz, Sext, Non, Vesper und Komplet. In dieser Form hat es die Jahrhunderte bis zur Neuordnung von 1970 überdauert.

Für die Gesamtheit dieser Gebetsstunden gibt es *mehrere Benennungen*. Die Bezeichnungen Stundengebet und kirchliche Tagzeiten (lat. horae canonicae) weisen darauf hin, daß das Gebet bestimmten Tagesstunden zugeordnet ist und den ganzen Tag heiligen will. Das Wort Brevier geht auf das Mittelalter zurück und leitet sich vom lateinischen Wort breviaria ab. Es waren dies kurze Verzeichnisse, auf denen in Stichworten und knappen Hinweisen die Texte angegeben waren, aus denen sich das Stundengebet zusammensetzte. Man benutzte nämlich für die gemeinsame Feier im Chor mehrere Bücher, denen man die vorgeschriebenen Texte entnahm. Erst seit dem 11. Jahrhundert begann man, alle Texte in ein einziges Buch zu schreiben, auf das man den Namen der seitherigen Textverzeichnisse (auch tabellaria genannt) übertrug. Es war für die Einzelrezitation und auf Reisen wesentlich bequemer. Nach anderen Autoren leitet sich das Wort Brevier „von der Verkürzung her, die durch die Zusammenfassung der Bücher der verschiedenen Rollenträger (Psalterium, Antiphonale, Kollektar, Lektionar) in ein für die Einzelrezitation bestimmtes Buch entstand ... und den Umfang der Lesungen betraf“[460]. Eine andere, häufig gebrauchte Bezeichnung lautet Offizium, oft auch mit den Adjektiven göttlich oder kirchlich verbunden. Sie hat ursprünglich die Bedeutung Pflicht und Amt und meint zunächst den Gottesdienst überhaupt. Allmählich wird sie aber auf das Stundengebet eingeengt. Im Bewußtsein, daß es sich hier um Liturgie handelt, spricht man in neuester Zeit auch von „liturgia horarum“ (= Liturgie der Stunden)[461].

Mit der Verbreitung der römischen Liturgie in den meisten Ländern des Westens wurde auch das römische Stundengebet übernommen. Im frühen Mittelalter wuchs die Tendenz, Zahl und Umfang der Gebete so zu vermehren, daß es bald zu großem Unbehagen und auch zur Vernachlässigung des Stundengebetes kam. Besonders mit dem Beginn des 16. Jahrhunderts wird der Ruf nach grundlegenden Reformen immer lauter. Das wesentlich kürzere Reformbrevier des Kardinals *Quiñones* von 1535, das für Einzelbeter verfaßt war, mit Begeisterung aufgenommen wurde und in wenigen Jahren etwa 100 Auflagen erlebte, wurde durch das Einheitsbrevier *Pius' V.* 1568 abgelöst. Aber auch dieses war Gegenstand zahlreicher autorisierter und nicht autorisierter Reformversuche[462]. Besondere Erwähnung verdienen die Bemühungen unter *Pius X.*, die u.a. zu einer Kürzung der Matutinpsalmen von 18 bzw. 12 auf neun führten[463]. *Pius XII.* griff die noch nicht realisierten Reformpläne Pius' X. wieder auf und setzte 1948 eine Kommission zur Vorbereitung einer grundlegenden Liturgiereform ein, deren Studien in fünf Bänden zwischen 1950 und 1957 erschienen und deren erste Auswirkungen sich in den Rubrikenreformen von 1955 und 1960 zeigten[464].

Das *II. Vaticanum* befaßte sich intensiv mit der Brevierreform und widmet ihr in der LK ein eigenes Kapitel (IV) mit 19 Artikeln (83–101)[465]. Darin macht es wichtige Aussagen zur Theologie und Spiritualität des Stundengebetes, betont seinen Charakter als gemeinschaftliches Gebet und legt großen Nachdruck auf die „veritas temporis“, d.h. den zeitgerechten Ansatz der einzelnen Horen (88). Für die konkrete Reform stellt es einige Richtlinien von entscheidender Bedeutung auf:

„a) Die Laudes als Morgengebet und die Vesper als Abendgebet, nach der ehrwürdigen Überlieferung der Gesamtkirche die beiden Angelpunkte des täglichen Stundengebetes, sollen als die vornehmsten Gebetsstunden angesehen und als solche gefeiert werden.

b) Die Komplet soll so eingerichtet werden, daß sie dem Tagesabschluß voll entspricht.

c) Die sogenannte Matutin soll zwar im Chor den Charakter als nächtliches Gotteslob beibehalten, aber so eingerichtet werden, daß sie sinnvoll zu jeder Tageszeit gebetet werden kann. Sie soll aus weniger Psalmen und längeren Lesungen bestehen.

d) Die Prim soll wegfallen.

e) Im Chor sollen die kleinen Horen, Terz, Sext und Non, beibehalten werden. Außerhalb des Chores darf man eine davon auswählen, die der betreffenden Tageszeit am besten entspricht" (89).

Diese und weitere Weisungen, die hier im einzelnen nicht wiedergegeben werden können, stellten die Weichen für eine intensive Arbeit am neuen Brevier. Eine Arbeitsgruppe des „Römischen Liturgierates" mit mehreren Untergruppen arbeitete sieben Jahre lang, bis das neue Werk an Allerheiligen 1970 von *Paul VI.* mit der Apostolischen Konstitution „Laudis canticum" approbiert und von der Gottesdienstkongregation an Ostern 1971 mit dem ersten Band veröffentlicht werden konnte. Diesem Band ist die „Allgemeine Einführung in das Stundengebet" (AES) vorangestellt, in der – ähnlich wie beim neuen Missale – auf nicht weniger als 74 Seiten mit 284 Nummern nicht nur rubrikale, sondern vor allem sinnerhellende, inhaltliche Aussagen gemacht werden. In den folgenden Jahren erschienen drei weitere Bände.

Um die Zeit bis zum Erscheinen des authentischen deutschsprachigen Stundenbuchs zu überbrücken, veröffentlichten die Liturgischen Institute Deutschlands, Österreichs und der Schweiz nach dem Vorbild Frankreichs[466] das „Neue Stundenbuch. Ausgewählte Studientexte für ein künftiges Brevier"[467], das neben dem seitherigen Brevier von der Gottesdienstkongregation fakultativ als anerkanntes Stundengebet zugelassen wurde. Im Gegensatz zur lateinischen Ausgabe hat Band 2 zwei Jahresreihen für die Schriftlesung und entsprechend auch zwei Jahresreihen für die Väterlesungen, die in 16 Ergänzungsfaszikeln zur Erprobung veröffentlicht wurden.

Ende November 1978 erschien der erste Band des neuen deutschsprachigen Stundenbuches (Advent und Weihnachtszeit), dem wenige Wochen später Band III (Im Jahreskreis) und Band II (Fastenzeit und Osterzeit) folgten, zusammen mit den ersten der voraussichtlich

16 Lektionar-Faszikeln für die beiden Jahresreihen. Das neue Stundenbuch enthält bereits die im Frühjahr 1978 approbierte und 1979 erscheinende Einheitsübersetzung der Heiligen Schrift[468]

## 2. *Sinn und Bedeutung des Stundengebetes*

Sowohl die Liturgiekonstitution wie die Allgemeine Einführung sehen Sinn und Bedeutung des Stundengebetes darin, daß die Kirche als mystischer Leib Christi und geheiligtes Gottesvolk es in der Teilhabe am Priestertum Christi verrichtet und mit ihm zusammen die Stimme zum Lob des Vaters und zur Fürbitte für die ganze Menschheit erhebt. „Christus vollbringt das ‚Werk der Erlösung der Menschen und der vollendeten Verherrlichung Gottes' im Heiligen Geist durch die Kirche nicht nur in der Feier der Eucharistie und bei der Spendung der Sakramente, sondern auch in anderen Formen, besonders in der Feier des Stundengebetes. Er ist dabei gegenwärtig, wenn sich die Gemeinde versammelt, wenn Gottes Wort verkündet wird und ‚wenn die Kirche betet und singt'" (AES 13). Schon *Augustinus* wußte um diese Zusammenhänge, wenn er im Kommentar zu Ps 85,1 schreibt: „Unser Herr Jesus Christus, Gottes Sohn, soll der eine Heiland seines Leibes sein, der für uns betet, in uns betet und zu dem wir beten: Für uns betet er als unser Priester, in uns betet er als unser Haupt, zu ihm beten wir als unserem Gott. Erkennen wir also unsere Stimmen in ihm, aber auch seine Stimme in uns!"[469]

Alle Teilnehmer am Stundengebet „erfüllen eine der Kirche obliegende Pflicht und haben zugleich Anteil an der höchsten Ehre der Braut Christi; denn indem sie Gott das Lob darbringen, stehen sie im Namen der Mutter Kirche vor dem Throne Gottes" (LK 85). Wo aber die Kirche ihre Stimme zum Gebet erhebt, geschieht es in der Kraft des Heiligen Geistes, der sowohl Christus wie seine Kirche erfüllt und führt. Denn es ist „kein christliches Gebet möglich ohne das Wirken des Heiligen Geistes, der die gesamte Kirche eint und durch den Sohn zum Vater führt" (AES 8).

Als Liturgie trägt das Stundengebet *dialogischen Charakter.* Denn in jeder liturgischen Handlung kommt Gott in seinem Sohn auf den Menschen zu und heiligt ihn sowohl in der Kraft seines Wortes, das auch im Stundengebet an den Menschen ergeht (Psalmen, Lesungen u.a.m.), als auch in der Kraft des Pascha-Mysteriums, das sich in der Begegnung und Gemeinschaft mit Christus fruchtbar erweist. Zugleich wird Christus zum Vor- und Mitbeter der betenden Kirche und verleiht so dem menschlichen Lobpreis und Bittgebet eine besondere

Qualität und Wirksamkeit. So geschieht ein Empfangen und Geben, wobei die Initiative von dem unser Heil suchenden Gott ausgeht. „Die Heiligung des Menschen und die Verherrlichung Gottes vollziehen sich im Stundengebet gleichsam als Austausch oder Zwiegespräch (lat.: commercium seu dialogus) zwischen Gott und den Menschen" (AES 14). Weil die Heilung und Heiligung der Menschen zugleich höchste Verherrlichung Gottes sind, ist auch das Fürbittgebet der Kirche im Stundengebet nicht nur ein Dienst der Liebe am Mitmenschen, sondern zugleich Verherrlichung Gottes.

In diesem dialogischen Vorgang kommt es entscheidend darauf an, daß jeder Teilnehmer nicht nur äußerlich und gleichsam mechanisch (wie eine Schallplatte oder Gebetsmühle) agiert, sondern bewußt und mit persönlicher Frömmigkeit, „daß dabei das Herz mit der Stimme zusammenklinge" (LK 90). „Dann erst kann das Gebet von den Teilnehmern persönlich vollzogen werden, kann es Quelle der Frömmigkeit und der vielfältigen Gnade Gottes, Nährboden des persönlichen Betens und des apostolischen Wirkens sein" (AES 19). Um das besser verwirklichen zu können, empfiehlt die LK eine reichere liturgische und biblische Bildung, zumal was die Psalmen betrifft (90).

Das II. Vaticanum wie die Allgemeine Einführung legen besonderen Wert auf den *Gemeinschaftscharakter* des Stundengebetes. Weil es nicht privater Natur ist, sondern offizielles Gebet der Kirche, verdient seine Feier in Gemeinschaft den Vorzug vor der Einzelrezitation, wie dies auch für andere liturgische Handlungen gilt (vgl. LK 26f 99). Die Allgemeine Einführung richtet einen diesbezüglichen Appell nicht nur an jene Priester und Ordensleute, die an und für sich nicht zum gemeinsamen Stundengebet verpflichtet sind, sondern lädt auch Laienkreise und Pfarreien ein, „womöglich die Haupttagzeiten gemeinsam in der Kirche (zu) feiern" (AES 21). So „wird in ihnen Kirche sichtbar, die das Mysterium Christi feiert" (ebd. 22). Auch die Familien („Hauskirchen") werden ermuntert, nicht nur gemeinsam zu beten, sondern im Rahmen ihrer Möglichkeiten auch Teile des Stundengebetes zu verrichten und sich so inniger der Kirche einzugliedern (ebd. 27).

Ein weiteres Anliegen der Allgemeinen Einführung ist der *zeitgerechte Vollzug* der einzelnen Horen, wie dies bereits von der Liturgiekonstitution eindringlich angemahnt wurde (88; 94). Weil das Stundengebet der Heiligung des Tages dient und an zahlreichen Stellen auf bestimmte Tageszeiten ausdrücklich Bezug nimmt, wäre es sinnwidrig, beispielsweise die Morgenhore der Laudes am Nachmittag und die Abendhore der Vesper am Morgen zu beten. Tatsächlich war es noch vor wenigen Jahrzehnten bei vielen Priestern Gewohnheit geworden, Matutin und Laudes bereits am Nachmittag des vorausgehenden Tages zu „antizipieren", Vesper und Komplet aber schon am frühen Morgen zu beten, weil man fürchtete, am Abend wegen seelsorglicher Verpflichtungen nicht genügend Zeit zur Verfügung zu haben[470]. Um angesichts der heutigen Lebensgewohnheiten und Arbeitsbedingungen das zeitgerechte Beten zu erleichtern, gab das II. Vaticanum nähere Richtlinien für die Reform des Stundengebetes (LK 89), die im folgenden Abschnitt 3. a) bei der Beschreibung der einzelnen Horen zur Sprache kommen sollen.

Den *verpflichtenden Auftrag* zum Stundengebet haben alle Bischöfe, Priester, Diakone (die die Priesterweihe erstreben) und Ordensleute (AES 17). Für die „ständigen" Diakone wird es als wünschenswert angesehen, wenigstens einen Teil des Stundengebetes zu verrichten, den die zuständige Bischofskonferenz näher bestimmen soll (ebd. 30). Was den *Verpflichtungsgrad* angeht, so läßt sich aus den Texten der Allgemeinen Einführung eine gewisse Milderung der gesetzlichen Strenge und auch eine Differenzierung bei einzelnen Horen erkennen. Früher galt es als schwere Sünde, eine kleine Hore oder einen entsprechend großen Teil anderer Horen auch nur einmal auszulassen[471]. Hingegen hat schon das II. Vaticanum Austauschmöglichkeiten mit anderen liturgischen Handlungen vorgesehen und den Bischöfen und höheren Ordensoberen die Vollmacht gegeben, „in besonderen Fällen und aus gerechtem Grunde" von der Verpflichtung ganz oder teilweise zu dispensieren oder eine Umwandlung vorzunehmen (Lk 97). Die Väter des Konzils hatten es ausdrücklich abgelehnt, „schwerwiegende" Gründe für die Dispens zu verlangen. Die Allgemeine Einführung gebraucht in ihrer lateinischen Fassung eine Ausdrucksweise, die als Mahnung der Kirche zur treuen Erfüllung des Auftrages zu verstehen ist. Nur bei den beiden Haupthoren Laudes und Vesper wird diese Mahnung verstärkt durch die Einschärfung, die Beauftragten „dürfen diese Gebetsstunden nur aus schwerwiegenden Gründen unterlassen" (29). Diese Milderung des Verpflichtungsgrades dürfte dazu beitragen, gewisse Ängstlichkeiten abzubauen und das Stundengebet im Rahmen der zeitlichen und gesundheitlichen Möglichkeiten mit größerer Freudigkeit zu verrichten.

### *3. Neugestaltung und Prägung durch das Kirchenjahr*

Um auch Laien, die bislang keinen näheren Zugang zum kirchlichen Stundengebet hatten, einen Einblick in seine Struktur zu ermöglichen, werden im folgenden zunächst seine einzelnen Teile beschrieben, wobei die wichtigsten Veränderungen hervorgehoben werden. Anschließend (b) wird gezeigt, in welchen Elementen das Stundengebet von den Zeiten und Festen des Kirchenjahres geprägt ist, so daß es zusammen mit der eucharistischen Feier zum umfassenden Gedächtnis der Heilstaten Christi werden kann.

### *a) Die Neugestaltung des Stundengebetes*

Das neugestaltete Stundengebet hat folgende Gliederung:
1) Eröffnung (Invitatorium)
2) Lesehore (Officium lectionis)
3) Laudes (Morgenlob)
4) Terz, Sext, Non (kleine Horen)
5) Vesper (Abendlob)
6) Komplet (Nachtgebet).

Zu 1): Das *Invitatorium* eröffnet das Stundengebet. Es besteht aus dem Versikel „Herr, öffne meine Lippen. Damit mein Mund dein Lob verkünde" und dem Psalm 95 mit wechselnder Antiphon. Es können aber auch die Psalmen 100, 67 oder 24 verwendet werden. Wenn das Stundengebet mit den Laudes begonnen wird, kann der Psalm entfallen (AES 35).

Zu 2): Die *Lesehore* als Nachfolgerin der seitherigen Matutin soll zwar im Chor als nächtliches Gotteslob beibehalten werden, ist aber so eingerichtet, daß sie in sinnvoller Weise zu jeder Tageszeit gebetet werden kann (AES 57), „auch am Abend des vorausgegangenen Tages, nach der Vesper" (AES 59). Sie soll helfen, die Schätze der Heiligen Schrift und der kirchlichen Schriftsteller, vor allem der Kirchenväter, zu erschließen. Sie gliedert sich in Einleitungsvers, Hymnus, drei Psalmen (oder Psalmteile), Versikel, je eine Lesung auf der Heiligen Schrift und den kirchlichen Schriftstellern bzw. eine Lesung, die den Heiligen betrifft, mit je einem Responsorium und der Tagesoration. Dem Responsorium der zweiten Lesung folgt an bestimmten Tagen das Tedeum. Während das neue lateinische Brevier bei den Lesungen nur je eine Jahresreihe aufgenommen hat[472] und eine zweite Jahresreihe für einen eigenen Zusatzband in Aussicht stellt (vgl. AES 145 161), enthält das Lektionar für das deutsche Stundenbuch je zwei Jahresreihen für Schrift- und Väterlesung. Erwähnenswert ist, daß auch neuere Schriftsteller zu Wort kommen. Die Lesehore kann an Sonntagen, Hochfesten und Festen auch zu einer Vigil erweitert werden, wofür in der Allgemeinen Einführung nähere Anweisungen gegeben werden (70–73).

Zu 3): Die *Laudes* bilden zusammen mit der Vesper „die beiden Angelpunkte des Stundengebetes" und sollen als die „vornehmsten Gebetsstunden ... gefeiert werden" (LK 89a; AES 37). Ihr früherer

Name „laudes matutinae" läßt sie als das eigentliche Morgenlob erkennen. Um eine Doppelung des Morgengebetes zu vermeiden, hat man die seitherige Prim, die in klösterlichen Kreisen entstanden war, aufgegeben. Die Laudes bestehen aus Einleitungsvers, Hymnus, Psalmodie mit einem Morgenpsalm, einem alttestamentlichen Canticum und einem Lobpsalm, Kurzlesung mit Responsorium, dem Lobgesang des Zacharias (Lk 1,68–79) mit Antiphon, Bitten zur Heiligung des Tages und seiner Arbeit, Gebet des Herrn, Schlußoration und Segen. Nach alter Überlieferung dienen die Laudes zugleich dem Gedächtnis der Auferstehung Christi (vgl. AES 38).

Zu 4): Die kleinen Horen *Terz, Sext und Non* wurden laut Allgemeiner Einführung vor allem deshalb beibehalten, „weil sich mit diesen Horen das Gedenken an bestimmte Ereignisse in der Leidensgeschichte des Herrn und an die erste Ausbreitung des Evangeliums verbindet" (75). Außerhalb des Chorgebetes braucht nur eine von ihnen gebetet zu werden, und zwar diejenige, die der jeweiligen Tageszeit am besten entspricht. Der Aufbau ist bei allen gleich: Einleitungsvers, Hymnus, Psalmodie mit drei Psalmen, Kurzlesung mit Responsorium und Schlußoration.

Zu 5): Die *Vesper* will danken für den sich neigenden Tag, aber auch für die Heilstaten Christi am Gründonnerstagabend und das Kreuzesopfer am Karfreitagnachmittag (AES 39). Besonders empfohlen wird die gemeinschaftliche Vesper mit den Gemeinden an Sonntagen und höheren Festen (LK 100; AES 21 40). Ihr Aufbau gleicht dem der Laudes: Einleitungsvers, Hymnus, Psalmodie mit zwei Psalmen und einem neutestamentlichen Canticum (Briefe, Offb); Kurzlesung, an deren Stelle bei einer Gemeindevesper eine längere Lesung mit Homilie treten kann; Responsorium, das auch durch einen geeigneten approbierten Gesang ersetzt werden kann; das Magnificat mit Antiphon, Fürbitten, Vaterunser und Schlußgebet. In Gemeindevespern spricht (singt) der Priester oder Diakon den Schlußritus wie bei der Meßfeier. Die Einfügung des Vaterunsers in Laudes und Vesper wird von Paul VI. in seiner Apostolischen Konstitution „Laudis canticum" als Rückkehr zur altchristlichen Sitte, es dreimal täglich zu beten, besonders gewürdigt, wobei mit dem dritten Vaterunser das der Messe gemeint ist[473].

Zu 6): Die *Komplet* (lat. completorium = Erfüllung, Vollendung) soll unmittelbar vor der Nachtruhe gebetet werden, gegebenenfalls auch nach Mitternacht (AES 84). An ihren Einleitungsvers soll sich nach Möglichkeit eine Gewissenserforschung anschließen. Dem Hymnus folgt die Psalmodie, die normalerweise aus zwei Psalmen besteht, am Sonntag nur aus Ps 91. Um die Komplet leichter auswendig beten zu können, dürfen der Sonntagspsalm oder die beiden Sonnabend-Psalmen 4 und 134 auch werktags genommen werden. Nach der Kurzlesung und dem Responsorium folgen das Canticum Simeons (Lk 2,29–32) mit Antiphon, das Schlußgebet und der Segen. Den Abschluß bildet eine der Marianischen Antiphonen. Mit Ausnahme des „Regina caeli" für die Osterzeit sind sie nicht mehr bestimmten Zeitabschnitten zugeordnet (AES 92). Auch das Ave Maria und das Gebet „Unter deinen Schutz" können genommen werden.

Um den innerlichen Vollzug des Stundengebetes zu fördern, soll auch dem „heiligen Schweigen" (LK 30) bei allen Horen nach klugem Ermessen Raum gegeben werden, vor allem nach den Psalmen und Lesungen (AES 201–203)[473a].

*b) Die Prägung durch das Kirchenjahr*

Das Stundengebet ist nicht nur vom Bezug auf die jeweilige Tageszeit geprägt, sondern verkündet in zahlreichen seiner Texte auch die Mysterien der Zeiten und Feste des Kirchenjahres. Wegen seines größeren Umfangs kann es noch ausführlicher als die Eucharistiefeier die Botschaften der Heilstaten Gottes entfalten und meditieren. So ist es im Lauf der Jahrhunderte zu einem einzigartigen Abbild des Kirchenjahres geworden, zu einem Gebetsdokument mit starker Aussagekraft, ja zu einem sprachlichen Kunstwerk, das ebenso der festlichen Freude über das Erlösungswerk Christi wie auch dem flehenden Bittgebet in den vielfältigen Anliegen und Bedrängnissen des wandernden Gottesvolkes Ausdruck gibt.

Schon die wechselnde *Antiphon zum Invitatorium-Psalm* steht wie ein Leitmotiv über dem gesamten Festoffizium. Vor allem aber sind es die *Hymnen* der einzelnen Horen, die – oft in dichterischer Schönheit und bewundernswerter Komposition – den jeweiligen Festgegenstand besingen. Nach der Allgemeinen Einführung sind sie „auch ein volkstümliches Element, das meist besser als andere Teile die besondere Eigenart der Hore oder des jeweiligen Festes aufzeigt und gleich zu Beginn das Herz bewegt und erhebt. Ihre dichterische Schönheit verstärkt oft diese Wirkung" (173). Für die Regionalbreviere können die Bischofskonferenzen sowohl die lateinischen Hymnen der Eigenart der Muttersprache anpassen wie auch geeignete Neuschöpfungen verwenden (ebd. 178).

Auch die Auswahl der *Psalmen,* die auf vier Wochen verteilt sind, nimmt an festlichen Tagen und geprägten Zeiten auf das jeweilige Mysterium Rücksicht, so daß die Psalmodie im Zusammenklang mit den zugehörigen Antiphonen eine besondere Klangfarbe und Transparenz für das betreffende Festgeheimnis erlangt[474]. Schon die

Kirchenväter haben ja nach dem Beispiel Christi (vgl. z.B. Lk 24,44; Mt 22,42–45) „den ganzen Psalter als eine prophetische Aussage über Christus und seine Kirche verstanden. Im gleichen Sinn wurden die Psalmen auch in die Liturgie übernommen. Ungeachtet mancher gekünstelter Deutungen hörten die Väter und die Liturgie im allgemeinen mit Recht in den Psalmen Christus zum Vater rufen oder den Vater zum Sohn sprechen. Darüber hinaus erkannten sie in ihnen die Stimme der Kirche, der Apostel und Märtyrer."[475] Dieses christologische Verständnis der Psalmen wird im neuen Stundenbuch erleichtert durch Überschriften über die einzelnen Psalmen, die sich zunächst „auf den Wortsinn des Psalmes und den Lebenswert für die Gläubigen" beziehen (AES 111), und durch einen „Satz aus dem Neuen Testament oder den Kirchenvätern", „der zum Gebet in christologischem Sinn anregt" (ebd.).

Vor allem sind es die *Antiphonen*, die den Psalmen und Cantica bei den verschiedenen Anlässen und Festen ein „eigenes Kolorit" geben und viel zum Festverständnis beitragen (ebd. 113). Denn sie sind vom Festgeheimnis her ausgewählt und gestaltet. In der Osterzeit wird in der Regel das Halleluja angefügt.

Auch die *Lesungen* aus Schrift und Vätern nehmen auf die Eigenart der einzelnen Feste und Zeiten besondere Rücksicht[476]. Insbesondere sind es die *Kurzlesungen* der einzelnen Horen, die wesentliche Gedanken zu den einzelnen Festen und Kirchenjahrzeiten eindringlich darbieten (AES 156–158; vgl. auch 45).

Die *Responsorien* (= Antwortgesänge) nach den Lesungen und Kurzlesungen wie auch die Versikel in den kleinen Horen meditieren und vertiefen die Botschaft der Lesung und sind deshalb gleichfalls vom jeweiligen Festmysterium geprägt.

Ebenso sind die *Bitten* in den Laudes und die *Fürbitten* in der Vesper (Preces) vom Festgeheimnis inspiriert und haben eine je eigene Note. Gleiches gilt von den *Schlußorationen*, die in vielfältigen Variationen um die Teilhabe an der Frucht der Erlösung und um die Verwirklichung der Festbotschaft im christlichen Leben bitten.

So hat das Stundengebet seinen festen und unersetzlichen Platz im Kosmos des Kirchenjahres. Es offenbart den Reichtum des Heilswerkes Christi und begleitet den Menschen, der es im Glauben versteht und in der Liebe und Freude des Heiligen Geistes betet, beglückend, tröstend und stärkend durch das Jahr des Heiles.

ZEHNTES KAPITEL

# Exkurs: Die Problematik eines immerwährenden Kalenders

Unser derzeitiger Jahreskalender, der seit seiner Reform unter Papst *Gregor XIII.* (1572–1585) im Jahre 1582 auch Gregorianischer Kalender heißt, ist schon seit längerer Zeit Gegenstand der Kritik, die auch zu zahlreichen Reformvorschlägen geführt hat. Die Tatsache, daß sich u.a. der Völkerbund, die Vereinten Nationen und das II. Vaticanum mit dieser Frage befaßten, unterstreicht sicher den Stellenwert dieses Problems. Vor allem bemängelt man die ungleiche Länge der Monate, die Beweglichkeit vieler Feste und das alljährliche Weitergleiten der Monatsdaten auf andere Wochentage, was bekanntlich darin begründet ist, daß das Normaljahr einen Tag mehr als 52 Wochen aufweist. Man wünscht sich einen Jahreskalender, der gleichmäßiger, durchsichtiger und weniger veränderlich ist, so daß eine leichtere Überschaubarkeit und Zukunftsplanung ermöglicht werde. Die Frage des beweglichen Ostertermins kann hier weitgehend ausgeklammert werden, weil sie bereits in einem früheren Abschnitt (5. Kap., 1) behandelt wurde. Bevor wir die einzelnen Reformvorschläge erläutern und beurteilen, sei zunächst die Geschichte des heutigen Kalenders kurz umrissen.

## *1. Zur Geschichte unseres Jahreskalenders*

Der Gregorianische Kalender basiert auf der Kalenderreform des *Gaius Julius Cäsar* vom Jahre 46 v. Chr., die am 1. Januar 45 in Kraft trat. Cäsar hatte einen Kalender angetroffen, den man als lunisolar bezeichnen kann. Er hatte 12 Monate von unterschiedlicher Länge mit zusammen 355 Tagen. Zum Ausgleich dieses viel zu kurzen Jahres wurden Schaltmonate vorgesehen, die aber wegen ihrer konfusen Anwendung nicht verhindern konnten, daß das Jahr immer wieder erheblich vom tropischen Sonnenjahr abwich. So war zu Beginn des Gallischen Krieges (56 v. Chr.) und im folgenden Jahr „der Kalender plötzlich einen Monat voraus, das Jahr 54 begann im November, 53 wahrscheinlich im Dezember. Es ist klar, daß ein geordnetes Staatswesen mit der Einrichtung eines so wenig sicher fundierten Kalenders nicht zufrieden sein konnte.“[477]

So entschloß sich Cäsar zu einer grundsätzlichen Reform. Sie wurde ausgearbeitet von dem Astronomen *Sosigenes* aus Alexandrien, der sich dabei an die alten Kalender der Pharaonen anlehnen konnte. Noch im Jahre 46 v. Chr. (= 708 ab urbe condita, d.h. seit der Gründung der Stadt Rom 753 vor Christus = Ära des Varro) wurden außer dem fälligen Schaltmonat noch zwei weitere Monate hinzugefügt, so daß es ein Jahr von 445 Tagen war, das später den Namen „Annus confusionis" = Jahr der Verwirrung bekam. Vom Jahr 45 an sollte jedes Jahr aus 365 Tagen bestehen, also ein Sonnenjahr, jedes vierte aber sollte einen Schalttag erhalten, der nach dem 23. Februar, dem Tag, nach dem schon bisher die Schaltmonate eingesetzt wurden, eingefügt werden sollte. Weil der 24. Februar nach römischer Monatsdatierung der „6. Tag vor den Kalenden des März" (= dies sextilis) war, nannte man den Schalttag „dies bissextilis" (Doppelsechser), das Schaltjahr hieß „annus bissextilis", eine Bezeichnung, die sich auch in der französischen Sprache erhalten hat (année bissextile). Bei dieser Regelung betrug die Durchschnittslänge eines Jahres 365,25 Tage. Dies ist bei der genauen Länge des tropischen Jahres von 365,2422 Tagen ein Annäherungswert, der 11,25 Minuten zu lang ist, also hinter dem Sonnenjahr nachhinkt. Der Vollständigkeit halber sei noch erwähnt, daß Cäsars Schaltregel zunächst falsch interpretiert und gehandhabt wurde, bis *Kaiser Augustus* 9 v. Chr. eine entsprechende Korrektur einleitete[478].

Im Rahmen der Julianischen Kalenderreform wurde der *Jahresbeginn* vom 1. März auf den 1. Januar vorverlegt. Es war der Tag, an dem nachweislich seit dem Jahr 153 v. Chr. die Konsulatsperioden begannen. Vom alten Jahresbeginn her verstehen sich auch die heutigen Bezeichnungen mehrerer Monate wie September (7.), Oktober (8.), November (9.) und Dezember (10.). Juli und August hießen früher Quintilis (5.) und Sextilis (6.), bis sie schließlich nach den beiden Kalenderreformern benannt wurden. Was die Monatslänge betrifft, so lehnte sich Cäsar nur teilweise an die vorausgehende Monatsbemessung an, bei der März, Mai, Juli und Oktober 31 Tage hatten, der Februar 28, die übrigen 29.

Schon im frühen Mittelalter bemerkte man, daß Kalenderjahr und Sonnenjahr nicht übereinstimmten. Aber erst das Trienter Konzil gab den Auftrag zur Bildung einer Kalenderkommission, die dann von Papst *Gregor XIII.* 1576 einberufen wurde. Mit Hilfe eines großen Gnomon (= schattenwerfender Stab) in einer Kirche von Bologna hatte man festgestellt, daß das Frühjahrsäquinoktium bereits auf den 11. März fiel. Man beschloß deshalb, zehn Tage zu überspringen, um den Gleichstand mit dem tropischen Jahr wiederherzustellen. In der Bulle „Inter gravissimas" vom 24. Februar 1582 wurde angeordnet, daß dem 4. Oktober 1582 sogleich der 15. folgen solle. Um das so gewonnene Gleichgewicht zu erhalten, wurde bestimmt, daß künftig von den Säkularjahren nur jene einen Schalttag haben sollten, die durch 400 teilbar sind. Die bei dieser Regelung noch bestehende Differenz zum tropischen Jahr beläuft sich erst um das Jahr 4500 auf einen vollen Tag. Um auch dieses Ungleichgewicht noch zu verringern, wurden von den Astronomen immer genauere Regeln aufgestellt. So entschied sich der Panorthodoxe Kongreß von Istanbul 1923 bei grundsätzlicher Annahme des Gregorianischen Kalenders für die Schaltregel des Jugoslawen *Milankowitsch*, der für jeweils 900 Jahre zwei Säkularjahre mit Schalttagen vorsah (2000, 2400, 2900). Ein noch genauerer Vorschlag stammt von dem belgischen Astronomen *Warzée*, der nur jedes fünfte Säkularjahr zum Schaltjahr machen möchte. Auf diese Weise ergäbe sich erst nach 30000 Jahren eine Differenz von einem Tag[479].

Der Gregorianische Kalender, der im Grunde der Julianische geblieben ist, wurde von den nichtkatholischen Ländern nur zögernd angenommen, zuletzt von Rußland 1918 und dem Panorthodoxen Kongreß von Istanbul 1923, hier allerdings außer der erwähnten Ablehnung der Schaltregel für Säkularjahre auch unter Ausklammerung der Osterterminierung, die weiterhin nach dem Julianischen Kalender erfolgen soll. Es ist bemerkenswert, daß sich trotz dieser Vorbehalte in der Griechisch-Orthodoxen Kirche eine Spaltung bildete. Die „*Palaiohimerologisten*" (Altkalendarier), hauptsächlich Mönche vom Berg Athos, lehnen heute noch den Gregorianischen Kalender ab und halten sich an den Julianischen. Desgleichen einige autokephale orthodoxe Kirchen und östliche Riten, obwohl im bürgerlichen Leben der Gregorianische Kalender in Geltung ist.

## 2. *Versuche und Vorschläge zur Neugestaltung*

Wenn man bedenkt, daß der Kalenderkommission des Völkerbundes zwischen 1923 und 1937 etwa 200 Reformvorschläge für die Neuordnung des Kalenders vorlagen, wird man dafür Verständnis haben, daß in diesem Exkurs nicht jeder Vorschlag erläutert werden kann. Es sollen vielmehr nur die wichtigsten berücksichtigt und, wo möglich, in Gruppen zusammengefaßt werden.

### *a) Der Kalender der Französischen Revolution*

Der erste Versuch einer Neugestaltung geht auf die *Französische Revolution* zurück. In der Absicht, mit jeglicher Tradition radikal zu brechen, entwarf der Mathematiker *Romme* einen Kalender, der das Jahr in vier gleiche Quartale zu drei Monaten mit je 30 Tagen einteilte, zusammen also 360 Tage. Die restlichen fünf des Normaljahres waren die „jours complémentaires" (= Ergänzungstage), der Schalttag hieß „jour de la révolution". Sie sollten als Festtage begangen werden. Für die 12 Monate hatte man neue Namen erfunden, die von jahreszeitlichen Besonderheiten hergeleitet waren. An die Stelle der Siebentagewoche traten die drei Dekaden des Monats, die Namen der einzelnen Tage waren von den entsprechenden Ordnungszahlen geprägt (Primidi, Duodi, Triadi ... Dekadi). Der Dekadi sollte als Ruhetag begangen werden. Selbst die traditionelle Stundeneinteilung wurde aufgehoben. Von Mitternacht zu Mitternacht zählte der Tag 10 Stunden, diese waren wieder in zehn Teile untergliedert. Der neue Kalender „wurde durch Gesetze vom 5. Okt. und 24. Nov. 1793 eingeführt, jedoch mit rückwirkender Geltung vom 22. Sept. 1792, nachdem man bereits vorher, vom Bastillesturm am 14. Juli 1789 ausgehend, nach Jahren der Freiheit gezählt hatte – mit dem 1. Jan. 1792 beginnt das Jahr 4 der Freiheit. Bereits am 8. April 1802 (= 18. Germinal X) war der Revolutionskalender durch Wiedereinführung der alten Wocheneinteilung teilweise aufgelöst, mit Wirkung vom 1. Jan. 1806 (= 11. Nivôse XIV) wurde durch ein Edikt Napoleons der Gregorianische Kalender wieder eingeführt."[480]

### b) *Der „immerwährende Gregorianische Kalender"* und der *„Weltkalender"*

Einer der bemerkenswertesten und zugleich ältesten Reformvorschläge ist der des italienischen Priesters *Marco Mastrofini.* Im Jahr 1834 veröffentlichte er in Rom mit kirchlichem Imprimatur ein Buch[481] mit dem Vorschlag, das Jahr aus 52 Wochen bestehen zu lassen und den 365. Tag als wochenfreien Tag nach dem letzten Dezember (Jahresendtag) einzulegen. In Schaltjahren solle der 366. Tag ebenfalls als wochen- und monatsfreier Tag vor den 1. Januar gelegt werden. Auf diese Weise könne jedes Jahr mit dem gleichen Wochentag beginnen, und alle Heiligenfeste fielen auf den gleichen Wochentag. Wenn man *Ostern* auf einen bestimmten Sonntag Ende März oder Anfang April lege, höre auch die oft bedauerte Veränderlichkeit der von Ostern abhängigen Feste und Zeiten auf. Als Beweggründe für seinen Reformplan nennt Mastrofini vor allem eine bessere Überschaubarkeit des Jahres sowohl unter religiösen wie unter profanen Gesichtspunkten[482].

Mastrofinis Vorschlag wurde später noch dahingehend ausgebaut, daß man vier gleichmäßig gebaute Quartale mit drei Monaten von je 31, 30 und 30 Tagen vorsah, also 91 Tage oder 13 Wochen. Jedes Quartal soll mit einem Sonntag beginnen und mit einem Samstag enden. Damit liegen die entsprechenden Tage der einzelnen Quartale immer auf dem gleichen Wochentag, z. B. der erste Tag im Januar, April, Juli und Oktober wäre immer ein Sonntag, der erste im Februar, Mai, August und November immer ein Mittwoch. Dadurch, daß die ersten Monate des Quartals mit je 31 Tagen fünf Sonntage haben, die übrigen mit 30 Tagen aber nur vier, ist die Zahl der Werktage in jedem Monat gleich. Der 365. Tag des Normaljahres soll als wochen- und monatsfreier Tag nach dem 30. Dezember, der 366. Tag des Schaltjahres nach dem 30. Juni eingefügt werden. Man hat vorgeschlagen, diese Einschalttage, auch „weiße" oder „Nulltage" genannt, zu Weltfeiertagen zu erklären.

In dieser Gestalt wurde Mastrofinis Plan seit 1930 von der in New York gegründeten World Calender Association unter dem Namen „*Weltkalender*" propagiert[483]. Er fand zahlreiche Befürworter, sowohl in religiösen Kreisen wie bei Politikern und Wirtschaftlern. Im Jahre 1953 stellte Indien beim Wirtschafts- und Sozialrat der Vereinten Nationen den Antrag auf Einführung dieses Weltkalenders. Es ergab sich jedoch aus den Stellungnahmen der Nationen, Religionsgemeinschaften und Organisationen, daß vor allem die „weißen Tage" besonders bei Juden, Mohammedanern und einigen christlichen Gemeinschaften auf heftigen Widerstand stießen. Daraufhin wurde 1956 die Frage der Kalenderreform auf unbestimmte Zeit vertagt.

Eine Art *Vorläufer des Weltkalenders* findet sich schon *im Alten Testament*. Dort kannte man nach dem Exil in manchen Kreisen einen immerwährenden Kalender von 52 Wochen = 364 Tagen. Die Monate eines jeden Quartals hatten 30, 30 und 31 Tage. In jedem Quartal wiederholte sich die Datierung der einzelnen Wochentage[484].

Im Zusammenhang mit dem Weltkalender können auch die Bemühungen von *W. Dietze* und *W. A. Kral* genannt werden, die diesen Weltkalender mit einigen Varianten versahen und für Zustimmung in der Öffentlichkeit warben[485].

### c) *Der Kalender der 13 Monate*

Der französische Philosoph und Soziologe *Auguste Comte* machte schon 1849 den Vorschlag, das Jahr in 13 Monate von je vier Wochen einzuteilen, wobei der erste Tag des Monats ein Montag, der letzte ein Sonntag sein solle. Der 365. und im Schaltjahr auch der 366. Tag sollen weder einer Woche noch einem Monat zugezählt werden. Der Vorschlag von Comte wurde 1913 von der internationalen Positivistenvereinigung befürwortet und fand besonders in den Vereinigten Staaten von Nordamerika viele Befürworter, u.a. *G. Eastman.* Im Jahre 1937 beschäftigte sich auch der Völkerbund mit diesem Plan. Er fand aber bei den befragten Staaten und Religionsgemeinschaften wenig Zustimmung. Mit Recht wies man darauf hin, daß das Jahr durch die beiden Sonnenwenden und Äquinoktien in vier natürliche Teile zerfalle, die vier Jahreszeiten. Bei einer Monatszahl von 13 werde diese Gliederung verdeckt und erschwert.

### *d) Der Kalender mit den Schaltwochen*

Weil der Vorschlag der „weißen" Tage den Vorwurf auslöste, man zerreiße den ununterbrochenen Rhythmus der Siebentagewoche, legte man zu Beginn unseres Jahrhunderts den Plan vor, den 365. und in Schaltjahren den 366. Tag nicht in jedem Jahr einzuschalten, sondern sie zu Wochen anwachsen zu lassen, um sie dann erst einzufügen. Auf diese Weise wären die Jahre immer ganzwöchig, das Normaljahr zu 364, das Schaltjahr zu 371 Tagen. Dabei wird dieser Grundgedanke von den verschiedenen Autoren in mannigfacher Weise variiert. So schlägt man für die drei Monate eines Quartals einen mit 35 und zwei mit 28 Tagen vor, so daß man auch nur ganzwöchige Monate hätte. Andere sind bereit, die Monatseinteilung des Weltkalenders (31, 30, 30) zu übernehmen. Für die Wiederkehr eines Schaltjahres von 371 Tagen wurden verschiedene Regeln ausgearbeitet: Die einen schlagen im Rahmen eines 28-Jahre-Zyklus jeweils das 6., 12., 17., 23. und 28. Jahr vor, andere empfehlen, jedes durch 7 oder 25 teilbare Jahr zum Schaltjahr zu erklären, wobei jedoch jene Jahre, die zugleich durch 7 und 25 teilbar seien, also jedes 175. Jahr, ausgenommen sein sollen[486]. Gewiß würde eine solche Regelung die „weißen" Tage vermeiden, jedoch entstehen dadurch andere Schwierigkeiten. Man denke nur an die ungleiche Länge der Jahre von 364 und 371 Tagen, wo doch die Umlaufzeit der Erde um die Sonne das wesentliche und vorgegebene Zeitmaß ist. Auch von festen Daten der Tagundnachtgleichen und der Solstitien könnte man nicht mehr sprechen.

### *e) Die Kalenderreform der kleinen Schritte*

Angesichts der bei allen Reformvorschlägen gemachten Vorbehalte und Proteste sind manche Autoren der Ansicht, man solle sich mit wenigen kleinen Schritten zufriedengeben, um nicht die schon angeschlagene Einheit noch mehr zu zerstören. So empfiehlt der Benediktiner *L. Meesen*, die Monatslängen dadurch stärker anzugleichen, daß Januar und März je einen Tag an den Februar abgeben. Der Schalttag in jedem vierten Jahr solle in die Jahresmitte gelegt und als 31. Juni gezählt werden, damit er nicht wie bisher die Berechnung des Ostertermins noch mehr erschwere. Schließlich setzt er sich für die Schaltregel bei den Säkularjahren im Sinn von *J. Warzée* (s. o. 1) ein[487]. Solche maßvollen Vorschläge haben sicher bessere Aussichten auf baldige Verwirklichung als die zuerst genannten weitergehenden.

### *3. Beurteilung der Reformbestrebungen*

Während die Erd- und Mondbewegungen als astronomische Grundlagen unserer Zeitmessung mit der Präzision eines Uhrwerks ablaufen, ist es dem Menschen bislang nicht gelungen, eine in jeder Hinsicht dekkungsgleiche Zeitgliederung des Jahres zu finden. Das gilt für die lunaren wie die lunisolaren Systeme. Das tropische Sonnenjahr läßt sich mit Hilfe der Siebentagewoche nur dann gleichbleibend gliedern, wenn man einen, in Schaltjahren zwei wochenfreie Tage einfügt. Dies ist der Preis für einen immerwährenden Kalender, der für manche Bereiche unseres Lebens sicher Vorteile mit sich bringt und vielen darum notwendig erscheint.

Die *wochenfreien Tage* sind in der Tat ein Bruch mit der christlichen, jüdischen und islamischen Tradition und werden deshalb als ärgerniserregendes Novum empfunden. Nicht wenige sehen darin einen Verstoß gegen den überkommenen Glauben und eine Kapitulation vor dem kommerziell-materialistischen Zeitgeist. Der immerwährende Kalender (Weltkalender) ist ihnen „der Kalender eines Roboters, des ent-individualisierten, manipulierbaren, berechenbaren Massenmenschen"[488]. „Es kann wohl keinem Zweifel unterliegen, daß die meisten Gesichtspunkte, welche den Plänen eines immerwährenden Kalenders zugrunde liegen, einem einseitigen oder gar intellektualistisch zu nennenden Zweckmäßigkeitsdenken entstammen. Die Vertreter solcher Pläne mögen das Beste wollen. Wir glauben gezeigt zu haben, daß ein immerwährender Kalender einen unermeßlichen Schaden stiften kann, da er nicht am wahren Wesen des Menschen als Geist-Träger und nicht an der Ganzheit der Weltgesetzmäßigkeit abgelesen ist. Das Irrationale im Menschenleben, das Inkommensurable des Weltenablaufs findet in ihm keinen Niederschlag."[489]

Der evangelische Theologe *Peter Brunner*[490] sieht in den wochenfreien Tagen nicht nur „eine gewisse stereotype Monotonie" (435), sondern eine „Zerstörung der Woche, die die geplante Kalenderreform bringt" (ebd.), weil „ich die Woche selbst im Grunde zerstört habe, wenn ich auch nur an einer Stelle des Jahresablaufs das Wochenschema sprenge" (436). Er sieht darin eine Weichenstellung zuungunsten des Sonntags. „Wir sind heute im Begriff, deutlicher als frühere Generationen, die Bedeutung der wöchentlichen Anamnese der Auferstehung Christi wiederzuerkennen. Ist es uns erlaubt, in dieser Lage in die Zerstörung dieses lebendigen Denkmales der grundlegenden Heilstatsache unseres Glaubens einzuwilligen?" (441.)

Andere sind der Meinung, die Menschheit habe zur Zeit dringendere Probleme zu lösen, als kosmetische Operationen an einem jahrtausendealten Kalender vorzunehmen. Auch mit dem seitherigen Kalender habe es ungeahnte Wirtschaftsaufschwünge und materiellen Wohlstand in vielen Ländern gegeben. Durch einen immerwährenden Kalender werde kein einziger Hungernder satt und kein einziger Weltkonflikt werde einer befriedigenden Lösung näher geführt.

Angesichts solcher und ähnlicher Einwände und emotionaler Reaktionen bedarf es einer ruhigen und sachlichen *Abwägung der Argumente*. Zunächst ist festzustellen, daß mit einem immerwährenden Kalender in der Art des Weltkalenders die Siebentagewoche nicht aufgehoben, sondern im Gegenteil in ihrer Substanz vor drohenden Gefahren achristlicher Zeiteinteilungen gesichert werden soll. Ein wochenfreier Tag am Ende des Jahres, der dieses naturgegebene Zeitmaß eines Erdumlaufs vollendet, beeinträchtigt im Grunde nicht das Gefüge der Woche und ihren Wert für einen sinnvollen Wechsel von Arbeit und Ruhe und Gottesdienst. Es wird damit nur zum Ausdruck gebracht, daß das Zeitmaß des Jahres ein übergeordnetes ist, ein Stück vorgegebener Schöpfungsordnung, dem sich die Woche als geschichtlich gewordenes Zeitmaß einzufügen hat[491]. Die junge Christengemeinde trug keine Bedenken, sich vom Sabbat zu lösen und unter Beibehaltung des Sieben-Tage-Zyklus den Sonntag als den Tag der Auferstehung Christi zum heiligen Tag gottesdienstlicher Versammlung zu machen. Erst recht fiel es ihr nicht schwer, die alttestamentlichen Vorschriften über das Sabbat- oder Erlaßjahr (jedes siebte) und das Jubeljahr (jedes 50.) preiszugeben, obwohl auch diese Vorschriften in ähnlicher Weise wie Sabbat und Woche auf die Weisung Gottes zurückgeführt werden. Schließlich muß auch die Preisgabe des alttestamentlichen Monats (synodischer Monat) erwähnt werden. In unserer heutigen solaren Zeitordnung spielen die Mondphasen keine Rolle mehr, auch wenn wir noch das Wort Monat gebrauchen. Erst recht fühlt sich keine christliche Kirche mehr an die ebenfalls auf Gott zurückgeführte Vorschrift des Neumondopfers gebunden[492].

Im Licht dieser Tatsachen und Zusammenhänge kann es nicht als

Verstoß gegen eine gültige göttliche Vorschrift gewertet werden, den 365. Tag des Jahres als wochenfreien Tag zu begehen, damit das neue Sonnenjahr wieder mit dem ersten Tag der Woche beginnen kann. Die Aussparung dieses einen Tages im Jahr aus dem Wochenzyklus liegt ganz in der Linie der *dienenden Funktion der Woche*, die sie ihrem Ursprung nach für die Unterteilung einer vorgegebenen Zeiteinheit hat. Die bestmögliche Zeitgliederung zu suchen ist sicherlich keine Überschreitung menschlicher Kompetenz, sondern ein Teil jenes Herrschaftsrechtes, das nach Aussage der Bibel Gott dem Menschen gegeben hat (vgl. Gen 1,28).

Wer sich auf den Standpunkt stellt, man solle nicht unnötig ein heißes Eisen anfassen und sich grundlos die Finger verbrennen, übersieht sicher *eine nicht geringe Gefahr*. Die Menschheit entwickelt und erlebt sich immer mehr als die eine große Völkerfamilie, deren Glieder zwar noch nicht homogen und familiär zueinander sind, die aber bereits organisatorisch unter dem gemeinsamen Dach der Vereinten Nationen leben. Diese Menschheit wird auch in Zukunft in religiös-weltanschaulicher Hinsicht eine pluralistische, ja weithin säkularisierte Gesellschaft sein. Das enger werdende Zusammenleben und -arbeiten fordert ein Mindestmaß an Gemeinsamkeiten. Zu ihnen gehört auch eine gemeinsame Zeitrechnung, der auch nichtchristliche Völker wegen ihrer sinnvollen Gliederung und wirtschaftlichen Brauchbarkeit zustimmen können. Um solche Gemeinsamkeit zu ermöglichen, sollten die christlichen Kirchen – Gleiches gilt auch für die jüdische und islamische Glaubensgemeinschaft – jene Zugeständnisse machen, die einerseits kein Verstoß gegen ein gültiges göttliches Gebot sind, andererseits um einer optimalen Zeitordnung willen notwendig erscheinen. Der wochenfreie Festtag nach dem letzten Dezembertag dürfte ein solches Zugeständnis sein. Wer sich aber kompromißlos zeigt, läuft Gefahr, daß die große Mehrheit der Völkerfamilie – vielleicht schon bald – zu einem ganz und gar traditionsfremden und christentumsfeindlichen Kalender greift, in dem die Siebentagewoche überhaupt nicht mehr beachtet wird.

Vor dieser Gefahr verschließt das *II. Vatikanische Konzil* nicht die Augen. Sosehr es sich der Tradition verpflichtet weiß und deshalb an der ununterbrochenen Folge der Siebentagewoche festhalten möchte, so hat es doch seine Bereitschaft zu erkennen gegeben, beim Auftreten größerer Schwierigkeiten seine Stellungnahme zu überprüfen und, wie der damalige Nuntius in Deutschland, Erzbischof Corrado Bafile, in der 17. Generalkongregation der ersten Sitzungsperiode erklärte, einer Entscheidung für den Weltkalender nicht grundsätzlich die Türe zuzuschlagen[493]. Darum erklärt es im *Anhang der Liturgiekonstitution* speziell zur Frage des immerwährenden Kalenders, „daß es sich nicht gegen Versuche wendet, in der bürgerlichen Gesellschaft einen immerwährenden Kalender einzuführen. Von den verschiedenen Systemen, die zur Festlegung eines immerwährenden Kalenders und dessen Einführung im bürgerlichen Leben ausgedacht werden, steht die Kirche nur jenen nicht ablehnend gegenüber, welche die Siebentagewoche mit dem Sonntag bewahren und schützen, ohne einen wochenfreien Tag einzuschieben, so daß die Folge der Wochen unangetastet bleibt, es sei denn, es tauchten ganz schwerwiegende Gründe auf, über die dann der Apostolische Stuhl zu urteilen hat."

Bei all diesen Überlegungen um einen neuen Kalender weiß die katholische Kirche heute – im Gegensatz zur Kalenderreform von 1582 –, daß es keinen Husarenritt einer einzelnen Kirche geben darf, der zu neuen Spaltungen in der Christenheit und neuen Spannungen zu anderen theistischen Völkergruppen führt. Denn am Ende soll ja etwas Besseres stehen, jede neue Spaltung und Spannung aber wäre ein neues Übel.

Darum kommt es darauf an, im *ausdauernden Gespräch* zwischen den einzelnen Religions- und Völkergruppen um die bestmögliche Lösung bemüht zu bleiben und nur einen solchen Kalender zu erstreben, der von allen Gemeinschaften unter dem Gesichtspunkt des Gemeinwohls der ganzen Menschheit als der bessere in voller Freiheit anerkannt wird. Parallel zur Arbeit in diesen Spitzengremien müßte aber auch in den *breiten Volksschichten* das Interesse und die Bereitschaft für eine Kalenderreform geweckt werden, weil sich nur unter dieser Voraussetzung Kalenderreformen erfolgreich und dauerhaft durchführen lassen. Man kann nur hoffen, daß dies erkannt wird und die Zeit hierfür ausreicht, damit die Geschichte der Christenheit nicht ein neues Kapitel über verpaßte Gelegenheiten schreiben muß.

# Abkürzungen

| | |
|---|---|
| AAS | Acta Apostolicae Sedis, Rom 1909ff |
| AC | Antike und Christentum, 1–6, Münster 1929–50 (Dölger) |
| AEM | Allgemeine Einführung in das römische Meßbuch (= Institutio generalis) vom 6. April 1969 |
| AES | Allgemeine Einführung in das Stundengebet vom 11. April 1971 |
| ASS | Acta Sanctae Sedis, Rom 1865–1908 |
| ALW | Archiv für Liturgiewissenschaft, Regensburg 1950ff |
| BKV | Bibliothek der Kirchenväter, Kempten $^{2}$1911ff |
| CC | Corpus Christianorum, Turnhoult 1954ff (L = series Latina) |
| CSEL | Corpus script. eccl. latinorum, Wien 1866ff |
| CSCO | Corpus script. christ. orientalium, Paris 1903ff |
| DACL | Dictionnaire d'archéologie chrét. et de liturgie, Paris 1924ff |
| ELit | Ephemerides liturgicae, Rom 1887ff |
| DS | H. Denzinger – A. Schönmetzer, Enchiridion symbolorum, definitionum et declarationum de rebus fidei et morum, Barcelona – Freiburg $^{36}$1976 |
| GCS | Die griech. christl. Schriftsteller der ersten drei Jahrhunderte, Leipzig 1897ff |
| Gd | Gottesdienst. Information und Handreichung der Liturg. Institute Deutschlands, Österreichs und der Schweiz, 1967ff |
| GL | Gotteslob. Katholisches Gebet- und Gesangbuch 1975 |
| GOK | Grundordnung des Kirchenjahres und des Kalenders vom 21. März 1969, in: Nachkonziliare Dokumentation Bd. 20, Trier 1969 |
| HD | Heiliger Dienst, hrsg. vom Instit. Liturg. Erzabtei St. Peter, Salzburg 1947ff |
| HK | Herder-Korrespondenz, Freiburg 1946ff |
| JLH | Jahrbuch für Liturgik und Hymnologie, Kassel 1955ff |
| JLW | Jahrbuch für Liturgiewissenschaft, Münster 1921–41 |
| KomGOK | Kommentar zur neuen Ordnung des Kirchenjahres, vgl. GOK |
| KomKal | Kommentar zum neuen Kalender, in: vgl. GOK. |
| LJ | Liturgisches Jahrbuch, Münster 1951ff |
| LK | Liturgiekonstitution des II. Vaticanums vom 4. Dezember 1963 |
| LO | Leseordnung für die Meßfeier vom 25. Mai 1969, hrsg. und übersetzt von den Liturg. Instituten in Salzburg, Trier und Zürich (Trier Bd. I–II: 1969; Bd. III: 1970) |
| LThK | Lexikon für Theologie und Kirche, Freiburg $^{2}$1957ff |

| | |
|---|---|
| LQF | Liturgiegeschichtliche Quellen und Forschungen, Münster 1909–1940, 1957 ff |
| MD | Meßbuch für die Bistümer des deutschen Sprachgebietes 1975 |
| MR | Missale Romanum, Rom 1970 |
| OHS | Ordo hebdomadae sanctae instauratus vom 16. November 1955 |
| PG | Patrologia Graeca, hrsg. von J.-P. Migne, Paris 1857–66 |
| PL | Patrologia Latina, hrsg. von J.-P. Migne, Paris 1878–90 |
| POr | Patrologia orientalis, hrsg. von R. Graffin u. F. Nau, Paris 1903 ff |
| RAC | Reallexikon für Antike und Christentum, hrsg. von Th. Klauser, Stuttgart, 1941 (1950) ff |
| RGG | Die Religion in Geschichte und Gegenwart, Tübingen [3]1956 ff |
| SC | Sources chrétiennes, hrsg. von H. de Lubac und J. Daniélou, Paris 1941 ff |
| ThGl | Theologie und Glaube, Paderborn 1909 ff |
| ThPQ | Theologisch-Praktische Quartalschrift, Linz a. d. Donau 1848 ff |
| TThZ | Trierer Theol. Zeitschrift (bis 1944: Pastor bonus) Trier 1888 ff |
| ZAM | Zeitschrift für Aszese und Mystik (seit 1947: Geist und Leben), Würzburg 1926 ff |
| ZKTh | Zeitschrift für Katholische Theologie (Innsbruck), Wien 1877 ff |

# Kurztitel

*für häufiger zitierte Literatur:*

Ätheria = Ethérie, Journal de voyage, ed. von H. Pétré = SC 21, Paris 1948

Auf der Maur = H. J. Auf der Maur, Die Osterhomilien des Asterios Sophistes als Quelle für die Geschichte der Osterfeier = Trierer theol. Stud. 19, Trier 1967

Beinert = W. Beinert (Hrsg.), Maria heute ehren. Eine theologisch-pastorale Handreichung, Freiburg ²1977

Bihlmeyer = K. Bihlmeyer, Die Apostolischen Väter. Neubearbeitung der Funkschen Ausgabe, Tübingen 1924

Casel = O. Casel, Art und Sinn der ältesten christlichen Osterfeier, in: JLW 14 (1938) 1–78

Croce = W. Croce, Die Adventsliturgie im Lichte der geschichtlichen Entwicklung, in: ZKTh 70 (1954) 257–296 440–472

Dölger = F. J. Dölger, Die Planetenwoche der griechisch-römischen Antike und der christliche Sonntag, in: AC VI (1941) 202–238

Duchesne = L. Duchesne, Liber Pontificalis ..., Paris ²1955ff

Eisenhofer = L. Eisenhofer, Handbuch der katholischen Liturgik, Bd. I–II, Freiburg 1932/33

Franz = A. Franz, Die kirchlichen Benediktionen im Mittelalter, Bd. I–II, Freiburg 1909, Nachdruck Graz 1960

Funk = F. X. Funk, Didascalia et Constitutiones Apostolorum, Bd. I–II, Paderborn 1905

Harnoncourt = Ph. Harnoncourt, Gesamtkirchliche und teilkirchliche Liturgie. Studien zum liturgischen Heiligenkalender und zum Gesang im Gottesdienst unter besonderer Berücksichtigung des deutschen Sprachgebiets, Freiburg – Basel – Wien 1974

Jungmann = J. A. Jungmann, Missarum Sollemnia. Eine genetische Erklärung der römischen Messe, Bd. I–II, Freiburg ⁴1958

Jungmann, Liturgie = Ders., Gewordene Liturgie. Studien und Durchblicke, Innsbruck – Leipzig 1941

Jungmann, Erbe = Ders., Liturgisches Erbe und pastorale Gegenwart. Studien und Vorträge, Innsbruck – Wien – München 1960

Jungmann, Advent = Ders., Advent und Voradvent. Überreste des gallischen Advents in der römischen Liturgie, in: Jungmann, Liturgie 232–294

Kellner = K. A. H. Kellner, Heortologie oder die geschichtliche Entwicklung des Kirchenjahres und der Heiligenfeste von den ältesten Zeiten bis zur Gegenwart, Freiburg ³1911

Kirch = C. Kirch - L. Ueding, Enchiridion fontium historiae ecclesiasticae antiquae, Barcelona ⁹1965.

Lechner = J. Lechner, Liturgik des römischen Ritus. Begründet von L. Eisenhofer, Barcelona–Freiburg [9]1965
Lengeling = E. J. Lengeling, Die neue Ordnung der Eucharistiefeier, Münster 1970
Mansi = J. D. Mansi, Sacrorum Conciliorum nova et amplissima collectio; Neudruck und Fortsetzung hrsg. von L. Petit und J.-B. Martin, Paris 1899–1927; unveränd. Nachdruck Graz 1960
Martimort = A.-G. Martimort (Hrsg.), Handbuch der Liturgiewissenschaft, Bd. I–II, Freiburg – Basel – Wien 1963 und 1965
Paschatis Sollemnia = B. Fischer – J. Wagner (Hrsg.), Paschatis Sollemnia, Studien zur Osterfeier und Osterfrömmigkeit. Basel – Freiburg – Wien 1959
Pascher = J. Pascher, Das liturgische Jahr, München 1963
Radó = P. Radó, Enchiridion liturgicum, II, Rom – Freiburg – Barcelona 1961
Righetti = M. Righetti, Manuale di storia liturgica, II, Mailand [2]1955
Rordorf = W. Rordorf, Der Sonntag. Geschichte des Ruhe- und Gottesdiensttages im ältesten Christentum, Zürich 1962
Rordorf, Sabbat = Ders., Sabbat und Sonntag in der alten Kirche, Zürich 1972
Schmidt = H. A. P. Schmidt, Hebdomada Sancta, Bd. I–II, Rom – Freiburg – Barcelona 1956 u. 1957
Schmidt, Introductio = Ders., Introductio in liturgiam occidentalem, Rom – Freiburg – Barcelona 1960
Schümmer = J. Schümmer, Die altchristliche Fastenpraxis mit besonderer Berücksichtigung Tertullians = LQF 27, Münster 1933
Schuster = J. Schuster, Liber sacramentorum. Geschichtliche und liturgische Studien über das römische Meßbuch, Bd. I–X, Regensburg 1929–1932
Zitate aus dem Alten Testament: (Vorläufige) Einheitsübersetzung, Stuttgart 1974
Zitate aus dem Neuen Testament: (Vorläufige) Einheitsübersetzung Stuttgart [2]1972

# Anmerkungen

[1] GOK 17; vgl. LK 102.
[2] Ansätze einer revidierten Heortologie finden sich in: *G. Eberts*, Wir feiern das Jahr (München–Luzern [2]1975). Kath. Bibelwerk Stuttgart (Hrsg.), Neue Reihe „*Am Tisch des Wortes*"; *F. Reckinger*, Betrachtungen zum Kirchenjahr, in: HD ab 1974 in unregelmäßiger Folge; *J. Baumgartner*, Das Kirchenjahr. Kleine Einführung (Freiburg/Schweiz 1978); *H. Reifenberg*, Fundamentalliturgie II. Bd. (Klosterneuberg 1978) 236–311.
[3] Freiburg [3]1978.
[4] Vgl. u.a. *H. Daniel-Rops*, Er kam in sein Eigentum. Die Umwelt Jesu (Stuttgart 1963) 180.
[5] *Th. Maertens*, Heidnisch-jüdische Wurzeln der christlichen Feste (Mainz 1965) 19.
[6] Anschauliche Schilderungen und Texte u.a. bei *R. R. Geis*, Vom unbekannten Judentum (Freiburg [2]1977) 61–72; *F. Thieberger* (Hrsg.), Jüdisches Fest. Jüdischer Brauch. Ein Sammelwerk (Berlin [2]1967; unveränderter Nachdruck 1976).
[7] *Geis*, a.a.O. 62.
[8] Näheres u.a. bei *R. de Vaux*, Das Alte Testament und seine Lebensordnungen II (Freiburg 1962) 341–362; *Th. Maertens* (Anm. 5) 44–113.
[9] Zusammenfassung nach *H. Haag* (Hrsg.), Bibel-Lexikon (Einsiedeln – Zürich – Köln 1956), Art. Paschamahl 1269f.
[10] The Haggadah of Passover, hebr.-engl. (New York 1955) 31.
[11] Siehe oben S. 15.
[12] *Schalom Ben-Chorin*, Die Feste des jüdischen Jahres, in: ThPQ 125 (1977) 160f.
[13] Ebd. 162.
[14] Ebd. 161.
[15] *R. de Vaux* (Anm. 8) II 377.
[16] Allein der LK siebenmal (Art. 5, 6, 61, 104, 106, 107, 109); aber auch in der Pastoralkonstitution „Die Kirche in der Welt von heute" (Art. 22, 38), im „Dekret über die Ausbildung der Priester" (Art. 8) und im „Dekret über die Missionstätigkeit der Kirche" (Art. 14).
[17] *Augustinus*, Epist. 55, 24: CSEL 34/2, 195.
[18] Herderausgabe (Freiburg 1948) Nr. 163.
[19] Erwähnt seien die Bücher „Liturgie als Mysterienfeier" (Freiburg 1921 u. ff Aufl.); „Das christliche Kultmysterium" (Regensburg 1932 u. ff Aufl.) und die Beiträge in: JLW 6 (1926) 113–204; 8 (1928/29) 145–224.
[20] Ausführlich bei *A. Adam*, Sinn und Gestalt der Sakramente (Würzburg 1975).
[21] Zustimmung zur Welt. Eine Theorie des Festes (München 1963) 52; vgl. *ders.*, Muße und Kult (München [6]1961).
[22] Zur Theorie des Festes, auf die hier nicht ausführlicher eingegangen werden soll, gibt es eine umfangreiche Literatur. Erwähnt seien außer den zitierten Werken *J. Piepers: C. M. Edsman*, Art. Feste und Feiern I Religionsgeschichtlich, in: RGG II (Tübingen [3]1958) 906–910; *J. A. Jungmann*, Das kirchliche Fest nach Idee und Grenze, in: ders., Erbe 502–526; *H. Fortman*, Vom bleibenden Sinn christlicher Feste (Wien 1969);

*Th. Klauser*, Art. Fest, in: RAC VII (1969) 747–766; *H. Cox*, Das Fest der Narren (Stuttgart ²1970); *G. M. Martin*, Fest und Alltag. Bausteine zu einer Theorie des Festes (Stuttgart 1973); *A. Häußling*, Das termingebundene Fest. Überlegungen anläßlich einer bedeutenden Heortologie, in: LJ 24 (1974) 209–219; *W. Dürig*, Das christliche Fest und seine Feier (St. Ottilien ²1978).

[23] Kap. II, I, 1 (S. 112).

[24] Ebd. S. 113.

[25] In: *Th. Kampmann*, Das Kirchenjahr. Mysterium, Gestalt, Katechese (Paderborn ³1964) 2.

[26] Ebd. 55.

[27] Die gottesdienstliche Zeit, in: *K. F. Müller – W. Blankenburg* (Hrsg.), Leiturgia, Handbuch des evangelischen Gottesdienstes I (Kassel 1954) 532. Vgl. auch *A. Adam*, Erneuerte Liturgie (Freiburg ³1976) 56f.

[28] Das Wort duplex (= doppelt) bezog sich ursprünglich auf ein doppeltes Stundengebet, das man beten mußte, wenn ein hohes Fest auf einen Wochentag (= feria) fiel. Man mußte sowohl das Ferial- wie das Festoffizium verrichten.

[29] Vgl. *E. Meyer*, Art. Christliche Zeitrechnung, in: RGG I (1957) 1815f.

[30] *R. Berger*, Jahr der Kirche – Jahr des Herrn. Stationen auf dem Weg der Gemeinde durch die Zeit, in: Gd 10 (1976) 165.

[31] *A. Häußling*, Solange Gott Heil anbietet, gibt es seine Feste. Vom Sinn des Kirchenjahres, in: Lebendige Seelsorge 20 (1969) 206.

[32] Herderausgabe (Freiburg 1948) Nr. 161.

[33] *B. Fischer* (im Anschluß an *B. Botte*), Art. Kirchenjahr, I. Liturgisch, in: LThK² VI (1961) 225f.

[34] Vgl. *F. Hahn*, Der urchristliche Gottesdienst (Stuttgart 1970) 64f.

[35] *W. Thüsing*, Eucharistiefeier und Sonntagspflicht im Neuen Testament, in: Gd 5 (1971) 11.

[36] Vgl. *Rordorf* 249–257.

[37] Der Text des Pliniusbriefes und die Antwort Trajans u. a. bei *Kirch* 22–24 (Nr. 28–31).

[38] Es handelt sich um das sog. Hetärienverbot, vom griech. Hetairos = Gefährte, also ein Freundeskreis im Sinn von Geheimbund.

[39] Apolog. 67, 3–6: *E. J. Goodspeed* (Göttingen 1914) 75f.

[40] 1 Kor 16, 22; Didache 10, 6; vgl. Offb 22, 20.

[41] *F. Hahn* (Anm. 34) 65.

[42] 14, 1: *Bihlmeyer* 8.

[43] Ad Magnes. 9, 1f: *Bihlmeyer* 91.

[44] Passio Ss. Dativi, Saturnini Presbyteri et aliorum, in: *P. F. de Cavalieri*, Note agiografice, fasc. 8 (Rom 1935) 49ff.

[45] II 59, 2f: *Funk* I, 170–172.

[46] Can. 21: *Kirch* 202.

[47] Vgl. *Dölger* 217–222.

[48] Apolog. 67, 3: *E. J. Goodspeed* 75.

[49] *Ignatius v. Antiochien*, Ad Magnes. 9, 1: *Bihlmeyer* 91.

[50] Siehe o. S. 36.

[51] *Rordorf* 271–280.

[52] 15, 9: *Bihlmeyer* 29.

[53] Dialog 41, 4: *E. J. Goodspeed* 138.

[54] Beginnt die christliche Woche mit dem Sonntag?, in: ZKTh 55 (1931) 605–621; zitiert nach der späteren erweiterten Fassung in: *Jungmann*, Liturgie 206–231; hier 217 u. 219.

[55] Nähere Belege ebd. 220f. Der These *Jungmanns* widerspricht mit stichhaltigen Argumenten auch *Pascher* 30–36. In neuester Zeit bringt *A. Heinz*, Der Tag, den der Herr

gemacht hat. Gedanken zur Spiritualität des Sonntags, in: ThGl 68 (1978) 40–61, seine Sympathie für Jungmanns These zum Ausdruck, wenn er zusammenfassend schreibt: „Die profane Auffassung vom ‚Wochenendsonntag' und das christliche Sonntagsbild stehen sich also nicht so unversöhnlich gegenüber, wie dies auf den ersten Blick den Anschein haben mag" (59).

[56] De oratione 23: CC I, 271.

[57] Nähere Belege u.a. bei *H. Dumaine*, Art. Dimanche, in: ADCL IV (Paris 1921) 884–886.

[58] Vgl. *Dölger* 202ff.

[59] Apolog. I 67,3.7: *E. J. Goodspeed* 75f.

[60] Z. B. Ad nationes I, 13, 1: CCL 1, 32.

[61] In die dom. Paschae homilia: *G. Morin* (Hrsg.), Anecdota Maredsolana III/2 (1897) 418.

[62] Codex Justiniani III, 12,2: zitiert bei *Dölger* 229.

[63] Codex Theodosiani II, 8,1: zitiert bei *Dölger* 229.

[64] Sermo ad noct. domin. resurrectionis 4: *Th. J. Lamy*, S. Ephr. Syri hymni et sermones I (1882); vgl. *Rordorf, Sabbat* 116.

[65] Zitiert bei *Rordorf, Sabbat* 220f.

[66] *Kirch* 1038.

[67] Can. 4: *Mansi* IX, 1015.

[68] Näheres bei *H. Huber*, Geist und Buchstabe der Sonntagsruhe. Eine historisch-theologische Untersuchung über das Verbot der knechtlichen Arbeit von der Urkirche bis auf Thomas von Aquin (Salzburg 1957) 194–222.

[69] Ausführlich bei *G. Troxler*, Das Kirchengebot der Sonntagsmeßpflicht als moraltheologisches Problem in Geschichte und Gegenwart (Freiburg/Schw. 1971) 159ff.

[70] Veröffentlicht in: *L. Bertsch u. a.* (Hrsg.), Gemeinsame Synode der Bistümer in der Bundesrepublik Deutschland. Beschlüsse der Vollversammlung. Offiz. Gesamtausgabe (Freiburg – Basel – Wien [3]1976) 196–225.

[71] *D. Eissing*, Sonntag in Gefahr, in: Gd 10 (1976) 123.

[72] Vgl. AEM 331 f. Das neue Meßbuch nennt als einzige Ausnahme den jährlichen Weltmissionssonntag, an dem laut vorangestellter Rubrik eine der beiden Messen für die Ausbreitung des Glaubens genommen wird (Nr. 14 der „Messen für besondere Anliegen"), ausgenommen die Sonntage des Advents, der Fasten- und Osterzeit und Hochfeste. Die innere Berechtigung für diese Ausnahme wird mit Recht darin gesehen, daß diese Messe geprägt ist vom Aspekt der Auferstehung Christi, die für alle Völker heilswirksam werden soll. Vgl. *Eissing* (Anm. 71) 124.

[73] *D. Eissing*, a.a.O. 125 u. 127. Siehe auch *Ph. Harnoncourt*, Motivmessen und Votivmessen, in: Gd 8 (1974) 121–123; A. A. Häußling, Meßhäufigkeit und Motivmessen, in: *Th. Maas-Ewerd* und *K. Richter* (Hrsg.), Gemeinde im Herrenmahl (Freiburg 1976) 143–149; *K. Richter*, Die liturgische Feier des Sonntags im Kirchenjahr, in: ThGl 68 (1978) 23–39. Hier weitere Literaturhinweise; neuestens *H. B. Meyer*, Zuerst der Sonntag ..., in: Gd 12 (1978) 185f, wo auf eine „gute und zweckmäßige Regelung" in der Schweiz verwiesen wird.

[74] 3. I. 1759: Decreta authentica Congreg. S. Rit., in: A. Gardellini V (Rom 1825) Nr. 4126 S. 23.

[75] Vgl. Gd 9 (1975) 90ff, Erster oder letzter Tag der Woche?, hier S. 90. Diesem Aufsatz sind auch die folgenden Angaben entnommen. Vgl. auch *F. Schulz*, Gefährdeter Sonntag, in: JLH 20 (1976) 158–165.

[76] Gd 9 (1975) 90.

[77] *F. Schulz* (Anm. 75) 163. Nach dem gleichen Verfasser wurde auch der ÖNORM A 2740 zitiert (ebd.).

[78] 8,1: *Bihlmeyer* 5. [79] De ieiunio 10: CCL II, 1267f.
[80] V 14,4ff: *Funk* I, 276–278.
[81] *Innozenz I.*, Epist. 25,4: PL 20, 255.
[82] So bei *Honorius von Autun* († um 1150), Gemma animae II 67f: PL 172, 640ff.
[83] *J. A. Jungmann*, Der liturgische Wochenzyklus, in: Erbe 334.
[84] Einzelheiten u.a. bei *Jungmann*, a.a.O. 336ff.
[85] Im lat. Missale wird nur bis 15 durchnumeriert, weil sich die Messe vom ewigen Hohenpriester Christus zusammen mit der Votivmesse von der Eucharistie unter Nr. 3 findet.
[86] Volksfromme und volkskundliche Prägungen der einzelnen Wochentage werden ausführlich beschrieben von *G. Schreiber*, Die Wochentage im Erlebnis der Ostkirche und des christlichen Abendlandes (Köln–Opladen 1959). Einen neuartigen Vorschlag zur „Motivation der Wochentage" macht *H. Reifenberg* in: Fundamentalliturgie Bd. II, 288f (vgl. Anm. 2).
[87] So die zwischen 130 und 140 entstandene *Epistola Apostolorum*, *Melito von Sardes* († vor 190) und *Apollonius von Hierapolis* († um 170). Vgl. *Casel* 4–9.
[88] Historia ecclesiae V, 23–25: *E. Schwartz* ($^5$1952) 209–214.
[89] Zur Quellenlage vgl. *Righetti* II, 208f.
[90] Vgl. *J. Blinzler*, Der Prozeß Jesu (Regensburg $^2$1955); hier weitere Literaturangaben.
[91] So u.a. *O. Heiming*, Gedanken zur Kalenderreform, in: Liturgie und Mönchtum – Laacher Hefte 9 (2. Folge) 1951, 37.
[92] So u.a. *F. L. Meesen*, Œcuménisme et réforme du calendrier, in: La Maison-Dieu 81 (1965) 120.
[93] Für die Bemühungen um ökumenische Einigung wird es allerdings besser sein, den Aspekt des historischen Datums wegen der kontroversen Meinungen nicht in den Vordergrund zu rücken.
[94] Diese Sätze, vom Verf. ins Hochdeutsche übertragen, finden sich in Luthers Werk „Von den Conciliis und Kirchen" (1539), ediert von *K. Drescher* in der krit. Gesamtausgabe Bd. 50 (Weimar 1914) 55f.
[95] Art. Chronologie, Bd. I (Göttingen $^2$1961) 792.
[95a] Vgl. den Bericht über eine Beratung der Kommission „Faith and Order" des Weltkirchenrates vom 20. 3. 1970 in: The Ecumenical Review, Vol. 23 Nr. 2 – April 1971, S. 179.
[95b] Vgl. Empfehlung des Weisungsausschusses für Grundsatzfragen II, Dokument Nr. CR 1: *H. Krüger – W. Müller-Römheld* (Hrsg.), Bericht aus Nairobi … (Frankfurt/M. 1976) 205ff.
[96] KomGOK, Kap. I, IV (S. 110).
[97] De ratione temporum I, 15: PL 90, 357.
[98] Vgl. *H. Bächtold-Stäubli*, Handwörterbuch des deutschen Aberglaubens VI (Berlin–Leipzig 1934) 1311–1316.
[99] Sacramentarium c. 42: PL 172, 769.
[100] *B. Fischer*, Art. Ostern. I. Liturgisch, in: LThK$^2$ VII (1962) 1277 unter Berufung auf *J. Knobloch*, in: Die Sprache 5 (Wien 1959) 27–45.
[101] *Casel* 53.
[102] *Augustinus*, Epist. 55, 24: CSEL 34/2 195.
[103] Liber officialis I, 12, 33 und IV, 21, 7f: *J. M. Hanssens*, Amalarii episcopi opera liturgica omnia II (Rom 1948) 79 u. 470.
[104] *Lechner* 149.
[105] Decreta authentica Congreg. S. Rituum … III (Rom 1900) Nr. 3535, S. 124.
[106] Can. 3: PL 84, 556f.

[107] Vgl. *Th. Schäfer*, Die Fußwaschung im monastischen Brauchtum und in der lateinischen Liturgie (Beuron 1956).
[108] *B. Kleinheyer*, Die neue Osterfeier... (Freiburg 1971) 21.
[109] Nähere Belege bei *J. A. Jungmann*, Die Andacht der vierzig Stunden und das Heilige Grab, in: LJ 2 (1952) 184–198.
[110] Ebd. 198.
[111] In der lateinischen Sprache heißt er „feria VI in Parasceve" (= Freitag des Rüsttages, ältere Benennung; vgl. Mk 15, 42) oder „feria VI in Passione et Morte Domini" (= Freitag des Leidens und Todes des Herrn; so im OHS); das neue MR läßt „in Morte" weg.
[112] *Schümmer* 74.
[113] Belege für diese und die folgenden Aussagen finden sich u. a. bei *G. Römer*, Die Liturgie des Karfreitags, in: ZKTh 77 (1955) 39–93; *E. Lengeling*, Die feierliche „Actio liturgica" am Tag des „Leidens und Todes des Herrn", in: Anima 11 (1956) 444–463; nicht zuletzt in der hervorragenden Materialsammlung von *Schmidt*.
[114] Cap. 37: S. 232ff.
[115] Vgl. seinen gleichnamigen Aufsatz in: JLW 7 (1927) 1–23.
[116] Näheres bei *A. Baumstark*, Der Orient und die Gesänge der Adoratio crucis, in: JLW 2 (1922) 4–7.
[117] Wir können uns im wesentlichen auf die Arbeiten von *J. A. Jungmann*, Die Vorverlegung der Ostervigil seit dem christlichen Altertum, in: LJ 1 (1950) 48–54, und *A. Stuiber*, Von der Pascha-Nachtwache zum Karsamstagsgottesdienst, in: Kat. Bl. 75 (1950) 98–1097, stützen.
[118] *Stuiber*, a. a. O. 99.
[119] *Eisenhofer* I, 536.
[120] *Durandus*, Rationale div. offic. VI c. 80 n. 1: *J. Beleth* (Hrsg.) (Neapel 1859) 543.
[121] Über diesen Ritus der Weihrauchkörner, der eigentlich aus einem Mißverständnis des Wortes „incensus" (= Kerze) aufgekommen ist, vgl. *O. Casel*, Der österliche Lichtgesang der Kirche, in: Lit. Zschr. 4 (1931/32) 187–191; ferner *Eisenhofer* I, 536f.
[122] *Auf der Maur* 113.
[123] Ebd. 112–116.
[124] Vgl. u. a. *F. J. Dölger*, Lumen Christi. Untersuchungen zum abendlichen Licht-Segen in Antike und Christentum..., in: AC 5 (1936) 1–43; *O. Casel* (Anm. 121) 179f.
[125] Vgl. *Bon. Fischer*, Ambrosius der Verfasser des österlichen Exultet?, in: ALW 2 (1952) 61–74; *K. Gamber*, Älteste Eucharistiegebete der lateinischen Osterliturgie, in: Paschatis Sollemnia 159–178; *O. Casel* (Anm. 121) 179–191.
[126] *Ä. Löhr*, Die heilige Woche (Regensburg 1957) 201.
[127] Der Text lehnt sich an die Tempelvision des Propheten Ezechiel (47, 1ff) an und spricht vom rettenden Wasser aus der rechten Seite des Tempels, worin schon die Kirchenväter die durchbohrte Seite des Erlösers gesehen haben. Im GL 424, 2 fehlt leider die deutsche Übersetzung. Eine homiletische Ausdeutung gibt *B. Fischer* in: Gd 12 (1978) 56.
[128] GL 424, 1.
[129] Vgl. *Casel* 4f.
[130] Zum Beispiel *Irenäus*, *Origenes*, *Hippolyt* und *Tertullian*. Belege bei *Casel* 15ff.
[131] Can. 43: *Mansi* II, 13. Ursprünglich meinten solche Bezeichnungen, die ja zunächst die Bedeutung von „der 50. (40.)" hatten, den Endtag, wurden dann aber auch als Zeitraum bis zu diesem Endtag verstanden.
[132] Vgl. Konzil von Nizäa can. 20: *Kirch* 243.
[133] Vgl. hierzu GL 212.
[134] Wie dies im Sinn zeichenhafter Liturgie ausgebaut werden könnte, dafür macht *H. Reifenberg* einen bedenkenswerten Vorschlag in: Gd 7 (1973) 92.

[135] Die kirchliche Begräbnisfeier in den kath. Bistümern des deutschen Sprachgebietes, hrsg. im Auftrag der Bischofskonferenzen ... (Einsiedeln ... 1973) 92.
[136a] *Auf der Maur* 23: „Asterios ist es, der zum ersten Mal eindeutig und näher von der ausgebildeten Osteroktav berichtet, indem er uns für jeden Tag eine Homilie bietet. Die vollausgebildete Osteroktav ist nicht Sache des späten 4. Jahrhunderts, sondern sie besteht nach dem asterianischen Zeugnis schon vollständig in der ersten Hälfte des 4. Jahrhunderts. Die selbstverständliche Art und Weise der täglichen Predigt dieser Woche läßt darauf schließen, daß Asterios hier nicht eine Neuerung einführte, sondern eher eine bereits feste Tradition voraussetzen konnte, die man wohl ins 3. Jahrhundert zurückdatieren darf."
[136b] Ebd. 22.
[137] *Cyrill*, Katechesen 19–23: PG 33, 1065–1128; *Ambrosius:* CSEL 73, 87–116; 13–85.
[138] Epist. 55, 32: CSEL 34/2, 207.
[139] *B. Fischer*, Formen gemeinschaftlicher Tauferinnerung im Abendland, in: LJ 9 (1959) 91.
[140] KomGOK Kap. I, I.2.A.3 (S. 100).
[141] LO, Sonn- und Festtage Nr. 14 (S. 43).
[142] Sermo 179, 1: PL 39, 2084.
[143] KomGOK Kap. I, I.2.A.3 (S. 100).
[144] Ebd.
[145] Vgl. *Righetti* II, 240.
[146] De sacro altaris mysterio I, 65: PL 217, 299ff.
[147] Epist. ad Basilidem: PG 10, 1273.
[148] Can. 5 (3): *Kirch* 241.
[149] Hist. eccl. V, 22: PG 67, 632. Zur Gesamtproblematik: *J. A. Jungmann*, Die Quadragesima in den Forschungen von Antoine Chavasse, in: ALW V/1 (1957) 89ff.
[150] So *Gregor I.* (Hom. XVI, 5 in Evang.: PL 76, 1137) und *Kassian* (Collationes XXI c. 25–27: CSEL 13/2 600–603).
[151] Vgl. *Kellner* 77f.
[152] *Schümmer* 208f.
[153] Ebd. 112f.
[154] Apolog. 39, 7: CCL I, 151.
[155] *Schümmer* 222.
[156] Ebd. 223f.
[157] Für die Bußriten sei verwiesen auf *J. A. Jungmann*, Die lateinischen Bußriten (Innsbruck 1932), und *K. Rahner*, Frühe Bußgeschichte in Einzeluntersuchungen, in: Schriften zur Theologie XI (Zürich 1973). Für die Fragen des Taufkatechumenates auf *A. Stenzel*, Die Taufe. Eine genetische Erklärung der Taufliturgie (Innsbruck 1958).
[158] Vgl. *G. Duffrer*, Die vierzig Tage vor Ostern, in: Gd 5 (1971) 25f.
[159] *B. Fischer*, Immer noch „Fasten"-Zeit?, in: Gd 6 (1972) 29. Vgl. auch *F. Reckinger*, Betrachtungen zum neuen Kirchenjahr (VII): Vom Sinn des Fastens, in: HD 31 (1977) 99–104; *ders.*, ... (VIII), Fasten und Fastenzeit: Pastorale Durchblicke, ebd. 134–142.
[160] KomGOK Kap. I, I.2.B (S. 101).
[161] GOK 28.
[162] KomGOK Kap. I, I.2.B.1 (S. 102).
[163] *Jungmann* I, 446.
[164] Näheres ebd. I, 551 Anm. 67.
[165] *Franz* I, 463.
[166] Belege bei *Eisenhofer* I, 497.
[167] *A. Kirchgässner*, Ostern als Neujahrsfest, in: Paschatis Sollemnia 56.
[168] GOK 29.

[169] *Eisenhofer* I, 500.
[170] *Lechner* 142f; vgl. *Righetti* II, 133f.
[171] Kap. I, I.2.B.1 (S. 102).
[172] Rationale div. offic. I c. 3 n. 34: *Beleth* (Anm. 120) 28f.
[173] Freiburg 1958, Einleitung zum 1. Passionssonntag.
[174] Kap. I, I.2.B.1 (S. 102).
[175] Die neue Osterfeier... (Freiburg 1971) 66f.
[176] Kap. 31: S. 221ff.
[177] Zum Beispiel *Isidor v. Sevilla* († 636), De eccl. off. I, 28: PL 82, 251.
[178] Vgl. *Martimort* II, 249.
[179] *Franz* I, 487 Anm. 5.
[180] Näheres ebd. 481.
[181] Ebd.
[182] Ebd. 505f.
[182a] Nach Fertigstellung des Manuskripts erschien das neue deutsche Benediktionale, das in seiner pastoralen Einführung diese Sicht der Segnungen und Weihungen nachdrücklich betont (hrsg. von den Liturgischen Instituten Salzburg, Trier, Zürich; erschienen im Benziger-Verlag und Verlag Herder 1978).
[183] *Lechner* 145.
[184] LO, Einführung Kap. VII.8.d (S. 29).
[185] KomGOK Kap. I, I.2.B.1 (S. 103).
[186] Cap. 5: *B. Botte* (LQF 39) 18.
[187] Vgl. Altgelasianum: *Wilson* 63–74.
[188] Zur komplizierten und teilweise noch ungeklärten geschichtlichen Entwicklung der Gründonnerstagsliturgie vgl. *P. H. Schmidt,* Geist und Geschichte des Gründonnerstags, in: LJ 3 (1953) 234–252; außerdem *Schmidt* II, 715–747.
[189] Ordo für die Ölweihen 11f.
[190] MD, Einleitung zur Chrisam-Messe.
[191] Einen guten Überblick über dieses Bemühen gibt der Laacher Benediktiner *H. Frank* in seiner Studie „Frühgeschichte und Ursprung des römischen Weihnachtsfestes im Lichte neuerer Forschung", in: ALW 2 (1952) 1–24; ebenso in seinem Art. Weihnachten I. Heortologie, in: LThK² X (1965) 984–988.
[192] Text und Interpretation u.a. bei *Pascher* 325–328.
[193] Als ihr Begründer darf der Franzose *L. Duchesne* gelten, vor allem in seinem Werk „Origines de culte chrétien" (Paris ⁵1925). In neuerer Zeit hat sich *H. Engberding* zu dieser Hypothese bekannt und nicht ohne Erfolg versucht, sie glaubhafter zu machen: Der 25. Dezember als Tag der Feier der Geburt des Herrn, in: ALW 2 (1952) 25–43.
[194] *Engberding,* a.a.O. 42.
[195] *Frank* (Anm. 191): LThK² X, 986.
[196] *Johannes Tauler,* Predigten. Hrsg. von *G. Hofmann* (Freiburg – Basel – Wien 1961) 13.
[197] Vgl. *Righetti* II, 58–60.
[198] *R. Berger,* Ostern und Weihnachten. Zum Grundgefüge des Kirchenjahres, in: ALW 7 (1963) 19.
[199] KomGOK Kap. I, II.1 (S. 104f).
[200] Ebd. Diese Regelung war schon durch die Instruktion der Ritenkongregation über die Feier und Verehrung der Eucharistie („Eucharisticum mysterium") vom 25.5.1967, Nr. 28, angebahnt worden.
[201] Zitiert bei *Jungmann, Advent* 233–237, sehr skeptisch beurteilt von *Croce* 259f, vor allem Anm. 13.
[202] Vgl. *Jungmann, Advent* 237–249.

[203] *Croce* 270–272.
[204] Ebd. 272–278.
[205] Vgl. ebd. 471.
[206] Ebd. 290f.
[207] KomGOK Kap. I, II.2 (S. 106).
[208] *Croce* 456–458.
[209] GOK 40.
[210] *Croce* 471.
[211] GOK 42.
[212] KomGOK Kap. I, II.2 (S. 106).
[213] LO Nr. 11 (37).
[214] *Pascher* 366.
[215] Vgl. GL 112 = Lied; 772 = Andacht.
[216] Vgl. AEM 333 und *Lengeling* 447.
[217] Sermo 198,2: PL 38, 1025.
[218] Vgl. *Righetti* II, 74f.
[219] GOK 35f.
[220] Zum Beispiel: *R. Schwarzenberger*, Die Liturgie ist für die Menschen da, in: Gd 4 (1970) 185–187; *ders.*, Die liturgische Feier des 1. Januar. Geschichte und pastoralliturgische Desiderate, in: LJ 20 (1970) 216–230.
[221] 4. Generalkongregation des II. Vaticanums am 22. 10. 1962. Diese Rede ist in Übersetzung abgedruckt in: *H. Schmidt*, Die Konstitution über die heilige Liturgie. Text, Vorgeschichte, Kommentar (Freiburg 1965 = Herderbücherei 218) 231–233.
[222] *R. Schwarzenberger* (s. Anm. 220), LJ 230.
[223] So *Durandus*, Rationale div. Off. VII, 42,1: *Beleth* 711.
[224] Ebd. 2. 6. 10.
[225] *Radó* II, 1127.
[226] *K. Beitl*, Art. Stephanus III. Volksverehrung, in: LThK IX, 1052.
[227] *R. Schnackenburg*, Art. Johannes Ev., in: LThK V, 1000.
[228] Näheres bei *Franz* I, 286–334; *Eisenhofer* I, 574f.
[229] PL 13, 12.28.
[230] Stromata I, 21, 146, 1–2: GCS 52 (Berlin $^{3}$1960), hrsg. von *O. Stählin*, 90. Ausführlich untersucht diese gnostische Lehre *F. Nikolasch*, Zum Ursprung des Epiphaniefestes, in: ELit 82 (1968) 393–429.
[231] *F. Nikolasch*, a. a. O. 428.
[232] Vgl. *K. Holl*, Der Ursprung des Epiphaniefestes, in: Sitzungsberichte der Preuß. Akademie der Wiss. 1917, 402–438.
[233] *Epiphanius von Salamis* († 403), Panarion haeres. 51,30,1: Edit. *K. Holl;* Epiphanius (Leipzig 1922) 301.
[234] In: Der Gottesdienst der Kirche auf dem Hintergrund seiner Geschichte (Innsbruck – Wien – München 1955) 231f.
[235] Appendix: De benedictionibus Nr. 5.
[236] Belege u. a. bei *Eisenhofer* I, 576; *Pascher* 421f; *Radó* II, 1136f.
[237] *W. Dürig*, Epiphanie, in: Am Tisch des Wortes, Neue Reihe 118: Erscheinung des Herrn (Stuttgart 1971) 12.
[238] Vgl. Notitiae 13 (1977) 477.
[239] Cap. 26. „Alles geschieht in größter Freude wie an Ostern“, ebd. 206.
[240] Nähere Belege bei *Radó* II, 1140.
[241] Vgl. *Radó*, ebd., der eine Bemerkung von Papst Leo I. in diesem Sinn deutet.
[242] Weiheformulare aus dem 10.–12. Jahrhundert bei *Franz* I, 445–458.
[243] Kommentar zum neuen Kalender II (Veränderungen), zum 2. Februar (S. 174).

244 Vgl. *Radó* II, 1323, der sich hauptsächlich auf *M. Jugie* und *A. Baumstark* beruft.
245 Sermones 140–144: PL 52, 575–588.
246 So in einer Predigt des Bischofs *Abraham von Ephesus:* POr 16, 442–447.
247 So im Liber Pontificalis 86: *Duchesne* I, 376; weitere Belege bei *Righetti* II, 300f; *Radó* II, 1339f.
248 *H. Engberding* (Anm. 193) 150; *Pascher* 330f; *Radó* II, 1340.
249 Nähere Belege bei *Righetti* II, 301f.
250 GOK 43. Die unterschiedliche Zahl der Jahreswochen erklärt sich damit, daß das Normaljahr einen Tag mehr als 52 Wochen hat und deshalb in manchen Jahren 53 Sonntage vorkommen.
251 KomGOK Kap. I, III. 1 (S. 107).
252 *Pascher* 294f; *Martimort* II, 225; *Radó* II, 1274f.
253 Der Meinung *G. Kunzes* (Leiturgia I, 526), in der Unterschiedlichkeit einer Zählung der Sonntage nach Pfingsten (bisherige katholische Zählweise) und nach Trinitatis (evangelisch) könnte „ein sehr tiefgreifender Unterschied dogmatischer Art liegen", insofern die evangelischen Kirchen über Pfingsten zum Dreifaltigkeitsfest fortschreiten, Rom aber „im Grunde bei Pfingsten stehen und ohne großes Interesse für die Folgezeit geblieben" sei, „weil ihm mehr am Herzen lag, den Heiligenkalender durchzubilden", kann ich mich nicht anschließen.
254 GOK 43.
255 II, 225.
256 KomGOK Kap. I, III.1 (S. 107).
257 Vgl. LO Nr. 15 (S. 45f).
258 LO Nr. 7 (S. 25).
259 LO Nr. 16 (S. 49).
260 Ebd. (S. 51).
261 Ebd. Nr. 17 (S. 51).
262 Ebd.
263 LO Nr. 8e (S. 29).
264 Vgl. *A. Bugnini,* Die Reform der Leseordnung für die Messe, in: Gd 3 (1969) 123–125.
265 Apostolische Konstitution „Missale Romanum", zitiert in LO Nr. 10 (S. 35).
266 Die erste Benennung findet sich im KomGOK Kap. I, III.2 (S. 107), die zweite in der LO Nr. 165 (S. 129).
267 *Jungmann, Erbe:* Die Abwehr des germanischen Arianismus und der Umbruch der religiösen Kultur im frühen Mittelalter, 47f. Zum historischen Überblick vgl. auch *A. Klaus,* Ursprung und Verbreitung der Dreifaltigkeitsmesse (Werl 1938); hierzu *P. Browe,* Zur Geschichte des Dreifaltigkeitsfestes, in: ALW 1 (1950) 65–81.
268 So *Bernold* in seinem Werk Micrologus c. 60: PL 151, 1020.
269 So u. a. im Katholischen Katechismus der Bistümer Deutschlands (= „grüner Katechismus") 1955, Merksatz 78.
270 *P. Browe,* Die Verehrung der Eucharistie im Mittelalter (München 1933) 26ff.
271 Einen guten Überblick über die Quellenlage gibt *Pascher* 270–272; vgl. *Righetti* II, 255f.
272 *P. Browe,* Die Ausbreitung des Fronleichnamsfestes, in: JLW 8 (1928) 142f.
273 Kap. I, III.2 (S. 117).
274 *P. Browe* (Anm. 270) 94 nennt die Zeit zwischen 1264 und 1279.
275 *R. Berger,* Kleines liturgisches Wörterbuch (Freiburg 1969) 136.
276 So in einem Antwortschreiben der Ritenkongregation vom 8. 7. 1959 an den Bischof von Graz-Seckau: „Da es sich um ein nicht liturgisches Geschehen handelt, sondern um ein ‚pium exercitium', mache der Bischof von seinem Recht Gebrauch." Der Briefwech-

sel ist abgedruckt in: LJ 11 (1961) 58. Daraufhin wurde in der Osterzeit 1960 von 17 deutschen Bischöfen eine neue Ordnung für die Fronleichnamsprozession in deutscher Sprache veröffentlicht (Regensburg 1960).

277 Vgl. z.B. *A. Häußling*, Leitideen für Fronleichnam heute, in: Gd 3 (1969) 78f.

278 *W. Dürig*, Zur Liturgie der Fronleichnamsfeier, in: Am Tisch des Wortes, Neue Reihe 113 (Stuttgart 1971) 17.

279 Enzyklika „Annum sacrum" in: ASS (1899) 646–651.

280 AAS 48 (1956) 309–353. Über die Geschichte der Herz-Jesu-Verehrung informiert u.a. *J. Stierli*, Cor Salvatoris. Wege zur Herz-Jesu-Verehrung (Freiburg 1954); noch knapper ders., in Art. Herz-Jesu-Verehrung I u. II, in: LThK² V (1960) 289–291. Erwähnt sei auch das zweibändige Standardwerk „Cor Jesu. Commentationes in Litteras Enzyclicas Pii XII Haurietis aquas", hrsg. von *A. Bea – H. Rahner u.a.* (Rom 1959). Seine Bibliographie umfaßt 140 Seiten. Zur Theologie der Herz-Jesu-Verehrung siehe auch *K. Rahner*, Herz-Jesu-Verehrung, in: Schriften zur Theologie III (Einsiedeln... 1956) 377–415.

281 Schriften zur Theologie III (Einsiedeln... 1956) 405.

282 Grundsätzliche Überlegungen bei *F. Schwendimann*, Herz-Jesu-Verehrung und Seelsorge nach „Haurietis aquas", in: *Bea u.a.*, Cor Jesu (s. Anm. 280) II, 421–455. Neuere Formen der Gestaltung entwickelt u.a. *J. Seuffert*, Der Herz-Jesu-Freitag. Modelle für Meßfeiern und Andachten (München 1977).

283 AAS 17 (1925) 593–610.

284 Ebd. 603. Eine solche „Verzweckung" eines christlichen Festes entspricht der christlichen Festidee weniger.

285 Ebd. 608.

286 *Jungmann, Liturgie* 314.

287 AAS 17 (1925) 608.

288 II. Vaticanum, Past.Konstitution, „Die Kirche in der Welt von heute", Art. 45.

289 Nähere Belege bei *Radó* II, 1303f.

290 Geschichtliche Belege u.a. bei *Righetti* II, 261; *Pascher* 591.

291 Kap. 48f; 262ff.

292 *Righetti* IV, 390; *H. Frank*, Art. Anniversarium, in: LThK² I, 577–579.

293 II zum 5. August (S. 196).

294 *Eisenhofer* I, 590.

295 Vgl. *Radó* II, 1099.

296 Sermo 19,2: PL 54, 186.

297 Sermo 94,3: PL 54, 459.

298 Sermo 13: PL 54, 172.

299 Sermo 12,4: PL 54,171; 90,1: PL 54,447; 92,1.2: PL 54, 453f, u.a.m.

300 Sermo 12,4: PL 54, 171.

301 So Papst *Gelasius* in einem ihm zugeschriebenen Dekret: PL 59, 158.

302 *G. Morin*, L'origine des Quatre-Temps, in: Revue Bénédictine 14 (1897) 336ff.

303 Origines du culte chrétien (Paris ⁴1908) 237.

304 Vgl. *J. A. Jungmann*, Altchristliche Gebetsordnung im Lichte des Regelbuches von 'En Fešcha, in: ZKTh 75 (1953) 217f: „Aber könnte in dieser Hervorkehrung der Jahreszeiten ... nicht etwas wie ein Vorläufer der römischen Quatemberwochen vorliegen? Daß der Quatember auf Überlieferungen aus dem Judentum zurückgeht, war eine seit Isidor im ganzen Mittelalter wiederholte ... Annahme" (217f).

305 GOK Nr. 46.

306 KomGOK Kap. I, III.3 (S. 104).

307 Die genaue Dokumentation findet sich in der „Nachkonziliaren Dokumentation" Bd. 29 des Paulinusverlages Trier (1975) 81–88. Ein zusammenfassender Teilbericht in: Gd 7 (1973) 41–43.

[308] Gd 7 (1973) 42.
[309] Ebd. Das Gebet um geistliche Berufe als „die bisherige Hauptintention der Quatembertage" hatte schon die Konferenz vom 21.–23. März 1972 besonders betont (Nachkonzil. Dokum. 29, 83).
[310] Gd 7 (1973) 42f.
[311] Ebd. 43.
[312] Nachkonzil. Dokum. 29, 84f.
[313] Ebd. 85f.
[314] Wertvolle Anregungen für die Gestaltung der Quatember bei *G. Langgärtner*, Erneuerung der Quatember. Anliegen, Modelle, Aktionen (Würzburg 1976).
[315] *R. Berger*, Erntedank, in: Gd 6 (1972) 130.
[316] Ebd.
[317] Liber offic. I, 37: *Hanssens* II, 178.
[318] Kap. I, III.3 (S. 108).
[319] II zum 25. April (S. 180).
[320] Ausführliche Beschreibungen beider Prozessionen mit näheren Belegen bei *Eisenhofer* I, 556f; *Pascher* 220f; *Radó* II, 1256f.
[321] *Gregor von Tours*, Historia Franc. II, 34: PL 71, 231f.
[322] *Righetti* II, 229.
[323] Nr. 45.
[324] Ebd. Nr. 46. Desgl. Instructio der Kongregation für den Gottesdienst über die Neuordnung der Eigenkalender... vom 24. 6. 1970, Kap. III, C 38 (Nachkonzil. Dokum. 29, 43).
[325] Nachkonzil. Dokum. 29, 83–87.
[326] *K. Rahner*, Vom Geheimnis der Heiligkeit, der Heiligen und ihrer Verehrung, in: *P. Manns* (Hrsg.), Reformer der Kirche (Mainz 1970) 26.
[327] Nachkonziliare Dokumentation, Bd. 45, Lat.-deutsch, hrsg. u. übersetzt von den Liturgischen Instituten in Salzburg, Trier und Zürich (Trier 1975).
[328] Eine neuere „Kleine Einführung in die Mariologie" gibt *W. Beinert*, Heute von Maria reden? (Freiburg $^3$1975). Vom gleichen Autor das Sammelwerk „Maria heute ehren. Eine theologisch-pastorale Handreichung" (Freiburg 1977). Einen wertvollen Überblick über die „Mariologie im 20. Jahrhundert" stammt von *H.-M. Köster*, in: *H. Vorgrimler – R. V. Gucht* (Hrsg.), Bilanz der Theologie im 20. Jahrhundert III (Freiburg – Basel – Wien 1970) 126–147. Dort findet sich die wichtigste Literatur.
[329] Diese Notwendigkeit wird einleuchtend im Hinblick auf die umfangreiche Literatur zum Thema Heiligenverehrung. Aus der Fülle seien lediglich erwähnt: *P. Molinari*, Die Heiligen und ihre Verehrung (Freiburg 1964); *M. Lackmann* (ev.), Verehrung der Heiligen (Stuttgart 1958); *Th. Klauser*, Christlicher Märtyrerkult, heidnischer Heroenkult und spätjüdische Heiligenverehrung (Köln – Opladen 1960); *B. Kötting*, Heiligenverehrung, in: Handbuch theologischer Grundbegriffe I (München 1962) 633–641; *ders.*, Entwicklung der Heiligenverehrung und Geschichte der Heiligsprechung, in: *P. Manns* (Hrsg.), Reformer der Kirche (Mainz 1970) 27–39.
[330] A. a. O. 37.
[331] Ebd. 33.
[332] Text und Belege u. a. bei *Radó* II, 1320.
[333] *B. Kötting* (Anm. 329, Handbuch) 638f.
[334] Erwähnt seien u. a. *W. Stählin*, Maria, die Mutter des Herrn, ihr biblisches Bild (Düsseldorf 1951); *M. Lackmann* (Anm. 329); *M. Thurian*, Maria, Mutter des Herrn, Urbild der Kirche (Düsseldorf 1978).
[335] *Harnoncourt* 71f.
[336] Ebd. 74.

[337] Ebd. 78–84.
[338] Ebd. 117f.
[339] KomGOK Kap. II, I.1 (S. 112).
[340] Veröffentlicht als Band 20: Der „Nachkonziliaren Dokumentation" (Trier 1969).
[341] Eine „Periode marianischer Überhitzung" um die Mitte unseres Jahrhunderts konnte „auf jüngere oder nachdenkliche Menschen geradezu glaubensbehindernd wirken" (*P. Lippert* in: *Beinert* 249f).
[342] So die lehramtliche Definition von Pius IX. in seiner Bulle „Ineffabilis Deus" vom 8. Dezember 1954: DS 2803.
[343] *H. Daniel-Rops*, Die apokryphen Evangelien des Neuen Testamentes (Zürich 1956) 36.
[344] Epist. 174: PL 182, 332–336.
[345] Ausführliche Belege u.a. bei *Righetti* II, 291–297; *Radó* II, 1332–1336.
[346] *H. Junker*, Genesis, in: *F. Nötscher* (Hrsg.), Das Alte Testament (Würzburg 1953) 19.
[347] So im KomKal zum 31. Mai (S. 146f) und zum 2. Juli (S. 190).
[348] *Radó* II, 1343. Vgl. *O. Heiming*, Literaturbericht, in: ALW III, 2 (1954) 409–411.
[349] *Righetti* II, 285.
[350] Ebd. 286.
[351] *Franz* I, 398. Diesem Werk mit seinen ausführlichen Quellen sind die folgenden Ausführungen verpflichtet.
[352] Ebd. 396.
[353] Auch „Rauhnächte" oder „12 heilige Nächte" vom 25. Dezember bis 6. Januar, von denen die heidnischen Germanen glaubten, daß „Wotans wildverwegene Jagd" durch die Lüfte tobt, d.h. daß die bösen Geister besonders aktiv sind.
[354] Franz I 407. Eine gute Einführung in Theologie und Entwicklung der Segnungen überhaupt und Richtpunkte für ein künftiges Benediktionale enthält das Buch von *J. Baumgartner* (Hrsg.), Gläubiger Umgang mit der Welt (Einsiedeln–Zürich–Freiburg–Wien 1976). Gute Vorschläge auch bei *G. Langgärtner*, Die Sakramentalien. Ein Werkbuch mit Anleitungen und Modellen für die Segnungen der Kirche (Würzburg 1974); *P. Wollmann*, Buch der Segnungen (München–Luzern 1974). Vgl. auch das neue „Benediktionale" (s. Anm. 182[a]).
[355] *Radó* II, 1349f; *Righetti* II, 299f.
[356] KomKal 176.
[357] *L. Scheffczyk* in: *Beinert* 171 mit Hinweis auf *K. Rahner*, Visionen und Prophezeiungen (Freiburg ²1958) 18 41ff.
[358] Zur Theologie dieser Herz-Mariä-Verehrung u.a. *J. Storck*, Unsere liebe Frau vom heiligsten Herzen Jesu (Münster 1954); *F. Lakner*, Das Rundschreiben Pius' XII. „Haurietis aquas" und der Kult des unbefleckten Herzens Marias, in: *A. Bea* u.a. (Hrsg.) (s. Anm. 280), I, 723–780.
[359] Detaillierte Belege bei *Radó* II, 1352.
[360] KomKal 186. Vgl. *E. Sauser*, Kritische Überlegungen zum Gedenktag „Mariä Königin", in: HD 32 (1978) 82–84.
[361] *Righetti* II, 303.
[362] *Pascher* 657, der diesem Gedächtnis eine ausführliche Würdigung nach Offizium und Meßfeier widmet (649–659).
[363] *Radó* II, 1335. Hier auch die Belege für den folgenden Überblick.
[364] Zur Problematik vgl. *F. Mußner – B. Fischer*, Was wird bei einer Kalenderreform aus dem Fest Praesentatio B.M.V. (21. 11.)?, in: TThZ 70 (1961) 170–181. Die beiden Autoren kommen, je von ihrem Fachgebiet der ntl. Exegese und der Liturgiewissenschaft zu einer eindeutigen Ablehnung des Festes.

[365] Einen Überblick über ihre Geschichte und ihren Ausdehnungsbereich bei *Radó* II, 1357–1360 unter Berufung auf *F. G. Holweck*, Fasti mariani (Freiburg 1892); nach Holweck soll es im Lauf der Zeit und in verschiedenen Ländern insgesamt über 1000 marianische Eigenfeste gegeben haben.
[366] Vgl. *J. Metzler*, Die Marien-Maiandacht. Ihre Entstehung, Entwicklung und Ausbreitung, in: ZAM 3 (1928) 89–101.
[367] Die deutsche Übersetzung u.a. in HK 19 (1964/65) 410f.
[368] Die „Marienmonate", in: *Beinert*, 249–258.
[369] Ebd. 258.
[370] Kap. II, I (S. 110–125); s.o. Abschnitt 8. Kap., 1.c.
[371] Der Kommentar hebt namentlich die Arbeiten von *H. Delahaye* und der *Bollandisten* hervor, ebd. 115.
[372] Ebd. 117.
[373] Ebd. 115.
[374] Ebd. 122.
[375] Vgl. *A. Bugnini*, Der neue Kalender, in: Gd 3 (1969) 73f.
[376] So z.B. *Harnoncourt* 127f.
[377] Schon im Rundschreiben der Kirche von Smyrna über das Martyrium des hl. *Polykarp* wird der Jahrestag seines Martyriums als Geburtstag für den Himmel bezeichnet (PG 51, 1043). Der Bischof *Cyprian von Karthago* gab die Weisung, die Sterbetage der Märtyrer aufzuschreiben, „damit wir ihr Gedächtnis unter den Gedenktagen der Märtyrer feiern können" (Epist. 37: PL 4, 337). Vgl. KomGOK Kap. II, I.4 (S. 123).
[378] KomGOK Kap. II, I.4 (S. 124).
[379] Ebd. II.3 (S. 133).
[380] Ebd. (S. 133f).
[381] AEM 316.
[382] Genauere Belege u.a. bei *Radó* II, 1391; *Schmidt, Introductio* 653; *Pascher* 708f.
[383] *Radó*, II, 1391f.
[384] *Kellner* 205.
[385] Vgl. *Righetti* II, 339f; *Radó* II, 1378f.
[386] KomKal zum 19. März (S. 141).
[387] Vgl. Anm. 385.
[388] Kritik am Stil der neuen Josefsverehrung und der beiden Zusatzfeste bei *E. Sauser*, Stillschweigende Korrekturen, in: Gd 10 (1976) 63f; hierzu *J. Mechelen*, Josefsverehrung nicht zu „nüchtern", in: Gd 11 (1977) 31.
[389] *Schuster* VII (1931) 256.
[390] Zitiert bei *Radó* II, 1381; vgl. auch Sermo 287,3: PL 38, 1302 (*Pascher* 559).
[391] *Righetti* II, 336.
[392] Ebd. 338; *Radó* II, 1382.
[393] Radó II, 1370.
[394] Ebd. 1370f; *W. Dürig*, Apostelfeste, in: $LThK^2$ I (1957) 742f.
[395] Diese Translation am 29. Juni 258 „unter den Konsuln Tuscus und Bassus" ist umstritten. *Dürig* (a.a.O.) verneint sie, *Radó* (II, 1371) bejaht sie, *Pascher* (475–477) verteidigt sie mit mehreren beachtlichen Argumenten.
[396] De virginitate 19, 124f: PL 16, 299.
[397] KomKal II (S. 190).
[398] GOK, Kap. II, Verzeichnis der liturgischen Tage nach ihrer Rangordnung I, 3 (S. 52).
[399] *Righetti* II, 368f 375–377; *Jungmann* I, 285f.
[400] *Jungmann* I, 286.
[401] Regula 24, 2: PL 83, 894.
[402] Vita S. Eigilii n. 25: PL 105, 400.

403 De ordine Antiphon. c. 65: *Hanssens* III, 98.
404 Statutum Odilonis: PL 142, 1037.
405 Eine Variante gibt es für die Mailänder Kirche zu berichten, wo es am Tag nach dem Weihefest der Kathedrale gefeiert wurde (16. Oktober), bis *Karl Borromäus* es 1582 auf den 2. November verlegte (*Righetti* II, 398).
406 *H. Kneller*, Geschichtliches über die drei Messen am Allerseelentag, in: ZKTh 42 (1918) 74–113.
407 AEM 308 d–e; vgl. Instructio zur Durchführung der LK vom 4. Mai 1967, Nr. 23f.
408 Eine ausführliche Beschreibung der seitherigen Allerseelenliturgie in Messe und Brevier bei *Pascher* 718–731. Bei allem Bemühen um positive Deutung meint *Pascher* zum Schluß: „Trotzdem wäre es ein Wunsch vieler, daß die Zuversicht des Pascha-Mysteriums vom Mitsterben und Mitauferstehen in Christus in einem zukünftigen Totenoffizium stärker zum Leuchten käme“ (731).
409 Nähere Belege bei *Pascher* 505; *Radó* II, 1376.
410 So vor allem *J. P. Kirsch*, Die beiden Apostelfeste Petri Stuhlfeier und Pauli Bekehrung im Januar, in: JLW 5 (1925) 48–67; *Th. Klauser*, Die Kathedra im Totenkult der heidnischen und christlichen Antike (Münster 1927); *D. Baldoni*, Natale Petri de cathedra, in: ELit 68 (1954) 97–126.
411 Vgl. *Radó* II, 1377; *Pascher* 538f.
412 *J. Blinzler*, Art. Jakobus d. Jüngere, in: LThK² V (1960) 837; *ders.*, Art. Jakobus, der Bruder Jesu, in: LThK V (1960) 837f; *ders.*, Art. Jakobusbrief, in: LThK V (1960) 861–863.
413 *Schmidt, Introductio* 621; *Pascher* 521f; *Radó* II, 1372f.
414 Hist. eccl. III, 1,1: E. Schwartz (Berlin 1952) 77.
415 *Radó* II, 1374; *Pascher* 734f.
416 *Pascher* 526f; *Radó* II, 1373.
417 Das Martyrium des Xystus und seiner vier Diakone ist historisch gut bezeugt durch *Cyprian*, Epist. 80: CSEL III/2, 840.
418 Schon *Ambrosius* berichtet darüber ausführlich in De offic. I, 41: PL 16, 84ff.
419 *B. Kötting*, Art. Laurentius, in: LThK² VI (1961) 831.
420 Das „möglicherweise“ bezieht sich auf den nicht unbegründeten Verdacht, die Kirche von Benevent könnte dem Kaiser *Otto III.* (983–1002) statt der Gebeine des Apostels die eines anderen Heiligen gegeben haben. Vgl. *Schuster* VIII (1931) 183.
421 Ebd. 236f.
422 Vgl. *J. Schmid* und *W. Dürig*, Art. Lukas I–II, in: LThK² VI (1961) 1203f; *Radó* II, 1073.
423 *Kellner* 224f.
424 Ebd. 218; *Radó* II, 1374.
425 Generaldekret der Ritenkongregation „Cum nostra hac aetate“ vom 23. März 1955, Tit. II,9 (u.a. in: LJ 5 [1955] 58–66).
426 *R. Haubst*, Art. Engel, III. Systematisch, in: LThK² III (1959) 870. Definition der Existenz von Engeln auf dem IV. Lateranum (DS 800) und dem I. Vaticanum (DS 3002).
427 *H. Haag* (Hrsg.), Art. Erzengel, in: Bibellexikon (Einsiedeln ... 1956) 432.
428 DACL I, 2, 2148.
429 *Righetti* II, 329–334; *Radó* II, 1386–1389.
429a Vgl. *Radó* II, 1390.
430 Vgl. *Ph. Harnoncourt*, Erläuterungen und Kommentare, in: Die Neuordnung der Eigenkalender für das deutsche Sprachgebiet, in: Nachkonziliare Dokumentation Bd. 29 (Trier 1975) 230–253.
431 MD 87*.
432 *Harnoncourt*, a.a.O. 250.

[433] Ebd. 250f.
[434] MD 87*.
[435] *Harnoncourt,* a.a.O. 251.
[436] Ebd. 253.
[437] Nr. 15: Nachkonziliare Dokumentation 29, 27.
[438] GOK 53; Instructio 17 Nachkonzil. Dokum. 29 (Anm. 430).
[439] Instructio 18.
[440] Ebd. 19.
[441] Vgl. *Harnoncourt,* a.a.O. 253–260.
[442] Ebd. 260.
[443] Instructio 16.
[444] GOK 52b.
[445] Instructio 16b: Nachkonzil. Dokum. 29, 27.
[446] GOK 52c; Instructio 16d: Nachkonzil. Dokum. 29, 27f.
[447] Das römische Martyrologium wurde 1583 von Grund auf neu bearbeitet (Kardinal *Sirleto*) und erlebte seitdem zahlreiche Auflagen und Übersetzungen. Die letzte deutsche Übersetzung erschien 1916, Neuauflage 1935 (Regensburg); die letzte lateinische Ausgabe: Rom 1956.
[448] Homilie 21 zu Gen n. 3: PG 53, 179.
[449] So im Catechismus Romanus von 1566 (P. II c. II q. 73) und im Rituale Romanum (tit. II. c. 1 n. 30); hier wird sogar vorgeschrieben, daß, wenn die Eltern auf einem nichtchristlichen Namen beharren, vom Priester ein christlicher hinzugefügt und beide im Taufbuch vermerkt werden sollen.
[450] Vgl. HK 29 (1975) 50.
[451] Hrsg. von *J. Torsy* (Einsiedeln/Freiburg $^{6}$1978, in der pastoral-liturgischen Reihe in Verbindung mit der Zeitschrift „Gottesdienst".
[452] *Ph. Harnoncourt* in: J. Torsy, Der große Namenstagskalender (Freiburg $^{6}$1978) 8.
[453] Ebd. 9.
[454] Vgl. Röm 12,12; Eph 5,19f; 6,18; Kol 3,16f; 4,2; 1 Thess 5,17; Hebr 13,15.
[455] *J. A. Jungmann,* Die vormonastische Morgenhore, in: *ders.* (Hrsg.), Brevierstudien. Referate auf der Studientagung von Assisi 14.–17. September 1956 (Trier 1958) 22.
[456] De oratione 25, 5: CCL 1, 272f.
[457] Traditio apost. 39 41: *Botte* 86ff.
[458] VIII, 35,2–37,7: *Funk* I, 544–546. Vgl. *Martimort* II, 330f.
[459] *A. Raes,* ein Kenner der östlichen Liturgien, berichtet, daß die Chaldäer noch heute in den Dörfern des Irak täglich am Morgen und Abend in der Kirche zusammenkommen, um mit dem Priester Mette und Vesper zu beten. „Das alte Ideal hat sich hier in seiner ursprünglichen Form erhalten": Streiflichter auf das Brevier in den orientalischen Riten, in: Brevierstudien (Anm. 455) 122.
[460] *E. J. Lengeling,* Liturgia horarum. Zur Neuordnung des kirchlichen Stundengebets, in: LJ 20 (1970) 146 Anm. 22; *S. Bäumer,* Geschichte des Breviers ... (Freiburg 1895) 599–602, läßt beide Deutungen gelten.
[461] Während sich in der LK ausschließlich der Ausdruck „Officium divinum" findet, sprechen die dem neuen lateinischen Brevier vorangestellten Dokumente (Dekret der Gottesdienstkongregation, Apostolische Konstitution Pauls VI. „Laudis canticum" und die AES) bevorzugt von „Liturgia horarum". Die Verdeutschung „Horenliturgie" (vgl. *Lengeling,* a.a.O. 147) hat sich in der offiziellen Übersetzung der AES erfreulicherweise nicht durchgesetzt.
[462] Vgl. *S. Bäumer* (Anm. 460) 529–595.
[463] *Righetti* II, 552.
[464] Nähere Belege bei *E. J. Lengeling,* a.a.O. 142f.

465 Eine gute Orientierung über die umfassenden Vorarbeiten gibt *E. J. Lengeling*, a.a.O. 143f.
466 Dort erschien im Sommer 1969 eine Vorausausgabe des neuen Breviers unter dem Titel „Prière du temps présent. Le nouvel Office divin. Texte liturgique approuvé" (Paris). Über seine Entstehung berichtet *J.-M. Brault*, Die Entstehung des französischen Breviers, in: LJ 20 (1970) 161–165.
467 Band I: Tagzeiten (Einsiedeln – Zürich – Freiburg – Wien 1970); Band II: Geistliche Lesung (1971).
468 Herausgegeben im Auftrag der Deutschen und der Berliner Bischofskonferenz, der Österreichischen Bischofskonferenz, der Schweizer Bischofskonferenz sowie der Bischöfe von Luxemburg, Bozen-Brixen, Lüttich, Metz und Straßburg (Einsiedeln und Köln, Freiburg und Basel, Regensburg, Wien, Salzburg, Linz).
469 Enarrat. in ps 85,1: CCL 39, 1176.
470 Schon der Codex rubricarum hatte es als besser bezeichnet, „die wahre Zeit einer jeden kanonischen Hore möglichst einzuhalten" (Nr. 142). Er hielt jedoch daran fest, daß die Verpflichtung zum Gebet aller Horen sich auf den Zeitraum von 24 Stunden erstrecke, d.h., wer die Morgenhore am Vormittag nicht beten konnte, mußte sie gegebenenfalls am Abend nachholen (143). Auch an der Möglichkeit, die Matutin zu „antizipieren", hielt er fest, verbot es jedoch für die Laudes.
471 So z.B. *H. Noldin*, Summa theologiae moralis II (Innsbruck [9]1911) 792.
472 Entgegen der ursprünglichen Absicht, für die Schriftlesung zwei Jahresreihen vorzusehen. Wie es zu diesem Verzicht kam, zeigt *E. J. Lengeling* (Anm. 460) 238–240.
473 So in der Didache 8,3: *Bihlmeyer* 5.
473a Wertvolle Hilfen zum neuen Stundengebet in: Sekretariat der Deutschen Bischofskonferenz (Hrsg.), Beten mit der Kirche (Regensburg 1978).
474 *J. Pascher* hat dies in seinem Büchlein „Sinngerechtes Brevierbeten" (München 1962) 46–65 für die Weihnachtspsalmen deutlich gemacht.
475 AES 109; vgl. *B. Fischer*, Die Psalmenfrömmigkeit der Märtyrerkirche (Freiburg 1949).
476 Zum Lesungszyklus der Lesehore nähere Angaben in AES 143–155.
477 *H. Schneller*, Wie unser Kalender entstand, in: Kalender für Sternfreunde 1952, 113.
478 Ebd. 113f.
479 Vgl. *L. Meesen*, Oecuménisme et réforme du calendrier, in: La Maison-Dieu 81 (1965) 115ff. Diesem Vorschlag hat sich auch *M. Lang* besonders im Hinblick auf die stetige Abnahme der Jahreslänge (Newcombsche Theorie angeschlossen: Mitteilung im Anzeiger der Österreichischen Akademie der Wissenschaften, Mathemathisch-naturwissenschaftliche Klasse, Jg. 1964, Nr. 4, S. 104f.
480 *H. Lietzmann*, Zeitrechnung der römischen Kaiserzeit, des Mittelalters und der Neuzeit für die Jahre 1–2000 nach Christus, 3. Aufl. durchgesehen von *K. Aland* (Berlin 1956 = Sammlung Göschen Bd. 1085) 83.
481 Amplissimi frutti da raccogliersi ancora sul calendario Gregoriano perpetuo.
482 So im Vorwort S. VI; vgl. *I. Pizzoni*, De reformatione calendarii, in: ELit 65 (1950) 368ff.
483 Mitbegründerin und zeitweilige Präsidentin war die in Bremen geborene Deutschamerikanerin *Elisabeth Achelis*. Eine ihrer letzten Veröffentlichungen: The Calendar for the Modern Age (New York 1959).
484 Näheres u.a. bei *A. Jaubert*, La date de la Cène (Paris 1957); zum Teil auch bei *Th. Maertens*, Heidnisch-jüdische Wurzeln der christlichen Feste (Mainz 1965) 87ff.
485 *W. Dietze*, Kalenderreform. Dringende Forderung der Gegenwart (Barmke o. J.); *A. Kral*, Memorandum „Kalenderreform". Denkschrift für die Arbeiten zu einer Reformierung des gegenwärtig benützten Kalendersystems nach dem Reformvorschlag

von W. Dietze (Heidelberg – Barmke 1969).

[486] Weil dieser Exkurs nur eine knappe Orientierung sein möchte, darf darauf verzichtet werden, die einzelnen Varianten differenziert zu belegen. Hingewiesen sei u. a. auf *Abbé Chauve-Bertrand*, La question des Pâques et du calendrier (Paris 1936); *W. Röhrig*, Der Kalender als kosmische Einheit, in: Stimmen der Zeit 74 (1948/49) 143. Bd. 433–441; *A. Veys*, La question du calendrier. Son état actuel, in: Questions liturg. et paroiss. 36 (1955) 245–249; *O. Stevens*, Gedanken zur Kalenderreform, in: ELit 76 (1962) 418–422.

[487] Œcuménisme et réforme du calendrier, in: La Maison-Dieu 81 (1965) 107–126.

[488] *W. Bühler*, Das bewegliche Osterfest. Kalenderreform und Osterdatum als Problem des Rhythmus (Tübingen 1965) 131.

[489] Ebd. 137. Eine Stellungnahme hierzu bei *A. Adam*, Fragen der Kalenderreform, in: TThZ 75 (1966) 167f.

[490] Adiaphoron – Symbolon, in: Lutherische Rundschau 5 (1956) 434–441.

[491] Zum Ursprung der Woche s. o. S. 15.

[492] Num 28, 11–15. In V. 1 wird auch dieses Gebot ausdrücklich Gebot des Herrn an Mose genannt. Die Verfasser der Heiligen Schrift betrachten Gott grundsätzlich als „causa prima“ (Erstursache) allen Seins und damit auch als den Urheber der israelischen Sozialordnung und Zeremonialgesetze, obwohl hier auch menschlich-geschichtliche Faktoren am Werk waren und diese Vorschriften kultur- und zeitgebunden erscheinen, wie z. B. die Opfervorschriften deutlich machen.

[493] Acta synodalia II. Vaticani, Vol. I, period. I, pars II (Vatic. 1970) 596.

# Personen- und Sachregister